ポスト・ケインジアン叢書

34

Financial
Dynamics and
Business Cycles

金融不安定性と
景気循環

W. ゼムラー【編】
Willi Semmler

浅田統一郎【訳】

日本経済評論社

Financual Dynamics and Business Cycles: New Perspectives
Edited by Willi Semmler
Copyright © 1989 by M.E. Sharpe, Inc.

This edition published by arrangement
with M.E. Sharpe, Inc., Armonk, New York
through Tuttle-Mori Agency Inc., Tokyo

目　次

序　文 ……………………………………………H.P. ミンスキー　1
序　説 ……………………………………………W. ゼムラー　6
　　一般的な主題　6
　　経済変動の線形および非線形動学モデル　9
　　貨幣と資金調達を含むマクロ的変動の動学モデル　12

第Ⅰ部　非線形動学と金融不安定性の基本モデル

第1章　ミンスキー恐慌 ……………………L. テイラー，S. オコンネル　23
第2章　資金調達，不安定性，循環 ………………M. ウッドフォード　42
　　資本の所有権が集中していて外部金融が存在しない経済　44
　　外部金融が制限されている場合の帰結　53
　　貨幣的交換の帰結　59
第3章　動学的マクロ経済成長モデルにおける負債による企業の
　　　　資金調達，安定性，循環 ……………R. フランケ，W. ゼムラー　70
　　モデル　73
　　一時的均衡の分析　81
　　長期の動学　90
　　数学付録　104
第4章　マルクス，ケインズ，カレツキにおける蓄積，資金調達，
　　　　有効需要 ………………………………………………A. シャイク　116
　　総需要，供給，および資金調達を結び付ける枠組　117
　　内在的に発生する循環的成長のマクロ・モデル　125
　　付録：安定性分析　138
第5章　安定性の実物的決定要因と金融的決定要因
　　　　――不安定性の傾向的増大の法則 …………G. ドゥメニル，D. レヴィ　145

実物的な安定性と不安定性　146

金融的安定性と不安定性　154

企業の破綻とスタグフレーション　161

歴史的傾向　167

第II部　貨幣と金融を含む非線形動学モデルにおける安定化政策

第6章　金融政策と財政政策の比較動学 …………………………R.H.デイ　183

　　モ　デ　ル　185

　　分岐と政策の比較動学　191

　　比較動学 I：3つの異なった時期の事実を対比したシミュレーション
　　　194

　　定性的な動学　197

　　政策の比較動学 II：政策効果の逆転　204

　　付　　録　210

第7章　ケインズ＝グッドウィンの成長循環モデルにおける
　　　　貨幣的安定化政策 ……………………………………浅田統一郎　215

　　モ　デ　ル　217

　　グッドウィン型の成長循環　220

　　可変的貯蓄性向　227

　　適応期待仮説　232

第8章　「豊かな」動学システムにおける金融政策の定性的効果
　　…………………………………………………………P.S.アルビン　241

　　実験環境の設定　241

　　動学的な挙動の複雑性の分類　247

　　政策的な介入　254

　　諸結果と予備的な解釈　258

第9章　負債の支払い約束と総需要
　　――新古典派総合と政策の批判 ………S.ファツァーリ，J.カスケイ　263

　　新古典派総合における安定化要因　264

　　負債による資金調達のマクロ経済効果：新古典派総合の批判　266

　　　　　　　　　目　次　　　　　　　　　vii

　　代替的な見解の含意　270

第III部　負債と金融不安定性の経験的証拠

第10章　企業の金融諸変数の比率の循環的変動とミンスキーの
　　　　金融不安定性仮説 …………………………C.J.ニッグル　281
　　非金融企業の資金の源泉と用途および連邦準備制度理事会の
　　　会計諸概念　282
　　非金融企業の資金の源泉と用途の循環的な挙動とミンスキー
　　　の金融不安定性仮説　286
　　景気拡張期における企業の金融的な諸変数と諸比率　288
　　景気収縮期における企業の金融的な諸変数と諸比率　297
第11章　金融恐慌の諸理論 ………………………M.H.ウォルフソン　303
　　金融恐慌への一視点　303
　　金融恐慌の特定の諸理論　304
　　諸理論の間の相違　305
　　諸理論と米国の経験　306
第12章　対外債務と成長の政治経済学
　　　　――ペルーの事例 ……………………F.ジメネッツ，E.ネル　312
　　　対外債務の成長の要因：1973-84年　313
　　　対外借入れの経済成長率への貢献　325

　　訳者あとがきに代えて ……………………………………………　341

序　文

ハイマン・P. ミンスキー

　1933年3月に全国銀行休業令が発令されて以来55年目の記念日が近づくにつれ，金融不安定性は金融過程における主なトピックになった．国際債務危機，預金保険機関の隠蔽された形の倒産，あいつぐ大手金融機関の事実上の倒産等が毎日のように報道された．

　1987年10月19日と20日における株式市場の大崩壊は，極度の不安定性が発生し得ることを証明した．もし連邦準備制度理事会や財務省の介入によって事態が望ましい方向に誘導されなかったとしたら，10月19日と20日の出来事の帰結は悲惨なものになっていたであろう，と一般に主張されている．これらの介入の結果，その後の資産価格や資金調達条件は，介入がなかった場合とは異なったものになった．しかしながら，19日と20日における株価の無制限な崩落が何をもたらしたか，また，その後に実施された諸介入がいかにして経済や様々な金融市場の運行を正常化させたかは，金融関係の出版物に掲載された種々様々な記事を読んでもはっきりしないし，高名なエコノミストによる記事でさえ，そのことを明らかにしてくれないのである．

　1933年に，アメリカ合衆国のみならず資本主義世界全体の金融市場が崩壊した．1933年3月の全国銀行休業令は，市場過程を圧する政策的介入の極端な例として後世に名を残している．しかし，すばらしくもあり優雅でもあったが非常に弁解がましかった当時の経済学の世界では，1929年10月から1933年3月までの時期に生じたような崩壊が発生することは想定されていなかった．高価な耐久性の高い資本資産，資本に関する活動やポジションを金融する市場，新しいテクノロジーに乗じて積極的に利潤獲得の機会を開拓しようとする企業家的な銀行を伴って現代資本主義が出現して以来常に，金融的な崩壊が規則性

を伴って発生したことを想起すれば，1930年代初期における正統派経済学が上述のような立場に立っていたことは，極めて驚くべきことである．

　歴史的な経験に照らせば，過去55年間は例外的な時期である．この期間中，1929-33年の頃のような大規模な金融崩壊は生じなかったし，また，1907年程度の規模の金融崩壊さえ起こらなかった．しかしながら，1920年代の弁護論的な経済学と同様に，現代の正統派経済学にも，現代の経済が過去に比べて安定的になったのはなぜかを明快に説明してはくれない．かくも明白な金融的不安定性の所得，雇用，物価水準への影響は，現在どのようにして封じ込められているのだろうか．

　1930年代初期に，経済の貨幣的側面，生産，およびポートフォリオ管理の領域の間の相互作用の正常な帰結として大崩壊を説明してみせることが，当時の著名な経済学者達の間で競われた．ケインズによって表明された研究計画の目的は，順調に拡大を続ける経済，制約された景気循環を生み出す経済，不況に至る崩壊の時期あるいは加速的なインフレーションの時期を時々経験する経済のいずれをも包括的に説明できるほど十分に豊富な内容を持った，貨幣的生産経済の理論を発展させることであった．『一般理論』の言葉による説明においては，内生的に決まる流動性選好の変化が異なったタイプの資産や産出物の相対価格の急激な変化をもたらし得る．これらの変化は次に，産出量や雇用の急激で大きな変化をもたらし得るのである．

　この説明において，様々な種類の銀行や銀行家，そして貨幣タームで契約された負債を伴う資本主義経済の特質が考察されたのは，極めて明白であった．もし負債の構造がそのような経済を十分に束縛していたのであれば，超過供給に対する市場の正常な反応により，超過供給が弱められるのではなく，強められることがあり得る．特に，金融的に複雑な経済においては，失業に対して賃金が伸縮的に反応すると，さらに事態が悪化することがあり得る．

　『一般理論』は，なぜ資本主義経済が1920年代のアメリカ経済のような繁栄をもたらし得るとともに一方では1929-33年のアメリカ経済のように悲惨な結果をもたらし得るのか，という疑問に答える1つの解釈を，当時の人々に提供した．当時競合していた他の理論に対して勝利を収めることにより，『一般理論』は，生産のための資金調達と貨幣を統合する理論の構築を試みようとして

いたハイエク，ミュルダール，シュンペーターによる真剣な努力を打ち負かしてしまった．

『一般理論』の通俗的な準数学的記述，特にヒックスによる成功したIS/LM解釈に基づく記述は，経済は様々な行動様式をとり得ることを示した言葉による説明に内在する本質的に複雑で非線形的な体系を，すばらしく，また優雅な相互依存的均衡体系に変換してしまった．ケインズ理論のヒックスによる解釈は，パティンキンの手により，均衡を求め維持する体系に変換された．ケインズの理論は逆立ちさせられたのである．ヒックス＝パティンキンによるケインズ解釈の伝統から引き出されるマクロ経済学の動学は，ケインズがその中で仕事をしていたマーシャル的な伝統における（市場均衡，短期均衡，長期均衡のような）様々な操作可能な均衡概念に比べて退化している．この退化の理由は，多数市場の均衡に基づく『一般理論』の数学的説明が，優しい言い方をすれば制約されていた当時の経済学者の数学的能力に合わせて切り取られてしまったことにある．

経済が主として順調な軌道の上を動いていくようにふるまう時期には，貧弱で大部分は的はずれの経済学でも無害である．第2次世界大戦後最初の10年間は，金融構造が非常に頑健であったので，事際，貨幣と金融的な諸関係はほとんど重要な問題にはならなかった．この時期のアメリカ合衆国の財政構造は，全くの偶然により，適度の主として自動的に組み込まれた政府財政赤字や黒字が経済を安定化させるために十分に機能するような状態にあった．経済学の本来の主題は貨幣的生産経済であり，そのような経済の正常な作用によって時々重大で深刻な不況がもたらされる，というケインズの基本的なメッセージは，金融的に静穏な時期には忘れ去られてしまった．

1980年代に，金融的動乱が再び出現した．連邦準備制度理事会はもはや，貨幣供給をもてあそぶことによって十分に経済を安定化させることができる，と仮定することはできなくなった．最後の貸し手としての機能が，連邦準備制度理事会による介入のタイミングと介入の度合の主要な決定要因になった．1980年代の動乱の世界では，1970年代に名声を得た合理的期待モデルのような形式的な諸モデルが妥当性を欠いていることが明白になった．1980年代には，貨幣的な諸関係を全く含まないかあるいは貨幣的な諸関係の不十分な考察

の上に築かれた，景気循環モデルを展開するための風変わりな理論図式が出現した．金融的な動乱とこの動乱の効果を制約するための介入がありふれたことになるにつれ，これらのモデルが不適切であることが明白になった．

金融不安定性が支配的な観察事実として出現したまさにその時，複雑な動学的ふるまいをシミュレートする能力とより洗練された数学を結合させることにより，新古典派の正統派的な信仰によって目を曇らされていない経済学者達は，『一般理論』の言葉による説明が包含していた，時間を通じた複雑な運動径路を発生させる動学モデルを発展させることができるようになった．貨幣的生産経済における利潤最大化の影響についての精密な言葉による推論と資本主義経済がいかにふるまうかについての精密な理解に，ついに数学的定式化が追いついたのである．

本書に収録されている諸論文は，様々な背景を持ち，また，様々なリサーチ・パラダイムに基づいている．しかし，これらの諸論文を貫いて流れる共通のテーマがあり，そのために，諸論文を一書にまとめて収録することが興味深く重要なことになっている．諸論文の著者達は，資本主義経済がよろめきながら時間を通じて発展するという明白な証拠を真剣に受け止めている．個々の研究が家計の効用最大化から出発しようと，あるいはまた生産的な構造物が再生産され拡張される過程から出発しようと，著者達は，金融不安定性が現代資本主義の重要な特性であるという証拠を受け入れるという点では一致している．

資本主義経済は，その軌道が初期値に依存し，また首尾一貫性を欠く時期を内生的に生み出すことができる内在的な動学に依存する複雑な相互依存システムとして最も良く捉えることができると理論が考えるならば，「なぜ首尾一貫性を欠く時期がかくも稀なのか？」という疑問が研究の議事日程にのぼる．その疑問に対する明白な解答は，制度的な構造の影響とその構造の結果として生じる介入のシステムが経済の内生的な動学に対して優位を占める，ということである．この優位性は，新しい「初期値」を断続的に設定することとして解釈することができる．首尾一貫性は，市場が秩序をもたらすから観察されるのではなく，制度と政策的介入が市場に対して優位を占めるから観察されるのである．本書に収録された諸章のすべてが同意するわけではないであろうが，この議論から生じる見解は，カオスが完全に発展するのを未然に防ぐことができる

ようにひとたび介入と規制の構造が設定されれば，市場は経済の細部を調整するための社会的な考案物である，ということである．

経済の綿密な観察とこれらの諸研究において明白な複雑で非線形的な数学的システムを取り扱う能力の結合から得られる主なメッセージは，資本主義はあまりに複雑過ぎて，自由放任を政策ルールとして受け入れることはできない，ということである．副次的なメッセージは，資本主義経済がその潜在的な可能性を達成するためには「有能な政府」が必要なので，「有能な政府」を我々が設計することを可能にする洞察力をもたらしてくれるものとして経済理論が役に立つであろう，ということである．

序　説[1)]

ウィリー・ゼムラー

一般的な主題

　本書に収録された各章は，1986年4月にニュー・スクール・フォー・ソーシャル・リサーチの経済学科で開催された「経済動学と金融不安定性」をめぐるコンファレンスへの貢献である．このコンファレンスは，貨幣的市場経済の動学理論の文脈における安定化政策の評価とともに，ミクロおよびマクロ動学モデルにおける貨幣，資金調達，および負債の役割に焦点を合わせた．コンファレンスのもう1つの目的は，特にアメリカ経済における負債と金融不安定性の証拠に関連づけられる経験的な研究を説明することであった．この一般的な展望は，実物的な経済活動（生産，投資，および消費）の分析を市場経済における資金調達活動と結び付けようと試みた．この見解は概して，本書の執筆陣によって共有されている．

　特に，ハイマン・ミンスキーの著作は，経済における金融的側面をも考慮に入れたタイプの研究の復興に刺激を与えた．本書に収録されている諸章が示すように，コンファレンス全体の主な話題は，市場経済の金融的脆弱性についてのハイマン・ミンスキーの研究に端を発している．最近は他の著者達もまた，経済主体（企業，しかしまた家計や金融機関も含まれる）による大規模な外部金融による資金調達と資産市場および金融市場から経済活動へのフィードバックが市場経済を非常に脆弱なものにしている，ということを指摘している．トービンは，ノーベル賞講演において，次のように述べている．

序　説

「要するに，金融市場や資本市場はせいぜい，貯蓄と投資の極度に不完全な調節装置であり，この不十分性を合理的期待によって癒やすことはできないのではないかと思う．調整の失敗は，マクロ経済の不安定性の根本的な原因である．……」（トービン 1982, p. 179）

フィッシャー（1933）から出発してケインズやカレツキのフレームワークに依拠することにより，マクロ経済過程における貨幣の役割に関する精巧な理論が提唱された．ケインズとカレツキのいずれにも言及することにより，ミンスキーは，金融的混乱による資本資産の再評価とともに企業の負債依存度と現金支払い契約の役割が中心的な地位を占める金融不安定の理論を苦心して作り上げた（ミンスキー 1975, 1982, 1986）．特に，ミンスキーは，企業の負債の増加と企業による大規模な借入れは危機的な企業の債務構造をもたらし，その結果マクロ集計変数の脆弱なパフォーマンスをもたらすことを強調している．

ミンスキーは，金融不安定性に関する著作の中で，経済の動態的な運動と景気循環モデルに言及しているが（ミンスキー 1957を例外として）彼は自分のアイデアを動学モデルの文脈の中で定式化してはいない．したがって，本書に収録されている諸章において，企業，市場，およびマクロ集計変数の動学理論の文脈のもとで，マクロ理論における負債による資金調達の役割を定式化するために多大の努力が払われている．しかしながら，この仕事は，ダイナミカル・システム分析の分野から若干の技術的な分析用具を借りることなしには成し遂げられない．本書に収録された章の多くは，線形および非線形動学理論（特に高次元の非線形動学）の発展，2次元のリミット・サイクル・モデル，1次元非線形差分方程式の複雑なカオス動学を，経済の実物的側面と金融的側面の関係をモデル化するために適用している．本書の研究は，3つの部分に分かれている．

第Ⅰ部には，市場経済における実物的側面と金融的側面の間の相互作用を分析する基本的な線形モデルおよび非線形モデルを特に取り扱っている諸貢献が収録されている．第Ⅰ部に収録されているほとんどすべての論文は，たとえばカレツキ（1971），カルドア（1940），あるいはグッドウィン（1948, 1951, 1986）によって鼓舞された方法で経済の運動をモデル化し，ミンスキーによっ

て創始された方法で実物経済と金融市場の相互作用を調べることにより，様々なやり方で基本的な主題を追究している．本書におけるこの部分の諸貢献は，テイラーとオコンネル，ウッドフォード，フランケとゼムラー，シャイク，そしてドゥメニルとレヴィによってなされている．すべての論文は，方法論的には似通っている．ほとんどすべての章は（たとえばマクロ動学モデルのIS/LM版のような）基本的な経済モデルをその背景として利用しているが，それらは，金融市場や資産市場と生産物（または労働）市場の相互関係を考察する際に，特に非線形動学に焦点を合わせている．本書のこの部分では，新しく革新的で適切な方法論に基づき，重要な経済学的な結果が提出されている．

　本書の第II部では，これらの主題が引き続き研究され，経済における実物部門と金融部門の動きに関する動学的な見方に基づき，安定化政策（財政政策および金融政策）が扱われている．（経済的カオス・モデルの文脈の中で）複雑で豊かな経済動学モデルにおける安定化政策の評価を行っているデイによる章のように，第II部に収録されているほとんどの論文は，マクロ経済学的な志向を持っている．浅田もまた，グッドウィン・タイプのモデルに発展性のある方法で金融市場と資産市場を導入することによってマクロ経済学的なアプローチに焦点を合わせ，それに基づいて経済政策の効果を論じている．ファツァーリとカスケイは，通常負債と負債契約が考慮に入れられていない標準的なIS/LMモデルに基づくマクロ経済の解釈の批判から出発し，新古典派的な政策公準を批判している．アルビンによる章は，近接した諸企業の動学的なふるまいのミクロ的な研究から出発し，それに基づいて経済政策（特に金融政策）を評価する複雑なミクロ動学モデルを苦心して作り上げている．デイとアルビンによる章のいずれも，財政政策や金融政策によって複雑な非線形経済がもたらす運動がどのように変わり得るかを論証している．

　本書の第III部は，負債と金融不安定性の経験的証拠，特に，負債とマクロ的な経済活動の循環的なパターンに関わっている．ニッグルもまた，ミンスキーの理論的な貢献から出発し，資金フロー勘定から企業の（循環的な）債務に関する若干の経験的な指標を発展させ，それをマクロ集計変数の変動に関連づけている．ウォルフソンは，負債とマクロ経済の脆弱性を分析するための経験的方法について議論し，アメリカ経済のある期間における金融恐慌の原因につ

いて入念に論じている．最後に，ジメネッツとネルによる貢献は，発展途上国における負債の主要な決定要因に焦点を合わせている．この話題に対する第三世界からの視点を含めるために，小国開放経済の１つのケース・スタディが分析されている．

　上述したように，本書に収録されている貢献のほとんどは，マクロ動学の標準的な教科書的な提示よりはむしろ，非正統派的な伝統により多くを依拠している．これらのおそらくあまり知られていない伝統を読者にとってより親しみ深いものにするために，そして経済学への動学分析の応用に関する若干の背景を提供する目的で，次節以降で若干の関連する諸概念を提出する．線形および非線形経済動学とマクロ循環モデルの入門的紹介が行われる．その次に，経済動学と金融不安定性に関する若干の最近の話題についての議論が続く．それから，本書に関連する技術的および経済学的な主題に関する精選された参考文献が読者のために提供される．

経済変動の線形および非線形動学モデル

　この最初の部分では，なぜ本書に収録されている諸論文の著者達によって非線形動学が使用されているのか，また，なぜその使用が経験的にみてより適切なのかについての簡潔な弁明を試みる．マクロ経済学において線形動学モデル（大部分は，たとえばマクロ・モデルのIS/LM版のように２次元のシステム）のみを使用するという長い伝統が，経済理論には存在する．さらに，現代マクロ経済学の著作や教科書，また，マクロ動学の計量経済学的な業績にさえ共通する伝統的な考え方は，マクロ経済システムは基本的には安定な定常（あるいは恒常状態の）均衡を持ち，予期されないランダムな衝撃によって生み出される攪乱は，一過性のものであり，十分に時間が経過すれば均衡に復帰する，というものである．（サージェント1979；ルーカス1981のような）景気循環に関する合理的期待学派の見解を含む伝統的な諸理論は，安定的な動学モデル（すなわち，均衡解が安定であるようなモデル）が経済動学の適切な描写である，という考え方が一般に受け入れられている．生産，所得，雇用のデータの循環的な共変関係は単に貨幣的な集計変数，企業の生産性，あるいは家計の消

費行動へのランダムに分布した衝撃のみに起因する，ということを証明しようとする試みが数多くなされてきた．第1のタイプの衝撃は，（ルーカス1981のような）貨幣的な景気循環理論に代表され，第2と第3のタイプの衝撃は，（キドランド＝プレスコット1982；ロング＝プロッサー1983のような）実物的な景気循環理論に関連している．マクロ分析のこの伝統は，1930年代にラグナー・フリッシュによって創始され，現在でも，たとえば（サージェント1979；ルーカス1981；バロー1984のような）新しい古典派の経済学（New Classical Economics）と景気循環への計量経済学的なアプローチにおいて有力な地位を占めている（これらのアプローチに関するより包括的な参考文献の一覧は，本書に収録されたウッドフォードの論文に掲載されている）．

　変動を伴う成長と不規則的な資本蓄積の問題に非線形動学を適用することにより，経済動学と循環の理論における主要な技術革新が1940年代にすでに始まっていた．非線形経済動学の理論は，元来グッドウィン（1948, 1951），カルドア（1940），カレツキ（1971）によって提唱され，また，景気循環理論へのヒックス（1950）の貢献においても提出された．内生的に生み出される経済循環のこの理論的伝統は，（ハーシュ＝スメール1974；マースデン＝マクラッケン1976；グッケンハイマー＝ホルムズ1983；ガンドルフォ1986にみられるような）非線形振動理論と（リー＝ヨーク1975；ルエール＝ターケンス1971；スメール1967；ラソータ＝マッケイ1985にみられるような）カオス動学の最近の発展により，最近復活を遂げた．

　経済動学の非線形理論を用いたモデル化の伝統における新しい考え方は，（定常値あるいは恒常値をめぐる）経済の均衡動学は，モデルのあるパラメーターにおいてホップ分岐が発生することによって本質的に不安定になる，というものである．経済学的には，モデルの定常値や恒常値の近傍におけるそのような不安定性は，ケインズ経済学や，均衡の近傍で不安定な加速度原理が正のフィードバックをもたらすハロッド＝ドーマー型の成長モデルにおいてよく知られている．このことは，フォーリー（1986）[2]や本書に収録されたデイの研究におけるモデルの動学にとって本質的である．他方，均衡値からの経済の乖離は，経済データに対する経済主体の反応の非線形性により，大域的に安定な経済システムをもたらすかもしれない．そのような大域的な吸引力は，たとえ

ば，経済における金融的側面あるいは流動性の側面から発生するかもしれない（フォーリー［1986］および本書に収録されたデイの論文を参照せよ）．経済の均衡点は通常不安定であると考えられているから，経済は，均衡点をめぐる安定的な循環（たとえば，リミット・サイクル）を発生させることを強いられる．このようなタイプの分析の様々な興味深いバリエーションは，ドゥメニルとレヴィによる章で提出されているが，そこでは，複雑な動学における異なった諸局面の間の移行が発生し得る（アルビンによる貢献を参照せよ）．このようなわけで，最近における経済モデルの作成への非線形（およびカオス）動学の応用は，古い線形動学モデルより興味深く現実的な諸結果をもたらすように思われる．非線形モデルにおける動学は線形モデルにおけるそれに比べてより複雑であるが，それらは，デイ，アルビン，およびウッドフォードによって提出されたようなタイプのモデルにみられるように，安定的な閉軌道を描く循環や有界な（不規則的）変動をもたらし得る．後者のタイプの動学によって生み出される軌道は，しばしば確率的な概念によってのみ記述することができる（ラソータ＝マッケイ 1985 を参照せよ）．

　グッドウィン，カルドア，カレツキ，およびヒックスによって創始された非線形動学の理論的な枠組は，様々な異なったタイプの非線形動学モデルの労作を生み出した．すなわち，(1)非線形加速度‐乗数モデル（グッドウィン，ヒックス，ミンスキー），(2)賃金シェア‐雇用の非線形動学（グッドウィン），(3)所得‐投資の非線形動学（カルドア），(4)利潤‐投資の非線形モデル（カレツキ），および(5)非線形世代重複モデル（ベンハビブ＝デイ 1982；グランモン 1985）である．さらに，すでに述べたように，非線形経済動学が生み出す解は必ずしも循環的な動きに限定されるわけではなく，本書に収録されている決定論的なカオス・モデルのように有界な不規則的変動をももたらし得る．

　以上で言及された理論的な伝統は，マクロ経済学理論の作成にとって極めて実りあることが証明されており，最近では，経済動学のそのような解釈のいくつかのさらなる拡張版が念入りに作り上げられ，経済学の専門誌で公表されている．また，最近の研究業績が示すように，景気循環の非線形理論（あるいはカオス動学）の数多くの有望な拡張や応用が，理論的な傾向を持つ若手の研究者達によって発展させられてきた．上述した非線形動学の伝統のもとに，さら

にいくつかの研究領域が重要になった．それらの領域とは，(1)非線形循環理論のミクロ動学，(2)短期および長期の非線形モデルの文脈における成長，技術進歩，雇用の問題，(3)開放経済の経済動学，(4)非線形循環モデルにおける安定化政策，(5)連続時間非線形モデルと離散時間非線形モデル（カオス動学）の相違，(6)時系列データにおける非線形性（あるいは決定論的なカオス特性）のテスト，などである．これらの拡張の多くは，最近の文献においてなされている．しかしながら，本書においては，著者達は主として，経済の金融的側面と実物的側面の（非線形であり得る）動学的な相互作用に注意を集中している．

貨幣と資金調達を含むマクロ的変動の動学モデル

貨幣と資金調達を含む線形タイプおよび非線形タイプの動学モデルは，伝統的な IS/LM の枠組の文脈の中で既に発展させられてきた．このアプローチを代表する著者達は，シナシ（1981, 1982），トーレ（1977），ストゥッツァー（1980），ベナシー（1984），また最近では，テイラー（1985）およびテイラー＝オコンネル（1985）を含んでいる．最近の議論においては，（本書に収録されている）テイラーとオコンネルの論文が，ミンスキーによって言葉で定式化された経済の実物的側面と金融的側面の相互作用の研究へ向けての新しい出発点を提供した．マクロ動学の IS/LM 版の他にも，そのような問題は，貨幣と資金調達を含む加速度−乗数モデルの枠組においても研究されてきた（ミンスキー 1957 を参照せよ）．しかしながら，それらの研究のうちの大多数においては，企業の投資行動が資金調達行動と経済における債務を負った経済主体が直面する諸条件のもとでの資金の貸借は，本当にはマクロ動学モデルによく統合されてはこなかった．

最近になって，経済主体，特に企業の負債による資金調達の経済効果が，金融論およびより実証分析を志向する諸文献によって広範囲にわたって研究されている（ブレアリー＝メイヤーズ 1984；ヴォージニロワー 1982；エクスタイン＝サイナイ 1986；ウォルフソン 1986 を参照）．たとえば，企業金融の最近の傾向に関する実証研究においては，企業の自己金融や新株発行による資金調達に徐々に取って代わる形で，負債による資金調達が資金を調達するための主

要な方法になった，ということが述べられている．これは，少なくとも一般的な趨勢として成立するが，それはまた，景気循環を通じて資金を調達する重要な方法になった（ブレアリー＝メイヤーズ 1984；ウォルフソン 1986 参照）．本書に収録されたニッグルとウォルフソンの貢献が示すように，企業の財務構造における流動性と負債の変化を決める要因には，循環的な要素とともに強い趨勢的な要素がある．

　ミンスキー（1975, 1982, 1986）によって推し進められたような理論的研究において以前に言及されたように，資産に対する負債の比率の高まりは，企業の負債構造が危険なものになった徴候とみなすことができるであろう．そして，その場合には，経済主体の倒産のリスクが増加し，おそらく不安定なマクロ経済の軌道を生み出すであろう．ミンスキーの研究に従い，経済主体の負債による資金調達の経験的な妥当性がますます高まってくることを考慮に入れれば，資金調達条件をマクロ経済変動に関連づける 4 つの異なったタイプのアプローチを考えることができる．

　第 1 のタイプのモデルは，外生的な信用制約とマクロ的変動へのその影響のみに関わっている．この枠組の範囲内で，新株発行による資金調達は負債による資金調達に対する実行可能な代替物ではない，と論じられている．このようなわけで，利子率よりは外生的な信用制約の方が経済変動の有効な決定要因である（スティグリッツ＝ワイス 1981；グリーンウォルド＝スティグリッツ＝ワイス 1984；グッテンタグ＝ヘリング 1984 参照）．この（すでに 1920 年代にハイエクとホートレーによって提唱された）外生的信用制約というアイデアは，ウッドフォードによって動学モデルに定式化された（1986 年の論文および本書に収録されているウッドフォードの論文参照）．ウッドフォードの論文では，信用制約は，他のタイプの動きよりも非線形循環を生み出す離散時間マクロモデルにおける 1 つのパラメーターとして設定される，固定的な借入れ額の上限として表われる．

　第 2 のタイプのモデルでは，調達資金や流動性が豊富か枯渇しているかは，多かれ少なかれ内生的に決まってくる．特に，フォーリーは，このアプローチによって自生的な流動性－成長循環を説明しようとする一連の論文を提出した（フォーリー 1986, 1987）．そこでは，資金の借入れと貸出しは，相互依存関

係にある経済システムの中で完全に内生化されている．フォーリーの論文においては，借入れ，貸出し，および資本支出（企業の投資）は，本質的に利潤率および内生的に生み出される企業システム全体の流動性に依存する．したがって，利潤率と流動性の非線形マクロ経済循環が発生するが，そこでは，経済成長率が高い時期には流動性が枯渇し，経済成長率が低い時期には流動性が緩和される．このようなわけで，流動性の枯渇および緩和は動学システムの安定化要因であり，他方，不安定的な加速度効果が均衡を不安定にする．不安定な加速度効果と安定的な流動性効果の間の同様な関係は，本書に収録されているデイのモデルの特徴でもある．フォーリーのモデルのいくつかの重要な性質は，動学システムが閉じたシステムとして考えられ，資本家の消費がゼロと仮定され，企業以外の資産保有者が存在しないことである．

　第3のタイプのモデルは，投資活動を行う企業以外の経済主体に複数の資産が保有されていることを許容する．そこでは，企業の収益率，予想収益率，および利子率のような経済変数に反応して資産の構成が変化することから，独特な経済動学の特徴が生じる．このタイプのモデルは，テイラー（1985）およびテイラー＝オコンネル（1985），またテイラー（1982）における基本モデルによっても発展させられている．しかしながら，それらのモデルでは，資本主義的な企業は，もっぱら借入れと新株発行を通じた外部金融によって資金を調達する．カレツキのマクロ経済学的な著作によって示唆されたように，金利生活者の家計によって生み出された貯蓄は，銀行システムを通じて投資を行う企業に流れる．テイラー＝オコンネルの論文の主要な新しい経済学的結果は，金融市場および資産市場はマクロ動学を完全に不安定なものにし得る，ということである（これは，標準的な IS/LM モデルでは予期されなかった結果である）．たとえば景気後退期には，過去から受け継いだ企業の負債により，また，資産保有者がさらに流動性（貨幣）にシフトすることにより，経済状態をさらに悪化させる方向へ押しやる正のフィードバック効果が発生するであろう，という事実から，このようなことが起こる．マクロ集計変数がその正常値から離れれば離れるほど，さらにそこから離れていくのである．この動学システムはまた，大域的に不安定である．

　第4のタイプのモデルは，カレツキ＝テイラー・アプローチの一変種として

発展し得る．しかしながら，このタイプのモデルは，マクロ経済変動における外部金融と企業負債の役割を考慮に入れている．テイラーおよびテイラー＝オコンネルのモデルは，ミンスキーの金融恐慌理論によって提唱された金融不安定性仮説を含む豊かなマクロ経済動学を発展させているが，企業の負債と債務支払契約の役割について十分には研究されていない．しかしながら，以前に述べたように，企業の高い負債依存度と債務支払契約は，金融不安定性の本質的な原因であるように思われる．資産保有者による貸付けにとっての負債の役割とともに，企業の投資や借入れ行動にとっての負債の役割が，本書に収録されているフランケ＝ゼムラーの貢献において定式化され，探究されている．その論文では，カレツキ＝テイラー・タイプの（非線形）IS/LM 版動学モデルが，負債－資産比率と投資家の確信の状態の変化を示す2つの追加的な動学方程式を含む大規模な動学システムに拡張されている．様々なシナリオのうちでも，特に，収益率，成長率，利子率，確信の状態，および負債－資産比率の循環的な変動が発生する，というシナリオがあてはまる．ウッドフォードの貢献，特に彼の章の最初の部分においては，負債－資産比率が内生化され，カオス・タイプの複雑なマクロ動学にフィードバックする．フランケ＝ゼムラーのモデルとウッドフォードのモデルのいずれも，より大きな負債は企業にとって危険の増加をもたらす――すなわち，「危険逓増の原理」――というカレツキの見解に言及している．

　シャイクによる貢献のような，本書における他の諸貢献においては，マルクスによる貨幣と信用の理論によって鼓舞された枠組を用いて，負債による資金調達と新株発行による資金調達の双方のマクロ経済変動にとっての含意が探究されている．企業の外部金融とマクロ経済変動についてのマルクス，カレツキ，およびケインズのアイデアを統一的に取り扱うことが可能な，調整速度が速い動学と遅い動学を記述する非線形微分方程式に基づく枠組が発展させられている．ドゥメニルとレヴィの論文においては，企業のミクロ的な行動から導かれる実物変数と金融変数を伴う非線形マクロ動学モデルが入念に作り上げられている．そのモデルは，可能性のあるシナリオとして，金融不安定性や循環のみならず，経済停滞をも許容する．

　本書で提出されたタイプのモデルに基づけば，経済政策に関する諸結果はと

ても興味深い．特に，第II部の諸章が証明するように，当該経済の非線形で複雑なタイプの動きを認める場合には，様々な金融政策や財政政策は，異なったタイプの動学の間の移行をもたらす可能性が高い．デイとアルビンによる研究のいずれもが示すように，良く知られ広汎に用いられている経済政策が，全く予期されざる意外な結果をもたらすことがあり得るのである．

　要約して言えば，貨幣と資金調達を含む動学についての多数の中心的主題とマクロ経済変動や経済政策にとってのその含意が提示され，負債による賃金調達の経験的な測定と趨勢が提出されているのである．しかしながら，本書では十分に追究することができなかったさらなる研究戦略を示しておくことが適当であろう．これらの話題に以下のような追加的な側面を加味して研究することができよう．(1)企業の借入れと投資行動のミクロ経済学的な研究，(2)開放経済における企業の負債による資金調達とマクロ経済変動の経験的・理論的研究，(3)企業の資金調達構造，債務負担，負債の支払い約束の展開とマクロ経済の脆弱性へのそれらの影響に関する定型化された事実の国際比較，(4)そのようなモデルの（たとえば，開放経済への）拡張版にとっての主要な政策的含意．動学的な方法論，拡張されたモデル，定型化された事実と趨勢，および政策的含意についての後に続く研究は，「金融の動態と景気循環」という主題に対してさらなる理論的・経験的・政策的な側面を導入するのに役立つであろう．本書への諸貢献は，この発展に向けての1つの重要な進歩である，とみなされるべきである．

注

1) コンファレンスとその論文集の出版は，マニファクチュアラーズ・ハノーヴァー・トラスト（Manufacturers Hanover Trust）の寛大な資金援助によって可能になったが，本書で表明されているいかなる見解についても，マニファクチュアラーズ・ハノーヴァー・トラストが責任を負うものではない．コンファレンスの組織者はまた，マーシャ・ラスカー（Marsha Lasker）とカリン・レイ（Karin Ray）の助力に対しても大いに感謝する．
2) フォーリーの論文は元来はこのコンファレンスで報告されたが，本書が公刊される前に他の出版物に収録された．

序　説

精選された参考文献
Barro, R.J. 1984. *Macroeconomics.* New York; John Wiley.
Benassy, J.P. 1984. "A Non-Walrasian Model of the Business Cycle." *Journal of Economic Behavior and Orhanization* 5: 77-89.
Benhabib, J., and R.H. Day. 1982. "A Characterization of Erratic Dynamics in the Overlapping Generations Model." *Journal of Ecinomic Dynamics and Control* 48: 459-72.
Bosworth, B. 1971. "Patterns of Corporate External Financing." *Brookings Papers on Economic Activity* 2: 253-85.
Brealey, R. and S. Myers. 1984. *Principles of Corporate Finance.* New York: McGraw-Hill.
Chang, W.W. and D.J. Smyth. 1971. "The Existence and Persistence of Cycles in a Non-linear Model: Kaldor's 1940 Model Reexamined." *Review of Economic Studies* 38: 37-46.
Clower, R.W. 1967. "A Reconstruction of Microfounations of Monetary Theory." *Western Economic Journal* 6: 1-9.
Dana, R.A. and P. Malgrange, 1984. "The Dynamics of a Discrete Version of a Growth Cycle Model." *Analyzing the Structure of Econmetric Models.* J. Ancot, ed., The Hague: Nijhoff Publishing Compagy.
Day, R.H. and E. Shafer. 1985. "Keynesian Chaos." *Journal of Macroeconomics* 7 (3): 277-95.
Eckstein, O. and A. Sinai. 1986. "The Mechanisms of the Business Cycle in the Postwar Era." *The American Business Cycle ; Continuity and Change.* Robert J. Gordon, ed., MBER, Chicago: University of Chicago Press, pp. 39-105.
Fisher, I. 1933. "The Debt Deflation Theory of Great Depressions." *Econometrica* I: 337-57.
Foley, D. 1986. "Stabilization Policy in a Nonlinear Business Cycle Model." *Competition, Instability, and Nonlinear Cycles, Lecture Notes in Economics and Mathematical Systems.* W. Semmler, ed., New York and Heidelberg: Springer-Verlag pp. 200-211.
Foley, D. 1987. "Liquidity-Profit Rate Cycles in a Capitalist Economy." *Journal of Economic Behavior and Organization* 8 (3): 363-377.
Gandolfo, G. 1986. *Mathematical Methods and Models in Economic Analysis.* Amsterdam: North-Holland.
Goodwin, R.M. 1948. "Secular and Cyclical Aspects of the Multiplier and Accelerator." *Employment, Income and Public Policy.* Essays in honor of A.H. Hansen. New York: W.W. Norton.
Goodwin. R.M. 1951. "The Nonlinear Accelerator and tne Persistence of Business

Cycles." *Econometrica* 19 (1): 1-17.
Goodwin, R.M. and L.F. Punzo. 1986. *The Dynamics of a Capitalist Economy*. Boulder: Westview Press.
Goodwin, R.M. 1986. "Swinging Along the Autostrada." *Competition, Instability, and Nonlinear Cycles*, W. Semmler, ed., Heidelberg and New York: Springer-Verlag, pp. 125-31.
Greenwald, B., J.E. Stiglitz and A. Weiss. 1984. "Informational Imperfections in the Capital Good Market and Macroeconomic Fluctuations." *American Economic Review* (May): 194-200.
Guckenheimer, J. and P. Holmes. 1983. *Nonlinear Oscillations, Dynamical Systems and Bifurcations of Vector Fields*, Berlin and New York: Springer-Verlag.
Guttentag, J. and R. Herring. 1984. "Credit Rationing and Financial Disorder." *The Journal of Finance* (December): 1359-82.
Grandmont, J.M. 1985. "On Endogenous Competitive Business Cycles." *Econometrica* 5 (September): 995-1045.
Hicks, J.R. 1950. *A Contribution to the Theory of Trade Cycle*. Oxford: Oxford University Press. 〔古谷弘訳『景気循環論』岩波書店, 1951年〕
Hirsch, M.W. and S. Smale, 1974. *Differential Equations, Dynamical Systems and Linear Algebra*. New York: Academic Press. 〔田村一郎・水谷忠良・新井紀久子訳『力学系入門』岩波書店, 1976年〕
Joseph, D.D. 1983. "Stability and Bifurcation Theory." *Comportement Chaotique des Systems Deterministes*, G. Iooss, ed., Amsterdam: North-Holland, pp. 351-79.
Kaldor, N. 1940. "A Model of the Trade Cycle." *Economic Journal* 50 (March): 78-92.
Kalecki, M. 1971. *Selected Essays on the Dynamics of the Capitalist Economy*. Cambridge: Cambridge University Press. 〔浅田統一郎・間宮陽介訳『資本主義経済の動態理論』日本経済評論社, 1984年〕
Klein, L.R. and R.S. Preston, 1969. "Stochastic Nonlinear Models." *Econometrica* 37: 95-106.
Kohn, M. 1981. "Loanable Funds Theory of Unemployment and Monetary Disequilibrium." *American Economic Review* (December): 859-875.
Kydland, F. and E.F. Prescott. 1982. "Time to Build and Aggregate Fluctuations." *Econometrica* 50 (November): 1345-70.
Lasota, A., and M. Mackey. 1985. *Probabilistic Properties of Deterministic Systems*. Cambridge: Cambridge University Press.
Lakin, W.D. and D.A. Sachez. 1970. *Topics in Ordinary Differential Equations*. New York: Dover.
Li, T.Y. and J. Yorke. 1975. "Period Three Implies Chaos." *American Mathematical Monthly* 82: 985-92.

Long, J.B. and C.I. Plosser. 1983. "Real Business Cycles." *Journal of Political Economy* 91 (February): 39-69.

Lorenz, E. 1963. "Deterministic, Nonperiodic Flow." *Journal of the Atmospheric Science 20: 130-41.*

Lucas, R.E. 1981. *"Understanding Business Cycles."* Studies in Business Cycle Theory. R.E. Lucas, ed., Cambridge: MIT Press.

Marglin, S.A. 1984. *Growth, Distribution and Prices.* Cambridege: Harvard University Press.

Marsden, J.E. and M. McCracken 1976. *The Hopf-Bifurcation and its Applications.* New York: Springer-Verlag.

Minsky, H.P. 1957. "Monetary Systems and Accelerator Models." *The American Economic Review* 47 (6): 859-82.

Minsky, H.P. 1975. *John Maynard Keynes.* New York: Columbia University Press. 〔堀内昭義訳『ケインズ理論とは何か』岩波書店, 1988年〕

Minsky, H.P. 1982. *Can "It" Happen Again? Essays on Instability and Finance.* Armonk, New York: M.E. Sharpe, Inc. 〔岩佐代市訳『投資と金融』日本経済評論社, 1988年〕

Minsky, H.P. 1986. *Stabilizing an Unstable Economy.* New Haven: Yale University Press. 〔吉野紀・浅田統一郎・内田和男訳『金融不安定性の経済学』多賀出版, 1989年〕

Nell, E. 1986. *On Monetary Circulation and the Rate of Exploitation.* Thames Papers in Political Economy. London: Thames Polytechnic.

Rose, H. 1969. "Real and Monetary Factors in the Business Cycle." *Journal of Money, Credit, and Banking* (May): 138-52.

Ruelle, D. and F. Takens. 1971. "On the Nature of Turbulence, Communications." *Mathematical Physics* XX: 176-92.

Sargent, T. 1979. *Macroeconomic Theory.* New York: Academic Press.

Schinasi, G.J. 1981. "A Nonlinear Dynamic Model of Short Run Fluctuations." *Review of Economic Studies* 48: 649-56.

Schinasi, G.J. 1982. "Fluctuations in a Dynamic, Intermediate-Run IS-LM Model: Applications of the Poincare-Bendixon Theorem." *Journal of Economic Theory* 28: 369-75.

Semmler, W. 1986a. "On Nonlinear Theories of Economic Cycles and Persistence of Business Cycles." *Mathematical Social Sciences* 12 (1): 47-76.

Semmler, W. 1986b, ed. *Competition, Instability, and Nonlinear Cycles, Lecture Notes in Economics and Mathematical Systems.* Heidelberg and New York: Springer-Verlag.

Semmler, W. 1987. "A Macroeconomic Limit Cycle with Financial Perturbations."

Journal of Economic Behavior and Organization 8 (3): 469-95.

Semmler, W. and M. Sieveking. 1988. Nonlinear Growth-Liquidity Dynamics with Bankruptcy Risk. New School for Social Research, University of Frankfurt, Mimeo.

Smale, S. 1967. "Differentiable Dynamical Systems." *Bulletin of the American Mathematical Society* 73: 747-817.

Stiglitz, J. and A. Weiss. 1981. "Credit Rationing in Markets with Imperfect Information." *American Economic Review (June): 393-410.*

Stutzer, M.J. 1980. "Chaotic Dynamics and Bifurcation in a Macro Model." *Journal of Economic Dynamics and Control* 2: 353-76.

Tyalor, L. 1982. *Structuralist Macroeconomics*. New York: Basic Books.

Taylor, L. 1985. "A Stagnationist Model of Economic Growth." *Cambridge Journal of Economics* 9: 383-403.

Taylor, L. and S.A. O'Connell. 1985. "A Minsky Crisis." *Quarterly Journal of Economics* 100 (Supplement): 871-886.

Tobin, J. 1965. "Money and Economic Growth." *Econometrica* 33 (October): 671-84.

Tobin, J. 1969. "A General Equilibrium Approach to Monetary Theory." *Journal of Money, Credit and Banking* I: 15-29.

Tobin, J. 1982. "Money and Finace in the Macroeconomic Process." *Jouranal of Monoy, Credit and Banding* XIV (2): 171-203.

Torre, V. 1977. "Existence of Limit Cycles and Control in Complete Keynesian System by Theory of Bifurcations." *Econometrica* 45 (September): 1456-66.

Wojnilower, A.M. 1983. "The Central Role of Credit Crunches in Recent Financial History." *Brookings Papers on Economic Activity* 2: 289-327.

Wolfson, M. 1986 *Financial Crises*. Armonk, New York: M.E. Sharpe, Inc. 〔野下保利・原田善教・浅田統一郎訳『金融恐慌』日本経済評論社, 1995年 (ただし, 邦訳書は1994年の第2版に基づく)〕

Woodford, M. 1986. Self-Fulfilling Expectations, Finance Constraints and Aggregate Fluctnations. Columbia University, New York. Mimeo.

第Ⅰ部　非線形動学と金融不安定性の基本モデル

第1章

ミンスキー恐慌

ランス・テイラー，スティーブン・オコンネル

　金融恐慌に関するミンスキーのアイデアは，影響力を持っている．たとえば，彼は，チャールズ・キンドルバーガーの良く知られた著書『熱狂，パニック，崩壊』(*Manias, Panics, and Crashes*) に多大の理論的な基礎づけを与えている．しかし，専門家がミンスキーを引用する場合にはいつでも，ミンスキーの著作に含まれるアイデアのフォーマルな定式化への努力は決して行われていないし，彼は，教科書において言及されることはほとんどない．

　このようにミンスキーが無視される1つの理由は，彼の理論がミクロ経済学的な細部にまで及んでいると同時に制度学派的でもあるからである．1982年に出版されたミンスキーの論文集に収録された最近の試論において，彼は，少なくとも4つのタイプの金融市場で活動する経済主体，すなわち，家計および「ヘッジ金融」，「投機的金融」，「ポンツィ金融」にそれぞれ従事する企業について考察している．経済が歴史的に展開するにつれて企業がこれらの金融形態の間を移行していくということが，経済における循環的な行動の根底に横たわっている．この事態の詳細な検討は豊かな認識を我々にもたらしてくれるし，また啓発的なことであるが，それは単なる代数式の守備範囲を超えている．

　おそらく，フォーマルに定式化可能な部分は，ミンスキーの理論の純粋にマクロ経済学的な側面であろう．2つの一般的な仮定が，彼が論じている恐慌を特徴づけている．第1の仮定は，システムにおける名目総資産額は，確信の状態や景気循環の状態に依存してマクロ経済学的に決定される，ということである．さらに，企業や家計による資産選択は非整合的でありうまく調整されない，と仮定すれば，ミンスキー特有の趣きをさらに獲得することができる．彼等は，自らの純資産価値を積みあげることができる．家計は，自らの貯蓄を企業に振

り向けるために，金融仲介機関や株式を用いる．しかしながら，企業によって保有されている物的資本の評価と家計によって保有されている金融資本の評価を有効に橋渡しするメカニズムは存在しない．株式の市場による評価価値は資本の帳簿価値からかなり乖離することが可能であり，その差額は純資産価値によって吸収される．純資産価値の時間を通じた変動とともに，企業と家計の個別的な独自の資産選択行動の相互作用が，恐慌を生み出し得るのである．

　第2の主要な仮定は，ある種の環境のもとでは，家計が保有するポートフォリオ中の各資産の間に強い代替関係が存在する，ということである．すなわち，諸条件が熟した場合には，貨幣への逃避が生じ得るのである．この可能性がどの程度頻繁に発生するのかは，経験的な事柄である．記録に残っている恐慌の経験は，その可能性を無視することはできないことを示している．パニックが発生する場合には，利子率は上昇し，投資は切り詰められ，利潤は低下する．その結果，企業の評価価値および資本資産の価値は低下し，企業の純資産価値も低下する．ミンスキーとアーヴィング・フィッシャー（1933）が強調した負債デフレーションの過程が開始される．この過程の一部は，広範囲に及ぶ金融仲介機能の麻痺であり，資産の「消滅」である．マクロ・システムにおける資産水準の内生的な変化により，負債デフレーションが発生し得るようになるのである．

　これらの2つのアイデアを発展させるに際して，『ジョン・メイナード・ケインズ』と名づけられたミンスキーの著書が1975年に出版された．この書物は，『一般理論』やミハイル・カレツキ（1971）の分配を表現する会計恒等式を背景にミンスキーの恐慌理論を叙述する，という利点を持っている．我々は，後者〔カレツキ〕の定式化に大部分従い，非常に単純なモデルから出発して，その後に論文の末尾でその拡張の方向を示す．

　経済の生産サイドについては，（主要費用を示す）賃金額に一定の上乗せ率 τ が適用されるマークアップによる価格づけが想定される．正常賃金率を w，労働‐産出比率を b で表わす．物価水準 P は，

(1) $$P = (1+\tau)wb$$

と表わされる．

ミンスキーは，資本財生産部門と消費財生産部門がそれぞれ別個に存在すると仮定しているという意味で，ケインズやフォーリー＝シドラウスキー (1971) のようなケインズ以後の同様のモデル作成者に従っている．ここでは，単純化のために，そのような複雑化は避けられ，したがって新投資財の価格は P となる．

 この価格を企業に据え付けられている物的資本財の価格と同一視することは正当なことであろうか？　もしそれが正当ならば，利潤率 r を

(2) $$r = \frac{PX - wbX}{PK} = \frac{\tau wbX}{(1+\tau)wbK} = \frac{\tau}{1+\tau}\frac{X}{K}$$

と定義できる．ここで，X は産出水準であり，K は資本ストックである．もちろん，物的資産の価格づけルールが異なれば，利潤率に関する異なった表現がもたらされるであろう．特に，ミンスキーの分析は，個別的な建物や機械の価格に基づいている．実際，彼は，さらに議論を進め，(2)式の分母に登場する PK という項目は，ケンブリッジ資本論争を経験してしまった後ではもはや定義不可能である，と主張している．そのような理由で，彼によって用いられたすべての公式は，〔PK でデフレートした比率ではなく〕水準で表わされている．他方，本稿では，PK で割った値に基づく定式化がなされている．この工夫により，資本ストックの評価をめぐる重大な疑問を未解決のまま放置するという犠牲のもとで，成長を表わす微分方程式を単純化することができる．

 ミンスキーの投資理論は，物的資本によって生産過程で生み出される収益に関する期待を中心に組み立てられている．予想利潤と割引ファクターに依存して大雑把な方法で投資を決定する企業を，我々はお決まりのやり方で想像することができる．投資1単位あたりの期待収益の資本化価値は，（ミンスキーによって P_k と呼ばれている）投資決定にふさわしいシャドー・プライスである．それは，

(3) $$P_k = (r+\rho)P/i$$

と書かれる．ここで，i は現行利子率であり，ρ は，資本保有によってもたらされると予想される収益率と現行利潤率 r の差である．変数 ρ は，以下で語られる物語にとって，極めて重大な役割を果たす．それは，期待利潤が高いか

低いかを表わし,それはまた,全般的な確信の状態に依存するのである.ミンスキーの見解によれば,金融市場や生産物市場における諸条件,内部金融,および既存の負債構造はすべて P_k に影響を及ぼすが,本稿の取扱いでは ρ に影響を及ぼす.

ミンスキーは,投資需要が2種類の価格の差 P_k-P_i に依存して決まると考えている.ここで,P_i は,新投資財の供給価格(これもまた,実物的および金融的な攪乱にさらされている)である.本稿の目的にとっては,P_i は P で置き換えることができるから,価格差は,

$$(4) \quad P_k-P = (r+\rho-i)P/i$$

となる.もし以下のような(名目表示の)投資の一種の特定化された表現を用いれば,代数計算が単純化される.

$$(5) \quad 投資需要 = PI = [g_o+h(r+\rho-i)]PK$$

ここで,g_o は自生的な資本ストックの成長を反映する定数であり,係数 h は,予想利潤と利子費用の差に対する企業による投資の反応度の尺度である.方程式(5)をもたらす理論は,極めてオーソドックスである[1].

生産によって生じる所得の流れは,賃金総額 wbX およびマークアップによって生み出される所得 τwbX(あるいは rPK)である.カレツキに従い,すべての賃金は消費されるものと仮定する.利潤はすべて金利生活者に分配され,金利生活者の貯蓄性向は s である[2].総貯蓄フローは,

$$(6) \quad 貯蓄供給 = srPK = s\tau wbX$$

と表わされる.財市場における超過需要は,ちょうど(5)式と(6)式の差に等しい.この式を PK で割れば,以下のような商品市場における均衡条件が得られる.

$$(7) \quad g_o+h(r+\rho-i)-sr = 0$$

財市場が超過需要のときに利潤率 r または産出水準 X が増加することを想定するならば,$s-h>0$ という条件が満たされている場合に,商品市場におけ

表1　企業と金利生活者の単純化されたバランスシート

企　業		金利生活者		
$\frac{r+\rho}{i}PK$	$P_e E$	$P_e E$		
	N	M		W
		B		

る調整が安定的になる．すなわち，この調整過程が安定になるためには，利潤の増加に対する投資の反応の方が貯蓄の反応よりも弱くならなければならないのである[3]．(7)式を r について解き，その結果を投資需要関数に代入することにより，資本ストックの成長率 $g(=I/K)$ に関する次のような誘導形の表現を得る．

$$(8) \qquad g = \frac{s[g_o + h(\rho - i)]}{s - h}$$

利子率の低下や予想利潤の増加は成長率の上昇をもたらす．貯蓄関数により

$$(9) \qquad g = sr$$

となるから，成長率が上昇すれば利潤率と資本設備の稼働率もまた上昇する．

次の段階は，通常のポートフォリオ・バランスの線に沿って経済の資産サイドを考察することである．本源的な外部資産 F あるいは政府の財政的な負債が存在する．それは，貨幣 (M) または短期債権 (B) という形態をとり，金利生活者によって保有される（労働者による金融市場への参加は無視されているが，このことは，労働者は貯蓄しないという仮定と整合的である）．企業が保有する施設や資本設備の資本化された価値は，$P_k K = (r+\rho)PK/i$ である．企業は，未償還の株式 E を発行しており，その市場価格が P_e である．P_e の決定については，以下で論じる．資本ストックの価値と株式価値の差が，企業の「純価値」N である[4]．（金利生活者のバランスシートとともに）企業のバランスシートが表1に掲げられている．微分の形式を用いて表現すれば，バランスシートの恒等式は，

$$(10) \qquad P_k I + \dot{P}_k K = P_e \dot{E} + \dot{P}_e E + \dot{N}$$

となる．ここで，変数の上に付けられたドット〔・〕は時間に関する導関数を示している．新投資と既存資本ストックのキャピタル・ゲインの負債項目における対応物は，新株発行および高い株価，あるいは純価値の増加である．我々は，企業が新株の発行量をいかに決めるか，という点については詮索しない．したがって，株価と純価値が調整変数になる．

金利生活者の富の総額は，

(11) $$W = P_e E + M + B = P_e E + F$$

となる．債券は短期債なので，債券価格は(11)式の中に表われない．金利生活者の富の時間を通じた変化は，

(12) $$\dot{W} = \dot{P_e} E + P_e \dot{E} + \dot{M} + \dot{B} = \dot{P_e} E + srPK$$

である．彼等の富は，キャピタル・ゲインと金融的な貯蓄によって増加する．

各時点で，金利生活者は，市場のバランスに関する以下のような方程式に従って，各資産の間への彼等の富を配分する．

(13) $$\mu(i, r+\rho) W - M = 0,$$

(14) $$\frac{\xi(i, r+\rho)}{P_e} W - E = 0,$$

および

(15) $$-\beta(i, r+\rho) W + B = 0$$

ここで，$\mu + \xi + \beta = 1$である．これらの3つの方程式のうち，2つのみが独立である．通常よく行われるように，我々は，貨幣市場と株式市場を表わす(13)式と(14)式を用いて議論し，iとP_eをそれぞれ，両市場における均衡を達成するように決まる変数と考える．他の市場における超過需要がゼロになる場合には，(15)式で表わされる債券市場の超過供給関数はゼロに等しくなるであろう．

資産需要関数に入り込む変数は，債券利子率iおよび実物資本の予想利潤率$r+\rho$である．取引需要を導入すればX/K（あるいは，再びr）を追加的な

変数として使用しなければならなくなるであろうが,単純化のためにこの可能性は無視されている.株式の収益の指標として $r+\rho$ を使用するということの背景にある考え方は,富の保有者が株式購入をダウ・ジョーンズ平均価格 P_e に基づいて決定するかわりに,ウォール街を通り越して生産サイドの「ファンダメンタルズ」を見極めようと試みる,ということである.より精巧な資産需要理論は,株式収益率として $(r+\rho)P/P_e+\hat{\Pi}_e$ という表現を使用するであろう.ただし,$\hat{\Pi}_e$ は,P_e の期待上昇率である.もし合理的期待学派に従って(ホワイト・ノイズによる攪乱項を除いて)株価の実際の上昇率と期待上昇率が等しいと仮定すれば,株式収益率として $(r+\rho)P/P_e+\hat{\Pi}_e$ という表現を(14)式に代入したシステムは,株価バブルを発生させることがあり得るであろう.(14)式を解けば $\hat{\Pi}_e$ を P_e の増加関数として表わすことになり,標準的な合理的期待モデルと同様の鞍点解が出現するであろう[5].

ミンスキーはしばしばバブルについて言及しているが,バブルはミンスキーの恐慌論にとって中心的な役割を演ずるとは思われないので,我々はこの可能性を無視する[6].彼の議論は,(常にというわけではないが)ほとんどの環境のもとで,株式保有者達は単に,株価の期待上昇率に関して合意することはない,というものであろう.(若干のケースについては例外はあるが)平均的には裁定の機会は無視される.すなわち,株価の全経済的規模にのぼる利益や損失は十分に開拓し尽くされない[7].伝説によれば,1929年の株式市場の崩壊より前にジョゼフ・ケネディは株式市場から撤退した.他の参加者で同様の行動をとった者はほとんどいなかった.そして彼等の誤りが,以下で議論されるような確信を揺るがす危機をもたらしたのである.

バブルを排除すれば,(13)式と(14)式における鍵となる変数は,企業の予想収益率 $r+\rho$ である.収益率が高まれば,企業が保有する資本ストックに対する企業の評価が高まることが表1からわかることに留意せよ.(11)式と(14)式より

(16) $$W = \frac{F}{1-\xi(i, r+\rho)}$$

となるから,金融的富についても同様のことがあてはまる.r と ρ の上昇によって ξ は押し上げられ,そのために株価と富は上昇するであろう[訳注1].実

際,金利生活者が保有する資産の純価値は予想利潤の評価からマクロ経済学的に決定され,それが資産の需要と供給の市場におけるバランスにはね返るのである.株価は

$$(17) \qquad P_e = [\xi/(1-\xi)](F/E)$$

という形に解くことができ,企業の投資や新株発行が所与ならば,(10)式において P_e が企業の純価値の変化を決定することになる.

(16)式より,貨幣市場における超過需要関数を

$$(18) \qquad \mu(i, r+\rho) = \alpha[1-\xi(i, r+\rho)]$$

と容易に書き換えることができる.ここで,$\alpha = M/F$ は,政府の財政的負債のうち貨幣として発行された部分の割合である.

利子率 i と期待利潤率 $r+\rho$ に関する偏導関数をサブスクリプト i および r で示すことにすれば,(18)式を微分形式で

$$(19) \qquad \eta_i di + \eta_r dr = -\eta_r d\rho + (1-\xi) d\alpha$$

と表わすことができるであろう.ここで,

$$\eta_i = \mu_i + \alpha \xi_i$$

および

$$\eta_r = \mu_r + \alpha \xi_r$$

である.

債権利子率が上昇すれば貨幣需要が減少するので,μ_i はマイナスである.このとき株式需要も減少するので ξ_i はマイナスになり,したがって $\eta_i < 0$ となる.偏導関数 μ_r はマイナスであるが,r または ρ が上昇すれば名目株式需要が増加する.諸資産が粗代替関係にあるという標準的な仮定のもとでは,$\xi_r > |\mu_r|$ となる.しかしながら,資産需要において貨幣と株式が密接な代替関係にあるならば,2つの偏導関数の〔絶対値で表わした〕大きさはほぼ等しい値になるであろう.さらに,もし比率 α が十分小さければ,$\eta_r < 0$ となる.

まもなく明らかにされる理由により，我々は，貨幣と株式が密接な代替関係にあると仮定し，したがって，合成された偏導関数 η_r は実際マイナスになると仮定する[8]．

公開市場操作によって貨幣供給が増加すれば，α が上昇し，所与の利潤率に対応する利子率が低下するであろう，ということが，(19)式から直ちにわかる．このとき諸資産の価格 P_k および P_e が上昇するであろう，ということが，(3)式と(7)式からわかる．ミンスキー(1975)は，この結果を正当化するために長い一節を費やしている．資産の代替性の程度が高い場合には，追加的な期待利潤 ρ が上昇すれば i が低下するであろう[9]．

商品市場に関する(7)式と貨幣市場に関する(18)式は，通常の IS/LM 図式と類似のシステムを形成する．しかしながら，(18)式の背後には，貨幣市場と株式市場の双方で需給が一致している，という仮定が存在する，ということを認識しなければならない．均衡において，利潤率や利子率とともに株価 P_e と名目的な富総額 W が決定される．図1で示されるように，我々は，貨幣と企業負債の間に強い代替関係が存在するので，金融市場の均衡をもたらす r と i の組合せの軌跡は，(r, i) 平面において負の勾配を持つ，と仮定する．もし実現利潤あるいは見込利潤が増加すれば，金利生活者はポートフォリオを貨幣や債券から実物資産の方へシフトさせようと望む，というのが，「筋書き」である．貨幣からの逃避が十分に強ければ，均衡化の過程において株価が上昇し，したがって富が増加しなければならない．増加した富のもとで家計が既存の債券ストックを喜んで保有するようになるために，利子率が下落しなければならないのである．

IS/LM 体系に類似した我々の体系の短期的な安定性が満たされるためには，図1に示されているように，金融市場の均衡を表わす曲線の傾きの方が商品市場の均衡を表わす曲線の傾きよりも緩やか——すなわち，負の値の絶対値が小さい——でなければならない．ρ が増加すれば，金利生活者を急激に株式に引き寄せ，その結果，点線で示されるような，利子率を引き下げる方向へ金融市場の均衡を表わす曲線を移動させる．商品市場においては，ρ の増加は投資需要を刺激し，産出量と利潤率を引き上げる．全体的に見れば，利子率の低下，利潤率の上昇，および P_k の上昇が結果として生じる．期待利潤，実現利潤，

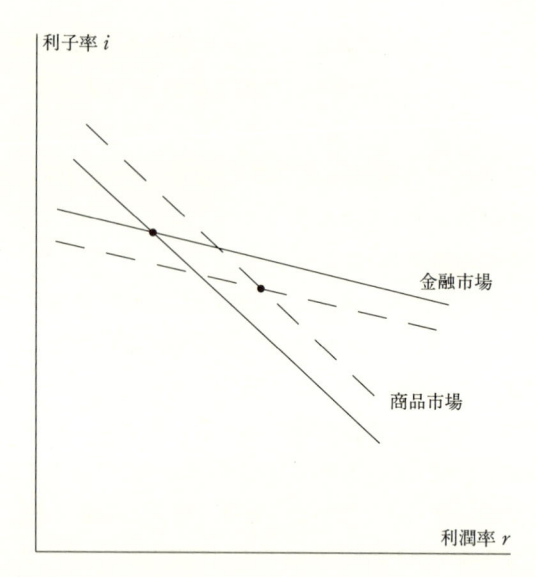

図1 追加的な期待利潤率 ρ の増加に対する利子率と利潤率の反応

および資本ストックの成長率の間に正の連鎖が存在する．他方，経済見通しが悲観的になるならば，予想利潤の下落が金利生活者の貨幣への逃避を誘発し，利子率を引き上げ，成長を抑制することになるであろう．金融引き締め政策（α を低下させる政策）は同様の効果を持ち，金融市場の均衡を表わす軌跡を上方へシフトさせる．その帰結は，利子率の上昇と利潤率の低下である．

　これらのメカニズムにより，恐慌が発生し得る．そのメカニズムの細部を検討するためには，予想利潤率と金融政策が時間を通じてどのように展開していくかを特定化する必要がある．期待利潤率と実現利潤率の差 ρ についての最も現実に適合しそうな理論は，それが経済の一般的な状態に依存するであろう，というものである．たとえば，現実の利潤率が高い場合かあるいは利子率が低い場合には，ρ は上昇するかもしれない．どちらの仮説も実際同じような動学的運動を発生させるが，ここでは，代数的な処理がより容易になるという理由で，利子率が期待の変化に連動するという仮説を用いる．そうするために，ρ に関する「正常な」動学的筋書が次の方程式で記述することができると想定しよう．

$$(20) \quad \dot{\rho} = -\beta(i-\bar{i})$$

利子率が長期的な「正常」水準 $\bar{i}$ を超える場合には,期待利潤率が低下し始めるのである.

　動学を完結したものにするためには,政府の政策的行動を特定化しなければならない.標準的なケインズ派の流儀に基づき,金融政策と財政政策のいずれも,我々のモデルにおける資本ストックの成長径路にかなりの影響を及ぼす.ミンスキー(1982)は,複雑な金融システムにおける金融政策と財政政策の相互作用について長々と議論している.本稿のモデルにおいては,貨幣‐負債比率 α を次のように書くことができる.

$$\alpha = \frac{M}{F} = \frac{M}{PK}\frac{PK}{F} = \frac{M}{PK}\left[\frac{1}{f}\right]$$

ここで, f は,資本ストックに対する未償還の政府の財政的負債の比率である.財政政策の複雑化はさておき,我々は,資本ストックに対する政府支出の比率と支出に対する租税の比率を一定とみなす.これらの仮定のもとでは, f は定数になり,政府支出は,資本ストックの成長率 g の自律的な構成要素としては姿を消す.そのとき,貨幣‐負債比率は,次のルールに従って展開していく.

$$(21) \quad \hat{\alpha} = \hat{M} - g$$

したがって,貨幣の成長率 $\hat{M}$ が一定ならば, g が増加すれば $\hat{\alpha}$ が低下する.

　金融パニックがしばしば発生していたケインズ以前の時代の非活動主義的な金融政策は,貨幣供給の成長率を一定に保つ選択として特徴づけることができた.貨幣の成長率が g の変化に反応しないのであるから,この種の政策は,「風にもたれかかる」趣きを持っている.しかしながら,それは,第2次世界大戦後に多くの国で行われた活動主義的な政策とは大きな隔たりがある.連邦準備制度理事会の政策が1979年10月に貨幣供給成長率の目標をより厳格に設定する方針に移行したことは,おそらく,より複雑な介入方式から(21)式で表わされるようなルールへの移行として特徴づけることができよう.1982年の中頃にこの政策からの退却がみられたことは,通貨当局者の一部が恐慌がなお発生し得るということをますます認識するようになったことによって説明でき

る，とミンスキーなら言うかもしれない．

システム(20)および(21)には，定常均衡 $i = \bar{i}$ および $g = \hat{M}$ が存在する．(20)式の偏導関数を第1行に持つこのシステムのヤコービ行列は，

$$(22) \quad \begin{bmatrix} -\beta i_\rho & -\beta i_\alpha \\ -(g_i i_\rho + g_\rho) & -g_i i_\alpha \end{bmatrix}$$

という形をしている．ここで，i についているサブスクリプトは，IS/LM体系(7)式および(18)式を通じて計算される偏導関数を示し，成長率の偏導関数は(8)式から計算される．

方程式(20)式および(21)式は，潜在的には不安定である．図1からわかるように，ρ の上昇は利子率の低下をもたらし，したがって，(20)式における時間に関する導関数 $\dot{\rho}$ を引き上げる．この正のフィードバックは，必ずしもシステム全体を支配するとは限らない．というのは，ヤコービ行列式 $-\beta i_\alpha g_\rho$ が正になるということが容易にわかる（これは，システムが安定になり得るというサインである）からである．

図2に位相図が描かれているが，この図における矢印は，異なる領域における調整の方向を示している．何が起こる可能性があるかを調べるために，経済が当初は A 点における恒常的な完全均衡状態にあったと仮定しよう．企業家の確信が一時的に揺らげば，ρ は A 点から B 点のような下方の点へジャンプするであろう．同様に，貨幣供給を引き下げる1回限りの通貨当局による市場介入は，i を引き上げるであろう．新しく設定された（以前より低い）α の値のもとでは ρ は A 点から下落し始め，B 点から出発する場合と同様の動学的な過程を開始させる，ということを(20)式は示している．

経済が恒常状態から離れているときに通貨当局が貨幣供給の成長率 $\hat{M}$ を一定に保つならば，均衡値以下の ρ は資本ストックの低い成長率や貨幣‐負債比率 α の上昇と結び付いている，ということが(21)式からわかる．この α の上昇は，利子率の低下と $\dot{\rho}$ の上昇を誘発するであろう．もしこの効果が十分に強力ならば，経済は，C 点を通って均衡に復帰するような径路に従うであろう．利潤率と産出量が低下するという意味で軽度の恐慌が発生し，そのことにより利子率が低下し，投資需要は増加し，最終的には景気が回復するのであ

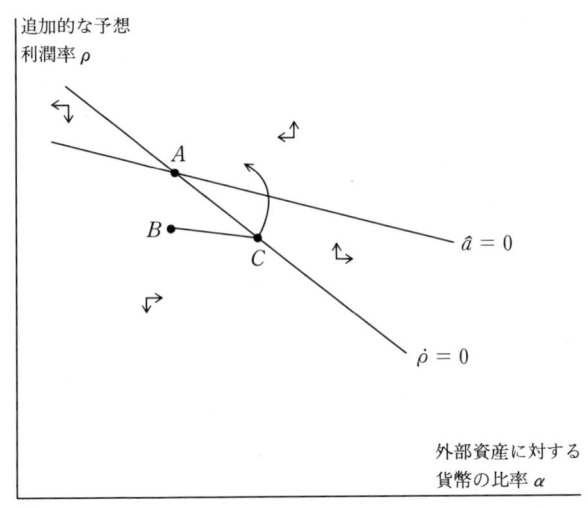

図2 追加的な予想利潤率 ρ の当初の均衡点 A からの低下が最終的には恒常状態への復帰をもたらす場合の調整動学

る．

しかし，もし (α, ρ) の軌道が C 点で折り返すようなものでないならば何が起こるであろうか．ミクロ・レベルでは，システムは，アーヴィング・フィッシャー（1933）によって述べられたような負債デフレーションに突入する．ミンスキー（1982, p. 42）は，過去の経験を次のように述べている．

「利潤が減少するときはいつでも，ヘッジ金融に従事する経済主体は投機的金融に移行し，投機的金融に従事する経済主体はポンツィ金融に移行した．そのような金融構造の誘発された変化は，資本資産価格の下落をもたらし，したがって投資の減少をもたらす．金融市場の失敗が投資の減少をもたらし，それが利潤の低下をもたらし，利潤の低下が金融市場の失敗を誘発し，そのためにさらに投資や利潤が減少し，さらなる失敗がもたらされる，というような連鎖的な過程が発生するきっかけは容易に作られ得るのである．」

図2に関して言えば，産出量と投資は永久に下落し得るし，あるいは，少な

くともモデルが変化するまでは永久に下落し得るのである．これが本来のミンスキー恐慌であり，偏導関数 i_e が絶対値が大きな負の値になり図2における $\dot{\rho} = 0$ の軌跡の傾きが緩やかになる場合にこのようなことが生じ得る．代数計算に戻って考えれば，この条件は資産間の代替性が高い場合にあてはまる，ということがわかる．ρ の低下が利子率の上昇と利潤率の低下をもたらし，金利生活者は貨幣に殺到し，そのために利子率がさらにせり上げられるのである．期待利潤はさらに低下し，この過程は決して終わることはない．不安定なミンスキー恐慌は，利子率が上昇し続けることを別にすれば流動性の罠への動きに似ている．(3)式と(17)式から，罠への降下は，準地代の資本化価値と株価の急落を伴うことを意味している．すなわち，金融仲介機能の全般的な麻痺である．恐慌のミクロ経済面での現われとして，金融的な債権や債務の崩壊がみられる．

　金融的な崩壊の細部を追跡することは，本稿の範囲を越えている．しかしながら，3つの観察事実を述べておく価値がある．まず第1に，ミンスキーは，「層をなす」金融構造の創造と破壊によってブームや危機を加速する金融仲介機関の重要性を強調している．表2は，彼が心の中に描いていることを説明し得る拡張されたバランスシートを示している．企業は今や，株式や借入れとともに社債 D_f を発行する．これらは，B_i や M_i という量の外部債や（ハイパワード）マネーとともに金融仲介機関によって保有されている．それらはまた，純価値 Q および D_i という量の金利生活者への負債（預金）の合計に等しい．公衆に関して言えば，これらの預金は貨幣に等しい．カルドア（1982）のようなケインジアンによって論じられたように，貨幣供給はマクロ・システム全体にとって内生変数になるのである．

　景気拡張の初期の局面では，利潤率は上昇し，利子率は下落する．これらの変数に関する企業の純価値 N の偏導関数は，次式で与えられる．

$$(23) \qquad N_r = \frac{1}{r}\left[\frac{rPK}{i} - \frac{(r\xi_r/\xi)}{1-\xi}P_e E\right]$$

$$(24) \qquad N_i = \frac{1}{i}\left[-\frac{(r+\rho)PK}{i} - \frac{(i\xi_i/\xi)}{1-\xi}P_e E\right]$$

企業のバランスシートの反対側にある項目の P_k と P_e のいずれも i の下落

表2 企業，金融仲介機関，金利生活者の拡張されたバランスシート

企　業	
$\frac{r+\rho}{i}PK$	P_eE
	D_f
	N
金融仲介機関	
D_f	D_i
B_i	Q
M_i	
金利生活者	
$(M-M_i)+D_i$	
$(B-B_i)$	W
P_eE	

と r の上昇に伴って上昇するから，N_r や N_i の符号はあいまいである．しかしながら，金利生活者の金融的な富のうち株式で保有される割合 ξ が小さく，株式需要の r に関する弾力性 $r\xi_r/\xi$ も小さいときには，N_r が正になることが期待できるであろう．右上がりのマークアップ曲線あるいは総供給曲線を通じて P が r の増加関数になるならば，より一層 $N_r > 0$ となる可能性が高まる．同様の推論により，$N_i < 0$ となることが示唆される．もしこれらの諸条件があてはまるならば，ブームの初期に企業の純価値は上昇し始めるであろう．企業は，企業の純価値の上昇を背景にして，借入れを増加させる傾向を持ち，金融仲介機関が経済全体へ拡散させていく資産が創出されるであろう．景気収縮期にはこの過程は逆転され，金融仲介機関の総体的な重要性は縮小するであろう．景気拡張の頂点では，企業の純価値に対する負債の比率が上昇し，（ミンスキーの用語法を用いれば）企業は徐々に「ヘッジ」金融から「投機的」金融へ，さらには「ポンツィ」金融へとポジションを移していくのである．金融崩壊への下準備がミクロ・レベルで整った．ついには，ある種の金融的な失敗の波が金融恐慌の引き金を引くのである．期待利潤の資本化価値が減少するにつれて，金融仲介機関の資産と債務は減少する．この過程は，特に，現行の利子

費用をカバーするために新規の負債を幸運にも発行できていた「ポンツィ」金融に従事する企業の倒産や金融的な困難をもたらす．

第2に，最近の著作において，ミンスキー（1982）は，以上で議論した際限のない恐慌の可能性の芽をつむために政府財政赤字や連邦準備銀行による介入がいかに重要かを強調している．政府を含むカレツキの会計式により，次のような関係を得る．

$$利潤 = 投資 + 政府財政赤字 - 経常収支赤字$$

恐慌期には投資は減少するが，政府財政赤字は増加する．政府財政赤字は，際限のない負債デフレーションを防ぐ需要の源として機能し得る．同様にして，貨幣供給の成長率を引き上げる連邦準備銀行による介入によって恐慌を防ぐことができる．政府や中央銀行による取引を明示的に含めるように我々のモデルを拡張することにより，財政的および貨幣的な安定化装置のいずれについてもフォーマルに叙述することができる．

第3に，企業の倒産は景気収縮期に特有の現象である．非弾力的な必要現金量を確保するために資本資産を売却しようと試みるにつれて企業が投資を減少させると，図1の「商品市場の均衡条件」を表わす曲線が低い利潤率のもとで水平になるか，または右上がりになることがあり得る．この状況のもとでは，たとえ貨幣と資本の間の高い代替性がないとしても，貨幣の収縮によって不安定な動学過程が作動し得る．詳細については，オコンネル（1983）を参照されたい．

本稿を閉じるにあたり，実証的な検証にとって重要なここで提出された恐慌理論の鍵となるメカニズムは，図1と関連させて論じられたような，期待利潤と利子率の間の負の相関関係である，ということを確認しておこう．この関係が成り立つためには，集計的なポートフォリオにおいて株式と他の諸資産との間にかなり強い代替関係が成立しなければならない．その代替関係が弱ければ，図1における金融市場の均衡を示す軌跡は，（通常のLM曲線のように）右上がりになり，ρの上昇はiの上昇をもたらすであろう．図2における$\dot{\rho}=0$の軌跡は，その変数の即座の上方への動きによって答えられるであろう．

ポートフォリオに基づく他の恐慌モデルにおいても，高い代替性が中心的な

役割を演ずる[10]．それは，各資産の収益性に対するもっとゆっくりした反応が一般に安定性をもたらすのに対して，金融市場においてある種の惰性が欠如していることを表わしている．もし中央銀行が潜在的な恐慌を未然に防ぐために最後の貸し手として定期的に介入するならば，時間を通じて資産の代替性は高まっていくかもしれない．過去を未来の指針とすることにより，金融市場の参加者は危険にさらされた資金ポジションに慣れてしまうかもしれない．彼等によるポートフォリオの転換はより頻繁になり，経済が景気循環の頂点に達して危険な前兆が現われたときその代替はより激しいものになるかもしれない．これらの状況下でもし中央銀行がより非介入主義的な政策に移行すれば，大惨事への道が開かれることになるかもしれない．鋭敏な金融市場を持つ経済においてはいつでも，金融恐慌は実際に起こり得るマクロ経済的な可能性として考えられなければならない．

注

* ハイマン・ミンスキー，匿名のレフェリー，およびダン・ラフのコメントに大いに感謝する[訳注2]．
1) もちろん，P_k を投資行動のシャドー・プライスとして使用することは，トービン (1969) による「q」の使用に似通っている．しかしながら，我々は，株式市場に関連づけた q の計算を行わ・な・い・という意味で，トービンとは一線を画する．投資決定と株価の分離は，本稿の最初で述べられた家計と企業の金融行動の独立性の系論である．
2) 原則的には，貯蓄率は富あるいはある種の恒常所得概念に依存し得る．以下で明らかになるように，そのような行動仮説を採用すれば s が ρ の増加関数になる．その結果生じる総需要効果は，我々の筋書を補強することになるが，ここでは単純化のためにこの効果を無視する．
3) このモデルの安定性その他の諸性質に関する議論については，テイラー (1983) を参照せよ．オコンネル (1983) は，資本設備の低い稼働率水準において商品市場の安定性が破られ，フィッシャー＝ミンスキー風の不安定な動学過程が発生するモデルを分析している．
4) 巨額の未償還の企業の純価値の存在は，現代資本主義の特徴であるように思われる．イギリスについての計測結果とこの現象が富保有一般の分析にもたらす諸困難に関する議論については，アトキンソン (1975, p. 129-31) を参照せよ．
5) フォーマルな用語を用いれば，$\phi(i,)$ は，関数 $\xi(i,)$ の2番目の成分に関する逆関数である．このとき，(14)式および $(r+\rho)P/P_e + \tilde{\Pi}_e$ が株式収益率であることか

ら，

$$\hat{\Pi}_e = \phi\left[i, \frac{P_eE}{F+P_eE}\right] - \frac{(r+\rho)P}{P_e}$$

という関係を得る．したがって，$\hat{\Pi}_e$ は P_e の増加関数になる．このような関係がいかにしてサドル・ポイント的な不安定性を生み出すかについては，バーマイスター (1980) を参照せよ．

6) キンドルバーガー (1978) を参照せよ．合理的期待バブルの教科書的な例は，300年以上昔のオランダにおけるチューリップ狂事件である．初期における理論的な説明としては，サムエルソン (1957) を参照せよ．

7) 同様にして，$r+\rho$ と i を一致させるほどには投資需要は潜在的な利潤に対して活発に反応しない．ミンスキー (1975) は，投資の文脈における借り手のリスクと貸し手のリスクに言及しているが，チューリップ狂事件が資本主義経済におけるマクロ経済的な恐慌を誘発するという示唆は，どこにもない．

8) もしモデルに取引需要を含めるならば η_r が負であるとしてももっと絶対値が小さくなるし，η_r が正になることもあり得る．我々は，代替効果の方が優勢であると仮定する．

9) ミンスキー (1975) は，ρ の i に対する負の効果を流動性選好のシフトによって取り扱うことを好んでいる．123 ページにおいて，「ブームの間に貨幣の投機的需要が減少する」ということを我々は学ぶことができる．さらに，76 ページに次のような記述がある．もしブームによって生じた所得の上昇が「資本資産の所有を通じて得られる所得の確実性の増加として解釈されるならば，流動性選好関数がシフトし，その結果，所与の貨幣量に対して所得は増加し利子率も増加し，資本資産の価格も上昇するであろう」．換言すれば，貨幣量および所得が所与ならば，（資本資産の価格を引き上げる）期待利潤の上昇は（ここでも再び投機的貨幣需要が減少するので）利子率の低下と結び付いているのである．r が上昇するにつれて導関数 η_r の符号が正から負に転ずるという示唆は，現在の枠組の中でモデル化することができよう．その主な効果は，景気収縮期における安定性が増し，ここで議論されたような際限のないミンスキー恐慌の発生が不可能になる，ということである．

10) たとえば，ドーンブッシュ゠フレンケル (1982) を参照せよ．

訳注

1) 以下の議論は，

$$\xi_i = \frac{\partial \xi}{\partial i} < 0, \quad \xi_r = \frac{\partial \xi}{\partial (r+\rho)} > 0, \quad \mu_i = \frac{\partial \mu}{\partial i} < 0, \quad \mu_r = \frac{\partial \mu}{\partial (r+\rho)} < 0$$

という符号条件を前提にしている．

2) この謝辞におけるレフェリーとは，この論文が最初に掲載された『クォータリー・ジャーナル・オブ・エコノミックス』(Quarterly Journal of Economics) 誌のレフェリーを指す．

第1章 ミンスキー恐慌　　　41

参考文献
Atkinson, A.B. 1975. *The Economics of Ineauality*. Oxford: Clarendon Press.
Burmeister, Edwin. 1980. *Capital Theory and Dynamics*. Cambridge: Cambridge University Press.
Dornbusch, Rudiger and Jacob A. Frenkel. 1982. The Gold Standard and tne Bank of England in the Crises of 1847. Paper Presented at conference Retrospective on the Classical Standard 1821-1931. Hilton Head, N.C.
Fisher, Irving. 1933. "The Debt-Deflation Theory of Great Depressions." *Econometrica* I: 337-57.
Foley, Duncan K. and Miguel Sidrauski. 1971. *Monetary and Fiscal Policy in a Growing Economy*, New York: Macmillan.
Kaldor, Nicholas. 1982. *The Scourge of Monetarism*. Oxford: Oxford University Press.〔原正彦・高川清明訳『マネタリズム：その罪過』日本経済評論社，1984年〕
Kalecki, Michal. 1971. *Selected Essays on the Dynamics of the Capitalist Economy, 1930-1979*. Cambridge: Cambridge University Press.〔浅田統一郎・間宮陽介訳『資本主義経済の動態理論』日本経済評論社，1984年〕
Kindleberger, Charles P. 1978. *Manias, Panics and Crashes: A History of Financial Crises*, New York: Basic Books.〔吉野俊彦・八木甫訳『熱狂，恐慌，崩壊：金融恐慌の歴史』日本経済新聞社，2004年〕
Minsky, Hyman P. 1975. *John Maynard Keynes*. New York: Columbia University Press.〔堀内昭義訳『ケインズ理論とは何か』岩波書店，1988年〕
―――. 1982. *Can "It" Happen Again ? Essays on Instability and Finance*. Armonk, New York: M.E. Sharpe, Inc.〔岩佐代市訳『投資と金融』日本経済評論社，1988年〕
O'Connell, Stephen A. 1983. Financial Crises in Underdeveloped Capital Markets; A Model for Chile. Department of Economics, Massachusetts Institute of Technology. Mimeo.
Samuelson, Paul A. 1957. "Intertemporal Price Equilibrium: A Prologue to a Theory of Speculation." *Weltwirtschaftliches Archiv*. LXXIX: 181-219.
Taylor, Lance. 1983. *Structuralist Macroeconomics*. New York: Basic Books.
Tobin. James. 1969. "A General Equilibrium Approach to Monetary Theory." *Journal of Money, Credit and Banking* I: 15-29.

第2章
資金調達,不安定性,循環

マイケル・ウッドフォード

　新古典派の最適成長モデルにおいては,通常は経験的にみて現実的であるとみなされる範囲を含む広範なパラメーター値の範囲内で,安定的な定常均衡点が存在する．定常的な競争均衡点が不安定で均衡を保ったままの循環が発生する例（ベンハビブ＝西村 1979, 1985）や,均衡動学がカオス的でさえある例（ボールドリン＝モントルッキオ 1986；デネッケレ＝ペリカン 1986）が知られているが,それらの例は,異なった部門間の資本集約度の相対的な格差に関する比較的極端な仮定と,時間割引率が十分に高いという仮定の双方に依存しているのである．（最適成長モデルにおいて循環やカオスの発生を排除する十分条件については,シェインクマン［1976］およびデッカー［1984］を参照されたい．）外生的なショックが存在しない場合に定常均衡点が安定になるということは,景気循環（すなわち,単に定常均衡から一時的に乖離した場合の移行過程ではなく,反復される循環）は,継続的に起こる外生的なショックに対する経済の反応によって発生するものとして解釈されなければならない,ということを意味する．生産技術の確率的な変化を外生的なショックとして導入するキドランド＝プレスコット（1980, 1982）の論文にみられるように,反復的な経済変動は,確率的な成長モデルにおける定常マルコフ均衡と同一視されている．

　景気循環に関するこの種のアプローチに批判的な人々は,概して,均衡モデルの方法論に特有の根本的な公準を攻撃した——すなわち,市場では常に需給が一致していることを前提にしてモデルを作製するべきではない,あるいは,市場参加者が完全予見できる（または,確率的な均衡の場合は「合理的期待」を形成できる）ことを仮定すべきではない,というわけである．新しい古典派

第2章 資金調達，不安定性，循環　　　43

のマクロ経済学（new classical macroeconomics）に反対する新古典派経済学者（neoclassical economists）は概して，新しい古典派の公準は長期均衡のモデルにとっては適切であるが，景気循環はこのような方法によってモデル化することができない短期における現象である，と主張する．もっとラディカルな批判者達は，これらの公準をそもそも経済動学に使用することは全く不適切であると主張している．

　以上のような議論のかわりに，私は，新しい古典派の景気循環に関する伝統的な記述に含まれる論理は，上述の論争で交わされた言葉が想定しているようにみえるほど情容赦のないものではない，ということを示唆したい．すべての財の直物市場で需給が一致してすべての将来の直物価格に関して完全予見が成立する，という想定をたとえ認めたとしても，もし今まであまり注意が払われてこなかった新しい古典派モデルのもう1つの重要な仮定——すなわち，金融市場が完全であるという仮定——を修正すれば，定常的な競争均衡の安定性に関する標準的な結論は，成立するとは限らなくなるのである．

　ここでは，ある種の金融的な制約を導入するほかはすべての点で伝統的な，無限の時間的視野を持つ競争均衡モデルを考えよう．これらの制約は，複雑な現代の私企業経済における金融的取り決めを分別を持って描写しているように思われるし，それらは，非新古典派的な景気循環理論においてしばしば採用されている特定化と密接に関係がある．このモデルにおいては，定常的な競争均衡は不安定であるかもしれないし，完全予見を伴う均衡動学径路は，定常均衡点ではなく均衡循環またはカオス・アトラクターに収束するかもしれない．この可能性は，以前に論じた均衡循環の例におけるような生産部門の複数性や高い時間割引率の仮定には依存することなく発生する．

　たとえ定常的な競争均衡が不安定でないとしても，完全予見均衡はしばしば，モデルの内部で不決定となる．すなわち，初期値が与えられたとき，隣接する均衡が無限に存在する均衡の連続体が存在するのである．この不決定性——これは，金融市場が完全市場であることを仮定する最適成長モデルでは決して起こらないことであるが[1]——はまた，競争過程のある種の固有の不安定性とみなすことができる．〔このような不決定性が存在する場合には，〕経済が辿る異なった動学的径路はいずれも期待の実現と整合的なので，任意の出来事により，

1つの径路から別の径路への経済主体の期待の飛躍が引き起こされることがあり得る.この場合,期待の変化は自己実現的である.そのような状況のもとでは,「アニマル・スピリット」の自律的な変化が常に発生して生産量や資本蓄積率の変動を引き起こすにもかかわらず,経済は常に「合理的期待均衡」の状態にあるような,定常的な確率的変動が発生し得るのである[2].

資本の所有権が集中していて外部金融が存在しない経済

　ここで考察されるべき経済は,1部門の生産技術を持ち,経済主体の寿命は無限であり,労働供給は内生的に決まり,すべての財(すなわち,労働および唯一の生産された財)の直物市場が競争的であるような,定常的な無限の時間的視野を持つ経済である.かくして,それは,生産技術への確率的ショックが存在せず,そのかわりに金融市場の不完全性が仮定されていることを除いて,キドランド゠プレスコット(1980)によって研究された経済と同様の経済である.

　ここで主たる関心の対象になっている金融市場の不完全性の種類は,経済主体(家計や企業)が自らの現在または過去の所得以外から支出の資金源を調達する能力が制限されている,という類のものである.すなわち,(アロー゠ドブリュー・モデルの枠組におけるような,可能な様々な将来事象に条件づけられた所得の請求権を含む)すべての経済主体が平等に接近することができる将来所得に対する請求権の単一の経済全体に及ぶ競争的な市場が存在する,とは仮定されていないのである.このことにより,任意の一時点における異なった経済主体の現在財と将来財に関する限界代替率が一致しないことが許容される.以下で展開される景気循環モデルにおいて,経済における異なった経済主体の限界代替率の差が循環的に変動することが,決定的に重要な役割を果たす.この節においては,単純化のために,どの経済主体も全く外部資金を調達できないという極端なケースが想定される.このことは,いかなる金融資産も全く交換されることはなく,したがって各経済主体は毎期その期に獲得される所得に等しい額を支出しなければならないことを意味する.

　借入れに関する制約が経済の動学的な径路に何らかの影響を及ぼすことを示

第 2 章 資金調達, 不安定性, 循環

すためには, すべての経済主体が同質的であるという仮定を取りはずす必要がある. ある時点において, ある経済主体は, 他の経済主体が資金の貸し手になることを望むような条件のもとで, 実際に資金の借り手になることを望むであろう. このようなわけで, 標準的な新古典派成長モデルのように労働を供給するとともに資本ストックをも所有する無限に生き続ける1人の代表的な経済主体の存在を仮定するのではなく, これらの2つの異なった役割をそれぞれ持つ2種類の異なったタイプの無限に生き続ける経済主体の存在を仮定しよう. 労働者は資本財を蓄積しないものと仮定し, また, 2つのグループはお互いに資金の貸借をすることができないものと仮定する.

借入れ制約が有効であるような経済主体間の区別を導入する他の方法もあるが, ここで採用された経済主体間の区別を導入する特定の方法は, 現代の資本主義経済における生産組織に特に適合的であるように思われる. このような経済主体間の役割の区別は, 多くの非新古典派的な景気循環理論において顕著にみられる. (おそらく最も明白な例はカレツキの理論であろうが, 多くのもっと形式張らない議論においてもまた, 資本家と労働者, または生産者と消費者の意思決定は別個のものとして取り扱われている.) ここで仮定されたような金融的仲介に関する制約は, 伝統的な文献においては十分な注意が払われてこなかったが, カレツキのような著者達による2種類の階級に基づく経済主体の区別のうちに, 暗黙のうちに含まれているものである. もし完備された完全競争的な1組の金融市場を通じて労働者が資本家に資金の貸付けを行うのであれば, 彼らは自ら有効に資本を蓄積することができ, 〔労働者と資本家という〕2つの役割の区別はなくなってしまうのである. (労働者が資本家に資金を貸し付けることができるとしても, それが無制限にできるわけではなくて制約があるとすれば, モデルによって予言されるシステムの動学的な性質はあまり変わらないことが, 次節で示されている. しかしながら, それらの制約が次第に取り除かれてゆくとすれば, その極限においては, 単一の代表的経済主体しか存在しない経済と同じになってしまうのである.) さらに, 2つの集団の間に資金の貸借がないということは, 所与の時点における各集団の支出がその集団の所得によって制約されているということを意味する. このようなわけで, 労働者は彼らの賃金所得に相当する額を毎期きっちりと消費に回し, 資本家は彼ら

が得る利潤所得の中から蓄積需要をまかなうということを仮定するすべてのモデルにおいて，そのような金融制約が暗黙のうちに仮定されているのである．(カレツキは再び，この点についても明示的に述べているが，他の多くの経済動学の研究においても，所得分配と総支出の消費と投資への分割のこの種の結び付きが仮定されていた．)

　労働者は資本を蓄積せず2つの集団の間で資金の貸借がないという仮定は，様々な方法で説明することができる[3]．金融機関はすべての経済主体を平等に扱うが，ある種の担保を提供する借り手にのみ資金を貸し付けると仮定することもできるであろう．明らかに資本財は労働力よりも所有権の移転が容易であるので，労働力のような形態の「富」は担保物件としては貧弱である．もし将来の労働所得を担保にして資金を借り入れることが不可能であるならば，なぜ労働者が資本を所有せず（したがって資金を借り入れることができず），なぜ資本家が労働者から資金を借り入れないか，ということを両方とも説明するためには，均衡において（資本家が獲得する収益率のもとで）労働者は貯蓄するよりはむしろ資金を借り入れたがっているということを示すだけでよい．このことを示すためにはまた，単に，労働者は資本家よりも将来に対する割引率が高いということのみを仮定するだけでよいのである．

　もっと別の説明方法も存在する．生産手段の所有権の集中は，収益を生む生産機会を認識して適切に生産を組織するために必要な知識を持っているのは特定の経済主体のみである，という事実から生じる．（企業家が自らが所有する資本への報酬として受け取る収益率のもとで）賃金受領者はこれらの企業家に資金を貸し付けたいと思っているかもしれないが，彼等は，貸し付けた資金がどのように使用されるか，あるいは実際にはどれだけの額の利潤が得られるのか，ということを有効に監視できない．このようなわけで，彼等は資金を企業家に貸し付けず，企業家の資本蓄積は彼等の利潤によって制約されるのである．このようなことを説明するためには，均衡において賃金稼得者が企業家から資金を借り入れることを望まないということを示すだけでよい．もし賃金稼得者は企業家よりも将来に対する割引率が低いならば，このことが生じる．

　この説明は，特にカレツキの理論を思い起こさせるが，カレツキの理論において最も強調されている所得分配のマクロ経済的帰結は，企業者資本の量に及

ぼす利潤の影響,したがってまた,企てられる投資量に及ぼす利潤の影響である.たとえ賃金稼得者が企業家に資金を貸し付けるとしても,(「危険逓増の原理」のせいで)許容できる資産-負債比率の上限が存在すると仮定すれば,同様の結果が得られるということを次節で示すが,このことにより本稿のモデルとカレツキ理論との類似性はより増すのである.

モデルを特定化するために,無限に生き続ける2つのタイプの経済主体が存在する経済を想定しよう.労働者は,

$$\sum_{t=1}^{\infty} \gamma^{t-1}[u(c_t)-v(n_t)]$$

を最大化するように行動する.ここで,c_tは第t期における消費であり,n_tは第t期における労働供給である.かくして,γは0よりも大きく1よりも小さい割引因子であり,uとvは次のような条件を満たす2回微分可能な関数である.

(i) $\qquad u'>0,\ u''<0,\ v'>0,\ v''>0,$
(ii) $\qquad v'(0)=0,\ $十分大きな$n$に対して$v'(n)\to\infty,$
(iii) $\qquad u'(c)+cu''(c)>0$

仮定(i)は,標準的な単調性と凹性に関する仮定である.仮定(ii)は必要とされる仮定よりも強い仮定であるが,この仮定と仮定(i)により,任意の正の実質賃金wについて

$$\underset{c,n}{\text{Max}}\ u(c)-v(n) \qquad s.t. \qquad c=wn$$

という1期間の最大化問題に最適解$c,\ n>0$が存在することが保証される.この問題を解くことによって導出される労働供給を$n=s(w)$と書くことにしよう.このとき,仮定(iii)は,$s(w)$が単調増加関数になるための必要十分条件である.すなわち,それは,余暇と消費の関係が「粗代替」関係になるための条件である.

もし労働者が資本家へ資金を貸し付けることも資本家から資金を借り入れることもなく,(おそらく低い生産水準における規模の経済のために)労働者が自ら資本財を蓄積することができないならば,各期における労働者の予算制約

は実際に $c_t = w_t n_t$ となり，したがって最適労働供給は $n_t = s(w_t)$，消費需要は $c_t = w_t s(w_t)$ となるであろう．このようなわけで，現在のモデルに関連する労働者の行動のすべての側面を供給曲線 $s(w)$ が要約することになるのである．

収穫不変の1部門生産技術が存在する（少なくとも，実際に生じる景気循環過程における生産量の変動の範囲内においては収穫不変である）と想定しよう．この生産技術のこのモデルに関連する側面は，関数 $r(w)$ を特定化することによって要約され得るが，この関数は，（労働投入の最適な雇用を仮定することにより）資本1単位あたりの準地代を実質賃金率の関数として表現している．（資本家によって保有される資本財1単位あたりの）労働需要は，$d(w) = -r'(w)$ となるであろう[訳注1]．このことから，現存する任意の労働者1人あたりの資本財 $k > 0$ に対して，労働市場における需給を一致させる実質賃金は，

$$(1) \qquad kd(w) = s(w)$$

という方程式の解で与えられるであろう．（凸の生産可能性集合のもとでの利潤最大化の帰結として）もし r が w の減少関数かつ凸関数であるとすれば，$d(w)$ は w の減少関数になり，(1)式には一意的な解 $w(k)$ が存在する．また，$w(k)$ は k の増加関数であることにも留意されたい．

最後に，資本家は

$$\sum_{t=1}^{\infty} \beta^{t-1} \log q_t$$

を最大化するように行動するものと想定しよう．ここで，q_t は第 t 期における資本家の消費であり，β は，0より大きく1より小さい割引因子である．これらの資本家の選好に関する仮定は，計算を簡単にするために選ばれた．これらの仮定は，将来の利潤率に関する資本家の期待がいかなるものであろうと，資本家の貯蓄率が β になることを意味している．β が1に近い場合，すなわち，将来に対する資本家の割引率があまり大きくない場合には，おそらくこの仮定はあまり制約的なものにはならないであろう．（いずれにしても，資本家の貯蓄率は1よりはなはだしく小さくなることはないであろう，ということが

予想される．）

　一般性を失うことなく，1部門の生産技術のもとで，各期毎に1期間中に資本が完全に減耗してしまうこともまた，仮定される．この場合には，各期の資本ストックを前期における資本家の貯蓄と同一視することができるので，

$$(2) \qquad k_{t+1} = \beta r[w(k_t)]k_t$$

という方程式を得る．この方程式は，各期の資本ストックを前期の資本ストックの関数として示している．そこで，可能な資本蓄積径路の分析は，この1次元写像の性質の分析に還元される．

　資本ストックが漸近的にゼロへ向かって収束しないために必要な $r(0) > \beta^{-1}$ という条件が満たされているならば，定常状態における資本ストック $k^* > 0$ が一意的に存在する．すなわち，もし労働者1人あたりの資本ストックの初期値が k^* ならば，(2)式の解はすべての時点において $k_t = k^*$ となるのである．しかしながら，この定常均衡は安定であるとは限らない．もし(2)式の右辺を $f(k_t)$ と書くならば，定常均衡が不安定になるための必要十分条件は $f'(k^*) < -1$ である．（上述の仮定により $f'(k^*) > 1$ となるケースは排除されることを示すことができる．）モデルの基本的な関係を用いて，この条件を次のような形で表現することができる．

〔命題1〕
　定常均衡点で評価された労働供給と労働需要の弾力性をそれぞれ e_s および e_d で表わし，やはり定常均衡点で評価した労働所得と資本所得の分け前をそれぞれ s_n および s_k で表わすことにしよう．このとき，定常均衡点が小域的に不安定になるための必要十分条件は，

$$(3) \qquad s_n/2s_k > e_s + e_d$$

という不等式で与えられる．もし条件(3)が成立するならば，資本ストック k_t のほとんどすべての初期値に対して，均衡資本ストックは，どの点にも収束することなく，有界の範囲内 $[0, k^+]$ を永久に変動し続ける．

図1

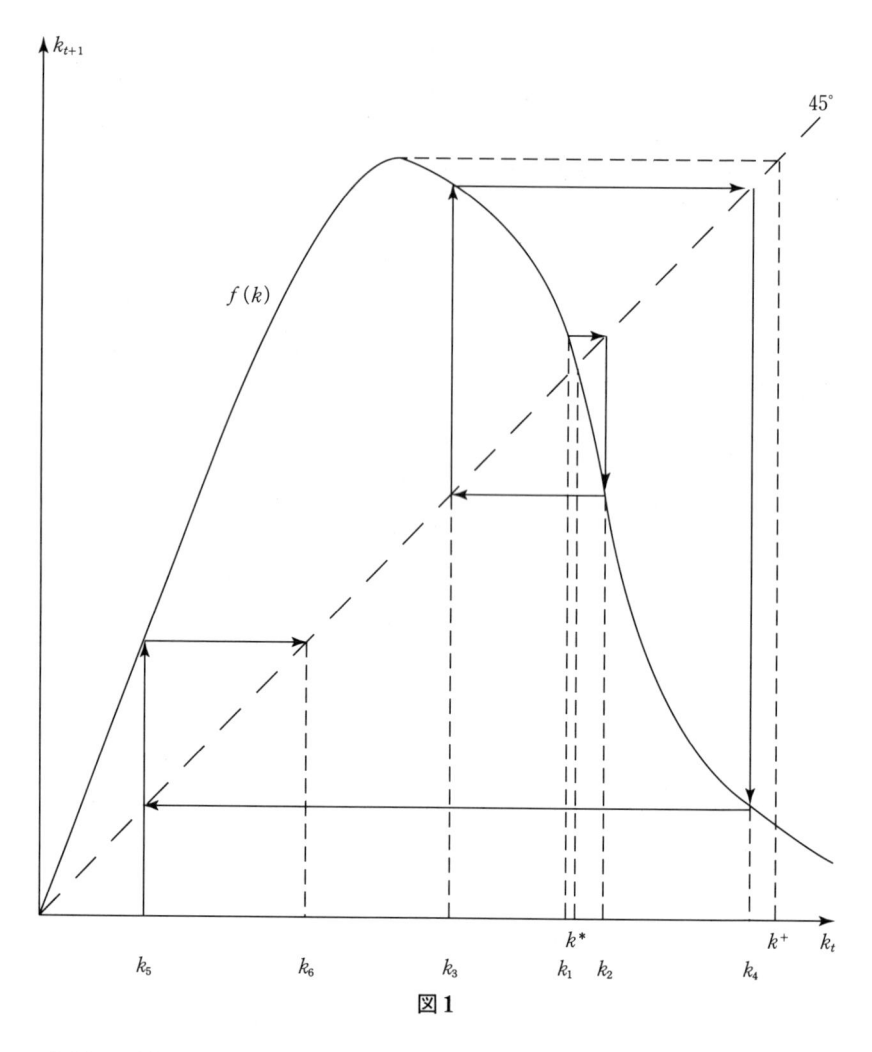

命題1で述べられているケースは，図1に描かれている．この図における矢印は，k^*よりわずかだけ小さな資本ストックの初期値 k_1 に対応する資本ストックの系列 ($k_1, k_2, k_3, k_4, k_5, k_6$) を示している．$k_t$ は，k^* から極めて急速に離れていき，k_t の均衡径路が極めて不規則的になり得ることは，明らかである．

この種の不安定性が発生することを許容するにあたり金融的制約が果たす役

割に留意することは，重要である．標準的な１部門最適成長モデルにおいては，k_{t+1} は必然的に，k_t の単調増加関数になり，このことは（関数 f が45°線の上方から１回だけ交叉するということとあいまって）定常状態の大域的安定性を保証する．同一の「代表的経済主体」が賃金と資本に対する準地代の両方を受け取るときには，彼の所得は総産出量と一致し，必然的に資本ストックの増加関数になることから，このことを説明することができる．このとき，将来消費は「正常財」であることを仮定すれば，貯蓄もまた資本ストックの増加関数になる．それに対して我々のモデルにおいては，資本蓄積は資本家の貯蓄に依存し，資本家の貯蓄は資本家の所得に依存するのである．たとえより大きな資本ストックがより大きな実質産出量を意味するはずだとしても，資本ストックが増加したときにもし賃金が十分に急速に上昇するならば，資本家の所得は減少するかもしれない．このことが，なぜ f が k のある範囲内で k の減少関数になり得るのかを説明し，また，労働供給と労働需要の弾力性が十分に小さいことが不安定性の必要条件であるのはなぜかということを説明するのである．

命題１は，定常点に収束しないということ以外は，資本ストック（したがってまた生産量）の漸近的な振舞いについて何も述べてはいない．それは規則的な周期的変動に収束するかもしれないし，あるいは，永久に非周期的に変動し続けるかもしれない．強くカオス的に振る舞う動学の可能性に留意することは特別に興味深いが，それは，以下のことを意味している．

(i) 写像 f は多くとも加算的な数の周期解を持ち，すべての周期解は不安定である．

(ii) 資本ストック k_t のほとんどすべての初期値に対して，ルベーグ測度に関して完全に連続的な $[0, k^+]$ 上の確率測度 μ が存在し（すなわち，測度 μ は，任意の測度集合 A について $\mu(A) = \int_A g(k)\,dk$ となるような密度関数 g によって述べることができ），それは k_t の頻度の漸近的な分布を述べている（すなわち，正の測度を持つ任意の可測集合 A について，$k_t \epsilon A$ となる頻度は漸近的に $\mu[A]$ と一致する）．

このような場合には，有界ではあるが漸近的に非周期的な（すなわちカオス的な）軌道をもたらす $[0, k^+]$ 内の初期値の集合は，正の測度を持つ．かくして，カオス均衡動学は「観察可能」となるはずである[4]．さらに，k_t の長期的

な頻度の分布が完全に連続的な測度で与えられるという意味で, ほとんどすべての初期値について, 均衡動学は「確率的に変動しているように見える」のである.

リー＝ヨーク（1978）は, 強くカオス的に振る舞う動学の十分条件は, 写像 f が(i)有界な閉空間からそれ自身への写像であり, (ii)区分的に2回連続微分可能（C^2）であり, (iii)導関数が定義されるすべての点において $|f'| > \lambda > 1$ を満たす λ が存在することである, ということを示している. 次の結果は, 我々のモデルにおいてこのことが生じる十分条件を与えている.

〔命題2〕
 $s(0) > 0$ および $r'(0) > -\infty$ （すなわち, $d(0) < \infty$）であると仮定しよう. さらに, すべての $0 < w < w^+$ について

$$\frac{e_s(w) + e_d(w)}{w} < \frac{-r'(w)}{r(w) + \beta^{-1}}$$

となり, w がゼロに近づくにつれて左辺の極限を定義することができ, それが右辺の極限より小さくなるような, 賃金水準 w^+ が存在するものと仮定しよう. 最後に,

$$\frac{s(w^+)}{s(0)} \geqq \frac{\beta r(0) \, r'(w^+)}{r'(0)}$$

と仮定しよう. このとき, (2)式によって述べられる資本ストックの均衡動学は, 強くカオス的になる.

この命題は, ウッドフォード（1988）の第3節において証明されている. 手短に言えば, これらの諸条件は, $w(k) = 0$ という臨界的な条件を満たす正の値よりも k が小さい場合にはすべて f は $\beta r(0) > 1$ という傾きを持つ直線になることを保証している. この領域においては, 資本ストックが不十分にしか存在しないために失業が発生する. 臨界値よりも k の値が大きい場合には, 賃金は正になり, k が増加するにつれて賃金が急速に増加するので, 少なくとも k が k^+ よりも小さい場合には, f は -1 よりも急な傾きを持つ減少関数になる.

第2章 資金調達，不安定性，循環   53

　もちろん，もしある賃金の水準 $w > 0$ のもとで労働供給が完全に弾力的になることを仮定するならば，賃金がゼロにまで下落するということは，この種の強くカオス的な動学が存在するためには必要でなくなる．この場合には，f の最初の直線部分は $\beta r(w)$ という傾きを持つであろうが，もし資本ストックが漸近的にゼロに近づくのではないならば，その傾きは依然として1より大きくなるであろう．このようなわけで，命題2で述べられたのと類似の諸条件のもとで，強くカオス的な動学が観察されるのである．

外部金融が制限されている場合の帰結

　前節のモデルは，すべての経済主体が所得をちょうど支出し尽くさなければならないと仮定しているという意味で，確かにあまりにも極端である．事実，アメリカ合衆国のようなよく発達した金融市場を持っている国においてさえあいかわらず内部金融が企業の最も重要な資金調達源になっているとはいえ，資金調達の一部は外部金融に頼っているのである．外部金融の比重が循環的に変動することは，説明されるべきある種の規則性の1つである．たとえ外部者から企業への資金の貸付けがあるとしても，依然として企業が外部金融を利用できる程度に限界がある限り，前節と類似の結果が得られるということを，本節では示すことにする．
　本節では，経済全体では相殺されてしまう企業に特定化された生産性へのショックを導入するほかは，前節と同様の生産技術を想定する．正確に言えば，企業家は k_{t+1} だけの量の資本を蓄積しようとするが，$t+1$ 期に彼が生産することができる有効な資本利用は αk_{t+1} となるであろう，と想定する．ここで，α は，資本蓄積の意思決定がなされる時点においてはその値が知られていない確率変数である．今や，利潤関数 $r(w)$ は，有効な資本量1単位あたりの（決定論的な）生産可能性を表わしている．独立的に α が決まるような同質的な企業の連続体を仮定し，（一般性を失うことなく）$E(\alpha) = 1$ と仮定するならば，前節で仮定されたものと全く同じである．（本節においては，生産を組織することができる経済主体は，彼等が非賃金所得を稼得する唯一の経済主体ではないという事実をはっきりさせるために，企業家と呼ぶことにする．）

すべての経済主体が平等に参加することができる危険のない負債の競争的市場をモデルに導入する．企業に特定化された生産性ショックは私的な情報であるから，ショックに関する条件付の負債契約を実施することはできない．このようなわけで，（集計レベルでのショックはないのだから）発行されるであろう唯一の種類の負債は，固定した金額を将来のある日に支払うことを約束する単純なタイプの負債である．債務不履行に対するペナルティーは，債務者が払い戻し可能な資金を持っている場合にはいつでもその資金を払い戻さなければならない，というものである．

t 時点における企業の純収入 e_t は，時点 t における産出物の売り上げ金額から賃金支払いおよびその生産のための資金を調達するために発行されたあらゆる負債に対する返済金額を差し引いた残額である．企業家は消費水準 q_t および蓄積すべき資本ストック k_{t+1} を選択する．このことは，負債の発行額が，$k_{t+1}+q_t-e_t$ となるであろうことを意味している．もし α_{t+1} が実現すれば，彼の有効な資本保有量は $\alpha_{t+1}k_{t+1}r(w_{t+1})$ となるであろう．もし t 時点に発行された負債の1期間あたりの実質利子率が i_{t+1} であれば，$t+1$ 時点における企業の純収入は

$$e_{t+1} = \alpha_{t+1}k_{t+1}r(w_{t+1}) - i_{t+1}(k_{t+1}+q_t-e_t)$$

となるであろう．

資本に対する準地代 $r_{t+1}=r(w_{t+1})$ に関して完全予見を持ち，α_{t+1} の確率分布 G を知っており，利子率 i_{t+1} に直面しており，純収入が e_t である企業家の最適化行動は，以下のような選択行動として表わされることを示すことができる．

(4) $\quad\begin{aligned}q_t &= (1-\beta)e_t \\ k_{t+1} &= \theta(r_{t+1}/i_{t+1})(e_t-q_t)\end{aligned}$

ここで $\theta(z)$ は，

(5) $\quad E\left[\dfrac{\alpha z - 1}{(\theta z - 1)\theta + 1}\right] = 0$

という方程式の解である．方程式(5)は，すべての $1 \leq z \leq \underline{\alpha}^{-1}$ に対して一意

的な解 $\theta(z) \geq 0$ を持つ．ここで，$\underline{\alpha}$ は，G の台の下限（それはゼロであるかもしれない）である(訳注2)．関数 $\theta(z)$ は z の単調増加関数になり，$\theta(1) = 0$ であり，$z \to \underline{\alpha}^{-1}$ となるにつれて $\theta(z) \to \infty$ となることを容易に示すことができる．最後に，z が $E(\alpha^{-1})$ より大きいか小さいかに応じて，θ は1より大きいか小さいかがそれぞれ対応する．

関数 $\theta(z)$ は，企業家が引き受けようとするてこ率〔自己資本に対する負債の比率〕が $z = r_{t+1}/i_{t+1}$，すなわち彼等が資金を借り入れることができる利子率を利潤率が超える度合を示す比率に依存することを示している．たとえ $r_{t+1} > i_{t+1}$ であっても，比率 θ は有限になる．なぜならば，α_{t+1} の実現値が低いかもしれないというリスクが存在し，また α_{t+1} の実現値に関する情報が私的情報であるために，そのリスクに保険をかけることができないからである．この議論は，カレツキ（1939）の「危険逓増の原理」と本質的に同じである[5]．(4)式で示されたように r が i を上回る度合に投資が依存するという関係は，カツレキの集計的動学モデルとフォーリー（1986）やフランケ＝ゼムラー（1986）のような著者達によるモデルに共通に，よくみられる．これらの目的にとって，(4)式において留意すべき最も重要なことは，たとえ1期間の負債の競争的市場が存在して θ（外部金融が使用される程度の尺度）が1よりも十分に大きいとしても，利用可能な内部資金が依然として資本蓄積の主たる決定要因であり続ける，ということである．このような理由で，前節で述べられたのと同様の「利潤圧縮」メカニズムが内生的な循環やカオスを可能にするのである．

労働者の選好は前節で仮定されたものと同様であると想定するが，（$\theta > 1$ の場合は）彼等は企業家の負債を保有する債権者となり，（$\theta < 1$ の場合は）より大きな現在消費を実現させるために企業家から資金を借り入れることになる．今や $c_t \neq w_t n_t$ であることが許容されるのであるから，一般に，労働供給は現在の実質賃金のみに依存するわけではなくなるであろう．しかしながら，$u(c) = c$ であるような特殊ケースにおいては，消費需要はもはや $w_t s(w_t)$ に一致しなくなるとはいえ，$n_t = s(w_t)$ と書くことができる．この場合には，リスクのない債券に対する労働者の需要は，$i_{t+1} = \gamma^{-1}$ という利子率において完全に弾力的になる．このとき，投資方程式(4)は，

(6) $$k_{t+1} = \beta\theta\{\gamma r[w(k_{t+1})]\}e_t$$

となる．関数 θ と w は単調増加関数であり，関数 r は単調減少関数であるので，(6)式は一意的な解 $k_{t+1} = h(e_t)$ を持ち，$h(e_t)$ は e_t の単調増加関数になる．この関数は，たとえリスクのない負債に対する競争的市場が存在するとしても，内部賃金の利用可能性が依然として資本支出の水準の決定要因であり続けることを示している．

このことにより，$t+1$ 期における有効な資本1単位あたりの準地代は $r(e_t) = r\{w[h(e_t)]\}$ と表わされるから，負債の返済費用を差し引いた後に残る企業家の純収入の合計は，

(7) $$e_{t+1} = r(e_t)h(e_t) - \beta^{-1}\gamma\{\theta[\gamma r(e_t)] - 1\}e_t \equiv f(e_t)$$

という式で与えられる．各企業家の意思決定を表わす(4)式は彼の純収入に関して線形の方程式であるから，分析者は，関心の対象となるすべてのマクロ経済変数の動きを追跡するだけでよい．かくして，漸近的な動学の分析は，ここでもまた，1次元写像の分析に還元されるのである．

(7)式で定義された写像 f は，図1に描かれたものと類似した挙動をもたらし得る．主な相違は，ここではすべての $e > 0$ について $f(e) > \gamma^{-1}\beta e$ となることを示すことができることである．$(1-\beta)e_t$ だけを消費に回した後で単に残りを貸し付けることによって $e_{t+1} = \gamma^{-1}\beta e_t$ という特定の水準の純収入を企業家が得ることができる，ということから，このようなことが生じる．彼が賃金を貸し付けずにそれをリスクを伴う生産に投資することを選択するとすれば，そのこ得られる e_{t+1} の可能な値の分布が $\gamma^{-1}\beta e_t$ よりも大きな期待値を持つからであるはずである．かくして，f はすべての $e > 0$ について上に有界であることはあり得ない，ということになる．それにもかかわらず，前節と同様の有界な区間内に注意を限定することができる．

$\beta > \gamma$ であることを仮定しよう．なぜならば，もしこの条件が満たされないならば，企業家が究極的には外部金融をもはや必要としなくなるまで，e_t が永久に増加し続けるであろうからである．このとき，

第2章 資金調達,不安定性,循環

$$\lim_{e \to \infty} f(e)/e = \gamma^{-1}\beta$$

となることを示すことができる.この場合には,写像 f が E をそれ自身に写し,一旦 e_t が E に入れば永久にこの区間内に留まり続けるような,有界な区間 $E = [0, \hat{e}]$ が存在する.このようなわけで,我々は再び,有界な区間の範囲内での漸近的な動学に注意を限定することができる.

もし労働供給関数 $s(w)$ が十分に低い(おそらくゼロであり得る)実質賃金のもとで非常に弾力的であり,かつそれは十分高い実質賃金のもとでは非常に非弾力的であると仮定するならば,(7)式で定義される写像 f は,次に述べられているような一般的な形状を持っている.

● e_t の水準が小さい場合には,f は1よりも大きな右上がりの傾きを持つ(労働需要が増加するにつれて賃金はあまり上昇しないので,準地代は高い水準のままである).

● もっと高い e_t の水準のもとでは,f は減少関数になり,その傾きは -1 より小さくさえなり得る(労働需要の増加に反応して賃金が急速に上昇することは,資本ストックが増加するにつれて準地代の合計が減少することを意味する).

● e_t が最も高い水準になると,f は再び増加関数になり,e_t が増加するにつれてその傾きは $\beta\gamma^{-1}$ に近づくが,$\beta\gamma^{-1} > 1$ である(準地代の期待値が非常に小さいので,より高い e_t はもはや投資の増加を意味せず,余分な内部資金は,利子率 γ^{-1} のもとで単に貸し付けられる).

e_t がその範囲内を変動する区間 E は上述の3種類の領域のうちのすべての e の値を含むかもしれないし,あるいはその一部のみしか含まないかもしれない.定常状態は第2の領域内に存在しなければならず,その安定性は定常状態において $f' < -1$ であるか否かに依存するということは,明らかである.このことが起こるための条件は,次のように述べることができる.

〔命題3〕
　上述のような種類の外部金融が制約的である経済の定常状態を表わす均衡点が不安定になるための必要十分条件は,

$$\text{(8)} \qquad \frac{2s_k}{s_n}(e_s+e_d)+e_\theta(1+\beta^{-1}\gamma) < 1+\beta^{-1}\gamma(\theta-1)$$

という不等式によって与えられる．ここで，e_θ は，

$$e_\theta \equiv \frac{z\theta'(z)}{\theta(z)}$$

と定義されており，$z = r/i$ である．なお，すべての数量は定常状態において評価されている．(8)式が成立するときは，e_t は漸近的に有界な区間 E の範囲内に留まり続けるが，決して一定の値には収束しない．

命題3は自己持続的な内生的変動が発生するための十分条件を与えているが，それは，それらの変動が漸近的に周期的になるのかカオス的になるのかを示してはくれない．いずれの場合もあり得るのである．特に，この場合には，前節の場合と同様に，動学が強いカオス的な振舞いを発生させるパラメーター値の範囲を述べることができる．この場合には，以前と同様に，たとえ割引因子 β と γ が好きなだけ十分に1に近くなるように選ばれたとしても，このことが可能になるのである．しかしながら，ここでは，より一般的に，自己持続的な変動の存在のみを考察することにする．

すべての z について $\theta(z) = 1$ となる場合には(8)式は(3)式に還元されることに留意することは，有益である．このようなわけで，本節における諸結果は，前節における諸結果と連続性がある．このことから，少なくとも θ が z に対して十分に非弾力的な場合には自己持続的な変動が発生し得るということが，明らかになる．さらに，$\theta(z)$ が非常に弾力的な場合（すなわち，e_θ が非常に大きい場合）には(8)式は確かに満たされない，ということに留意されたい．このことは，もしてこ率が上昇してもリスクがあまり上昇しないので z のわずかな変化が望ましいてこ率の大きな変化を誘発するのであれば，不安定性が発生することは不可能になることを示している．かくして，適当な極限において，完全な金融市場のケースがまた現われるのである．最後に，e_θ の値が与えられたとき，定常状態において θ が大きければ大きいほど定常的均衡点が不安定になり易くなる，ということに留意することは，興味深いことである．単に外部金融が存在するだけでは，前節で示されたような不安定性が発生し得

第2章 資金調達, 不安定性, 循環　　　　　59

なくなるわけではないのである．それどころか，望ましいてこ率が比率 z に非常に敏感に反応するのでない限り，より高いてこ率はよ゛り゛高い不安定性と結び付いている．この後者の結論は，フランケ＝ゼムラー（1986）の結論に類似している．

貨幣的交換の帰結

　本節においては，もし取引手段としての貨幣の役割を反映する追加的な金融的制約が導入されるならば，より広範な動学的現象さえもが完全予見を伴う均衡と斉合的になる，ということが証明される．特に，ここでは，閉曲線上を動く準周期的な変動が発生し得ることや，均衡が根本的に不決定になり得ることが示されるであろう．
　ある種の取引には貨幣が使用されなければならないと仮定しよう．クラウアー（1967）によって提唱された事前に現金を持っていなければならないという制約（cash-in-advance constraint）は，ある種の所得は，それが稼得された後の時点でなければ支出できない，ということを意味する．所得を受け取った後何期後に支出できるかを示す期間は，支払いメカニズムに伴うタイム・ラグであり，それは多分，どちらかと言えば短いであろう．特に賃金は貨幣で支払われ，労働者は消費財の購入のために支払いをしなければならないと仮定しよう．したがって，各期における労働者の消費支出は，前゛期゛の賃金によって表わされる労働者が期首に保有する貨幣によって制約されるのである．他方，資本家は，利潤をそれが稼得された期間内に支出することができるので，貨幣を保有していないと仮定する．このことは，生産者間で期末においてのみ消算すればよい取引信用のやりとりがあるか，または，資本財を担保として抵当に入れることによって1期間の信用を経済主体が銀行から供与してもらえるか，のいずれかによって説明できる．労働者が事前に現金を持っていなければならないという制約は，景気循環を通じて貨幣表示の価格が変動するという理論を発展させることを可能にする．資本家にはそのような制約がないという事実は，マーグリン（1984）による新ケインズ派モデルのように，物価水準の変動が総産出物に占める望ましい投資水準の比重の変化によって引き起こされる，ということを

意味する．しかしながら，このモデルにおいては，資本家によって望まれる投資率は恣意的に決まるのではなく，完全予見のもとでの最適化行動を表わしているのである[6]．

労働者は最初の節で仮定されたのと同様の選好を持っていると仮定し，各期ごとに

(9) $\quad p_t c_t \leq M_t$

という現金制約に直面しているものとする．ここで，M_t は第 t 期の期首に労働者が保有している貨幣額であり，それは，

$$M_{t+1} = M_t - p_t c_t + w_t n_t$$

という関係式に従って変動する．ただし，p_t は第 t 期における財の貨幣表示の価格であり，w_t は貨幣賃金である．以前に論じた諸理由のうちの1つまたはもう1つの理由により，労働者は，自ら資本財を購入したり資本家に資金を貸し付けたりして貯蓄をすることはない[7]．そして，ここで関心の対象になっている均衡は依然として定常的な競争均衡状態に極めて近いのであるから（定常的な競争均衡点では物価が一定になるので，貨幣保有の実質収益率がゼロになるが，他方，労働者が貯蓄をする気になるために必要な貨幣の実質収益率は $\gamma^{-1} - 1 > 0$ である），労働者は，貨幣を保有することによる貯蓄もしようとはしないのである．このようなわけで，労働者は期首に保有する貨幣残高のすべてを毎期支出し尽くし，また，(9)式の制約は常に等式で満たされる．このことにより，$p_t c_t = M_t$ および $M_{t+1} = w_t n_t$ となる．かくして，各期ごとに，労働者は，

$$p_{t+1} c_{t+1} = w_t n_t$$

という予算制約のもとで

$$\gamma u(c_{t+1}) - v(n_t)$$

を最大化するように労働供給 n_t を選択することになる．

かくして，無限に生き続ける代表的労働者という仮定は，ここでもまた，重

要なことではなくなる．このモデルにおける労働者の消費と労働供給の決定は，各労働者が2期間のみ生き，人生のうちの最初の期間にのみ働き，第2期にのみ消費し，貯蓄を貨幣残高という形態で保有する世代重複モデルにおけるものと事実上同じになるのである．このようなわけで，このモデルは，数ある中でも特にグランモンによって得られた世代重複モデルにおける内生的な変動の可能性に関する諸結果への再解釈を提供している[8]．これらのモデルは，描かれたメカニズムが経済主体の生涯の長さにほぼ等しくなるような期間のとり方に基づく非常に長期間の変動しか説明できないので，そこで発生する変動は「景気循環」とは何の関係もない，という理由で時々批判されている．ここで提出された再解釈は，この批判に対する回答になっている．もしこれらのモデルを金融制約に直面した経済主体のモデルとして解釈するならば，変動が発生する時間の長さは，人口統計学の対象となるような長期間であると考える必要は全くない，ということは明らかである．

資本家もまた，最初の節で仮定されたのと同じ選好を持っていると仮定される．ここでも，再び，彼等は，純収入の一定割合 β を貯蓄することになるので，次式が成立する．

(10) $$q_t = (1-\beta)\, r(w_t/p_t)\, k_t$$
(11) $$k_{t+1} = \beta r(w_t/p_t)\, k_t$$

資本の期待収益率が貨幣の期待収益率を常に上回るという仮定のもとでは，資本家は，資本ではなく貨幣を蓄積しようとは決して思わない．(11)式から，定常状態においては資本の実質収益率は $\beta^{-1} > 1$ となるから，定常均衡に十分近いすべての均衡において，資本の収益率はやはり1より大きくなるであろう．第 t 期に a 単位の生産物を生産するために第 t 期における m 単位の労働と（第 $t-1$ 期に生産された）1単位の資本財が使用されるという，固定的技術係数によって表わされる生産技術を仮定しよう．第 t 期に生産された生産物は，消費されるか，または第 $t+1$ 期に使用するために蓄積されるかのいずれかである．この生産技術が与えられたとき，労働需要は，常に

$$n_t = mk_t$$

となる.

また, $a\beta > 1$ と仮定しよう. この仮定は, 定常均衡において資本家がプラスの資本量を維持しようとするために必要である.

今や, 完全予見均衡のための完結した1組の諸条件を導出することができる. 第1期の期首に資本家は $k_t > 0$ だけの資本ストックを所有し, 労働者は外部貨幣のストック $M > 0$ のうちのすべてを保有しているものと想定しよう. 資本家は貨幣を保有しないという仮定のもとでは, すべての期間の期首に労働者は同一の量の外部貨幣ストック M を保有していなければならない. このことは, 均衡においてはすべての時点において

$$p_t c_t = w_t n_t = M \tag{13}$$

となることを意味する. (10)-(11)式により, 第 t 期における資本家による財の購入量の合計は $(1/\beta)k_{t+1}$ になるから, 第 t 期における財市場の需給一致条件は,

$$\frac{M}{p_t} + \frac{1}{\beta} k_{t+1} = a k_t \tag{14}$$

となる.

最後に, (12)-(14)式を最適労働供給のための1階の条件に代入すれば,

$$V(m k_t) = \gamma U\left(a k_{t+1} - \frac{1}{\beta} k_{t+2}\right) \tag{15}$$

となる. ここで, $V(n) = n v'(n)$ および $U(c) = c u'(c)$ である. この式は, 資本ストックの動きのみを未知数として含む均衡条件である. k_1 が与えられたとき, (15)式を満たすどのような k_t, $t = 2, 3, \ldots\ldots$ の時系列も完全予見均衡を表わしている. k_t の時系列が与えられるならば, 上述の均衡条件のすべてを満たす物価水準, 賃金等の時系列が一意的に定まる. (ここでは簡潔さを重視するために明示的には出てこないが, ある種の不等式がすべての時点において成立しなければならない. 特に, 以前に言及したように, 資本の収益率は貨幣の収益率を上回らなければならないし, 労働者は貨幣を貯蓄しようと考えてはならない. ここでも再び, これらの不等式は, 以下で我々が研究する定常均衡の近傍におけるすべての資本ストックの軌道において成立するのであ

る.）定常均衡の安定性や内生的な均衡循環が存在するかどうかを分析するためには，単に差分方程式(15)の解を分析すればよいのである．

経済主体の選好や生産技術に関する上述の仮定が与えられれば，定常状態における資本ストック k^* が一意的に決まることが容易にわかる．定常状態の近傍における完全予見を伴う均衡動学は，(15)式を均衡点のまわりで線形近似することによって特徴づけることができる．すなわち，線形近似体系は，

$$(16) \quad \begin{bmatrix} k_{t+2} - k^* \\ k_{t+1} - k^* \end{bmatrix} = \begin{bmatrix} a\beta & -\beta E \\ 1 & 0 \end{bmatrix} \begin{bmatrix} k_{t+1} - k^* \\ k_t - k^* \end{bmatrix}$$

である．ここで

$$E = \frac{n^* v'(n^*) + n^{*2} v''(n^*)}{k^* [u'(c^*) + c^* u''(c^*)]}$$

であり，n^* と c^* はそれぞれ，定常状態における n_t と c_t の値である．

$$E = \left(a - \frac{1}{\beta}\right)\left(\frac{1}{e} + 1\right)$$

と書くことができることに留意しよう．ここで e は定常平均点で評価された w_t/p_{t+1} に関する労働供給の弾力性である．労働者の選好に関する仮定(iii)は，$e > 0$ ということを意味している．

$a\beta > 1$ および $e > 0$ となる場合に考察の対象を限定すれば，(16)式における行列の固有値が以下の性質を満たすことを容易に示すことができる．

(1) もし $(a\beta/2)^2 > \beta E$ かつ $\beta E < 1$ であれば，2つの固有値は0よりも大きくて1よりも小さい実根である．

(2) もし $(a\beta/2)^2 < \beta E < 1$ であれば，2つの固有値は絶対値が1よりも小さい複素根である．

(3) もし $(a\beta/2)^2 < \beta E$ かつ $\beta E > 1$ であれば，2つの固有値は絶対値が1よりも大きい複素根である．

(4) もし $(a\beta/2)^2 > \beta E > 1$ であれば，2つの固有値は1よりも大きな実根である．

これらの様々な領域は，図2のように幾何学的に示される．

このとき，安定多様体定理の単純な帰結である次の結果が得られる[訳注3]．

$a\beta$

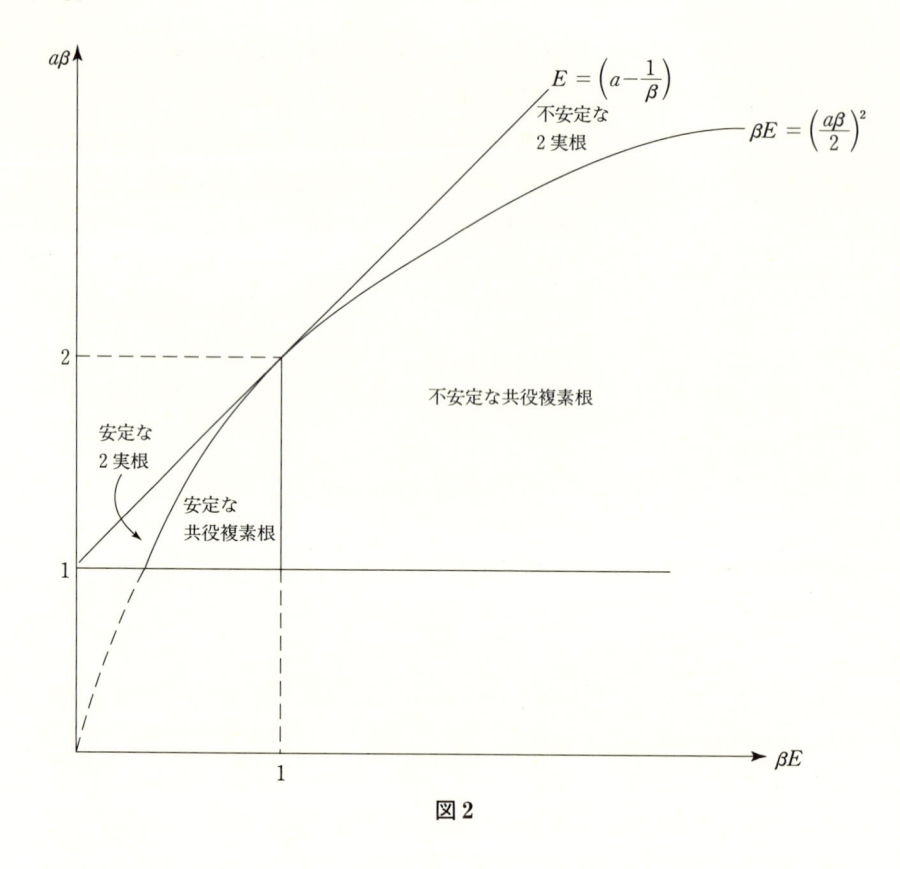

$E = \left(a - \dfrac{1}{\beta}\right)$
不安定な
2実根

$\beta E = \left(\dfrac{a\beta}{2}\right)^2$

2

不安定な共役複素根

安定な
2実根

安定な
共役複素根

1

1

βE

図2

〔命題4〕

労働供給曲線の弾力性が

(17) $$e\left(\frac{2-a\beta}{a\beta-1}\right) > 1$$

という条件を満たす場合には，k^* のある近傍におけるそれぞれの初期条件 k_1 に対応して，定常均衡にすべて漸近的に収束する完全予見均衡の1次元の連続体が存在する．かくして，この場合には，完全予見均衡は不決定になる〔無数に存在する〕．他方，(17)式の反対の不等式が成立する〔右辺の方が左辺よりも大きくなる〕ならば，ちょうど $k_1 = k^*$ でない限り，k^* の近傍から出発した場合常に定常均衡に漸近的に収束するような k_t の完全予見均衡は不安定で

ある．どちらのケースも以前に設けられた一般的な仮定と斉合的であることに留意されたい．事実，図2に示されているように，前のパラグラフで論じられた4つのケースのすべてが，パラメーター空間内の非空の領域で発生するのである．

　最適成長モデルにおいて時間割引率が十分に小さい場合に生じるような，定常状態均衡が「鞍点安定性」の性質を持つようなパラメーター値の組合せが存在しないことは，興味深いことである[9]．このようなわけで，どのようなパラメーター値が選ばれたとしても，ある種のマクロ経済的不安定性が含意されるのである．(17)式が成立しない場合には，完全予見均衡は，定常状態均衡点に収束することができない．そのような完全予見均衡の漸近的挙動を一般的に特徴づけることはできないが，ある場合には，一定の閉軌道上の周期的または準周期的な運動に漸近的に収束する完全予見均衡が存在するであろう．次の命題は，写像におけるホップ分岐定理の直接的な帰結である．

〔命題5〕
　パラメーター μ によって指数化された1パラメーターの経済の族を考え，a, β および e は μ の連続1回微分可能な関数（C^1 級関数）であり，すべての μ について $0 < a^{-1} < \beta < 1$ であると仮定しよう．さらに，

$$\beta(\mu^*)E(\mu^*) = 1$$
$$\beta'(\mu^*)E(\mu^*) + \beta(\mu^*)E'(\mu^*) \neq 0$$

となるような μ^* が存在すると想定しよう．このとき，$\sigma \epsilon (0, \bar{\sigma})$ における連続関数 $\mu(\sigma)$ および閉曲線の族 $\Gamma(\sigma)$ が存在し，$\sigma \to 0$ となるにつれて $\mu(\sigma) \to \mu^*$ となり，$\Gamma(\sigma)$ は定常状態均衡に退化する．そして，各 $\sigma \epsilon (0, \bar{\sigma})$ に対応して，$\Gamma(\sigma)$ は $\mu(\sigma)$ によって指数化された経済における完全予想均衡の閉軌道である．

　若干の正則性の条件が満たされる場合には[10]，命題5は，μ^* の左側の近傍のすべての μ または μ^* の右側の近傍のすべての μ において完全予見均衡動

学の閉軌道が存在することを意味している．定常状態の近傍の閉軌道が $\beta E <$ 1 の領域に存在する場合には，閉軌道上から出発する完全予見均衡のみが閉軌道に留まり続けるが，他方，閉軌道が $\beta E > 1$ の領域に存在する場合には，閉軌道に十分近い初期状態から出発するすべての完全予見均衡径路は漸近的に閉軌道に収束する．どちらの場合も可能である[11]．いずれの場合でも，k^* の近傍のある k_1 について閉軌道に漸近的に近づくような完全予見均衡が存在する．

明らかに，命題5で述べられたような状況は可能である．図2において $\beta E = 1$ となる直線上の点では命題5の1番目の条件が満たされるし，ほとんどすべての点において2番目の条件も満たされるはずである．$\beta(\mu^*)$ が十分に1に近い場合でもこれらの条件が満たされ得ることに留意されたい．このようなわけで，ここで研究されたような種類の経済においては，前節の場合と同様に，資本蓄積率を決定する経済主体が極端に低い時間割引率を持っている場合でさえ，均衡循環が可能なのである．

注

1) ウッドフォード（1987，第1節）を見よ．
2) 完全予見均衡の不決定性と，選好や生産技術の変化とは無関係な確率的変動を伴う定常的な合理的期待均衡の存在との間の一般的な関連性については，ファーマー＝ウッドフォード（1984），ウッドフォード（1984，第4節；1986）を見よ．この種の均衡を許容する金融仲介の不完全性の役割については，ウッドフォード（1987）を見よ．
3) この論点について詳しくは，ウッドフォード（1987，第2節B）を見よ．
4) このようなわけで，カオス動学の若干の先行例についてのグランモン（1985, pp. 1026-7）による批判は，そのような場合には正しくないであろう．
5) 「借り手のリスク」に関するケインズ（1936）の議論は，本質的に同様の考察を行っている．ミンスキー（1975, pp. 106-16）は1つの解釈を与えている．グリーンワルド＝スティグリッツ（1985）は，このような関係に対するもう1つの理論的基礎を提供している．
6) しかしながら，このことは，集計変数の変動に資本家の支出の自律的な変化が何の役割も果たさないということを意味しない．注2で言及した確率的均衡は，「アニマル・スピリット」の自律的な変化が集計変数の変動を引き起こすような均衡として解釈できる．
7) ここでは，最初の節と同様に，外部金融が全く不可能であることが仮定されている．しかしながら，第2節と同様に，この節のモデルもてこ率が内生的に決まるような場合に拡張することは容易である．ここでもまた，望まれるてこ率が非常に弾力的にな

第2章 資金調達，不安定性，循環

るのでない限り，高いてこ率 θ は循環を発生しやすくなることがわかる．
8) グランモン (1985) のモデルと形式的には全く同じ均衡条件をもたらす事前に現金を持っていなければならない経済の例としては，ウッドフォード (1987, 第 2 節 A) を参照されたい．ここで扱われている生産を伴う経済は，レイチリン (1986) によって研究されている世代重複経済モデルにおけるものと密接に関連した均衡条件をもたらす．
9) たとえば，マギル (1977) およびシェインクマン (1976) を見よ．
10) その条件とは，a, m, β および u と v の導関数を含むある種の式の値がゼロにならないことである．グッケンハイマー＝ホルムズ (1983, pp. 162-3) を参照されたい．この条件は，図2で示されたホップ分岐の軌跡におけるほとんどすべてのパラメーターについてはっきりと妥当する．
11) レイチリン (1986) は，(15) 式において $\beta = 1$ という極限の状態に対応する生産を含む世代重複モデルにおいて，どちらの場合も可能であることを示している．連続性により，β が十分に 1 に近い場合にもどちらの場合も可能になるのである．

訳注

1〕 Y = 実質生産量，k = 実質資本ストック，N = 労働需要量とすれば，$Y = rk + wN$ となる．したがって，両辺を k で割れば，$y = r + wd$ ($y = Y/k$, $d = N/k$) となる．この式を d で微分すれば，$y'(d) = r'(d) + w'(d)d + w$ となるが，$y'(d)$ は労働の限界生産力であるから，完全競争企業の利潤最大条件より $y'(d) = w$ である．したがって，$r'(d) + w'(d)d = 0$ となるが，この式を書き直せば，$d = -\dfrac{r'(d)}{w'(d)} = -r'(w)$ を得る．

2〕 確率分布 G の台 (support) とは，確率密度が正になる α_t の範囲である．

3〕 $a\beta > 1$ および $e > 0$ という条件が満たされる場合は，

$$e\left(\frac{2-a\beta}{a\beta-1}\right) \gtreqless 1 \iff \beta E \gtreqless 1$$

(複号同順) となることを示すことができる．

参考文献

Benhabib, J. and K. Nishimura. 1979. "The Hopf Bifurcation and the Existence and Stability of Closed Orbits in Multisector Models of Optimal Economic Growth." *Journal of Economic Theory* 21: 421-44.

―――. 1985. "Competitive Equilibrium Cycles." *Journal of Economic Theory* 35: 284-306.

Boldrin, M. and L. Montrucchio. 1986. "On the Indeterminacy of Capital Accumulation Paths." *Journal of Economic Theory* 40: 26-39.

Clower, R.W. 1967. "A Reconsideration of the Microfoundations of Monetary

Theory." *Western Economic Journal* 6: 1-9.

Dechert, D.W. 1984. "Does Optimal Growth Preclude Chaos? A Theorem on Monotonicity." *Z. Nationalokonom.* 44: 57-61.

Deneckere, R. and S. Pelikan. 1986. "Competitive Chaos." *Journal of Economic Theory* 40: 13-25.

Farmer, R.E.A. and M. Woodford. 1984. *Self-fulfilling Prophecies and the Business Cycle.* CARESS working paper no. 84-12. University of Pennsylvania (April).

Foley, D. K. 1986. Endogenous Financial-Production Cycles in a Macroeconomic Model. Barnard College. Mimeo.

Franke, R. and W. Semmler. 1986. Debt Financing of Firms, Stability, and Cycles in a Dynamical Macroeconomic Growth Model. Disc. Paper No.19, Fach. Wirtsch. University of Bremen, (Fall). Rerised version appears in this volume.

Grandmont, J.M. 1985. "On Endogenous Competitive Business Cycles." *Econometrica* 53: 995-1045.

Greenwald, B. and J.E. Stiglitz. 1985. Information, Finance Constraints, and Business Fluctuations. Princeton University. Mimeo.

Guckenheimer, J. and P. Holmes, 1983. *Nonlinear Oscillations, Dynamical Systems, and Bufurcations of Vector Fields.* New York: Springer-Verlag.

Kalecki, M. 1939. *Essays in the Theory of Economic Fluctuations.* New York: Russell and Russell.

Keynes, J.M. 1936. *The General Theory of Employment, Interest and Money.* Reprint. New York: Macnillan, 1986. 〔塩野谷祐一訳『雇用・利子および貨幣の一般理論』東洋経済新報社, 1983年〕

Kydland, F. and E.C. Prescott. 1980. "A Competitive Theory of Fluctuations and the Feasibility and Desirability of Stabilization Policy." S. Fischer, ed. *Rational Expectations and Economic Policy.* Chicago: University of Chicago Press for NBER.

―――. 1982. "Time to Build and Aggregate Fluctuations." *Econometrica* 50: 1345-70.

Li, T. and J.A. Yorke. 1978. "Ergodic Transformations from an Interval into Itself." *Transactions of American Mathematical Society.* 235: 183-92.

Magill, M. 1977. "Some New Results on the Local Stability of the Process of Capital Accumulation" *Journal of Economic Theory* 15: 174-210.

Marglin, S.A. 1984. *Growth, Distribution, and Prices.* Cambridge, Mass.: Harvard University Press.

Minsky, H.P. 1975. *John Maynard Keynes.* New York: Columbia University Press. 〔堀内昭義訳『ケインズ理論とは何か』岩波書店, 1988年〕

Reichlin, P. 1986, "Equilibrium Cycles and Stabilization Policies in an Overlapping

Generations Economy wity Production" *Journal of Economic Theory* 40: 89-102.

Scheinkman. J.A. 1976. "On Optimal Steady States of N-Sector growth models when Utility is Discounted." *Journal of Economic Theory* 12: 11-30.

Woodford, M. 1984. Indeterminacy of Equilibrium in the Overlapping Generations Model. Columbia University (May). Mineo.

―――. 1986. "Stationary Sunspot Equilibria in a Finance Constrained Economy." *Journal of Economic Theory* 40: 128-37.

―――. 1987. "Expectations, Finance, and Aggregate Instability." M. Kohn and S. C. Tsiang, eds. *Finance Constraints, Expectations and Macroeconomics*. Oxford University Press.

―――. 1988. "Imperfect Financial Intermediation and Complex Dynamics." W. Barnett, J. Geweke, and K. Shell, eds., *Economic Complexity: Chaos, Sunspots, Bubbles, and Nonlinealities*, Cambridge University Press, forthcoming.

第3章

動学的マクロ経済成長モデルにおける負債による企業の資産調達，安定性，循環*

ライナー・フランケ，ウィリー・ゼムラー

　負債による企業の資金調達の経済効果について，最近，理論的な研究とともに実証的な研究がなされてきた．企業金融の最近の趨勢に関する実証研究においては，負債による資金調達が徐々に自己金融や新株発行による資金調達にとって代わり，企業が資金を調達する主要な方法になったということが指摘されている．少なくともそれは一般的な趨勢になっているが，これはまた，景気循環の過程で資金を調達する重要な方法にもなっている（ブリーリー＝マイヤーズ 1984, p. 292 およびウォルフソン 1986 を見よ）．

　ミンスキー（1975, 1982）によってなされたような理論的研究においては，高い負債－資産比率は，倒産のリスクを増加させて脆弱なマクロ経済的動態の展開を助長するような，危険な負債構造として表われる，ということが証明されている．一見すると，これは，単に資金制約の問題のようにみえるかもしれない．初期の論文の多くが，流動性制約および現金制約をすでに取り扱っていた（クラウアー 1967；チャン 1956；コーン 1981a, 1981b）．これらの制約は，いかなる意図された需要もそれが有効になるためには，経済主体が以前の販売によって利用可能になった支払い手段を持っていなければならない，ということを要求している．しかしながら，通常述べられているように，他の企業（または銀行）が自発的に信用を供与してくれる限り，企業は現金を保有していなくても売買が可能になるのである．このようなわけで，以下で提出される諸問題は，流動性制約というよりは信用制約により多く関係している．したがって，最近のモデルは，経済動学とマクロ経済変動に対する信用制約の影響に焦点を合わせている．ここで，我々は，2つのタイプのモデルを見出す．第1のタイプのモデルは，外生的な信用制約に関わるものである．このタイプのモデルで

は，新株発行による資金調達は負債による資金調達に対する実行可能な代替物ではなく，（利子率というよりはむしろ）外生的な信用制約が経済変動の有効な決定要因である，と論じられている（スティグリッツ＝ワイス 1981；グリーンワルド＝スティグリッツ＝ワイス 1984；グッテンタグ＝ヘリング 1984）．

このアイデアの定式化は，ウッドフォード（1986a, 1986b）にみられる．彼は，信用制約が借入れに対する固定した上限として組み込まれた一種の動学的マクロモデルを考案している．特に，このパラメーターの値に依存して，それらは，非線形的な循環を発生させ得るのである．

それに対して，もう 1 つのモデル化の方法は，相互依存的な経済システムにおける完全に内生的な負債による資金調達のメカニズムを追究している．フォーリーによる先駆的な論文（1986, 1987）では，企業による借入れ，貸出し，および資本支出は，内生的に決定された利潤と流動性によって本質的に支配されている．企業システムの外部には資産保有者は存在せず資本家の消費がゼロであるという仮定のもとで，この（非線形の）閉じたモデルは，これらのマクロ経済変数の循環的変動を発生させる．他方，テイラー＝オコンネル（1985）およびテイラー（1985）のモデルにおいては，借入れと新株発行による外部金融に専ら依存する資本主義的な企業が存在する．カレツキのマクロ経済学的な著作において示唆されているように，金利生活者の家計によって生み出された貯蓄は，銀行システムを通じて投資を行う企業に融通される．これらのモデルは——ミンスキーの恐慌理論において研究された金融不安定性を含む——内容豊富なマクロ経済動学を発展させているが，企業の負債や債務支払い契約の役割は完全にはうまく取り扱われていない．しかしながら，企業が高額の負債を負担することや高額の債務支払い契約を結ぶことは，ミンスキーの金融不安定性理論にとって中心的な役割を演ずるように思われる．

本章においては，上述の論文で用いられている資産会計の枠組を部分的に利用しながら，負債による企業の資金調達を明示的に考慮するであろう．企業による投資，金利生活者の家計による貯蓄，商業銀行，および政府が組み込まれた完全に統合されたモデルにおいて，（借入れを通じて創出された）内生的に発生した負債は，企業の投資行動，企業による資金の借入れ，資産市場，利子率，および（将来の経済の成り行きに関する投資者の確信を表わす）期待収益

率に動学的にフィードバックする．負債による企業の資金調達の経済活動全体に対する影響が，この文脈の中で研究されるであろう．

まず最初に，6つの鍵となる経済変数を用いたモデルが導入される．それらの経済変数は，利子率，粗利潤率，（利子費用を差し引いた）純利潤率，資本ストックの成長率，企業の債務負担の程度，および，（「確信の状態」を反映する）現在の利潤率と期待利潤率の差である．生産物市場と資産市場という，2種類の市場が考慮に入れられる．両方の市場が均衡していると想定される．すなわち，一時的均衡の時系列として経済の展開が特徴づけられるのである．しかしながら，この仮説は，モデルの解が循環的に変動することを決して排除するものではない．様々な単純化のための仮定が導入されるとはいえ，モデルは依然としてかなりの複雑さを示すであろう．

分析そのものは，2つの段階を経て行われる．まず最初に，一時的均衡が研究される．明示的に述べられる納得できる諸条件のもとで，これらの均衡が存在して，いわば超短期における副次的な動学的調整過程のもとで安定になることが，示される．このようにして，4つの変数が残りの2変数の陰関数として得られる．それらの2変数とは，企業の債務負担の程度と確信の状態である．

次に，2次元平面内におけるこれらの2変数の動きが研究されるが，そこでは，（主として小域的安定性分析，位相図，ポアンカレ゠ベンディクソンの定理のような）標準的な数学的分析用具が使用される．第1段階の徹底的な分析をもとにして，それに引き続いて，結果として生じる他の諸変数の動きに関するかなりの情報について推測することができる．様々な反応関数に関する異なった仮定のもとで，本質的に3種類のシナリオを提出することができる．それらのうちの2つは，言及されたすべての変数が変化しなくなり経済が一様に成長するような，長期均衡の安定性をもたらす（第1の場合には大域的に安定でああ，第2の場合には少なくとも小域的に安定である）．第3の最も興味深いシナリオは，投資，経済成長率，負債－資産比率，期待利潤率，利子率，および純利潤率と利子率の差のようなマクロ経済変数の持続的な，それにもかかわらず有界な変動をもたらす．それらのマクロ経済変数のすべては，部分的に先行したり遅行したりしながら循環的に変動するのである．

本文で用いられる様々な補題や定理の証明は，付録にまとめて収録されてい

第3章 動学的マクロ経済成長モデルにおける負債による企業の資産調達,安定性,循環　73

る[1]. 最後に，本稿に登場するすべての関数は連続微分可能であると仮定されていることは，いうまでもない．

モデル

ここでは，モデルの全体像が提示される．すなわち，動学的な変化の法則とともに一時的均衡の枠組が導入される．本節に続く2つの節において，モデルの分析がなされる．

企業の利潤と株式

企業のフロー会計および資産会計に焦点を合わせ，国民経済会計が以下で導入される．経済全体で集計した付加価値を PX で表わそう．ここで X は実質産出量のフローであり，P は，それに対応する物価である．さらに，K は企業の物的資本ストックであり，L は商業銀行からの企業の借入れ資金のストックであり，i は現在の利子率である（利子支払いは即座に行われるものと仮定されている）．粗利潤率 r^g および純利潤率 r はそれぞれ，次式で与えられる．

$$r^g = \frac{PX - 賃金}{PK}, \qquad r = \frac{PX - 賃金 - iL}{PK}$$

$\lambda := L/PK$ と定義すれば，それらは

(1) $$r^g = r + i\lambda$$

という公式によって結び付けられる．

我々は，変数 ρ を導入することによって収益性の期待をモデルの中に取り入れようと試みる．それは，資本保有の予想収益率と現在の利潤率の差を反映する．正確には，$r+\rho$ は期待純利潤率であり，$r^g+\rho$ は期待粗利潤率である（この解釈によれば，利子率や負債構造の変化に関する期待は無視されている）．ρ はまた，将来の経済の成り行きに関する全般的な「確信の状態」(state of confidence) と同一視することもできるであろう．後に見られるように，それは，モデルの動学的定式化において重要な役割を演ずることになる．資本の需要価格 P_K，すなわち，投資1単位あたりの予想収益を資本化した価値は，

(2) $$P_K = \frac{r^g+\rho}{i} P$$

と定義することができる．時折，それは，

(3) $$P_K/P = \frac{r+\rho}{i} + \lambda$$

という形で言及されるであろう．

資金を借り入れるのに加え，企業は株式 E を発行する．K，P_K および L が与えられると，株価 P_e は，

(4) $$P_e E = P_K K - L$$

という方程式を満たすように形成される．この方程式は，企業の純価値が常にゼロになることを意味する．さらに，テイラー＝オコンネル（1985, p.876）のように，株式市場におけるバブルは排除される．なぜならば，それらは，ミンスキーの金融的不安定性理論にとって中心的なものではないように思われるからである．

方程式(3)を用いれば，

(5) $$P_e E/PK = \frac{r+\rho}{i}$$

という関係式を容易に導出することができるが，この関係式は，後に有用であることがわかるもう1つの方程式である．

資産市場

経済の資産サイド，特にポートフォリオ・バランスシートの概略は，表1に示されている．企業の他に，金利生活者の家計（公衆），商業銀行，および中央銀行が確認される．仮定により，労働者は貯蓄をしない．方程式(4)を企業のバランスシートとしても解釈すれば（したがって企業の純価値がゼロになる），この表は経済の状態変数の選択とそれら間の定義的関係を示している[2]．経済全体で資産と負債を相殺すれば，

(6) $$W = F + P_K K$$

第3章 動学的マクロ経済成長モデルにおける負債による企業の資産調達,安定性,循環　75

表1 経済のバランスシート

資　産			負　債
中央銀行			
ハイパワード・マネー	F	D^c	商業銀行による預金（無利子の銀行準備）
商業銀行			
銀行準備	D^c	D^o	公衆による無利子の預金
企業への貸付け	L	D^i	公衆による有利子の預金
企業			
資本ストック	$P_K K$	L	商業銀行からの借入れ
（需要価格で評価されている）		$P_e E$	株式
家計			
商業銀行への	D^o	W	富
預金	D^i		
株式	$P_e E$		

という関係を得る.

　金利生活者によって所望された資産保有は,異なった(期待)収益率を比較することにより,$d^o = d^o(r+\rho, i)$, $e = e(r+\rho, i)$ という関数によって表わされる.各時点において,金利生活者は,富全体 W を次のように分割しようと欲する.

$$D^o = d^o W, \quad D^i = (1-d^o-e)W, \quad P_e E = eW$$

これらの計画は,常に実現すると仮定されるであろう.もちろん,

$$e_r = \partial e/\partial(r+\rho) > 0, \quad e_i = \partial e/\partial i < 0$$

である.通貨当局の政策変数として,我々は,$\phi = F/PK$,すなわち,資本ストックに関するベース・マネーの流通速度の逆数,および,銀行の準備金を商業銀行に預けられた民間の預金に関係づける信用乗数 $\mu > 1$ を考える.すなわち,

$$D^o + D^i = \mu D^c$$

である.

　さて,方程式(5)の $P_e E$ に eW を代入すれば,$W/PK = (r+\rho)/ei$ となる.

$\mu F = \mu D^c = D^o + D^i = (1-e)W$ という等式を考慮に入れれば,我々は,(もし $e > 0$ ならば)

$$(7) \qquad \mu\phi = \frac{1-e}{e}\frac{r+\rho}{i}$$

という式を得るが,これはまた,

$$(8) \qquad e = \frac{r+\rho}{r+\rho+i\mu\phi}$$

という式に等しい.

他方,方程式(3)から $(F+P_K K)/PK = \phi + (r+\rho)/i + \lambda$ という式を得るが,この式と(6)式から $\mu\phi = (1-e)[\phi+(r+\rho)/i+\lambda]$ という式を得る.この式と(7)式を等置して e について解けば,次式を得る.

$$(9) \qquad e = \frac{r+\rho}{r+\rho+i(\lambda+\phi)}$$

(8)式と(9)式を比較することにより,我々は,次のように結論づけることができる.もしすべての資産市場が(ストック)均衡の状態にある(そして $r+\rho$ と i はゼロではない)ならば,企業の負債比率 λ と政策変数 μ および ϕ は

$$(10) \qquad (\mu-1)\phi - \lambda = 0$$

という等式によって結び付けられている.

政府は λ に影響を及ぼそうとはせず,(正の値をとる)負債 $F = D^c$ が資本ストックと同じ率で成長することを許容し,したがって ϕ が一定の値に保たれると仮定する.(ついでに言えば,テイラー＝オコンネル [1985, p.880] でも同じ仮定が置かれているが,他方,テイラー [1985, p.393] では,ϕ が内生的に決定されることになっている.)預金の供給に関しては,商業銀行に対して何の制約も課されていない.その結果,資産市場の需給一致の仮定により,μ は常に(10)式を満たすように調整されるであろう.

政府の政策に関するこれらの追加的な仮定により,資産市場は方程式(9)によって完全に特徴づけられることになる.それは,通常のLM図表に似ている.しかしながら,家計の流動性選好を表わす関数 d^o が消去されていることに留意されたい.関数 d^o については,本章の以下の部分ではこれ以上言及さ

れない.その関数の役割は,単に陰伏的なものに過ぎない.

投資と財市場

企業によって計画された投資 I は,実数値関数 $h = h(r+\rho-i)$ によって表わされるが,この関数は,純利潤率と利子費用の差の期待値に対する企業の反応を表現している(テイラー=オコンネル 1985, p.873 をも見よ).この工夫を正当化する基本的な議論は,リスクを考慮に入れようとする欲求に関するものである.一方で,カレツキ(1937, pp.84-85)は,次のように書いている.「……決意された投資率は,見込まれる利潤率と利子率の差の増加関数である.」そして,「見込まれる利潤率と利子率の差は,企業が被るリスクに等しい.」

他方で,この文章からは,粗利潤について述べられているのか純利潤について述べられているのかはっきりしない.本章の目的のためには,後者〔純利潤〕が選ばれている.純利潤率が $r^g - i\lambda$ であることを想起すれば,ミンスキーの著作(たとえば,1975, p.87)に従って,高い負債比率と高い債務支払い契約($i\lambda$)は新投資をより危険なものにする,と論じることができる.すなわち,もし純キャッシュ・フローが減少したために倒産のリスクが高まれば,企業は,資産の売却にさえ着手しなければならないかもしれない.資金調達構造が投資決定に入り込むのは,このような限定された意味においてである.簡単化のために,この点を越えた λ の重要性は無視されるであろう.それにもかかわらず,企業の資金調達決定を考慮する場合には,λ は重要な役割を演ずるであろうが,そのことは,もう1つの関数によって把握することができるであろう.

h という関数を採用すれば,名目投資需要額は,

$$(11) \qquad PI = hPK$$

となる.もちろん,$h' = dh/d(r+\rho-i) > 0$ である.

もし政府支出と租税の差を PG と書き,政府財政赤字はベース・マネーの創出によってのみファイナンスされる(トービン 1982, p.178 参照)ならば,$PG = \dot{F}$ となる.$P = $ 一定,$\phi = $ 一定という仮定により,それは,

$$PG/F = \dot{F}/F = \frac{d(PK)/dt}{PK} = \dot{K}/K = I/K$$

となることを意味している．したがって，

(12) $$PG = \phi PI$$

となる．

　労働者は貯蓄をしないと仮定するとともに，金利生活者のみが貯蓄し，彼等の現在所得，すなわち，粗利潤のフロー $r^g PK$（それは即座に分配される企業の純利潤プラス商業銀行によって仲介される利子支払い額に等しい）から消費がまかなわれると想定しよう．簡単化のために，金利生活者の貯蓄性向 s は調整過程全体を通じて一定である（$0 < s \leq 1$）と仮定しよう[3]．

　最後に，我々は，すべての需要が満たされると仮定する．このとき，$PC = $ 総消費 $= $ 賃金 $+(1-s)r^g PK$，恒等式 $PC+PI+PG = PX = $ 賃金 $+r^g PK$，および方程式(12)から，$(1+\phi)PI - sr^g PK = 0$ という関係が導ける．このようなわけで，この式の両辺を PK で割って(11)式を考慮に入れれば，

(13) $$(1+\phi)h(r+\rho-i) - sg^r = 0$$

となる．

　事実上，(13)式は，システムにおける財市場の需給一致のための条件である IS 曲線とみなすことができる．

動　学

　前項では企業の投資計画が考察されたのであるから，今や，その資金がいかにして調達されるかを明らかにしなければならない．すなわち，企業は，新株を発行するか追加的な借入れをするかまたはその両方を行うか（または投資を削減するか）を決定しなければならないのである．以下では，我々は特に，負債による資金調達が経済の動態に及ぼす影響に注意を集中したいと思う．我々は，負債による企業の資金調達が一方では企業の現在の債務構造 λ に依存し，他方では期待粗利潤率と利子率の差に依存すると想定する．

　それが λ に依存することについては，特別な問題点は何もない．高い負債

比率は倒産のリスクの増加を招くから，そのような状態にあることを自覚した企業が追加的な資金の借入れを切りつめるか，さもなければ，銀行が企業に対してある種の信用制約を課すであろう．具体的に言えば，資金の貸し手が追加的な信用を供与することを拒否するであろう（グリーンワルド＝スティグリッツ＝ワイス 1984；ウッドフォード 1986a 参照）．企業の収益率によって資金調達がどのように影響を受けるかについては，さらなる議論が必要であろう．次のような単純な議論を提出しよう．リスクを伴う投資プロジェクトに直面する企業は，それによって生じる期待収益率と銀行預金の利子率という代替的な安全な資産運用によって得られる収益率を比較する．前者は利子費用を差し引いた後に残る利潤であるから，企業は，期待純利潤率 $r+\rho$ を利子率 i と比較するであろう．新投資の一部をファイナンスするために信用を供与するにあたり，銀行の第 1 の関心事となるのは，企業の投資プロジェクトの収益性というよりはむしろ，企業が生き延びるために十分な安全のゆとり幅（margin of safety）があるかどうかである．換言すれば，銀行は，企業の売り上げ高が負債の元本を返済してさらに利子支払いをカバーできるのに十分な水準にあるかどうかに関心を持つ．したがって，信用供与に応じるにあたり，銀行は，期待粗利潤率 $r^g+\rho$ が利子率をどれほど上回るかを考慮に入れるのである[4]．要約すれば，我々は，企業による資金の借入れは本質的に，直接的または間接的な銀行による信用制約によって決まると考えるのである．それにもかかわらず，以下に見るように，それは非常に弾力的なものであるかもしれない．形式的には，それらは，負債による資金調達の成長率を支配することになる関数 b ——ここで，b は，（純）負債残高の成長率を表わす——によって表わされる．

$$\dot{L}/L = b(r^g+\rho-i,\ \lambda)$$

上述の考察によれば，偏導関数の符号は，$b_r = \partial b/\partial (r^g+\rho-i) \geq 0$, $b_\lambda = \partial b/\partial \lambda \leq 0$ となるであろう．関数 b に関する前述の 2 つの議論は，その重要性が異なるかもしれない．それらがお互いにどの程度関連しているか，すなわち，2 つの要因のうち 1 つが変化するときに b がどの程度増加するか減少するかに関して，いくつかの可能性がある．このことは，長期の動学に関する節で研究するように，異なった複数のシナリオをもたらす．

$P=$ 一定と仮定されていることを考慮すれば，λ 自体の変化は，$\dot{\lambda}/\lambda = \dot{L}/L - \dot{K}/K$ という式で与えられる[5]．したがって，資本ストックの成長率を g で表わせば（方程式[11]参照），次のよう関係式を得る．

(14) $$g = h(r+\rho-i)$$
(15) $$\dot{\lambda} = \lambda[b(r^g+\rho-i, \lambda)-g]$$

まだ，将来の利潤に関する期待が時間を通じてどのように変化していくかが考察されないままに残っている．それらは，確信の状態を示すパラメーター ρ によって表わされている．それは，全般的な経済状態，特に，実物資本への投資の現実の収益性と利子支払いの負担の重さに依存するはずである．我々は，純利潤率と利子率の差が大きいときには ρ は増加し，それが小さいときには ρ は減少すると想定する．さらに，これらの変化の大きさは，企業の債務負担がどの程度重いかに依存するかもしれない．純利潤率と利子率の差 $(r-i)$ は企業の流動性ポジションの指標となる（流動性の増加は ρ の増加をもたらす）が，他方で，企業の債務負担の程度は倒産のリスクの尺度と考えられ，λ の上昇は ρ の減少をもたらすと考えられる．これは，テイラー＝オコンネル（1985, p.880）の定式化を一般化したものである．形式的には，

(16) $$\dot{\rho} = \nu(r-i, \lambda)$$

という式を得る．ここで，$\nu_r = \partial \nu/\partial(r-i) > 0$，$\nu_\lambda = \partial \nu/\partial \lambda \leq 0$ である．

モデルのすべての構成要素は，これで出そろった．システムに含まれる諸変数は，$r^g, r, i, g, \lambda,$ および ρ である．それらの運動は，方程式(1), (9), (13)-(16)によって決定される（ϕ は固定されていると仮定されたことを想起されたい）．(1)式と(14)式は容易に他の式に代入できるので，$r, i, \lambda,$ および ρ という4変数を含む4つの方程式(E1)-(E4)が得られるであろう．

(E1) $$e(r+\rho, i) - \frac{r+\rho}{r+\rho+i(\lambda+\phi)} = 0$$
(E2) $$(1+\phi)h(r+\rho-i) - s(r+i\lambda) = 0$$
(E3) $$\dot{\lambda} = \lambda[b(r+i\lambda+\rho-i, \lambda) - h(r+\rho-i)]$$

(E4) $$\dot{\rho} = \nu(r-i, \lambda)$$

 λ と ρ の時間を通じての変化は,直接的に方程式(E3)および(E4)によって支配される. r と i は,陰伏的にのみ決定される. λ と ρ が与えられれば,それらは,商品市場と資産市場で需給が一致するように即座に(そして同時的に)調整される.すなわち,それらは,方程式(E1)と(E2)を満たすように決定されるのである.市場均衡が達成されれば,それに引き続く——いわゆる——λ と ρ の変化は,他の2つの変数である利潤率と利子率の変化をも引き起こす.これはまた,λ と ρ の変化に影響を与える,というようなプロセスが続く.次節の研究により,さらに,システム(E1)-(E4)は実際にこの経済モデルにおける動学の完結した矛盾のない記述である,ということがわかるであろう.

 (E1)式と(E2)式の両方が満たされる場合には,我々は,(与えられた λ と ρ に対応する)一時的均衡について語ることができる.したがって,(E1)-(E4)は,(連続時間モデルにおける)一時的均衡の時系列を発生させ,もし $\dot{\lambda} = 0$ および $\dot{\rho} = 0$ となるならば,r と i は変化しなくなるのである.もしこのことが起これば,経済は,恒常成長をもたらす長期均衡状態にあることになる.

一時的均衡の分析

 本節の目的は,利子率 i と純利潤率 r を λ と g の関数として求めることである.それらの関数を,$r = R(\lambda, \rho)$ および $i = J(\lambda, \rho)$ と書くことにするが,それらは,方程式(E1)と(E2)が常に満たされるように2つの市場で需給が一致することを前提にして導かれるのである.我々は,それらの関数の導出を,2段階を経て行うことにする.まず最初に,λ と ρ だけではなく r もまた所与であると想定される.そのうえで,資産市場の均衡をもたらす利子率,すなわち,方程式(E1)を満たす利子率を求め,それを $i = j(\lambda, \rho, r)$ と書くことにする.第2段階では,1組の (λ, ρ) が与えられたときに,$i = j(\lambda, \rho, r)$ を満たしながら方程式(E2)を満たす純利潤率 r を求める.もしこの r を

$R(\lambda, \rho)$ と書くことにして $r = R(\lambda, \rho)$, $i = J(\lambda, \rho) := j[\lambda, \rho, R(\lambda, \rho)]$ を(E1)と(E2)に代入すれば，以上の手続により当然のことながら，両方の方程式が同時に満たされるである．

この研究の途中で，行動関数 $e = e(r+\rho, i)$ および $h = h(r+\rho-i)$ に関するいくつかの仮定が導入されるであろう．それらのうちの若干の仮定は，2つの関数 $R(\lambda, \rho)$ および $J(\lambda, \rho)$ の存在を保証するためにほとんど不可避の仮定である．他の仮定は，分析と説明を単純化するために役立つ．特に，それらは，R と J の偏導関数の符号に関する若干の確定的で大域的な諸結果が成立することを可能にするであろう．

〈第1段階〉

r とともに λ と ρ が所与であり，$0 \leq \lambda \leq 1$, $r+\rho > 0$ であると想定しよう．

$$\epsilon = \epsilon(\lambda, \rho, r, i) := \frac{r+\rho}{r+\rho+i(\lambda+\phi)}$$

と定義しよう．

負債 - 資産比率が0と1の間を変動することを許容するにあたり，企業がそれを超えて負債を拡大することはできない（あるいは資金の貸し手がそれ以上の貸出しを認めない）倒産のリスクが最大になる状態が $\lambda = 1$ のときにもたらされる，と仮定しよう．ウッドフォード (1986a) が論じているように，企業（または銀行）が負債比率の上昇を認める上限の λ は1より小さい可能性が非常に高い．許容される λ の上限が1より小さいとしても，そのことによって分析の結果が大きく左右されることはないであろう．

（独立）変数 λ, ρ および r が与えられれば，2つの関数 $i \to e(r+\rho, i)$ および $i \to \epsilon(\lambda, \rho, r, i)$ の交点における i の値のもとで，(E1)が満たされる．そのような点が存在することおよび利子率が期待純利潤率よりも小さくなることは，以下の仮定1のもとで保証される．このことは，図1で説明されている．

〈仮定1〉

$r+\rho > 0$ となるすべての r と ρ のもとで，以下の性質が満たされる．

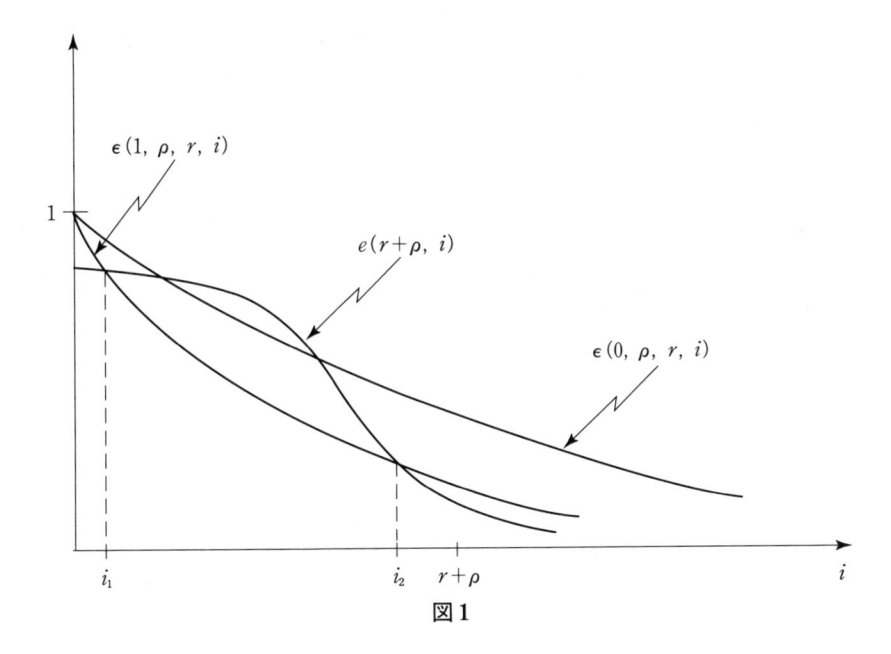

第3章 動学的マクロ経済成長モデルにおける負債による企業の資産調達,安定性,循環

図1

(i) $0 < e(r+\rho, 0) \leq 1$ であり,$e(r+\rho, i) > \epsilon(0, \rho, r, i)$ となる点 i が存在する.

(ii) $i > r+\rho$ は $e(r+\rho, i) < \epsilon(1, \rho, r, i)$ を意味する.

仮定1(i)は,金利生活者が株式を保有する意志を十分に持っていることを表わしている.しかしながら,(ii)によれば,もし株式の期待収益率と利子率にあまり差がないならば金利生活者が株式を保有しようとする気持ちがかなり弱くなってしまう(このことは,家計の多数派が危険回避的であることによって説明できるであろう)のである.

かくして,我々は,次の命題を提出することができる.

〔補題1〕

λ,ρ,および r が所与であり,$0 \leq \lambda \leq 1$,$r+\rho > 0$ であり,仮定1が成立するものとしよう.このとき,(E1)が満たされるような利子率 $i > 0$ が存在し,その条件を満たすすべての i について $i < r+\rho$ である.

実際のところ，もし $e(r+\rho, 0)$ が1より小さいならば，(E1)を満たす正の利子率が2つ—— i_1 および i_2 ——存在する（図1において，それらの利子率は $\lambda = 1$ の場合を想定して記入されている）．したがって，どちらの利子率が選ばれるべきかという問題が発生する．さらに，分析の後の段階で，それらの点において $e_i > \partial \epsilon/\partial i$ （i_1 のケース）か $e_i < \partial \epsilon/\partial i$ （i_2 のケース）か，ということが重要になるであろう．この疑問は，次のような考察によって解決される．

$L, PK, \mu, r,$ および ρ が所与の値に固定されており，i を独立変数とみなすことにしよう．行動関数 d^o および e を引き合いに出すことにより，金利生活者による預金の供給 D^o+D^i を i の関数として表わすことができる．すなわち，$D = D(i) = D^o(i)+D^i(i)$ である（補題2の証明において，$D^i(i) = (r+\rho)[1-e(r+\rho, i)]PK/[e(r+\rho, i)i]$ であることが示されている）．同様にして，$D^c = D^c(i) = D(i)/\mu$ である．さて，ある i_0 について $D(i_0) < D^c(i_0)+L = D(i_0)/\mu+L$ という不等式が成立するものと想定しよう．このような状況のもとでは，商業銀行間の競争により，商業銀行の一部が預金をもっと引き付けるために家計に支払う利子率を引き上げざるを得なくなる，という考え方を我々は用いることにする．他の銀行もそれに追随するから，$D(i) = D(i)/\mu+L$ が成立するまで利子率の全般的な上昇が生じるであろう（同様の議論としては，コーン1981b, p.864 を参照せよ）．株式市場における株の取引が同時に行われるであろう，ということに留意されたい．このようにして，利子率が唯一の調整変数であるような超短期の過程が素描された．その調整過程は，最終的に資産市場における超過需要をゼロにする．もちろん，$D(i)$ が増加関数になる場合にのみ，この過程はうまく機能する．次に提出する仮定が提供するのは，まさにこの（小域的な意味での）安定条件である．あらかじめ，$D(i)$ およびその導関数 $D'(i)$ を図1における両曲線の交点 i_1 と i_2 に関係づけることにより，補題2はそれは実際に意味があることを保証している．

〔補題2〕

$L, PK, \mu, r,$ および ρ が所与である（$0 \leq L/PK = \lambda \leq 1, r+\rho > 0$,

$\mu=(\lambda+\phi)/\phi$, すなわち, μ は方程式[10]を満たす) と仮定しよう. このとき, $i^*>0$ が(E1)を満たす利子率であるための必要十分条件は, $D(i^*)=D(i^*)/\mu+L$ が成立することである. ここで, $D(i)$ は本文ですでに定義された関数である. さらに, $D'(i^*)>0$ という条件は,

$$e_i = \partial e(r+\rho, i^*)/\partial i < \partial \epsilon/\partial (\lambda, \rho, r, i^*)/\partial i$$

という条件と同値である.

この補題に基づいて, 曲線 $e(r+\rho, i)$ と曲線 $\epsilon(\lambda, \rho, r, i)$ の2つ (あるいはそれ以上でさえあるかもしれない) の交点のうち最も右側の点に対応する利子率が選ばれる. 図1は, この点において必然的に $e_i \leq \partial \epsilon/\partial i$ となることを示している. 仮定2は, 単にこれが厳密な不等式として成立することを想定している.

〈仮定2〉

$0 \leq \lambda \leq 1$, $r+\rho>0$ を満たすすべての λ, ρ, r のもとで, $e(r+\rho, i) = \epsilon(\lambda, \rho, r, i)$ を満たす i のうちの最大の i として定義される $i = j(\lambda, \rho, r)$ において,

$$\begin{aligned} e_i &= \partial e[r+\rho, j(\lambda, \rho, r)]/\partial i \\ &< \partial \epsilon[\lambda, \rho, r, j(\lambda, \rho, r)]/\partial i \end{aligned}$$

という厳密な不等式が成立する.

今定義されたばかりの関数 $j(\lambda, \rho, r)$ が連続関数である (連続微分可能でさえある) ことは, 明らかである[6]. もし仮定3が追加的に採用されるならば, その偏導関数の符号を確定することができる. このことにより, さらなる分析における計算がかなり単純化されるであろう. 要するに, 仮定3は, $i = j(\lambda, \rho, r)$ の近傍で局所的に関数 e が $e(r+\rho-i)$ という形をしていることを述べているのである. 次の仮定3により, 本節の第1段階は完結する.

〈仮定3〉

$0 \leq \lambda \leq 1$, $r+\rho > 0$ を満たすすべての λ, ρ, r のもとで,仮定2で定義された関数 $j(\lambda, \rho, r)$ は,

$$e_i = \partial e[r+\rho, j(\lambda, \rho, r)]/\partial i$$
$$= -\partial e[r+\rho, j(\lambda, \rho, r)]/\partial (r+\rho) = -e_r$$

という等式を満たす.

〔補題3〕

仮定1-3が満たされるものとしよう.このとき,仮定2で定義された関数 $j(\lambda, \rho, r)$ は連続微分可能であり,

$$\partial j/\partial r = \partial j/\partial \rho = A_i/A_r > 0,$$
$$\partial j/\partial \lambda = i(r+\rho)/A_r > 0$$

となる.ここで,$A_r := A_o e_r - (r+\rho)(\lambda+\phi) > 0$, $A_i := A_o e_r - i(\lambda+\phi) > 0$, $A_o := [r+\rho+i(\lambda+\phi)]^2$ である.

〈第2段階〉

$0 \leq \lambda \leq 1$ を満たす1組の (λ, ρ) が与えられると,それに対応して,今や我々は,$r \to F(\lambda, \rho, r)$ という関数の値をゼロにする点 r_o を求めようとしている.ここで,

$$F(\lambda, \rho, r) := (1+\phi)h[r+\rho-j(\lambda, \rho, r)] - s[r+j(\lambda, \rho, r)]$$

である.

(たとえば,雇用量は無限の速度で増加することはできないのだから)期待利潤率 $r+\rho$ とそれに対応して資産市場で需給を一致させる利子率 $i = j(\lambda, \rho, r)$ の差が非常に大きい場合でさえも,計画された資本ストックの成長率は上に有界であると仮定しよう.このことにより,r が十分に大きい場合には $F(\lambda, \rho, r)$ の値は負になるであろう.したがって,もし $F(\lambda, \rho, r) > 0$ をもたらすような利潤率 r が存在するならば,IS方程式(E2)は解を持つことが

できる．このように $F(\lambda, \rho, r)$ の値があるrのもとで正になるということ
は，少なくとも r（または $r+\rho$）の中間的な値のもとで，$s[r+j(\lambda, \rho, r)\lambda]$ に比べて企業の投資意欲が十分に強いということを意味する（補題3のおかげで項目 $s[r, j(\lambda, \rho, r)\lambda]$ は r が減少するにつれて小さくなることに留意されたい）．注目すべきことは，根 r_0 の一意性を保証して偏導関数 $\partial F/\partial r$ の符号を確定するためには，上述の諸仮定およびここで提出した2つのアイデア以外は必要とされない，ということである．

〈仮定4〉
($0 \leq \lambda \leq 1$ を満たす）すべての λ, ρ のもとで次のことが成立する．
(i) すべての $i > 0$, $r+\rho > 0$ に対して $h(r+\rho-i) \leq \bar{h}$ が存在する．
(ii) $r+\rho > 0$ および $(1+\phi)h[r+\rho-j(\lambda, \rho, r)] > s[r+j(\lambda, \rho, r)\lambda]$ となるような r の値が存在する．

〔補題4〕
仮定1-4が満たされるものとしよう．このとき，$0 \leq \lambda \leq 1$ を満たすすべての組 (λ, ρ) について，$F(\lambda, \rho, r_0) = 0$ をもたらす純利潤率 $r_0 > -\rho$ が存在し，それは一意的に決定される．また，$\partial F(\lambda, \rho, r_0)/\partial r < 0$ となる．

$\partial F/\partial r < 0$ という不等式は，λ と ρ が固定され，利潤率 r が財市場の超過需要に反応し，他方で利子率は資産市場で需給が常に一致するように変化し続ける場合の動学的調整の安定性を保証する条件として解釈できる．同様のアイデアは，テイラー（1983, pp. 19-20，またテイラー=オコンネル1985, p. 874をも見よ）にもみられる．しかしながら，テイラーのモデルでは，（超短期の）調整過程において，利子率も所与で変化しないものと仮定されている．さらに，(i が固定されたとき）我々のモデルにおける $F(\lambda, \rho, r)$ に対応する関数が負の傾きを持つことが仮定として導入されている．それに対して，我々の取扱いにおいては，$\partial F/\partial r < 0$ は，仮定されるのではなく，財市場とは異なる1組の市場における動学的な調整の安定性に関する仮定から，結果として導かれるのである．それらの市場とは，利子率を（唯一の）調整変数とする資産市場

である．後者の市場は動学的な調整の速度が最も速い市場と一般にみなされているから，安定性に関する我々が選択し仮定（すなわち，補題2とともに仮定2）の方が望ましいということができるかもしれない．

以前に述べたように，我々は今や，補題4で定義されたr_oを$R(\lambda, \rho) = r_o$と書き，$J(\lambda, \rho) = j[\lambda, \rho, R(\lambda, \rho)]$と定義するだけでよい．$r = R(\lambda, \rho)$, $i = J(\lambda, \rho)$と置けば(E1)と(E2)の両方がすべてのλとρについて満たされることは，明らかである．補題1-4に基づけば，JとRの偏導関数および$R+\rho-J$の偏導関数を確定することができる．$g = h(r+\rho-i)$および$h' > 0$であるから，後者〔$R+\rho-J$の偏導関数〕は，他の条件を一定とした場合の資本ストックの変化に関する情報を提供してくれる．その結果は，次の定理によって与えられる．

〔定理1〕

仮定1-4が満たされるものとしよう．このとき，もし$r = R(\lambda, \rho)$, $i = J(\lambda, P)$と置けば，(E1)と(E2)の両方を満たす2つの連続微分可能な関数$R : [0, 1] \times R \to R$, $J : [0, 1] \times R \to R_{++}$（$R_{++}$は厳密に正の実数の集合）が存在する．$R(\lambda, \rho) + \rho$は常に正である．定義域全体について，偏導関数の符号は，以下のようになる．

$\partial R/\partial \lambda < 0$, $\partial R/\partial \rho < 0$, および, $\partial J/\partial \lambda$は$-(1+\phi)(r+\rho)h'-s[A_i-(r+\rho)]$という項目と同一の符号を持つ（$A_i$は，補題3で定義されている）．

もしλとρによって誘発される一時的均衡(E1), (E2)における資本ストックの成長率を$g(\lambda, \rho)$と書くことにすれば，

$$sgn \partial g/\partial \lambda = sgn(\partial R/\partial \lambda - \partial J/\partial \lambda) < 0$$
$$sgn \partial g/\partial \rho = sgn(\partial R/\partial \rho + 1 - \partial J/\partial \rho) < 0$$

となる．

〈注意1〉

導関数が$\partial J/\partial \lambda < 0$となり得ることは，明らかに分析者を当惑させること

第3章 動学的マクロ経済成長モデルにおける負債による企業の資産調達,安定性,循環　89

である. λ が上昇した場合, その直接の反応は金融市場において生じる. 増加した借入れ需要を満たすために, 金利生活者の家計は $D^o + D^i$ を増加させなければならない. すなわち, $(1-e)$ が上昇あるいは e が下落しなければならない. その結果, i の上昇を招くことになる (補題 3 により, $\partial j/\partial \lambda > 0$ である). しかしながら, このことは, IS 関係の不均衡をもたらす. λ と i が上昇すれば貯蓄 $S = s(r+i\lambda)PK$ は増加し, 投資 $PI = h(r+\rho-i)PK$ は減少するであろう.

このようなわけで, $PI < S$ という不均衡が是正されなければならない. このことは, PI と S の減少を同時にもたらす r の減少によって生じ得る. もし r に対する h の反応があまり強くなければ (すなわち, h' が小さければ) PI と S のバランスが達成されるであろう. しかしながら, もし h' が大きければ, 利子率 i がかなり大幅に下落しなければならず, PI を S に近づけるように調整するためには i が以前の水準より低くなることがあり得る. 金融市場が無視されているので, このような議論が不完全であることに留意されたい. 負債比率が上昇したときに, 他の条件が一定である限り一時的均衡における利子率がどのように変化するかを予告するためには, 数学的分析が欠かせないのである.

〈注意 2〉

g は単に資本ストックの成長率を表わすのであるが, マーク・アップ率 τ が一定であるという追加的な仮定のもとで, g の変化は経済活動水準, すなわち設備稼働率 X/K の変化に密接に関係づけられる. g が上昇 (下落) したとき, そしてそのときにのみ, X/K が上昇 (下落) するのである. このことは, 2 の段階を経て証明することができる. まず第 1 に, 方程式(13)は, 粗利潤率 r^g が増加したとき, そしてそのときにのみ, $g = h(r+\rho-i)$ が増加することを示している. 第 2 に, r^g の動きは X/K の動きと比例している. このことを見るために, τ を賃金に対するマーク・アップ率としたときに r^g を決定することができるマーク・アップによる価格づけのルール $PX = (1+\tau)$ (賃金) を利用しよう. この式から,

$$r^g = \frac{PX - 賃金}{PK} = \frac{\tau}{1+\tau} \frac{X}{K}$$

という式を導くことができる．このようなわけで，τ が所与ならば，利潤率 r^g の変化は（あるいは成長率 g の変化は）設備稼働率の変化を反映するのである．

動学分析に移る前に，金融政策パラメーター ϕ が経済活動に及ぼす影響に関する命題を提出しよう．もちろん，それは，純粋に比較静学的な性質の命題である．その結果は，トービン (1965) の分析と対比できるであろう．

〔定理2〕
経済は一時均衡の状態(E1), (E2)にあり，通貨当局が ϕ を増加させ，λ と ρ は全く変化しないで新しい一時的均衡が成立したと想定しよう．このとき，仮定1-4のもとで，資本ストックの新しい成長率は減少する．すなわち，自明の記号を用いれば，$\partial g(\lambda, \rho, \phi)/\partial \phi < 0$ である．

h' と e_r の総体的な大きさに関して追加的な仮定を設けない限り，r と i の均衡値が ϕ の変化に応じてどのように変化するかについてこれ以上何も述べることはできない．

長期の動学

定理1に助けられて，今や，方程式(E3), (E4)をそれ自体閉じた動学体系として書くことができる．簡潔な形で書けば，以下のようになる．

$$(*) \quad \begin{aligned} \dot{\lambda} &= U(\lambda, \rho) \\ \dot{\rho} &= V(\lambda, \rho) \end{aligned}$$

ここで，

$$\begin{aligned} U(\lambda, \rho) &:= \lambda\{b[R(\lambda, \rho)+\rho-(1-\lambda)J(\lambda, \rho), \lambda] \\ &\quad - h[R(\lambda, \rho)+\rho-J(\lambda, \rho)]\} \\ V(\lambda, \rho) &:= V[R(\lambda, \rho)-J(\lambda, \rho), \lambda] \end{aligned}$$

である．

第3章 動学的マクロ経済成長モデルにおける負債による企業の資産調達,安定性,循環 91

まず最初に,企業の借入れ,すなわち,関数 $b = \dot{L}/L$ について考察し,次のような仮定をそれに課すことにしよう.期待純利潤が正であることを前提にして,企業が計画する(または銀行によって認められる)借入れの成長率は,もし負債比率 λ が低ければ資本ストックの成長率を上回り,もし λ がすでに非常に高いならば資本ストックの成長率を下回る.負債比率 λ はまた,企業の倒産のリスクの指標でもある,ということに留意しよう.もし λ が高ければ,投資者は新規借入れに自ら制約を課すかもしれないし,あるいは,銀行が高い λ を持つ企業への信用を制限するかもしれない.反対に,もし λ が低ければ信用制約は緩くなる.このことが,次の仮定5(i)を説明する.仮定5(ii)はより技術的な仮定のように思われるが,それは,主として便宜のために置かれている.それは,曲線 $U = 0$ のいかなる分岐をも排除している.

他方仮定5(iii)は,期待の調整を支配する関数 V が満たすべき性質である.それは,次のように解釈することができる.定理1は,それぞれの固定された $\lambda = \bar{\lambda}$ に対応して,関数 $r-i = R(\bar{\lambda}, \rho) - J(\bar{\lambda}, \rho)$ が ρ の厳密な減少関数になることを意味している.$V(\bar{\lambda}, \rho)$ についても同様のことが言える.さて,もし ρ が十分に高いならば,差 $r-i$ が非常に小さくなり,おそらく負になるであろうから,このような楽観的な状態はもはや正当化できなくなる($\partial R/\partial \rho - \partial J/\partial \rho < -1$ であることに留意されたい).したがって,$\dot{\rho} = V(\bar{\lambda}, \rho) < 0$ となる.ρ がかなり絶対値が大きな負の値になる場合には,上述とは反対の状況になる.$r-i$ は非常に大きくなるので,以前の悲観的な状態はもはや続続することはなく,ρ には上昇し始める.すなわち,$V(\bar{\lambda}, \rho) > 0$ となるのである.したがって,$V(\bar{\lambda}, \rho) = 0$ をもたらす $\rho = \bar{\rho}$ が存在することになる.仮定5(iii)では,$\bar{\lambda} = 0$ および $\bar{\lambda} = 1$ という極端な場合について,このことが要求されている.

〈仮定5〉

(i) $r+\rho > i$ となるすべての r, ρ, i の値について,$b(r+i\bar{\lambda}+\bar{\rho}i, \bar{\lambda}) > g = h(r+\rho-i)$ となる $\bar{\lambda} > 0$ が存在するが,他方,もし $\bar{\lambda} = 1$ ならば,$b(r+i\bar{\lambda}+\rho-i, \bar{\lambda}) < g = h(r+\rho-i)$ となる.

(ii) もし $U(\lambda, \rho) = 0$ ならば,$\partial U(\lambda, \rho)/\partial \lambda \neq 0$ であるか,$\partial U(\lambda, \rho)/$

∂ρ ≠ 0 である（か，またはその両方である）．
(iii)　$V(0, \rho_0) = 0$ および $V(1, \rho_1) = 0$ を満たす数 ρ_0 および ρ_1 が存在する．

〔補題 5〕

仮定 1-5 が満たされているものとしよう．このとき，各 $\rho \epsilon R$ に対して，$U(\lambda, \rho) = 0$, $0 < \lambda < 1$ となるような λ が少なくとも 1 つ存在する．

$$M_\lambda := \{(\lambda, \rho) \epsilon [0, 1] \times R : U(\lambda, \rho) = 0\}$$

という集合は，(λ, ρ) 平面上の 1 つまたはそれ以上の数の（孤立した）滑らかな曲線から成る．（正確に言えば，各点 $(\bar\lambda, \bar\rho) \epsilon M_\lambda$ において，λ は局所的に連続微分可能な ρ の関数 $\lambda = \lambda(\rho)$ として表わすことができる ($\lambda(\bar\rho) = \bar\lambda$ かつ $U[\lambda(\rho), \rho] = 0$ が常に成立する）か，あるいはまた，このことが不可能ならば，ρ を局所的に λ の連続微分可能な関数として表わすことができる．)

各 $\lambda \epsilon [0, 1]$ について，$V(\lambda, \rho) = 0$ を満たす ρ が唯 1 つだけ存在する．

$$M_\rho := \{(\lambda, \rho) \epsilon [0, 1] \times R : V(\lambda, \rho) = 0\}$$

という集合は，右下がりの傾きを持つ単一のつながった滑らかな曲線になる．

補題 5 から，2 つの集合 M_λ と M_ρ は少なくとも 1 つの交点 (λ_0, ρ_0) を持つと結論づけることができる．この点は，システム (*) の定常点，すなわち，$\dot\lambda = 0$ および $\dot\rho = 0$ を同時に満たす点である．以下で提出する仮定 6 により，さらなる研究は，$\rho_0 = 0$ という想定に基づいている．その前に，もし $\rho_0 \neq 0$ ならばどのように考察を進めるべきかを手短に考えよう．分析によって (λ_0, ρ_0) はサドル・ポイントにはならないことがわかるから，2 つのケースが区別される．最初に，(λ_0, ρ_0) がリペラー〔完全不安定均衡点〕である場合を考えよう．それに加えて，もし均衡点が一意的であるならば，後に述べるシナリオ 3 と本質的に同様の大域的分析が可能になる．もっとも，この場合には，動学，特にリミット・サイクルがもっと変則的になるかもしれないが．他方，(λ_0, ρ_0) がアトラクター〔安定均衡点〕であり，(λ, ρ) の現在の組合せがすでに (λ_0, ρ_0) の近傍にある場合を考えることにしよう．このことは，r と ρ が実際

的にはほとんど変化しなくなっており,しかも期待純利潤率 $r+\rho$ が実現された純利潤率から絶え間なく乖離し続けていることを意味する.したがって,遅かれ早かれ期待は修正されなければならないが,このことは,モデルの定式化においては,関数 $v(\cdot,\cdot)$ がシフトすることを意味する.この場合には,事実上新しい動学過程が設定され,新しい運動が開始されるのである.もしこの修正された定常点 (λ_0, ρ_0) が再びアトラクターになり,しかも ρ_0 がゼロでないならば,修正の手続きが繰り返されるであろう.もちろん,動学過程が均衡点の近傍に到達する前に関数 $v(\cdot,\cdot)$ のシフトが引き起こされるであろうし,他の関数のシフトさえも起こるかもしれない.事実,これが,動態的な経済において実際に何が起こっているかについての正しい見方であるように思われる.

それにもかかわらず,今までにモデル化された経済に固有の傾向を明らかにして明確に議論するために,期待形成が(すでに)整合的であるという仮定が採用される.

〈仮定6〉
もし (λ, ρ) が補題5で定義された2つの集合 M_λ および M_ρ の交点ならば,その点において $\rho = 0$ となる.

〔補題6〕
$U(\lambda^*, \rho^*) = 0$ および $V(\lambda^*, \rho^*) = 0$ を満たす動学過程 (*) の均衡点 (λ^*, ρ^*) が唯1つだけ存在する.

動学の分析にとって必要な情報が,1つを除いてすべて利用可能である.残る1つとは,関係する行動関数の反応係数とそれらの相対的な大きさに関わっている.すなわち,$e(\cdot,\cdot)$,$h(\cdot)$,および $b(\cdot,\cdot)$ の導関数または偏導関数である.注目すべきことは,それらは,唯1つの点,すなわち長期均衡点 (λ^*, ρ^*) における値のみが必要とされることである.それにもかかわらず,それは,今までに置いた仮定とともに,大域的な結果を得るのに役立つのである.$r^* = R(\lambda^*, \rho^*)$,$i^* = J(\lambda^*, \rho^*)$ について,これらの導関数は,次のようになる.

$e_r = e_r(r^*+\rho^*, i^*)$——期待利潤率の変化に対する家計の株式保有の反応.

$h' = h'(r^*+\rho^*-i^*)$——期待純利潤率と利子率の差 $r+\rho-i$ の変化に対する企業の投資の反応

$b_r = b_r(r^*+i^*\lambda^*+\rho^*-i^*, \lambda^*)$——期待粗利潤率と利子率の差 $r^g+\rho-i$ の変化に対する負債による企業の資金調達の反応.

$b_\lambda = b_\lambda(r^*+i^*\lambda^*+\rho^*-i^*, \lambda^*)$——現在の負債による資金調達の度合の変化に対する負債による企業の資金調達の反応.

今や, これらの調整パラメーターの間の関係に関する異なった仮定が動学過程 (*) の異なった挙動をもたらし, 安定性に関する異なった結果さえもたらし得ることを示すことができる. 経済動学に関するこれらのシナリオが区別されるであろう. 技術的な用語を用いれば, それらは, (1) $U_\lambda < 0$, $U_\rho < 0$, (2) $U_\lambda < 0$, $U_\rho > 0$, (3) $U_\lambda > 0$, $U_\rho > 0$ というケースに対応する (ここで $U_\lambda = \partial U(\lambda^*, \rho^*)/\partial\lambda$, $U_\rho = \partial U(\lambda^*, \rho^*)/\partial\rho$ である). 第4の可能性 $U_\lambda < 0$, $U_\rho > 0$ は, 除外されるであろう. なぜならば, すぐに確かめられるように, それは, パラメーターの特殊な組合せを必要とするからである. これらの不等式の経済学的な意味を把握するために, U_λ と U_ρ の明示的な計算式が提出される. $V(\cdot, \cdot)$ の偏導関数もまた, 若干の興味を起こさせるものであることがわかるであろう.

〔補題7〕

$\lambda = \lambda^*$, $\rho = \rho^* = 0$, $r = R(\lambda^*, \rho^*)$, $i = (\lambda^*, \rho^*)$, および先程特定化された e_r, h', b_r, b_λ に関して, (補題3のように) 次のように定義しよう.

$A_i(e_r) : [r+\rho+i(\lambda+\phi)]^2 e_r - i(\lambda+\phi) > 0$

$A_r(e_r) : [r+\rho+i(\lambda+\phi)]^2 e_r - (r+\rho)(\lambda+\phi) > 0$

さらに, 次のような定義も採用しよう.

$A_1 := (r+\rho-i)(\lambda+\phi) > 0$

$A_2 := [(r+\rho-i)\phi - i\lambda](1+\phi)$

$A_3 := s[(1-\phi)(r+\phi) + i(\lambda+\phi)] > 0$

$A_F := (1+\phi)A_1 h' + s[A_r(e_r) + \lambda A_i(e_r)] > 0$

このとき, $(\lambda, \rho) = (\lambda^*, \rho^*)$ で評価された U と V の偏導関数は次のよ

うになる.

$$U_\lambda = \lambda b_\lambda + \frac{i\lambda}{A_F}\{s[A_i(e_r)-(r+\rho)]b_r+[A_2 b_r+A_3]h'\}$$

$$U_\rho = \frac{s\lambda}{A_F}\{[\lambda A_i(e_r)-A_1]b_r+A_1 h'\}$$

$$V_\lambda = v_\lambda - \frac{iA_3}{A_F}v_r < 0$$

$$V_\rho = \frac{-1}{A_F}[(1+\phi)A_1 h'+s(1+\lambda)A_i(e_r)]v_r < 0$$

調整パラメーター e_r, h', b_r, および b_λ が3つのシナリオのうちの1つに収まるいくつかの可能性が存在する. 最も顕著な例のみ説明されるであろう. まず最初に, もし U_λ と U_ρ の両方における b_r にかかる係数 $[A_i(e_r)-(r+\rho)]$ と $[\lambda A_i(e_r)-A_1]$ がともにゼロより小さい (あるいは, ゼロより大きい —— $A_i(e_r)>0$ であることを想起せよ) ならば, e_r は「小さい」(あるいは, 「大きい」) と呼ばれるであろう. このとき, 以下のようなケースが考慮される. ここでもやはり, すべての言明は定常状態に限定されている.

〈シナリオ1: $U_\lambda<0$, $U_\rho<0$〉

家計は, 資産のうち株式で保有する割合をあまり変化させない. 他方, 企業は, 粗利潤と利子率の差が変化したとき, 負債による資金調達の反応に比べて投資の反応は慎重である. しかしながら, 負債構造に対する企業の反応は, 当面の問題には関係がない. 手短に言えば, e_r は小さく, h' は b_r に比べて小さく, b_λ はどのような大きさでもよい. もっと正確に言えば, U_λ と U_ρ における b_r にかかる係数はいずれも負である. h' は非常に小さいので, U_ρ において $A_1 h'$ の絶対値は $(-1)[\lambda A_i(e_r)-A_1]b_r$ より小さく, U_λ についても同様の条件が成立する.

〈シナリオ2: $U_\lambda<0$, $U_\rho>0$〉

このシナリオの顕著な特徴は, 企業がその負債構造に対して強く反応すると

いうことである．企業（または銀行）は非常に用心深いので，もし負債比率 λ がほんのわずか上昇しただけでも，現在の借入れのフローが急激に減少する．すなわち，b_λ は絶対値が大きい負の値である．その絶対値がどれほど大きいかは，他のパラメーターに依存する．たとえば，e_r は小さいかもしれないし，投資の反応度は U_ρ を正にするほど大きい（h' は大きい）かもしれない．あるいは，そのかわりに，家計が資産の配分に極めて敏感に反応するので e_r は大きく，そのために常に $U_\rho > 0$ となるかもしれない．U_λ の第2項はここではおそらく正になるであろうが，それは b_λ の絶対値が大きいことによって帳消しにされてしまうことが想定されている．

〈シナリオ3：$U_\lambda > 0$, $U_\rho > 0$〉

期待収益率の上昇とともに負債の上昇は，企業の負債比率に対して正のフィードバック効果を持っている．このことは，以下の諸条件のもとで成立する．負債構造の変化は企業の借入れに対して小さな影響しか及ぼさない（b_λ は小さい）が，他方で，金利生活者の株式保有は収益率の相対的な変化に対して極めて敏感に反応する．すなわち，e_r は大きい．このことにより，U_ρ は正になる．他方，もし A_2 が正であれば，U_λ の括弧 $\{\ \}$ の中身についても同様のことが言える．もし A_2 が負であれば，b_r もまた十分に小さいので $A_2 b_r + A_3$ が正になることが想定されるか，あるいはまた，$A_2 b_r + A_3$ が負になれば，投資の反応度が用心深い〔小さい〕ので $s[A_i(e_r)-(r+\rho)]b_r$ の方が $[A_2 b_r + A_3]h'$ を絶対値で上回ることが想定される．最後に，b_λ はゼロに近いので，U_λ が正の値をとることは保たれる．この3番目のシナリオは，持続的な循環を発生させるので，経済学的には最も興味深いシナリオである．このことは，後にさらに論じられるであろう．

以下に提出される3つの定理は，3つのシナリオから導かれる安定性（または不安定性）に関する諸結果を与えている．

〔定理3〕

仮定1-6が満たされ，$U_\lambda(\lambda^*, \rho^*) < 0$, $U_\rho(\lambda^*, \rho^*) < 0$ が成立するものと

しよう．このとき，長期均衡点 (λ^*, ρ^*) は，大域的に漸近安定になる．小域的には，(λ^*, ρ^*) は，安定結節点になる．すなわち，すべての解軌道は直接的に（循環的にではなく）均衡点に近づく．動学過程 (*) の本質的な特徴は，図2に示されている．

〈注　意〉

補題5により，曲線 M_ρ は，（至る所で）厳密な減少関数になる．(λ^*, ρ^*) の近傍では，M_λ は厳密な減少関数になる．しかしながら，均衡点からもっと離れた点では，M_λ の傾きが正になり得る．この場合には，図3に描かれているように，ある解軌道には「はね返り」のような挙動が発生するかもしれない．同様なことは，以下で取り扱われる経済においても生じるかもしれない．この機会に，これらの短期または中期における循環が存在する可能性について指摘しておくことが妥当である．

定理4と5を明確に定式化するために，極限集合の概念について言及される．基本的なアイデアは，まさにその名称によってすでに表わされている．正確な定義は，数学付録において与えられている．

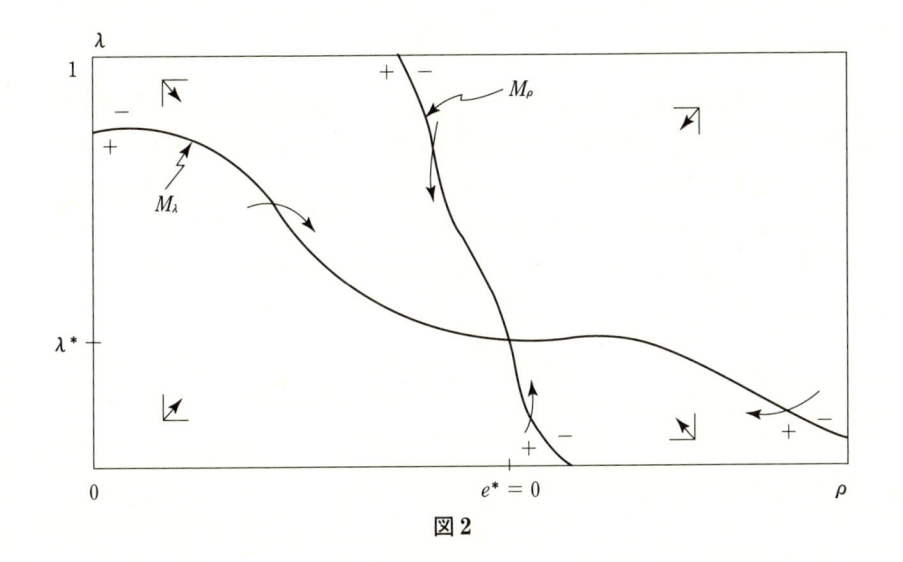

図2

図3

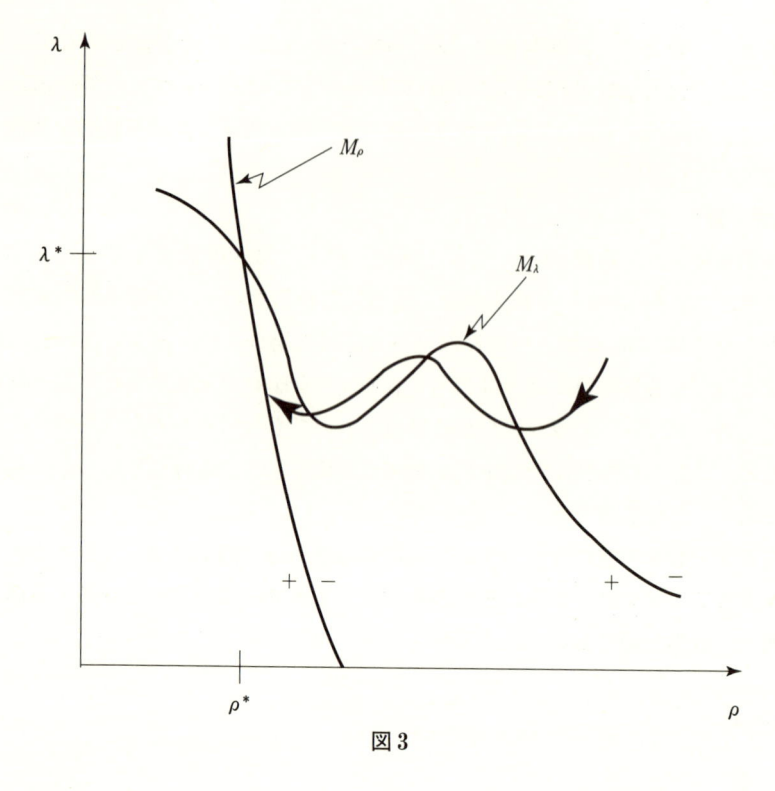

〔定理4〕

仮定 1-6 が満たされ，$U_\lambda(\lambda^*, \rho^*) < 0$，$U_\rho(\lambda^*, \rho^*) > 0$ が成立するものとしよう．このとき，(λ^*, ρ^*) 多くは簡単に脇つだろうは，動学過程 (*) の小域的に漸近安定な均衡点である．さらに，解軌道が $\lambda > 0$ である点から出発するならば，その極限集合は定常状態 (λ^*, ρ^*) それ自体であるか，あるいは，(λ, ρ) 平面における閉軌道である．解の挙動の本質的な特徴は，図4に示されている．

図4と与えられたデータだけでは，(λ^*, ρ^*) が安定な渦心点であるかどうか，すなわち，解が（少なくとも局所的に）循環しながらその点に近づいていくかどうかを判断するために十分ではない．もし

第 3 章　動学的マクロ経済成長モデルにおける負債による企業の資産調達, 安定性, 循環　99

図 4

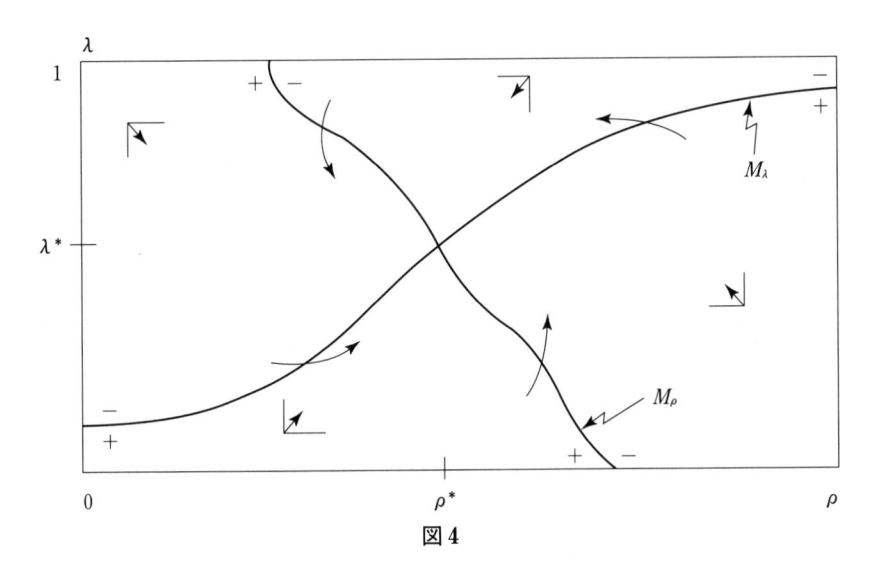

(18) $$(U_\lambda - V_e)^2 < 4\, U_\rho |V_\lambda|$$

ならば, このことが生じる (定理 4 の証明を見よ). もし逆の不等式が成立するならば, 解軌道は, 4 方向から直接に (λ^*, ρ^*) に近づくであろう (コディントン = レヴィンソン 1955, p. 384 参照). 他方, (λ^*, ρ^*) が大域的なアトラクターにもなるかどうかは, 曲線 M_λ と M_ρ の相対的な位置と傾きに依存する.

実際には, 定理 3 と 4 で明らかにされた安定化傾向を過大評価すべきではない. 物価を一定と仮定することによって, デフレーション (およびインフレーション) のあり得べき不安定化効果が無視されているのである (注 5 参照). 他方, ここで仮定された——調整関数 v を通じた——期待形成は, すでに整合的なものになっている. すなわち, もしシステムの運動が停止するならば, $\rho = 0$ となっているのである (仮定 6 とそれに先立つ論評を参照せよ).

上述したように, もしシナリオ 3 が妥当するならば, おそらく, このモデルの枠組の中で最も興味深いケースが得られる.

〔定理5〕

仮定1-6が満たされ，$U_\lambda(\lambda^*, \rho^*) > 0$，$U_\rho(\lambda^*, \rho^*) > 0$ が成立するものとしよう．もし将来の利潤の期待が $r-i$ の変化に対して非常に敏感に反応するならば，すなわち，もし係数 v_r が $|V_\rho| > U_\lambda$ となるほど大きければ，定常状態 (λ^*, ρ^*) は小域的に漸近安定になる．もしそれらの調整が比較的緩慢であるために $|V_\rho| < U_\lambda$ となるならば，それは小域的に完全不安定になる．

$\lambda > 0$ となる点から出発した解軌道は，(λ^*, ρ^*) それ自体になるか，または閉軌道になる．この場合の位相図は，典型的には，図5のようになる．

この定理は，特に均衡点が不安定な場合には，各（自明でない）解軌道は，閉軌道に引き込まれていくことを述べている．持続的な循環が発生するための十分条件が存在する．中心的な役割を果たす条件は次のようなものである，ということを繰り返しになるが指摘しておこう．仮定5(i)により，負債比率 λ は0と1の間に大域的に閉じ込められており，均衡点 (λ^*, ρ^*) それ自体は，リペラー（小域的に完全不安定）である．後者の性質は，不等式 $U_\lambda > 0$，$U_\rho > 0$，および $|V_\rho| < U_\lambda$ によって結果として生じる．$U_\lambda, U_\rho > 0$ が成立す

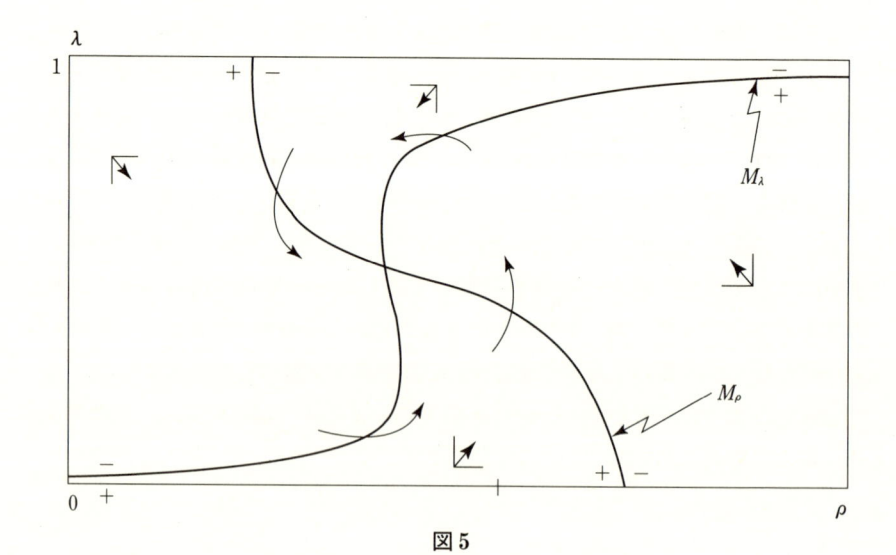

図5

るための諸条件は，第3のシナリオに関する論述において，挙げられている．最も重要な条件は，停止点 (λ^*, ρ^*) の近傍で，企業の借入れが企業の負債の水準に弱くしか反応しない一方で，家計の株式保有が純利潤率に強く反応することである[7]．

集約された動学過程 (*) の構成要素となる変数 λ と ρ の動きに加えて，他の若干の鍵を握る変数の結果的に生じる挙動も興味深い．循環の異なった段階を選び出すために，それぞれの変数の頂点と谷間がどのような順序で来るかに注目することができる．このことは，以前に確立された諸関数や諸性質に言及することによって行うことができる．不必要な複雑化を回避するために，3つの追加的な変数に選択対象が限定されるであろう．すなわち，利子率 $i = J(\lambda, \rho)$，現実の純利潤率と利子率の差 $r - i = R(\lambda, \rho) - J(\lambda, \rho)$，および資本ストックの成長率 $g = h(r + \rho - i)$ である．定理1に続く注意2によれば，g の動きは実質粗利潤率 r^g とともに経済活動水準ないしは設備稼働水準の変化と同一視し得る，ということを想起されたい．図6は，これらすべての変数の上方転換点と下方転換点の継承と相対的な位置関係を示している．（証明は，数学付録でなされている．正確には，$\partial J/\partial \lambda < 0$ という不等式が，定理1とシナリオの特徴づけから実際に従うように (λ^*, ρ^*) の点においてあてはまるのみならず，(λ, ρ) 平面全体にあてはまることが想定されている．この仮定は，決して必要なわけではない．それは，単に議論を単純化するために採用されているのである．）しかしながら，それが図6が提供することができる唯一の情報であることが，強調されなければならない．特に，それは，時間間隔 $[t_k, t_{k+1}]$ が等しい長さを持っていることを意味しない．事実，それらの相対的な長さについて何も知られていない．そして，時系列の上昇や下降は，図に素描されたように規則的である必要はない．

最後に，λ の動学的展開は企業の借入れの成長 $b = \dot{L}/L$ のみならず，資本ストックの成長率によっても支配されるということを想起されたい（方程式 [15]参照）．λ と r に関する b の弾力性が小さい（$|b_\lambda|$ と b_r が小さい）場合には，λ の展開は本質的に，資本ストックの成長によって受動的に影響を受ける．より正確には，それは，成長率 g と反対方向に動かされるような影響を受ける．このことは，図6によって十分に確認することができる．

図 6

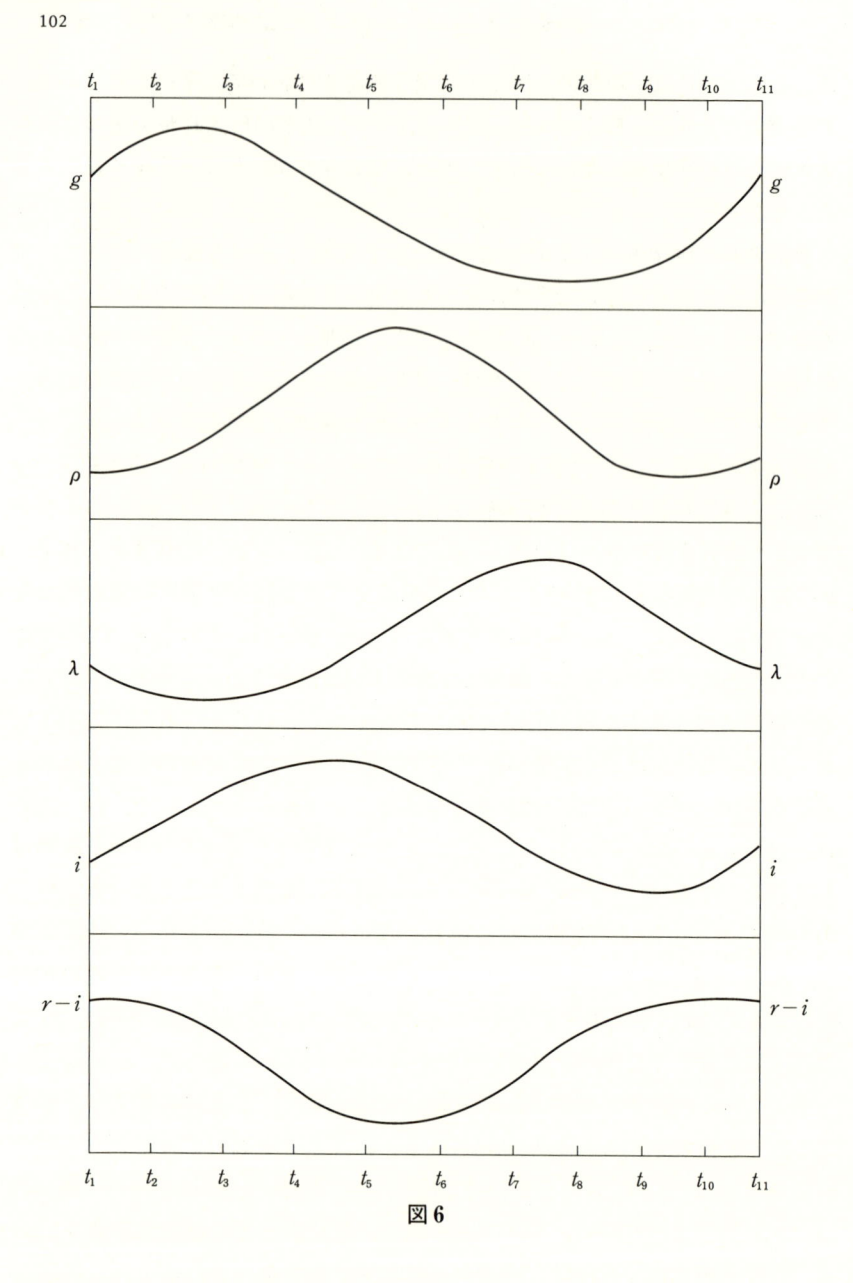

ここで提示されたモデルは，負債による企業の資金調達の集計的なマクロ経済活動に及ぼす影響を考察した．特に，それは，負債による企業の資金調達が高水準であることから帰結するマクロ経済動学の複雑性と，後者の水準が再び低下する内在的メカニズムを探究している．分析は，2つの段階を経て行われる．第1段階では，いくつかの文献において時々採用されている枠組をわずかに修正することにより，生産物市場と資産市場がモデル化され，それらの市場の短期における安定性が研究されている．この段階においては，企業の負債比率と経済の「確信の状態」（現在の利潤率と期待利潤率の差）は外生的に与えられると想定されている．これらの市場におけるそれに対応する一時的均衡の存在は，仮定されているわけではない．それらは存在し，かつ（小域的に）安定であることが——明示的に述べられる若干の納得できる諸条件のもとで——証明されているのである．

第2段階において，負債－資産比率と確信の状態が内生化され，連続的に市場の需給が一致しているという仮説に基づいて，それらが時間を通じてどのように変化するかが定式化されている．2つの段階を併合することによって，6つの鍵を握る経済変数の相互に関係づけられた運動が得られる．負債－資産比率と確信の状態に加えて，それらは，現在の粗利潤率および純利潤率，利子率，および資本ストックの成長率である．

その結果生じる動学は極めて複雑になるが，様々な反応関数に関する異なった仮定は，本質的に3種類のシナリオを提出することを可能にする．それらのうちの2つは，一意的な長期均衡が（大域的ではないとしても）小域的に安定になる場合を示している．最も興味深いケースである残りの1つは，前述した諸変数が閉軌道に収束するような永続的な変動を生み出す（したがって，循環的成長が発生する）．特に，ここで使用された方法は，資金の借入れや貸付けの外生的に固定された上限の存在を仮定する必要がないことは，断固として強調されなければならない．そのかわりに，本章のモデルは，関係するすべての変数を完全に内生変数として取り扱っているのである．

数学付録

〈補題2の証明〉

次のような等式が使用されるであろう.

(A1) $$W/PK = (r+\rho)/ei$$

(A2) $$\lambda + \phi = (1-e)(r+\rho)/ei$$

(A3) $$\frac{r+\rho}{e} = r+\rho+i(\lambda+\phi)$$

明白な記号法により, $d(i) := (1-e(i))(r+\rho)/e(i)i$ と定義しよう. (A1)式により, $d(i)$ と $D(i) = D^o(i) + D^i(i) = (1-e(i))W$ が $d(i) = D(i)/PK$ によって関係づけられている.

我々は最初に, (A2)式は $D(i) = D(i)/\mu + L$ と同値であることを示す. (10)式を2回用いることによって,

$$\lambda + \phi = \mu\phi = \mu\lambda\phi/\lambda = \mu\lambda/(\mu-1)$$

を得る. かくして, (A2)式は $\mu\lambda/(\mu-1) = d(i)$ と同値である. この関係はまた, $(\mu-1)D(i) = \mu L$, あるいは $D(i) = D(i)/\mu + L$ と同値である.

$D'(i^*) > 0$ に関する補題の2番目の部分については, (E1)式が成立するような i で $d(i)$ を微分することによって示される. (A2)式と(A3)式を用いて,

$$d'(i) = \frac{-(r+\rho)}{e^2 i^2}[ie_i+(1-e)e]$$

$$= \frac{-1}{ei}\left[\frac{(1-e)(r+\rho)}{ei}e+\frac{r+\rho}{e}e_i\right]$$

$$= \frac{-1}{ei}[(\lambda+\phi)e+[r+\rho+i(\lambda+\phi)]e_i]$$

を得る. 他方,

$$f(\lambda, \rho, r, i) := e(r+\rho, i) - \epsilon(\lambda, \rho, r, i)$$

と定義しよう. このとき,

第3章 動学的マクロ経済成長モデルにおける負債による企業の資産調達,安定性,循環　105

$$\partial f/\partial i = e_i - \partial \epsilon/\partial i = e_i + \frac{r+\rho}{r+\rho+i(\lambda+\phi)} \frac{\lambda+\phi}{r+\rho+i(\lambda+\phi)}$$
$$= \{[r+\rho+i(\lambda+\phi)]e_i + e(\lambda+\phi)\}/[r+\rho+i(\lambda+\phi)]$$

(後者の等式は, ϵ の定義と $\epsilon = e$ という想定から導かれる.) ($i = i^*$) のとき以下の不等式は皆同値であるということに留意するだけでよい. $D'(i) > 0$; $d'(i) > 0$; $(\lambda+\phi)e + [r+\rho+i(\lambda+\phi)]e_i < 0$; $\partial f/\partial i < 0$; $e_i < \partial \epsilon/\partial i$

〈補題3の証明〉

補題2の証明において定義された関数 $f = f(\lambda, \rho, r, i)$ を微分して $e_r = -e_i$ という関係を用いれば, $A_r > 0$ と $\partial f/\partial i < 0$ は同値であることがわかるが, 後者の不等式は, まさに仮定2そのものである. したがって, $i < r+\rho$ (補題1を見よ) から直ちに $A_i > 0$ が従う. $\partial j/\partial r$ 等を表わす公式は, ((E1) と同値の) 方程式 $f(\lambda, \rho, r, i) = f(\lambda, \rho, r, j(\lambda, \rho, r)) = 0$ に陰関数定理を適用することによって得られる. すなわち,

$$\frac{\partial j}{\partial r} = \frac{-\partial f/\partial r}{\partial f/\partial i} = A_i/A_r,$$

$$\frac{\partial j}{\partial \rho} = \frac{-\partial f/\partial \rho}{\partial f/\partial i} = \frac{-\partial f/\partial r}{\partial f/\partial i},$$

$$\partial j/\partial \lambda = \frac{-\partial f/\partial \lambda}{\partial f/\partial i} = i(r+\rho)/A_r$$

である.

〈補題4の証明〉

根 r の存在については, すでに本文で論じた. 補題1と補題2により, $\partial j/\partial r > 0$ および $1 - \partial j/\partial r = (A_r - A_i)/A_r = -(r+\rho-i)(\lambda+\phi)/A_r < 0$ となることがわかる. したがって,

$$\partial F/\partial r = (1+\phi)(1-\partial j/\partial r)h' - s(1+\lambda \partial j/\partial r) < 0$$

となるが, この不等式はまた, $F(\lambda, \rho, r) = 0$ となる r の一意性を保証して

いる.

⟨定理1の証明⟩

補題3を用いて，本文の第2段階で定義された関数 F の偏導関数を，以下のように計算できる.

$$F_r = \partial F/\partial r = [(1+\phi)(A_r-A_i)h'-s(A_r+\lambda A_i)]/A_r < 0$$
$$F_\rho = \partial F/\partial \rho = [(1+\phi)(A_r-A_i)h'-s\lambda A_i]/A_r < 0$$
$$F_\lambda = \partial F/\partial \lambda = -i\{[(1+\phi)h'+s\lambda](r+\rho)+sA_r\}/A_r < 0$$

次に，恒等式 $F(\lambda, \rho, r) = F(\lambda, \rho, R(\lambda, \rho)) = 0$ に陰関数定理を適用することにより，以下のように計算できる.

$$\partial R/\partial \lambda = -F_\lambda/F_r = \frac{i}{A_r F_r}\{[(1+\phi)h'+s\lambda](r+\rho)+sA_r\} < 0$$

$$\partial R/\partial \rho = -F_\rho/F_r = \frac{-1}{A_r F_r}[(1+\phi)(A_r-A_i)h'-s\lambda A_i] < 0$$

$$\partial J/\partial \lambda = \partial j/\partial \lambda + \frac{\partial j}{\partial r}\frac{\partial R}{\partial \lambda} = \frac{i}{A_r F_r}[(1+\phi)(r+\rho)h'+s(A_i-(r+\rho))]$$

$$\partial J/\partial \rho = \partial j/\partial \rho + \frac{\partial j}{\partial r}\frac{\partial R}{\partial \rho} = -sA_i/A_r F_r > 0$$

$$\partial R/\partial \lambda - \partial J/\partial \lambda = \frac{si}{A_r F_r}[(1-\phi)(r+\rho)+i(\lambda+\phi)] < 0$$

$$1+\partial R/\partial \rho - \partial J/\partial \rho = s(r+\rho-i)(\lambda+\phi)/A_r F_r < 0$$

⟨定理2の証明⟩

補題2の証明および(17)式においてそれぞれ定義された関数 f と F における独立変数の1つとして ϕ をも含めることにしよう. $\partial j/\partial \phi = \partial j/\partial \lambda$ であるから，次式を得る.

$$F_\phi = \partial F/\partial \phi = s(r+i\lambda)/(1+\phi)-i(r+\rho)[(1+\phi)h'+s\lambda]/Ar$$

定理1の証明と同様に，陰関数定理を適用すれば，

$$\partial R/\partial \phi = -F\phi/F_r = \{i(r+\rho)[(1+\phi)h'+s\lambda]$$
$$-s(r+i\lambda)Ar/(1+\phi)\}/A_rF_r$$

となり，$\partial J/\partial \phi = \partial j/\partial \phi + \dfrac{\partial j}{\partial r}\dfrac{\partial R}{\partial \phi}$ だから,

$$\partial R/\partial \phi - \partial J/\partial \phi = [1-\partial j/\partial r]\dfrac{\partial R}{\partial \phi} - \dfrac{\partial j}{\partial \phi}$$
$$= \{si(r+\rho)(1+\lambda)+s(r+\rho-i)(r+i\lambda)(\lambda+\phi)$$
$$/(1+\phi)\}/A_rF_r < 0$$

という関係を得る．$\partial g/\partial \phi = (\partial R/\partial \phi - \partial J/\partial \phi)h'$ および $h' > 0$ であることを想起すれば，定理の証明が完了する．

〈補題5の証明〉

ρ が所与であるとしよう．$U(\lambda, \rho) = 0$ となる $\lambda \epsilon (0, 1)$ の存在は，仮定5(i)から直ちに結論づけられる．M_λ に関する言明は，陰関数定理の適用によって得られる．補題の後半部分に関しては，まず，定理1（および $v_r > 0$, $v_\lambda < 0$）から，

$$\partial V/\partial \lambda = v_r\left[\dfrac{\partial R}{\partial \lambda} - \dfrac{\partial J}{\partial \lambda}\right] + v_\lambda < 0$$

$$\partial V/\partial \rho = v_r\left[\dfrac{\partial R}{\partial \rho} - \dfrac{\partial J}{\partial \rho}\right] < 0$$

となることに留意しよう．次に，ρ が十分に絶対値が大きい負の数ならば各 $\bar{\lambda} \epsilon [0, 1]$ について $V(\bar{\lambda}, \rho)$ は正になり，$\bar{\rho}$ が十分に大きければ $V(\bar{\lambda}, \rho)$ は負になることを主張することができる．このときには，$\partial V/\partial \rho < 0$ は，$V(\bar{\lambda}, \bar{\rho}) = 0$ となる一意的な $\bar{\rho}$ の存在を意味する．前者の命題を証明するために，その反対に，すべての ρ について $V(\bar{\lambda}, \rho) > 0$ であると仮定してみよう．この場合には，特に，$V(\bar{\lambda}, \rho_0) > 0$ となる．$\partial V/\partial \lambda < 0$ であるから，この場合には，$V(0, \rho_0) > 0$ もまた成立するが，これは，仮定5(iii)と矛盾する．同様の推論は，すべての ρ について $V(\bar{\lambda}, \bar{\rho}) < 0$ と仮定した場合にもあてはまる．最後に，M_ρ に関する言明は，もう一度陰関数定理を適用することによって得られる．$(V(\lambda, \rho(\lambda)) = 0$ を満たす）関数 $\rho = \rho(\lambda)$ の導関数は，

$$d\rho/d\lambda = -(\partial V/\partial \lambda)/(\partial V/\partial \rho) < 0$$

と計算される.

〈補題6の証明〉

M_λ と M_ρ の交点が存在することは,補題5から容易に従う.M_ρ は右下がりの傾きを持つから,$\rho = 0$ のときこの集合内の点 (λ, ρ) は唯1つ存在する.

〈補題7の証明〉

偏導関数は,定理1の証明で用いられた公式を元にして,初等的な計算によって導出できる.

〈定理3の証明〉

まず最初に,陰関数定理により,定常点 (λ^*, ρ^*) において M_λ の傾き $= -U_\rho/U_\lambda < 0$ となることに注目しよう.(M_λ と M_ρ の「傾き」について言及する場合には,我々が用いるすべての図にあてはまることであるが,λ を縦軸,ρ を横軸にそれぞれとるという約束事に基づいている.)それにもかかわらず,2つのケースを区別しなければならない.M_λ の傾き $< M_\rho$ の傾きとなるケースをまずとりあげることにしよう.この場合には,位相図は図7のようになる.このような図が描ける理由の詳細は,以下のとおりである.補題5により,M_λ 曲線は $\lambda = 1$ の軸と交わることはできず,それから離れたままである.λ が増加するにつれて M_λ 曲線が左方へ曲がり続けることは,不可能である.なぜならば,もし左方へ曲がり続けるならば,それが $\rho = 0$ のみならず $\rho \neq 0$ のときにもう一度 M_ρ と交わることになるが,そのことは,仮定6によって排除されているからである.したがって,それは,右方へ曲がっていかなければならない.仮定5(i)は,曲線 M_λ のどちら側がそれぞれ $U < 0$ および $U > 0$ となるかを決定するのに役立つ.

図7から,$\rho = \rho^*$ および λ^* に十分近い λ について

(A4)　　　$\lambda > \lambda^*$ のとき,そしてそのときのみ $\dot{\lambda} > 0$

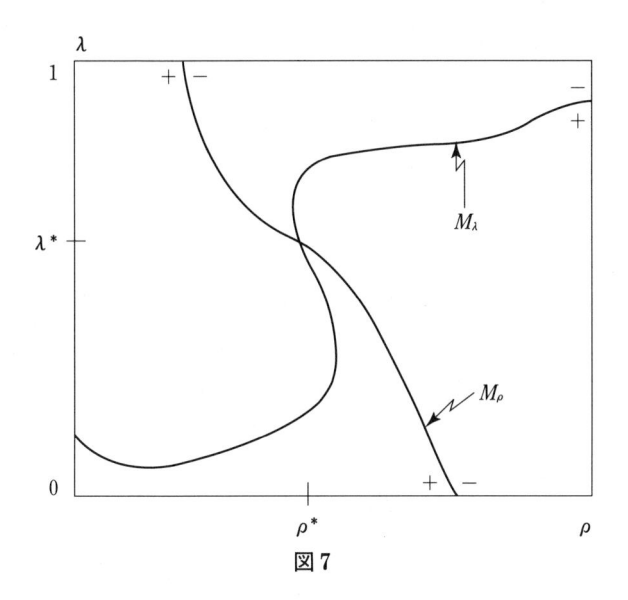

第 3 章　動学的マクロ経済成長モデルにおける負債による企業の資産調達,安定性,循環　109

図7

となることがわかる．他方，システム (*) の線形近似

$$\dot{\lambda} = U_\lambda(\lambda-\lambda^*)+U_\rho\rho, \quad \dot{\rho} = V_\lambda(\lambda-\lambda^*)+V_\rho\rho$$

を考えよう．したがって，もし $\rho=0$ および λ が十分 λ^* に近いならば，sgn $\dot{\lambda}$ = sgn $U_\lambda(\lambda-\lambda^*)$ となる．$U_\lambda<0$ だから，このことは，$\lambda-\lambda^*<0$ ($\lambda<\lambda^*$) のとき，そしてそのときのみ $\dot{\lambda}>0$ となることを意味している．

我々は，M_ρ の傾き $\leq M_\lambda$ の傾きのみが整合的である，と結論することができる．そこで，——M_ρ と M_λ が接するかもしれないという可能性は別にして（この場合にも M_λ の一部は M_ρ の左側に，他の部分は M_ρ の右側に位置することに注意せよ．もし M_λ 全体が M_ρ の片側に位置する場合は，前述した事態と同様の矛盾が発生するであろう）——位相図は（本文の）図2のようになることは，直ちにわかる．次に，行列

$$Q = \begin{bmatrix} U_\lambda & U_\rho \\ V_\lambda & V_\rho \end{bmatrix}$$

を定義し，M_ρ の傾き $= -V_\rho/V_\lambda < -U_\rho/U_\lambda = M_\lambda$ の傾きは，$det\ Q = U_\lambda V_\rho -$

$U_\rho V_\lambda > 0$ と同値であることに注意しよう．かくして，trace $Q < 0$ であることを考慮に入れれば，Q の固有値は両方とも負の実数部分を持つことがわかる[訳注2]．最後に，図2は，固有値が複素根であることを排除している．すなわち，(λ^*, ρ^*) は，渦心点にはなり得ない．

定　義

もし k が無限に大きくなるにつれて $z(t_k)$ が $\tilde{z}$ に収束するような増加する系列 $\{t_k\}_{k \in N}$ ($k \to \infty$ につれて $t_k \to \infty$) が存在するならば，点 $\tilde{z} \in R^n$ は，軌道 $\{z(t)\}_{t \in R_+}$ の（正の）極限集合の1つの要素である．

〈定理4の証明〉

trace $Q < 0$ および det $Q > 0$ であるから，Q の固有値は両方とも負の実数部分を持つことが直ちにわかる．もし (trace $Q)^2 - 4$ det $Q < 0$ であればそれらは複素根になるが，この不等式は，(18)式と同値である．極限集合に関する言明は，有名なポアンカレ゠ベンディクソン定理を適用することによって得られる[訳注3]．

〈定理5の証明〉

小域的安定性については，定理3の証明と同様の議論があてはまる．我々は，M_λ の傾き $= -U_\rho/U_\lambda < 0$ であることを知っている．しかしながら，M_ρ の傾き $< M_\lambda$ の傾きとなる可能性は，排除できる．もしこの不等式が満たされるならば，(λ^*, ρ^*) の近傍における局所的な位相図は図2のようになるであろう．これは，$\lambda = \lambda^*$ および ρ が $\rho^* = 0$ に近い場合には $\dot{\lambda} > 0 \Longleftrightarrow \rho < 0$ となることを意味する．ところが動学過程 (*) を線形近似すれば，$\lambda = \lambda^*$ ならば $\dot{\lambda} = U_\rho \rho$ となる．したがって，$U_\rho > 0$ という仮定により，$\dot{\lambda} > 0 \Longleftrightarrow \rho > 0$ となるが，これは，矛盾である．

そこで，M_ρ の傾き $> M_\lambda$ の傾き（そして曲線 M_λ および M_ρ は図5のようになる）のみが，整合的な可能性として残る．さらに，この不等式は det $Q > 0$ と同値であることを，容易に確かめることができる．したがって，もし trace $Q < 0$ ならば小域的安定性が成立し，もし trace $Q > 0$ ならば $(\lambda^*,$

ρ^*) は小域的に完全不安定である.

解の大域的な挙動については,我々は再びポアンカレ゠ベンディクソン定理を用いることができる.

〈図6の特徴の証明〉

我々はまず,必要な偏導関数の符号に関する適切な情報の一覧を,定理1から作成することにしよう.本文において既に $\partial J(\lambda^*, \rho^*)/\partial \lambda < 0$ であることを述べ,また,単純化のために我々は平面全体について $\partial J(\lambda, \rho)/\partial \lambda < 0$ であると仮定するであろう,と述べた.その他の偏導関数は,大域的に以下のような性質を満たす.

$$\partial J/\partial \rho > 0, \ \partial(R-J)/\partial \lambda < 0, \ \partial(R-J)/\partial \rho < 0,$$
$$\text{sgn } \partial g/\partial \lambda = \text{sgn}[\partial(R-J)/\partial \lambda]$$
$$\text{sgn } \partial g/\partial \rho = \text{sgn}[1+\partial(R-J)/\partial \rho]$$

ところで,もし $\dot\rho > 0$ および $\dot\lambda < 0$ ($\dot\rho < 0$, $\dot\lambda > 0$) ならば,$di/dt = (\partial J/\partial \lambda)\dot\lambda + (\partial J/\partial \rho)\dot\rho$ は正になる(負になる)であろう.したがって,$di/dt = 0$ であるためには,$\dot\rho < 0$ および $\dot\lambda < 0$ であるか,または $\dot\rho > 0$ および $\dot\lambda > 0$ でなければならない.図8において,我々は,$di/dt = 0$ をもたらす組合せ (λ, ρ) を点線 JJ' で示した.もちろん,それは,直線であることはほとんどないであろうが,直線で表わした方が図がやや明瞭になる.

同様にして,もし $\dot\rho < 0$, $\dot\lambda < 0$ ならば $d(r-i)/dt > 0$ となり,$d(r-i)/dt = 0$ であるためには $\dot\rho > 0$, $\dot\lambda < 0$ であるか,または $\dot\rho < 0$, $\dot\lambda > 0$ でなければならない.dg/dt についても同様のことがあてはまる.$d(r-i)/dt = 0$ および $dg/dt = 0$ をもたらす (λ, ρ) の幾何学的な軌跡は,RR' 線および GG' 線でそれぞれ与えられている.もし (λ, ρ) が RR' 上の点にあるならば,$\text{sgn } dg/dt = \text{sgn } \dot\rho$ であり,したがって,もし $\dot\rho > 0$ ($\dot\rho < 0$) ならば GG' は RR' より下方(上方)になければならないことに留意されたい.最後に,JJ' のどちら側の領域で,ei/dt が正あるいは負にそれぞれなるかについては,$+/-$ の符号で示されている.RR' と GG' についても,同様である.このようなわけで,たとえば,点1から点6にかけて $r-i$ は減少し,点6から

図 8

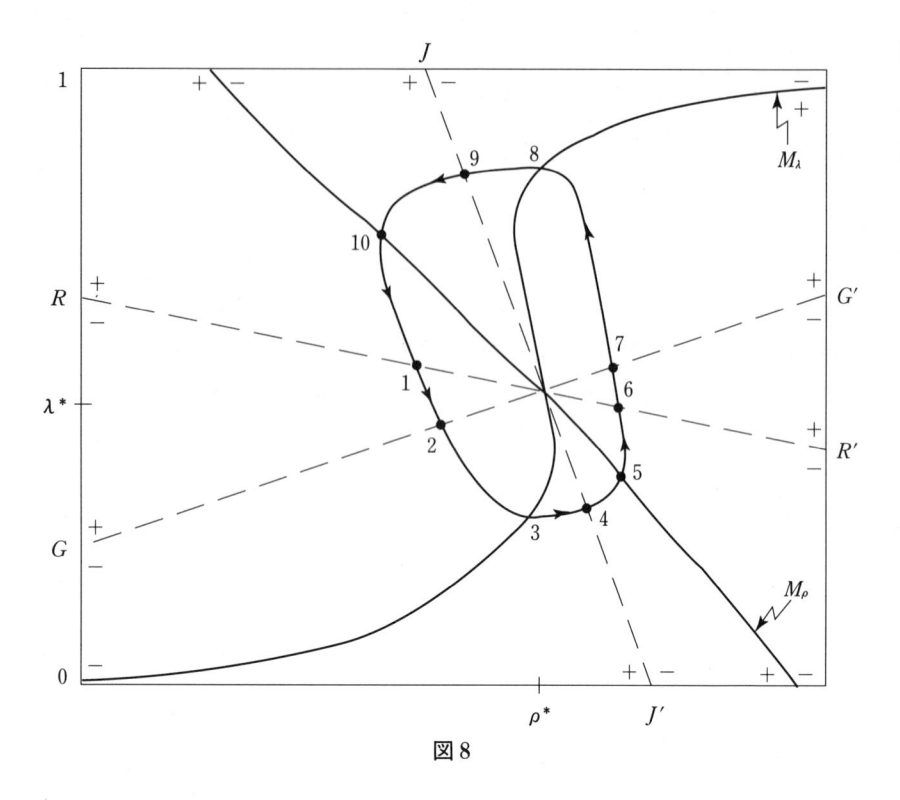

点1にかけてそれは増加することが，直ちにわかる．点1は $r-i$ の頂点であり，点6はそれの下方転換点である．明白な仕方により，図6における点 t_k は，図8における点 $k = 1, 2, \cdots\cdots 10$ に対応している．

注
* 有益な議論とコメントに対して，我々は，P. フラッシェル，D. フォーリー，H. ミンスキー，E. ネル，および L. テイラーに感謝する．本稿のもとになった論文は，ビーレフェルト大学における動学モデルのワークショップ，東部経済学会 (Eastern Economic Association) のコンファレンス，およびモントリオール大学の計量経済学/マクロ経済学のワークショップで報告された．会議の参加者からのコメントに深く感謝する．
1) 紙幅の制約のために，数学的導出が収録された付録は，本稿には含まれていない．著者に要望していただければ，付録が利用可能になる[訳注1]．
2) これは，テイラー (1983, p. 93) における経済全体のバランスシートと若干の類

似性がある．ただし，テイラー（1985, p. 392）においては，企業の資本ストックは，P_K ではなく，P で評価されている．
3) 民間の富保有者による貯蓄は，D^0, D^i, および $P_e E$ のストックを増加させる．それらをどのような比率で増加させるのかは，前項における関数 d^0 および e によってすでに把握されている．
4) 本章の以下の部分における分析は，決してこの工夫に依存するものではない．もし借入れ関数に入り込むのが純利潤率であるとしても，すなわち，以下において $b = b(r^g+\rho-i, \lambda)$ ではなく $b = b(r+g-i, \lambda)$ であるとしても，単にわずかな修正が必要になるだけである．
5) $P = $ 一定と置くことは，我々の分析における（おそらくは追加的な）負債デフレーションの不安定化効果を捨象することになるが，この点については，本章とは別の論文で後に考察すべきである（ミンスキー 1975, p. 54；トービン 1975 参照）．
6) 数学的に正確には，これは，陰関数定理によって保証される．さらなる詳細については，付録における補題3の証明を見よ．
7) もっと一般的に言えば，補題7で定式化されたように，我々は，$U_\lambda > 0$ の決定にあたって，$(r^*-\rho^*-i^*)$ に対する企業の投資の反応係数および r に対する企業の借入れの反応が負債水準に対する企業の借入れの反応を凌駕する，と述べることができる．他方，$U_\rho > 0$ については，r に対する企業の借入れの反応の1次結合と $(r^*+\rho^*-i^*)$ に対する投資の反応が ρ に関する正のフィードバック効果をもたらすことが要求されている．これらの2つの正のフィードバック効果および $|V_\rho| < U_\lambda$ という仮定のもとでは，均衡はリペラー〔小域的に完全不安定〕になり，大域的かつ持続的な循環が発生する．それらの循環が発生するための諸条件は，カレツキが彼の景気循環理論（1937）において素描した均衡動学の諸条件と非常に似ているが，カレツキの場合は，分析的枠組はより単純であり，定常経済のみを扱っている．

訳注

1〕 本邦訳書では，著者の許可を得て，原論文における数学付録を省略せずに収録している．
2〕 固有方程式 $f(\lambda) = |\lambda I - Q| = 0$ は，

$$f(\lambda) = \begin{vmatrix} \lambda - U_\lambda & -U_\rho \\ -V_\lambda & \lambda - V_\rho \end{vmatrix}$$
$$= \lambda^2 - (trace\ Q)\lambda + det\ Q = 0$$
$$;\ trace\ Q = U_\lambda + V_\rho$$
$$det\ Q = U_\lambda V_\rho - U_\rho V_\lambda$$

となる．したがって，その根 λ_1, λ_2 は，

$$\lambda_1 = \frac{trace\ Q + \sqrt{(trace\ Q)^2 - 4\ det\ Q}}{2}$$

$$\lambda_2 = \frac{trace\ Q - \sqrt{(trace\ Q)^2 - 4\ det\ Q}}{2}$$

となる．これらの公式から，λ_1 と λ_2 の実数部分がともに負になるための必要十分条件は，

$trace\ Q < 0,\ det\ Q > 0$

が同時に成立することであることがわかる．また，λ_1 と λ_2 が（共役）複素根になるための必要十分条件は，

$(trace\ Q)^2 - 4\ det\ Q < 0$

であることもわかる．

3] ポアンカレ=ベンディクソンの定理とは，以下のようなものである（S. スメール，M.W. ハーシュ『力学系入門』，田村一郎・水谷忠良・新井紀久子訳，岩波書店，266頁参照）．

「2変数の C^1 級（1回連続微分可能）な微分方程式体系 $\dot{x} = f_1(x, y),\ \dot{y} = f_2(x, y)$ の空でないコンパクト（有界かつ閉）な極限集合が均衡点（$\dot{x} = \dot{y} = 0$ となる x と y の組合せ）を含まなければ，それは閉軌道である．」

参考文献

Brealey, R. and S. Myers, 1984. *Principles of Corporate Finance*. New York: McGraw Hill.

Clower, R.W. 1967. "A Reconsideration of Microfoundations of Monetary Theory." *Western Economic Journal* 6: 1-9.

Coddingron, E.A. and N. Levinson. 1955. *Theory of Ordinary Differential Equations*. New York: McGraw Hill.

Foley, D. 1986. "Stabilization Policy in a Nonlinear Business Cycle Model." *Competition, Instability, and Nonlinear Cycles, Lecture Notes in Economics and Mathematical Systems*. W.Semmler, ed. New York and Heidelberg: Springer-Verlag.

―――. 1987. "Liquidity-Profit Rate Cycles in a Capitalist Economy." *Journal of Economic Behavior and Organization* 8(3): 363-377.

Greenwald, B., J.E. Stiglitz and A.Weiss. 1984. "Informational Imperfections in the Capital Market and Macroeconomic Fluctuations." *American Economic Review* (May): 194-200.

Guttentag, J. and R. Herring. 1984. "Credit Rationing and Financial Disorder." *Journal of Finance* (December): 1359-82.

Kalecki, M. 1937. "A Theory of Business Cycle." *The Review of Economic Studies* (February): 77-97.

Kohn, M. 1981a. "In Defence of Finance Constraint." *Economic Inquiry* (June): 177-195.

―――. 1981b. "A Loanable Funds Theory of Unemployment and Monetary

Disequilibrium." *American Economic Review* (December): 859-879.
Minsky, H.P. 1975. *John Maynard Keynes*. New Youk: Columbia University Press. 〔堀内昭義訳『ケインズ理論とは何か』岩波書店, 1988 年〕
―――. 1982. *Can "It" Happen Again? Essays on Instability and Finance*. New York: M.E. Sharpe, Inc. 〔岩佐代市訳『投資と金融』日本経済評論社, 1988 年〕
Stiglitz, J.E. and A.Weiss. 1981. "Credit Rationing in Markets with Imperfect Information." *American Economic Review* (June): 393-410.
Taylor, L. 1983. *Structuralist Macroeconomics*. New York: Basic Books.
―――. 1985. "A Stagnationist Model of Economic Growth." *Cambridge Journal of Economics* 9: 383-403.
Taylor, L. and S.A. O'Connell. 1985. "A Minsky Crisis." *Quarterly Journal of Economics* 100: 871-86. 〔本書第 1 章として再録〕
Tobin, J. 1965. "Money and Economic Growth." *Econometrica* 33 (October): 671-84.
―――. 1975. "A Keynesian Model of Recession and Depression." *American Economic Review* 65: 195-202.
―――. 1982. "Money and Finance in the Macroeconomic Process." *Journal of Money, Credit and Banking* XIV (2): 171-203.
Tsiang, S.C. 1956. "Liquidity Preference and Loanable Funds Theories, Multiplier and Velocity Analysis: A Synthesis." *American Economic Review* (September): 540-64.
Woodford, M. 1986a. "Finance, Instability and Cycles." Paper prepared for conference on Economic Dynamics and Financial Instabitity, New School for Social Research, March, Revised version included in this volume. 〔本書第 2 章〕
―――. 1986b. "Self-Fulfilling Expectations, Finance Constraints and Aggregate Fluctuations." Columbia University, New York, Mimeo.
Wolfson, M. 1986. *Financial Crisis in the U.S. Economy*. New York: M.E. Sharpe, Inc. 〔改訂版の邦訳は野下保利・原田善教・浅田統一郎訳『金融恐慌――戦後アメリカの経験』日本経済評論社, 1995 として公刊〕

第4章
マルクス,ケインズ,カレツキにおける蓄積,資金調達,有効需要

アンワー・シャイク

　本章では,有効需要の理論に関する新しいアプローチを発展させる.総需要,供給,および生産能力の間のよく知られた関係が,それらに対応する資金調達と負債の間の関係と結び付けられる.これらの横断的な結び付きは,内生的に生み出される循環的成長のマクロ経済モデルのための自然な基礎を提供する.モデルから引き出されるシナリオは,内生的な趨勢を持つ循環的成長径路のまわりを供給と需要が不規則的に変動する正常な蓄積に関するマルクスの記述と非常に似ている.さらに,現在流布している有効需要の理論は,経済成長を説明するために,一般に技術変化,人口成長,あるいは技術革新の爆発のような外生的な要因に頼る必要がある(マリーノー1984, pp. 87-89)が,この古典派的/マルクス的なアプローチは,正常利潤率を通じて成長を内生的に説明することができるであろう.

　本章で発展させられる枠組は,マルクスの再生産表式,チップマン(1951)によるケインジアン・フローの啓発的な取扱い,およびドゥメニル(1977)とフォーリー(1983)によるマルクスの表式の先駆的な精緻化に基づいている.本章の結果は,現代のマクロ経済学の2つの主要な伝統のうちのいずれとも区別される.なぜならば,セー法則(総生産がそれに等しい需要を生み出す)もケインズ/カツレキ法則(総需要がそれに等しい供給を生み出す)も仮定されていないからである.それとは反対に,マルクスと同様に,総供給と総需要の双方がそれ自身もっと基本的な諸要因によって規制される(ケンウェイ1980;フォーリー1983)のである.資本主義的な生産は根本的に無政府的であるから,この規制過程は常に絶え間ないショックと不一致によって特徴づけられる.それにもかかわらず,システムの内的メカニズムは機能し続けるので

ある。その結果は、供給と需要が内生的に生み出される成長の趨勢のまわりを絶え間まく循環する荒々しい不規則的なパターンである（ブリーニー 1976, 第6章；シャイク 1978, pp. 231-2；ガレニャーニ 1979, pp. 183-5）。

この分析は、生産技術や潜在的な収益性のいかなる変化もない場合における有効需要と蓄積の間の関係のみに関するものである、ということに留意することは、重要である。これらの主題は、マルクスの再生産表式、ケインズの産出、雇用、有効需要の理論、およびカレツキの有効需要と景気循環の理論にとって中心的な位置を占める。さらに重要なことは、そのような考察は、蓄積径路を修正してそれを全般的な恐慌に変えてしまうかもしれない諸要因を分析するための序論として必要だ、ということである。

総需要、供給、および資金調達を結び付ける枠組

本節では、総需要、供給、および生産能力を資金調達と負債におけるそれらの双対変数と結び付ける一般的な枠組を発展させるであろう。その目的は、この枠組をマルクス、ケインズ、カレツキのアプローチを包含するのに十分であると同時に、依然として取扱い可能なものにすることである。したがって、物価、貨幣賃金、および利子率は一定であると仮定されるであろう。なぜならば、これらの変数は、上述のアプローチにとって中心的なものではないからである。同様にして、我々は、労働者の総消費は彼等の賃金所得に等しく、個人の総貯蓄は資本家の個人所得のみからなされると仮定する。しかしながら、（ケインズとカレツキにみられるような）総需要と供給が先験的に一致しているという仮定も、（マルクスの再生産表式にみられるような）総資本支出と内部資金が先験的に一致しているという仮定も、本章では置かれていない。実際、上述の2つの領域における連動した不均衡が全体的な再生産過程を規制する決定的に重要な役割を果たすというのが、この論文の中心的なテーマである。

総需要、供給、および生産能力

マルクスに従って、生産期間が基本的な単位期間として採用され、購入された投入物と各期間内に使用された投入物の差は、（シミュレーションにおいて

再び導入されるであろう）相対的に小さなランダム変数として取り扱うことができるほど十分に小さいと仮定される．$t-1$ 期に生産に投入される投入物は，t 期に産出物を生み出す．定義により，生産によって生み出される t 期の潜在的利潤（総剰余価値の貨幣形態）は，t 期における総供給の貨幣価値 Q_t と原材料費 M_{t-1}，労働費用 W_{t-1}，および経常的な産出物を生産するために使用された投入物の減耗 DEP_{t-1} の差に等しい．t 期における総供給の貨幣価値は，次のように書ける．

$$(1) \qquad Q_t = M_{t-1} + W_{t-1} + DEP_{t-1} + P_t$$

経常的な総需要 D_t は，経常的な原材料への需要 M_t および新しい工場や設備への需要（粗固定資産投資）IG_t，最終財の在庫の意図された増加 $CINV_t$，および労働者と資本家のそれぞれの消費 $CONW_t$，$CONR_t$ から成る．産出物のうち資本家がある望ましい在庫水準を達成するために維持したいと考える最終財の量に相当する部分である $CINV_t$ を除いて，上述の諸項目はすべて，実際に支出されることが要求される．供給と需要が一致しない場合には，最終財の在庫の実際の変化——それは，粗産出額（プラス項目）と粗販売額（マイナス項目）$M+IG+CONW+CONR$ の差に等しい——は，資本家が望んだ変化 $CINV$ と一致しないであろう．

$$(2) \qquad D_t = M_t + IG_t + CONW_t + CINV_t + CONR_t$$

任意の時期 t における超過需要 E_t は，総需要と総供給の差として定義できる．超過需要が正の場合には，実現された利潤額が潜在利潤の額を上回ることに留意されたい．

$$(3) \qquad E_t = D_t - Q_t$$

労働者の消費 $CONW_t$ が彼等の賃金 W_t に等しいことに留意しながら方程式 (1)-(3) を結び付け，類似の項目をまとめると，次のようになる．

$$(4) \qquad E_t = A_t + I_t + CINV_t + CONR_t - P_t$$

ただし，ここで，

$A_t = (M_t - M_{t-1}) + (W_t - W_{t-1}) = $ 流動資本の蓄積
$I_t = IG_t - DEP_{t-1} = $ 固定資本の純蓄積
　　　　　　$= $ 純固定資本投資[1]
$CINV_t = $ 資本家によって所望された最終財の財庫の蓄積である.

　方程式(4)は,総蓄積支出(「事前の投資」)$A + I + CNIV$ と消費されない剰余生産物の全体(事前の蓄積)$P - CONR$ の間のより良く知られたバランスの概念を用いて表現することもできるであろう.しかし,このような表わし方は,いくつかの理由により,人を誤りに導き易いであろう.まず第1に,この場合には,いわゆる投資は,流動資本の実際の蓄積 A (原材料と仕掛品の在庫への投資)と最終財の在庫への所望された蓄積 $CINV$ の混合物になるであろうが,それらのうちのいずれも,伝統的な計算では無視される傾向がある.第2に,この場合には,いわゆる総貯蓄は単に,剰余生産物のうち資本家階級の個人的な消費需要を超える部分を表わすことになるが,それは決して,直接的な支出から引き揚げられた(「蓄積された」)収入の貨幣量に対応するわけではない.実際,この消費されなかった剰余生産物の貨幣価値を資本家の貯蓄(それは直接的な支出から引き揚げられた貨幣支出を実際に表わす[ケインズ 1964, 16章])と企業部門の「留保所得」(それは必ずしも支出から引き揚げられた貨幣収入に対応しない[以下の方程式(8)を見よ])の合計として表わす会計計算上の工夫は,単に,商品の供給／需要と資金の源泉／使用を合成的に表わしてしまっているのである.この合成は,これらの2つの領域の間の重要な関係をあいまいにしてしまっており,したがって,それらは別個に取り扱われるのである.

　我々は生産技術,賃金,および労働条件の変化を捨象しているのだから,総生産能力(正常能力産出量)N_t は,総固定資産ストック Kf_t に比例している,すなわち,$N_t = (1/v) Kf_t$ である.ここで,$v = $ (ハロッドのモデルにみられるような)固定的な資本－生産能力比率である.設備稼働率 U_t を生産能力に対する産出量の比率と定義すれば(したがって $u > 1$ は正常以上の稼働を意味する),我々は,次のように書くことができる.

(5) $$U_t = Q_t/N_t = v(Q_t/Kf_t)$$

最後の段階は，流動資本と固定資本への投資が産出量と生産能力にそれぞれ及ぼす影響を考慮に入れることである．上で仮定された固定的な固定資本-生産能力比率 v が与えられると，生産能力の変化は，固定資本投資の水準に比例する（なぜならば，固定資本投資は固定資本の変化と一致するからである）．

(6) $$N_t - N_{t-1} = (1/v)I_{t-1}$$

他方，単位時間として定義されであろう生産期間が与えられれば，経常的な産出物 Q_t と経常的な潜在利潤 P_t は，前期に購入されて使用された投入物 M_{t-1} と W_{t-1} によってもたらされる．費用に対する一定の利潤マージン $m = P_t/(M_{t-1} + W_{t-1})$ が与えられれば，経常的な潜在利潤の変化は，過去の投入物の変化に比例する．後者は単に，前期における流動資本への投資に等しい（方程式(4)を見よ）のであるから，次のように書くことができる．

(7) $$P_t - P_{t-1} = mA_{t-1}$$

方程式(7)は，流動資本への投資と生産拡張の間の関係を示している．それは，常に古典派とマルクスの図式において不可欠な部分であり続けてきたにもかかわらず，この関係は，今日ではしばしば無視されている．現代の国民所得会計は，原材料と労働に対する現在の支出 $(M_t + W_t)$ を現在の産出 Q_t の生産費用（中間投入）として取り扱うというしきたりを採用している（BEA 1980, pp. 6-9）ので，流動資本への投資を見失う傾向を持っているのである．これは，暗黙のうちに生産期間がゼロであると仮定していることになるが，このことは，生産過程を全く捨象してしまっていることに等しいのである．

方程式(4)-(7)は，総生産と有効需要の基本方程式を定義している．需要，供給，あるいは生産能力の間のいかなる先験的な一致も決して仮定されていないことに留意することは，重要である．

総資金調達と負債

資金調達を取り扱うに際して，企業は資本家に配当 R を支払い，資本家は，

次にその一部 $CONR$ を消費し，残り $SAVR$ を貯蓄すると仮定しよう．また，カレツキ (1965, p. 97) と同様に，企業はこれらの資本家の個人貯蓄 $SAVR$ を株式または社債を発行することによって借り入れると仮定しよう．これは，資本家は彼等の個人消費を直接的に利潤からまかない，残りを企業が使用するために残しておく，というマルクスの仮定（マルクス 1967, 第2巻，第21章）と多かれ少なかれ同等である．この額を超えるいかなる借入れも，銀行部門によって仲介されると仮定される．さらに，この銀行部門は，利子率を変化させることなく，資金の借り手や預金者の要求に進んで応じると仮定しよう．この仮定は，潜在利潤率より低いある所与の利子率のもとで銀行による融資を自由に受けることができる（あるいは貸付けが自由に受け入れられる）というケインジアンとカレツキアンの仮定を単に再録するために設けられた．重要で洞察力に満ちた論文において，アシマコプロスは，ケインズとカレツキは計画投資が現在の貯蓄フローに制約されない（現在の貯蓄フローから独立している）という取扱いを「ちょうど資金を自由に調達できる」という仮定を通じて正当化している，ということを指摘している（アシマコプロス 1983, pp. 222-27）．まさに全く同じ仮定を採用することにより，有効需要のマルクス理論と伝統的理論の間の基本的な相違点は信用が存在するか否かには何の関係もない，ということが明らかになることを願っている[2]．

企業の計画された支出が計画された利用可能な内部資金源を上回るために，外部金融が必要になる．したがって，借入れは，それによって資金を調達することを目指す現実の支出に先行しなければならない（ロビンソン=イートウェル 1973, pp. 218-19）．一般的に，この借入れは2つの部分から成ると仮定されるであろう．すなわち，新株や社債の発行を通じた資本家の経常貯蓄 $SAVR_t$ の直接的な借入れと，その水準を超える任意の必要額については銀行からの借入れ B_t である．

借入れ総額 ＝ 総計画使用額－総内部資金源
銀行からの借入れ額＋株式および社債発行額 ＝ 総計画使用額－総内部資金源

(8) $\qquad B_t + SAVR_t =$ 総計画使用額－総内部資金源

任意の t 期にもたらされる産出額 Q_t は，前期に投入された原材料と労働によって決定される．この現在の計画産出額のうち，$CINV_t$ だけの額は最終財の財庫の所望された増加であるから，販売が計画されるのは，残りの部分である．企業による過去の貸付けの元本と利子のいかなる金融的な受取りも，資金の使用サイドにおける負の金融的支払いとして取り扱われるから，第 t 期における企業部門の総計画内部資金源は計画販売額，$Q_t - CINV_t$ に等しい．同じ期間内における資金の総計画使用額は，5つの基本的な範疇を包含しなければならない．すなわち，(次期の産出物を生産するために)今期に購入されるべき原材料 M_t および賃金 W_t のための流動資本への支出，工場や設備への粗投資のための固定資本への支出 IG_t，現在支払う義務のある過去の借入れの元本と利子への支出(あるいは負の場合には，過去の貸付けの元本と利子収入の現在の受取り)を表わす金融的な支出 F_t，資本家にとっては現在の所得となる資本家への配当の支払い R_t，および，準備貨幣水準のあらゆる計画された変化 CMR_t である．企業の準備貨幣は過去の借入れ，政府による貨幣供給の増加，あるいは(マルクスにみられるような)金のような貨幣商品の供給の増加によってさえもたらされるのであるから，項目 CMR_t は，これらの他の準備貨幣の変化の源泉に加えて，いかなる所望された調整をも表わしている，ということに留意すべきである．このようなわけで，方程式(8)は，次のようになる．

(9)　　$B_t + SAVR_t = M_t + W_t + IG_t + F_t + R_t + CMR_t - (Q_t - CINV_t)$

方程式(1)と(9)式を結び付ければ，次のようになる．

$$\begin{aligned} B_t + SAVR_t &= M_t + W_t + IG_t + F_t + R_t + CMR_t \\ &\quad - [(M_{t-1} + W_{t-1}) + DEP_{t-1} + P_t - CINV_t] \\ &= [(M_t - M_{t-1}) + (W_t - W_{t-1})] \\ &\quad + (IG_t - DEP_{t-1}) + CINV_t + F_t + CMR_t - (P_t - R_t) \end{aligned}$$

(10′)　　$B_t + SAVR_t = [A_t + I_t + CINV_t] + [F_t + CMR_t - (P_t - R_t)]$

方程式(10′)の右辺の括弧でくくられた第2項は，金融的な使用 $F_t + CMR_t$

と留保収入，$P_t - R_t$ の差である．したがって，すべての「投資」($A_t + I_t + CINV_t$) が負債によって資金調達される（すなわち，借入れ $B_t + SAVR_t$ のみによって資金調達される）ときにのみ，留保収入は支出からの金融的な漏れに対応するのである．このことは一般的にはあてはまらないのであるから，留保収入を企業貯蓄の一形態として扱うことは，正しくない．

最後に，資本家収入 R = 消費 $CONR$ + 貯蓄 $SAVR$ であることに留意すれば，方程式(10′)は，次のように書ける．

$$(10) \quad B_t = (A_t + I_t + CINV_t + CONR_t - P_t) + F_t + CMR_t$$

第 t 期の期首に予期されたように，上述の数量のすべては，計画された支出と計画された収入を示している．しかし，もし短期における支出計画は期間内には修正されずに期間をまたがって修正されるものと仮定することができ，また，短期における収入の見積もりは（確率的な意味で）比較的正確であると仮定することができるならば，方程式(4)により，方程式(10)の右辺の括弧でくくった第1項は単に，超過需要 E_t プラス（シミュレーションの過程で再導入する）小さなランダム変数になる．このようなわけで，次式が成立する．

$$(11) \quad B_t = E_t + F_t + CMR_t$$

ただし，ここで，
B_t = 企業による銀行からの借入れ
E_t = 超過需要
F_t = 金融的支払い（元本支払い＋利子支払い）
CMR_t = 準備貨幣の所望された変化
である．

これらの項目は，それに伴う解釈が可能であるが，正にも負にもなり得る，ということに留意されたい．

方程式(11)は，資金調達の基本方程式である．それは，企業部門による銀行からの借入れはそれ自身の経常支出が利潤からの貯蓄を上回る計画された赤字分（それは超過需要 E_t として表われる），プラス過去の借入れに対する金融的支払い，プラス準備貨幣を所望された水準に調節するために必要とされるす

べての資金をカバーしなければならないことを示している．ここでは，項目 F_t と CMR_t が特に重要な役割を果たしている．なぜならば，それらは，過去の出来事から現在の借入れへのフィードバックを反映しているからである．

方程式(11)にはまた，もう1つの読み方がある．すなわち，

$$(11') \qquad E_t = (B_t - F_t) - CMR_t$$

である．

この式の右辺の括弧でくくられた項目は，企業部門の銀行からの純借入れである．なぜならば，それは，現在の新規借入れ B_t と現在の元本と利子への支払い F_t の差だからである．そこで，方程式(11)は，もし超過需要がゼロならば，(いかなる新貨幣の直接的な注入をも考慮に入れた) いかなる所望された準備貨幣の調節も銀行からの純借入れによってカバーされなければならない，ということを明らかにしている．これは，成長するシステムにおいては，たとえ純借入れ額が総利潤額あるいは総産出額の一定割合であったとしても，純借入れ額の水準が成長する，ということを意味している．もっと重要なことは，したがって，いかなる超過需要 E も準備貨幣の調節のために必要な額を超える銀行信用の注入によって補填されなければならない，ということである．しかし，いかなるそのような追加的な借入れも，将来における金融的支払いの義務を意味する．このようなわけで，超過需要のエピソードは，それ自身の否定の種をばらまくことになる．なぜならば，超過需要を支える信用の純注入はまた，加速する漏出として将来に持ち越されるからである．このフィードバックは，システムの成長循環を拘束するにあたり，極めて重要な役割を果たすであろう．

上述のフィードバック効果は，ケインズとカレツキがそれぞれの有効需要理論を定式化したときに，彼等のうちのいずれによっても本質的に無視された，ということに留意することは，興味深いことである．さらに，批判にさらされることによって，企業の活動水準の増加に関する彼等の説明の決定的に重要な基礎として彼等が暗黙のうちに「信用膨脹」(カレツキ)や増加する「銀行による資金調達」(ケインズ) に頼っていることを認めた後でさえ (アシマコプロス 1983, pp. 223-26)，いずれの著者もこの「信用膨脹」が企業の負債水準

に及ぼす影響を本当には分析しなかったのである．そのかわりに，両者は，それが利子率の水準に及ぼす影響に最終的に注意を集中することになってしまい，かくして，それに伴う企業の負債の大きさから注意をそらすことになってしまったのである．ケインズにおいて明らかなように，このことは，利子率を投資決定を規制する主な要因として残すことになった．同様にして，伝統的な有効需要理論の枠内で成長の明白な不安定性によって生じる困難を打破する手段としての利子率の強調は，最近何人かの著者達によって復活させられた（テイラー 1985；フォーリー 1987）．しかし，利子率の動きの影響は明らかに重要ではあるが，それは，必ずしも蓄積を規制する中心的な要因ではない．たとえば国家によるある「適切な」政策を通じて，たとえ利子率が一定に保たれると仮定しても，資金調達，負債，および蓄積の間のフィードバックは，蓄積を安定化するのに十分である，ということがわかるであろう．その結果もたらされる有効需要の理論は，システムに内在する収益性が蓄積を駆り立て，その結果発生する負債がそれを制約する，という非常に古典派的／マルクス的な伝統のもとにある．このような構築物はどれも，有効需要の理論と古典派的およびマルクス的な成長理論には固有の矛盾が存在する，というすべての主張を無効にする．したがって，次節では，上述の諸原理を採用した単純なモデルを発展させる．

内在的に発生する循環的成長のマクロ・モデル

以下で発展させるモデルは，利潤，投資，貯蓄および資金調達に焦点を合わせる．なぜならば，これらは，有効需要と蓄積の間の関係をめぐる討論において決定的に重要な諸変数だからである．在庫と準備貨幣ストックの調節は，ここでは取り扱わないであろう．なぜならば，それらは，マルクス，ケインズ，カレツキにおける基本的な分析にとって比較的副次的な役割しか演じていないからであり，また，紙幅の制約のために必要な展開ができないからでもある．

このアプローチの重要な一側面は，〔速度が〕速い変数と〔速度が〕遅い変数が区別されていることである．遅い変数はそれに対応する速い変数よりも長い意思決定期間（たとえば，月のかわりに年）を持っており，したがって，遅い意思決定は，もっと速い諸変数の移動平均によって有効に表わされる．多く

の異なった諸変数の集合があり，各集合にはそれ固有の速度が対応する場合を考えることができるが，本節では，ちょうど2種類の速度がある場合に分析を限定する．基本的な速い変数は，潜在利潤（剰余価値）のうち流動資本への投資に向けられる割合である．マルクスの術語によれば，これは，流動資本の蓄積率であり，それは，供給と需要の間の関係を規制する．それに対応する遅い変数は，固定資本の蓄積率であろうが，それは，供給と生産能力の間の関係を規制する．

以下においては，（相対的に）速い調整過程が最初にモデル化され，それから（相対的に）遅い調整過程がモデル化される．それらは，以下の2つのことが理解されることを前提にして，「短期」および「長期」の調整過程とみなされ得る．第1に，それに対応する時間的視野はこの枠組の中で定義されており，それは他の枠組で暗黙のうちに採用されるものには対応しないかもしれない．第2に，短期および長期における停止点は，伝統的な意味での均衡点ではなく，むしろ，それをめぐってシステムが循環する重心である．

（相対的に）速い調整過程

方程式(4)，(7)，および(11)のそれぞれにおける総超過需要，銀行借入れ，および流動資本への投資の間の関係が，速い調整過程の核心を形成する．我々はストック調節を捨象していることに留意すれば，次のように書くことができる．

(12) $$E_t = A_t + I_t + CONR_t - P_t$$
(13) $$(P_t - P_{t-1}) = mA_{t-1}$$
(14) $$B_t = F_t + E_t$$

次の段階は，上述の方程式の諸項目の間の相互関係を定義することである．（配当は利潤に比例し，それから資本家の消費は配当に比例するという理由により）潜在利潤に対する資本家消費の比率は定数 c であると仮定し，そして，固定資本投資の蓄積率 k も，それが遅い変数であるから，一定であると仮定しよう．最後に，過去の借入れと現在の負債への支出の間の本質的な連動は，企業によるすべての借入れまたは貸付けは1期間の間に一定の利子率 i のもと

で償還されなければならない，と仮定することによって捉えられる．したがって，次式を得る．

(15) $$CONR_t = cP_t$$
(16) $$I_t = kP_t$$
(17) $$F_t = (1+i)B_{t-1}$$

残りの段階では，流動資本への蓄積率 $a = A/P$ の動きをモデル化する．この比率は，生産拡張傾向の強さを表わし，それは一般に，過去の利潤の水準や趨勢から様々な期待利得や費用にまで及ぶ様々な諸要因によって決定される．蓄積率の水準の決定について特定の仮定を置く必要はない．そのかわりに，単に，企業はある任意の蓄積率を試みると仮定し，それから，その試みの結果に基づいてそれを修正する，と仮定しよう．特に，もし当初におけるある任意の試みられた蓄積率が潜在利潤（剰余価値）を超える利用可能な内部金融の水準をもたらすならば，次期の蓄積率はより高くなるであろう．当初における内部金融の水準が潜在利潤より小さい場合には，その反対のことが生じる．このようにして，蓄積率の変化率は，企業の資金調達上の強さと結び付けられる．

任意の t 期の期首に，企業は，利用可能な内部資金額を見積もり，その時期における借入れと支出の計画を立てる．当初利用可能である資金と借り入れた資金は実際に支出されるので，その結果生じる需要は，特定の総利潤水準を実現する．このようなわけで，t 期に実現した利潤はそれ自体，t 期に企てられた支出の結果なのである（カレツキ，1965, pp. 45-46）．そのことから，$t-1$ 期に実現した利潤のみが t 期の期首に利用可能な内部資金に入り込むことができる，ということになるのである．

t 期の期首に利用可能な実際の内部資金は，前期である $t-1$ 期に実現した利潤マイナス来たるべき t 期に企業が支払う義務を負うあらゆる負債のための支払いである．$t-1$ 期における総利潤は，総購入額 $(A+I+CONR)_{t-1}$ によって実現するが，方程式(4)により，これらは，潜在利潤と超過需要の合計 $(P+E)_{t-1}$ に等しい．t 期に支払われる負債に関する支払いは，方程式(17)によって与えられる．このようなわけで，t 期の期首において，利用可能な内部資金額は，次のようになる．

$$X_t = (t-1\text{期における実現利潤}) - (t\text{期における負債に関する支払い})$$
$$= (P+E)_{t-1} - F_t = (P+E)_{t-1} - (1+i)B_{t-1}$$

そこで，蓄積反応関数は，流動資本の蓄積率の変化は利用可能な内部資金と潜在利潤（剰余価値）の差の潜在利潤に対する比率に比例することになる．

(18) $\qquad (A/P)_t - (A/P)_{t-1} = h[(E-(1+i)B)/P]_{t-1}$

方程式(12)-(18)は，完結した短期モデルを記述している．この時点で，上述の方程式を統合して，すべての項目を潜在利潤に対する比率として表現し，以下で行う証明を容易にするために，それらを連続時間の方程式に書き換えることが有用である．(12)，(15)および(16)の各式を結び付けて，e＝潜在利潤に対する比率として表わした超過需要，a＝流動資本の蓄積率とし，cとiは一定であり，kはゆっくりと変化する固定資本の蓄積率を表わすので短期においては一定であることを想起し，Pの瞬間的変化率を$\dot{P}$で表わす等の表記法を採用すれば，次のような式を得る．

(19) $\qquad e = a+k+c-1$
(20) $\qquad \dot{P}/P = ma$
(21) $\qquad \dot{a} = h[e-(1+i)b]$

方程式(14)と(17)を結び付ければ，$B_t = (1+i)B_{t-1} + E_t$ となる．この式を連続時間の式に翻訳すれば，$\dot{B} + B = (1+i)B + \dot{E} + E$ となる．ここで，i は今や，瞬間的な利子率を表わす．潜在利潤 P で割り，$b = B/P$ とし，$\dot{b} = \dot{B}/P - (\dot{P}/P)b$ および $\dot{e} = \dot{E}/P - (\dot{P}/P)e$ であることを考慮に入れれば，資金調達の方程式を次のように表わすことができる．

$$\dot{B}/P + b = (1+i)b + \dot{E}/P + e$$
$$\dot{b} + (\dot{P}/P)b + b = b + ib + \dot{e} + (\dot{P}/P)e + e$$

(22) $\qquad \dot{b} = \dot{e} + ib + e + (\dot{P}/P)(e-b)$

方程式(19)-(21)をさらに集約することができる．c は一定であり，短期に

第4章 マルクス,ケインズ,カレツキにおける蓄積,資金調達,有効需要　129

おいては k は一定であるから,(19)は,$\dot{e} = \dot{a}$ であることを意味するが,この関係を(21)に代入することができる.他方,(20)から $\dot{P}/P = ma$ となり,(19)から $a = e+d$ となる.ここで,$d = 1-(c+k)$ である.これらのすべては,(22)を書き換えるために使用することができる.このことに基づいて,速い調整過程の本質的な数学的構造を記述する2つの非線形微分方程式が結果として得られる.

(23) $$\dot{e} = h[e-(1+i)b]$$
(24) $$\dot{b} = \dot{e}+(1+i)e+(md-i)(e-b)+me(e-b)$$

ここで,e,b は潜在利潤に対する比率としての超過需要と借入れを表わしており,

c = 利潤からの一定の消費性向
k = 固定資本の蓄積率(短期においては一定)
m = 費用に対する一定の利潤マージン
i = 一定の利子率

である.

以上で要約された短期の調整過程は,いくつかの注目すべき特性を持っている(証明は,付録でなされている).まず第1に,それは,唯一の安定的な特異点 $e=0$ および $b=0$ を持つがそれは,需要と供給がバランスし($e=0$)蓄積が自己金融によってまかなわれる($b=0$)一般的には成長する径路にシステムが自動的に収束することを意味している.この径路は,パラメーター c,k に対応するマルクスの拡大再生産径路(単純再生産はその特殊ケースになる)に他ならない[3].第2に,このモデルの安定性は,拡大再生産の近傍において,企業によって再投資される資金の追加的な収益率が利子率より大きいかまたは利子率に等しい,という単純でもっともらしい条件によって保証されるのである.換言すれば,活動的な資本は少なくとも受動的な資本と同等の収益をあげることができなければならないのである.第3に,上述の条件のもとで,モデルは極めて頑健である.なぜならば,それは,すべての正値の反応係数 h のもとで安定になり,h のすべてのもっともらしい値のもとで循環しながら収束するのである.

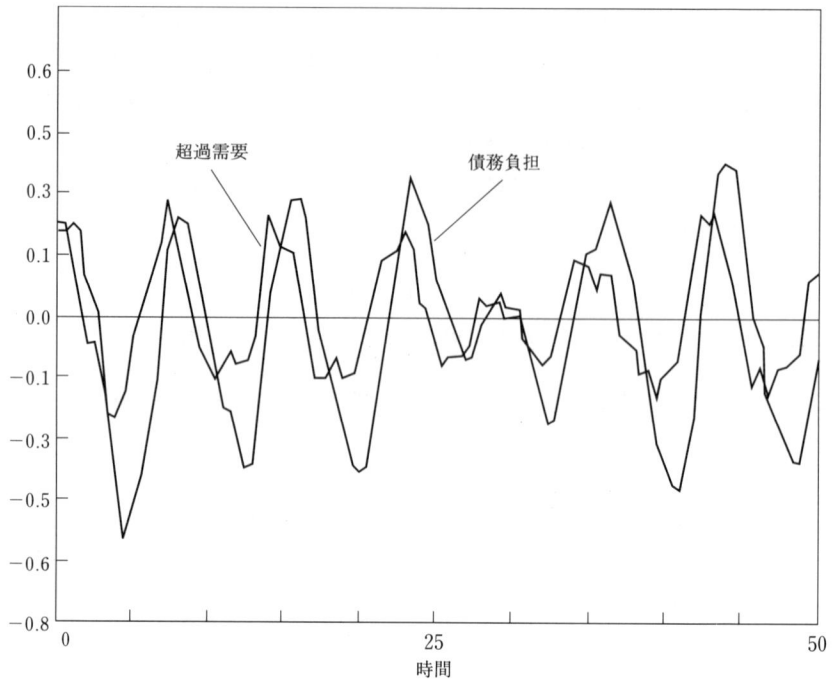

図1 超過需要と負債

　上述の特性は，任意の初期状態から出発したとき，モデルは，集計的な拡大再生産に向かって循環的に収束していくであろう，ということを意味する．しかし，これは，システムがいつも拡大再生産の状態にあるということを意味しない．なぜならば，モデルが繰り返し起こるランダム・ショックにさらされることによる資本主義的生産の無政府性をひとたびシミュレーションするならば，システムは，拡大再生産径路上に決して留まることはなく，拡大再生産径路のまわりを絶え間なく循環するのである．シミュレーションの結果は図1に示されているが，そこでは，超過需要 e と債務負担 b は，バランス点ゼロのまわりを不規則的に循環する．図2は，このことが潜在利潤（生産された剰余価値）をめぐる現実の利潤（実現された剰余価値）の変動にいかに翻訳されるかを，示している．全体として見れば，これらの図は，現実のシステムの不規則的な径路が生み出す内的な傾向——規制された平均——としての拡大再生産と

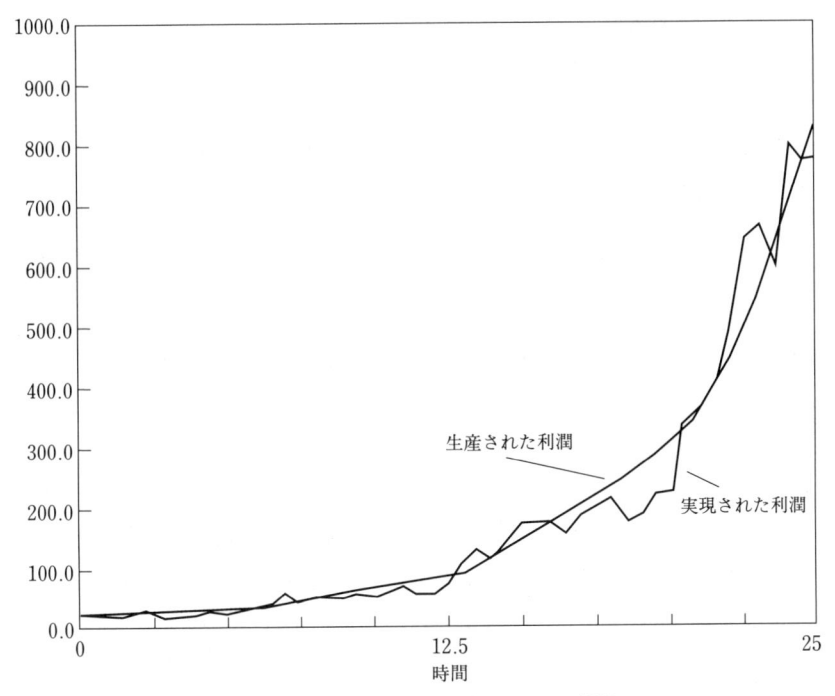

第4章 マルクス,ケインズ,カレツキにおける蓄積,資金調達,有効需要 131

図2 生産された利潤と実現された利潤

いうマルクスの概念を例示している.

短期モデルは,他のいくつかの興味深い特性を持っている.まず最初に,短期においては超過需要は近似的にゼロになるのであるから,方程式(19)は,

$$a = 1-(c+k) = d \tag{25}$$

を意味する.

短期の変動をならせば,流動資本の蓄積率 a は,消費性向 c や固定資本投資の蓄積率 k と反比例的な関係にある.このことは,たとえ c または k の外生的な増加が最初にシステムを刺激したとしても,追加的な負債によって作り出された金融的な重荷により,少なくとも短期循環の平均としては,c または k の増加は同じ量の a の減少をもたらすであろう,ということを意味する.

固定資本投資の短期における平均的な収益率もまた,c や k と反比例的な関

係にある．この収益率を

$$r = \dot{P}/\dot{K}_f = (\dot{P}/P)/(I/P)$$

と定義しよう．ここで，$I/P = k$ であり，方程式(20)より $\dot{P}/P = ma$ であり，そして a は(25)式で与えられる．したがって，

$$r = md/k = \frac{m(1-c-k)}{k} = \frac{m(1-c)}{k} - m$$

という式を得る．ここでも再び，c または k の外生的な上昇は，最初に a を刺激することにより，当初は短期における固定資本投資の収益率を引き上げるかもしれない．しかし，新しい短期の平均水準が確立されるにつれて，収益率は実際に低下するであろう．

最後に，設備稼働率は，短期の循環の平均としてはおよそ一定の値を保つであろうが，その平均値は，一般に，正常な設備稼働率とは異なるであろう，ということを示すことができる．これは，現実の産出量を「完全雇用」(すなわち，正常稼働のもとでの) 産出量と一致させる短期のメカニズムはないという標準的なケインジアン／カレツキアンの結論を思い起こさせるが，ケインズとカレツキの結論は静学的な産出量水準についてあてはまるのに対して，我々の結論は成長するシステムにあてはまる，ということは留意に値する．我々の結果を導出するために，方程式(5)から固定資本／能力産出量比率 $v = K_f/N$ は一定であり，他方，方程式(7)から費用に対する利潤マージンの比率 m が一定であることは，産出量に対する利潤マージンの比率 $n = P/Q$ も一定であることを意味している．能力産出水準，産出量，および設備稼働率は，次のように書ける．

(26)
$$N = K_f/v$$
$$Q = P/n$$
$$u = Q/N = (1/r_n)P/K_f$$

ここで，$r_n = n/v = $ 固定資本に対する正常産出能力利潤率である．

$u = Q/N$ の短期の挙動を分析するために，

$$\dot{N} = \dot{K_f}/v = I/v = (k/v)P$$

および

$$\dot{Q} = \frac{\dot{P}}{n} = \frac{(\dot{P}/P)P}{n} = \frac{maP}{n} = \frac{m(1-c-k)P}{n}$$

であることに留意しよう。かくして，$\dot{Q} = p\dot{N}$ となる。ここで，

$$p = \frac{mv[(1-c)/k-1]}{n}$$

は，短期においては一定である。$\dot{Q} = p\dot{N}$ の両辺を積分すれば，$Q = pN + (Q_0 - pN_0)$ となる。ここで，括弧でくくられた項目は，t_0 時点で評価された積分定数である。この式を書き換えれば，

$$u = Q/N = p + (u_0 - p)N_0/N$$

となる。システムが成長して N が時間を通じて増加するにつれて u が p に近づくことは，この式から明らかである。したがって，c または k の上昇は，u の極限値 p を引き下げることにより，短期における平均的な設備稼働率を引き下げる傾向を持つであろう。

（相対的に）遅い調整過程

短期の分析においては，固定資本の蓄積率 k は，それが遅い変数であるという理由により，所与と仮定された。しかし，短期における設備稼働率の水準は一般に正常な設備稼働率水準とは異なるのであるから，いかなるそのような不一致に対しても，k がゆっくりと反応して変化することが予想される。この遅い調整過程に適応するために，（たとえば，月ではなく年のように）もっと長い単位期間 T を定義し，固定資本の蓄積率 k の反応関数を次のように書こう。

(27) $$\dot{k}/k = g(u-1)$$

ここで，$u =$ 設備稼働率の水準（正常水準 $= 1$）
$g =$ 反応関係（正の定数）

である.

そのような反応関数の効果は, k の変化に対して設備稼働率がどのように反応するかに依存している. 今や, 方程式(25)により, 速い反応プロセスは, 大雑把に言えば $a+k=1-c$ という等式を成立させるように作用する, ということがわかる. 短期における設備稼働率の水準が正常値を上回り, したがって k がゆっくりと上昇し始めると想定しよう. 短期の調整過程の観点からは, k は, より高い新しい水準にまで上昇した. この上昇は, 最初のうちは有効需要を刺激し, a を引き上げるかもしれない. しかし, 新しい短期の重心が達成されるにつれて, a は, 新しいもっと高い k の水準に適応するために下落するであろう. このようなわけで, 設備稼働率の成長の加速は最後には実際の生産の減速をもたらし, したがって, 設備稼働率の水準は正常な水準にまで (またはそれを超えたさらに低い水準にさえ) 下がりながら戻るであろう. この傾向は, 伝統的な有効需要理論でみられるナイフの刃の不安定性とは著しく対照的である. 他方, それは, ほとんどの古典派的およびマルクス的な資本蓄積の分析が暗黙のうちに含んでいるのである. それを定式化するために, 方程式(26)で与えられている $u=(1/r_n)PK_f$ という表現を微分し, 方程式(20)と(25)のそれぞれより $\dot{P}/P = ma = m(1-c-k)$ となることに留意し, また, 定義により $\dot{K}_f = I$ および $I/P = k$ となることを想起すれば, 次式を得る.

$$\dot{u}/u = \dot{P}/P - \dot{K}_f/K_f = ma - (I/P)(P/K_f) = m(1-c-k) - (r_n)ku$$
(28) $$\dot{u}/u = m(1-c) - mk - (r_n)ku$$

方程式(27)と(28)は, 固定資本の蓄積率に対して設備稼働率の水準が反応し返し, その逆のことも成立する, ということを表わす2つの非線形微分方程式から成るシステムを定義している.

上述の長期の調整過程は, それが設備稼働率の正常水準 $u=1$ のまわりで安定になる (証明については, 付録を見よ) という顕著な特性を持っている. この特異点は, 唯一の安定な均衡点である. システムが収益を生み出す限り, その安定性はすべての正値の反応係数 g のもとで成立し, すべてのもっともらしい g の値のもとで振動が発生する. このことは, 設備稼働率がその正常水準から離れた場合にはいつも, システムは正常な設備稼働率水準へ振動しな

がら復帰する傾向がある,ということを意味している.もっと重要なことは,多くの具体的な諸要因と攪乱を表わすランダム・ショックに直面する場合には,あるときは設備稼働率の正常水準を通り過ぎたり,あるときは正常水準に届かなかったり,ということを交互に繰り返しながら,システムは絶え間なく循環し続ける傾向を持つ,ということである.固定資本投資のシェアの調整は T という時間単位で述べられ,他方,流動資本投資のシェアの調整はもっと小さな t という時間単位で述べられるのであるから,固定資本投資の循環の周期は流動資本投資の循環の周期より大きい,という可能性が高い.以下の図3は,設備稼働率 u のその正常水準 $u = 1$ のまわりをめぐる変動のシミュレーションの結果を示している.図4は,それに対応する現実の生産量に対する利潤と正常能力生産量に対する利潤(「保証」産出量に対する利潤)の挙動を示している.

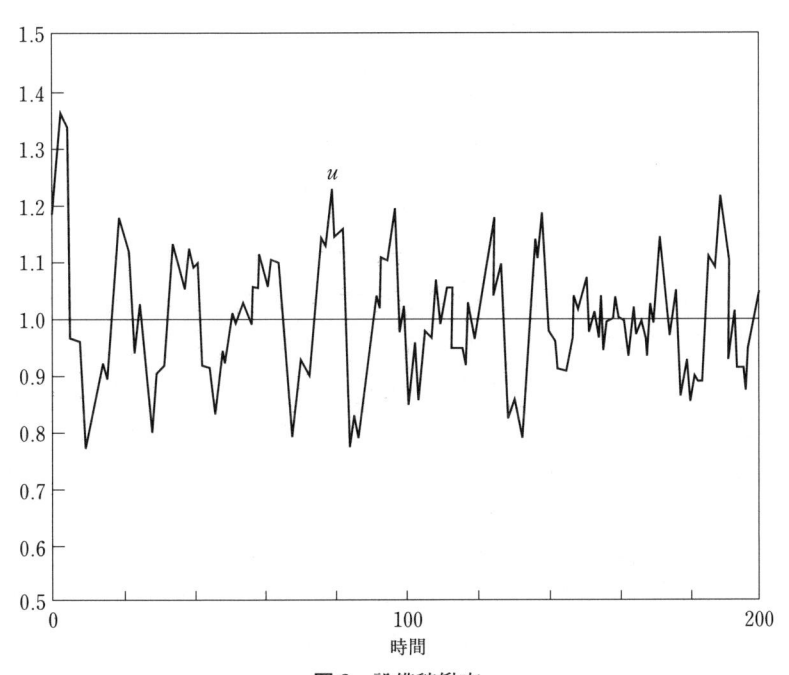

図3 設備稼働率

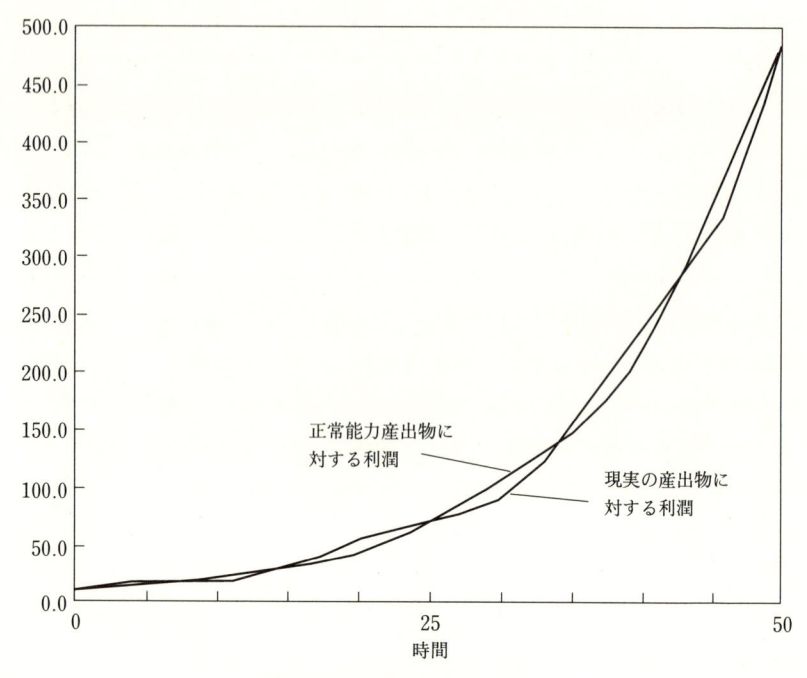

図4 正常利潤と現実の利潤

＊　＊　＊

　本章の目的は，資本蓄積における有効需要の役割の問題への新しいアプローチを提出することであった．この方向への第1段階は，この問題に対するマルクシアン，ケインジアンおよびカレツキアンのアプローチの間の本質的な相違点を包含するに十分なほど一般的な，単純な枠組を創り出す試みであった．（労働者の貯蓄の効果，在庫ストックや貨幣ストックの調整，あるいは短期の負債と長期の負債の間の相違のような）上述のアプローチにとって中心的ではない諸問題は無視される一方で，（ケインジアンとカレツキアンの［KK］理論における物価，賃金，および利子率の固定性，あるいはマルクシアンの理論における流動資本への投資と産出物の成長の間の結び付きのような）主要なアプローチのうちの1つまたはその他において中心的な役割を演じた他の諸問題

は，保持された．マルクスの再生産表式は総借入れあるいは保蔵を捨象している（ブリーニー1976, pp. 106-7）一方でKK理論は一定の利子率のもとで資金が「自由に利用可能である」（アシマコプロス1983）という仮定に決定的に依存しているので，この後者の仮定が2組のアプローチを区別する決定的な要因ではない，ということを立証するために，この後者の仮定を維持することが特に重要であった．決定的であることがわかったのは，蓄積支出，資金調達，銀行信用，および債務負担の間の決定的な結び付きであった．

しかし，信用の問題は，単に物語の半分に過ぎない．同じように重要な相違は，蓄積の分析において生じる．マルクスやハロッドにおけるような動学的な分析は，成長を生産と投資の計画に固有な一側面であるとみなす傾向があるので，市場のフィードバックに反応するとみなされるのは，それらの趨勢である．これに対して，ケインズとカレツキの両者は，所与の産出水準を達成しようと目論む本質的に受動的な企業という概念を採用している．生産計画は暗黙のうちに静学的であり，フィードバックに反応するとみなされるのは，（生産の趨勢というよりは）生産の水準である[4]．数学的に言えば，マルクス（およびハロッド）の反応関数は比率または成長率によって定式化される傾向があるのに対し，ケインズやカレツキの反応関数は，諸変数の絶対水準によって定式化される傾向がある．これは，マクロ経済成長の分析において極めて決定的になる相違点である．

本章の後半部分で，上述の考察は，単純であるが強力な循環的成長のマクロ経済モデルを発展させるために用いられた．潜在利潤のうち産出量の拡張のために振り向けられた部分の割合は，超過需要の水準に正の反応を示し，負債に対する支払いの負担に負の反応を示す，と仮定された．これがマルクスの意味における拡大再生産のまわりの持続的な短期の循環を発生させる，ということが示された．他方で，設備稼働率が正常以上のときに生産能力の拡張のために振り向けられる割合が上昇する（そしてその反対の場合には低下する）と仮定された．この単純な仮定は，正常な設備稼働率水準（ハロッドの保証成長径路）のまわりをめぐる持続的な長期の循環を発生させることがわかった．このようなわけで，モデル全体は，究極的にはシステム固有の収益性によって規制された成長トレンドのまわりを振動する2つの異なった循環を生み出すのであ

る．ほとんどの現代的アプローチとは異なり，基本的な成長トレンドを説明するために生産技術の変化や人口成長のような外生的な諸要因に頼ってはいないし[5]，（固定資本の正常利用とは異なる）労働の完全雇用をシステムが達成する傾向があるとは仮定されていない．この意味で，ここで提出されたモデルは，古典派的／マルクス的伝統に暗黙のうちに内在する有効需要の理論を具体化したものである（シャイク1978を見よ）．

このアプローチの多くの側面は，まだ展開されないままに残されている．たとえば，持続的な政府財政赤字に基づく政府支出の導入は，それに対応する持続的な超過需要をもたらすという意味で，新しい要因をモデルに導入する．これは，少なくとも正常な成長の条件のもとにおける政府の赤字支出とインフレーションの間の結び付きのフォーマルな基礎となることが示唆されるように思われる．同様にして，ここで分析された安定的な成長循環が結局は損なわれて企業利潤の大部分が停滞するという意味で，潜在的利潤率の低下は，質的に新しい挙動を作り出すように思われる．これらの諸結果のいずれも，古典派的およびマルクス的な議論において非常に示唆的である．最後に，2つの蓄積反応関数の関数形をここで探究されたものとはわずかに異なるものに特定化することにより，確率的な循環のかわりに決定論的なリミット・サイクルを発生させることが可能である．重要なことは，この論文で採用された一般的なアプローチが伝統的な有効需要理論に取って代わる非常に実り多い動学的な代替物を提供するように思われる，ということである．

付録：安定性分析

速い調整過程の安定性

速い調整過程は，上述の方程式(23)-(24)によって特徴づけられる．$z = e - b$と定義すれば，それらは，次のように書ける．

(29) $$\dot{e} = -hie + h(1+i)z$$
(30) $$\dot{z} = -(1+i)e - (md-i)z - mez$$

ここで，$m = $ 一定の利潤マージン

第4章 マルクス，ケインズ，カレツキにおける蓄積，資金調達，有効需要 139

$i =$ 利子率
$d = 1-(c+k)$，ここで $c =$ 利潤からの一定の消費性向
$k =$ 短期における一定の固定資本蓄積率
$h =$ 流動資本蓄積関数の反応係数

であり，i, c, k, および h は定義により正であり，短期における固定資本投資の平均的な収益率 $r = md/k$ が正である限り，d は正である（方程式[25]に続く議論を見よ）．

上述のシステムは，2つの特異点〔均衡点〕
$e = z = 0$ および
$me = (1+i)/i-(1+md)$, $mz = -1-(1+md)i/(1+i)$
を持つ．

そのヤコービ行列は，以下のようになる．

$$J = \begin{bmatrix} -hi & h(1+i) \\ -(1+i)-mz & -(md-i)-me \end{bmatrix}$$

2番目の特異点のまわりで線形近似すれば，i, m, d はすべて >0 であるから，ヤコービ行列の行列式は，$DET\ J2 = -h(1+2i+mdi) < 0$ となる．これは，2番目の特異点が不安定であることを意味している．他方，1番目の特異点 $e = z = 0$ のまわりで線形近似すれば，次のようになる．

$$TR\ J1 = -[hi+(md-i)]$$
$$DET\ J1 = hi(md-i)+h(1+i)(1+i) = h[1+2i+mdi]$$

h, m, d および i は正であるから，$DET\ J1 > 0$ となる．そこで，（小域的）安定性の十分条件は，$md \geq i$ である．なぜならば，これは，$JR\ J1 < 0$ を保証するからである (Hirsch and Smale 1974, p.96)．さらに，すべてのもっともらしい反応係数 h の値のもとで，このシステムの判別式は負であることを示すことができ（たとえば，$0.02 < i < 0.20$ および $i < md < 3i$ であれば，$0.027 < h < 144$ の範囲内にあるすべての h のもとで判別式の値は負になる），したがって，特異点への収束は一般に振動を伴うであろう[訳注1]．最後に，この方程式体系の位相図（簡潔さを保つためにここでは省略されている）

は，安定特異点の吸引域は非常に広範囲であることを示している．なぜならば，それは，e が正になる空間と z が正になる空間をすべて包含するからである．e と z が両方とも十分に絶対値の大きい負の値であるような初期値から出発した場合にのみ，モデルは不安定になるであろう．

今や，安定条件 $md \geq i$ の経済的内容について考えよう．方程式(25)から，短期において支配的になる蓄積率は $a = d$ となり，方程式(20)より，$ma = \dot{P}/P$ となる．かくして，安定条件は $\dot{P}/P \geq i$ となる．さて，企業がそれ自身の運営に再投資する資金を考えよう．配当 R は潜在利潤（剰余価値）P に比例すると仮定されたので，企業の留保所得は $RE = P - R = P(1-x)$ となる．ここで，$x =$ 配当支払い率である．これらの再投資された資金に対するそれに対応する追加的な純利得は，利潤の増加 $\dot{P}$ マイナス配当支払いの増加 $\dot{R}$ マイナス金融的支払い $\dot{F}$ である．しかし，方程式の特異点においては $b = 0$ であるから，蓄積は平均的には自己金融的であり，特異点においては $\dot{F} = 0$ となる．このようなわけで，再投資された資金の追加的な収益率は，

$$r^* = (\dot{P} - \dot{R})/(P-R) = \dot{P}(1-x)/P(1-x) = \dot{P}/P$$

となる．

このことから，$md \geq i$ という安定条件は，企業に再投資された資金が稼得する収益率が利子率より大きいかまたは利子率に等しい，ということと同値であることがわかる．

遅い調整過程の安定性

遅い調整過程の構造は，方程式(27)-(28)によって与えられる．これらの方程式は，わずかに異なった形式で以下に再現されている．

(31) $\qquad \dot{k} = -gk + gku$

(32) $\qquad \dot{u} = m(1-c)u - mku - (r_n)ku^2$

ここで，k と u は変数であり，他のすべては，正の定数である．
$g =$ 固定資本の蓄積率の反応係数
$m =$ 費用に対する利潤マージン

第 4 章 マルクス,ケインズ,カレツキにおける蓄積,資金調達,有効需要　141

r_n = 正常な設備稼働率のもとでの固定資本に対する利潤率(正常な固定資本利潤率)

c = 潜在利潤からの資本家の消費性向 < 1

この方程式は再び,次のような 2 つの特異点を持つ.

$u = 1$,　$k = k^* = [m(1-c)]/[m+r_n] > 0$ および

$u = 0$,　$k = 0$

この方程式のヤコービ行列は,次のようになる.

$$J = \begin{bmatrix} g(u-1) & gk \\ -[m+r_n]u & m(1-c-k)-2(r_nku) \end{bmatrix}$$

2 番目の特異点 $u = k = 0$ のまわりで線形近似すれば,$DET\ J2 = -gm(1-c) < 0$ となるので,システムが小域的に不安定になることがわかる.他方,1 番目の特異点 $u = 1$,$k = k^*$ の近傍では,$k^*[m+r_n] = m(1-c)$ であるから,ヤコービ行列,トレース,および行列式は,以下のようになる.

$$J1 = \begin{bmatrix} 0 & gk^* \\ -[m+r_n] & -r_nk^* \end{bmatrix}$$

$$TR\ J1 = -r_nk^* < 0,$$
$$DET\ J1 = gk^*[m+r_n] > 0$$

これは,1 番目の特異点が小域的に安定であることを意味している.さらに,このことによって生じる特異点への収束は,一般には振動を伴う.なぜならば,反応係数 g が非常に小さい場合を除いて,m,c,および r_n のもっともらしい値のもとでシステムの判別式はマイナスになるからである(たとえば,m,c,r_n がすべて 0.1 と 0.5 の間にあれば,反応係数が $g > 0.05$ という条件は,解の挙動が振動することを十分に保証する).

設備稼働率は負にはなり得ないから,$u \geq 0$ である.このシステムに対応する位相図(簡潔さを保つためにここでは省略されている)は,正象限内のいかなる解径路も 1 番目の特異点 $u = 1$,$k = k^*$ に収束するであろう,ということを示している.そこで,遅い調整過程は,保証成長径路のまわりで安定にな

るのである.

注

* 本稿で用いられたフレームワークは，ニューヨークのニュー・スクール・フォー・ソーシャル・リサーチで1985年に開催された競争・不安定性および非線形循環に関する国際会議で最初に提出された．
1) 厳密に言えば，純投資は粗固定資産投資と現在における減価償却引当 DEP_t との差というよりは，むしろ現在における退役した資本設備 IR_t との差である．しかし，後者2つの間の差は，ここでは重要ではない．
2) ブリーニーは，マルクスがすべての信用と保蔵を捨象していることを指摘しているが，これは，投資の増加が資本家消費のようなそれに対応する他の種類の需要の減少によってその資金を調達されなければならない，ということを意味している．このことは，単純再生産から拡大再生産への移行に適応するため等の変化においてさえ，マルクスの再生産表式になぜ乗数が存在しないのかを説明している．このことから，ブリーニーは，マルクスの表式に信用を導入すれば「論理的にケインズ的解決に導かれる」(ブリーニー 1976, p. 107) という結論にまで飛躍している．我々の分析は，彼の結論が全く根拠のないものであることを明確にしている．
3) マルクスの拡大再生産においては，供給は需要に等しく，各生産部門において借入れはゼロになり，したがって，両部門を集計しても借入れはゼロになる．ここでは，我々は，集計値にのみ注意を集中している．
4) カレツキが基本的に静学に焦点を絞る彼の方法を「拡大する経済」を取り扱うために修正するのは，脇道にそれてハロッドについて言及するときのみである．しかし，その分析は非常にぎこちなく，技術変化のような外生的な要因がない場合の固有に静学的な蓄積の傾向に関するカレツキの以前の結論を，大部分支持するように企てられている（カレツキ 1962）．
5) カレツキ (1965) は，成長を説明するために技術変化と外部市場に頼っている．グッドウィン (1986) は外生的な人口成長と技術変化に頼っている．他方，フォーリー (1985) は外生的なマネーサプライの成長に頼っている．

訳注

1] 2変数の C^1 級（1回連続微分可能）な連立微分方程式体系 $\dot{x} = f_1(x, y)$, $\dot{y} = f_2(x, y)$ の均衡点ないしは特異点 (x^*, y^*) ($\dot{x} = \dot{y} = 0$ となる x と y の組合せ) におけるヤコービ行列 J は，

$$J = \begin{bmatrix} \dfrac{\partial f_1}{\partial x} & \dfrac{\partial f_2}{\partial y} \\ \dfrac{\partial f_1}{\partial x} & \dfrac{\partial f_2}{\partial y} \end{bmatrix} \equiv \begin{bmatrix} f_{11} & f_{12} \\ f_{21} & f_{22} \end{bmatrix}$$

となる。ただし、ここで、f_{ij} は、均衡点 (x^*, y^*) において評価されている。このシステムの特性方程式は、

$$\Delta(\lambda) = |\lambda I - J| = \begin{vmatrix} \lambda - f_{11} & -f_{12} \\ -f_{21} & \lambda - f_{22} \end{vmatrix} = 0$$

となる。均衡点が小域的に安定になるための必要十分条件は (A)「特性方程式のすべての根の実数部分が負になること」であり、均衡点のまわりで振動が発生するための必要十分条件は、(B)「特性方程式の根が（共役）複素根になること」である、ということが知られている。ところで、(A) が成立するための必要十分条件は、$TR\,J < 0$、$DET\,J > 0$ が同時に成立することであり、(B) が成立するための必要十分条件は、$D < 0$ となることである、ということが知られている。ここで

$$TR\,J = f_{11} + f_{22}$$

はヤコービ行列 J のトレースであり、

$$DET\,J = f_{11}f_{22} - f_{12}f_{21}$$

はヤコービ行列 J の行列式である。また、

$$\begin{aligned} D &= (TR\,J)^2 - 4(DET\,J) \\ &= (f_{11} + f_{22})^2 - 4(f_{11}f_{22} - f_{12}f_{21}) \\ &= f_{11}^2 - 2f_{11}f_{22} + f_{22}^2 + 4f_{12}f_{21} \end{aligned}$$

は、特性方程式の判別式である（第3章の訳注2も参照されたい）。

参考文献

Asimakopulos, A. 1983. "Kalecki and Keynes on Finance, Investment, and Saving." *Cambridge Journal of Economics* 37 (Sept./Dec.).

Bleaney, M. 1976. *Underconsumption Theories*. New York: International Publishers.

Bereau of Economic Analysis (BEA). 1980. *Definitions and Conventions of the 1972 Input-Output Study*. Washington, D.C. (July).

Chipman, J.S. 1951. *The Theory of Inter-Sectoral Money Flows and Income Formation*. Baltimore: John Hopkins Press.

Duménil, G. 1977. *Marx et Keynes Face à la crise*. Paris: Économica.

Foley, D. 1983. "Say's Law in Marx and Keynes," Mimeo.

―――. 1984. "Money, Accumulation, and Crises." Mimeo.

―――. 1987. "Liquidity-Profit Rate Cycles in a Capitalist Economy." *Journal of Economic Behavior and Organization* 8 (3): 363-77.

Garegnani, P. 1979. "Notes on Consumption, Investment and Effective Demand: a Reply to Joan Robinson." *Cambridge Jornal of Economics* 3: 181-87.

Goodwin, R.M. 1986. "Swinging Along the Turnpike with von Neumann and Sraffa." *Cambridge Journal of Economics* 3: 203-10.

Hirsch, M.W. and S. Smale. 1974. *Differential Equations, Dynamical Systems, and Linear Algebra*. Orlando: Academic Press. 〔田村一郎・水谷忠良・新井紀久子訳『力学系入門』岩波書店, 1976 年〕

Kalecki, M. 1939. *Essays on the Theory of Economic Fluctuations*. London: Allen and Unwin.

―――. 1962. "Observations on the Theory of Growth." *Economic Journal* (March): 135-53.

―――. 1965. *The Theory of Economic Dynamics*. New York: Monthly Review. 〔宮崎義一・伊東光晴訳『経済変動の理論』新評論, 1958 年〕

Kenway, P. 1980. "Marx, Keynes, and Possibility of Crisis." *Cambridge Journal of Economics* 4 (1): 23-36.

Keynes, J.M. 1939. *The General Theory of Employment, Interest, and Money*. New York: Harcourt, Brace, and World. 1964. 〔塩野野佑一訳『雇用・利子および貨幣の一般理論』東洋経済新報社, 1983 年〕

Marx. K.H. 1967. *Capital*. New York: International Publishers. 〔向坂逸郎訳『資本論』全 3 巻, 岩波書店, 1967 年〕

Minsky, H. 1982. *Can "It" Happen Again ? Essays on Instability and Finance*. Armonk, New York: M.E. Sharpe, Inc. 〔岩佐代市訳『投資と金融』日本経済評論社, 1988 年〕

Mullineaux, A.W. 1984. *The Business Cycle after Keynes: A Contemporary Analysis*. New Jersey: Barnes and Noble.

Robinson, J. and J. Eatwell. 1973. *An Introduction to Modern Economics*. London: McGraw-Hill. 〔宇沢弘文訳『ロビンソン現代経済学』岩波書店, 1976 年〕

Shaikh, A. 1978. "An Introduction to the History of Crisis Theories." *U.S. Capitalism in Crisis*. New York: Union for Radical Political Economics: 219-41.

―――. 1984. "The Transformation from Marx to Sraffa." *Ricardo, Marx, Sraffa*. Ernest Mandel, ed. London: Verso.

Taylor, L. 1985. "A Stagnationist Model of Economic Growth." *Cambridge Journal of Economics* 9 (4): 383-403.

第5章
安定性の実物的決定要因と金融的決定要因
不安定性の傾向的増大の法則

ジェラール・ドゥメニル，ドミニク・レヴィ

　本章の主な目的は，資本主義的生産の動学モデルの枠組に基づいて入念に組み立てられた，景気循環とその長期的進化の理論を提示することである．以下で叙述されるモデルは，均斉成長，景気過熱を伴う成長，景気停滞を伴う成長，あるいは循環のような多くの明確な「局面」を生み出し得るということを，我々は示すであろう．景気循環は，そのような諸局面の短期的な連鎖として解釈されるであろう．この理論は，伝統的な19世紀のパターンから今日観察される現代的な現象に至る，資本主義の歴史における景気循環の実際の進化の様々な諸段階を区別することを可能にする．歴史的な区別をもたらすことができるこの能力は，景気循環のあらゆる歴史的な諸段階を同等に扱った景気循環をモデル化する従来の試みに比べて大きな優越性を持っている．最後に，景気循環のこの進化は，マルクスによる利潤率の傾向的低下の法則と結び付けられ，この法則は，「不安定性の傾向的増大の法則」と名づけられて定式化される．

　以下で提示される恐慌の分析は，スミスやリカードの著作，そしてマルクスの著作からさえも直接導かれるものではないが，それにもかかわらず，我々は，それが古典派的な諸仮定に基づく動学モデルに依拠しているという意味で，そしてそれが利潤率の傾向的低下の法則と関係づけて景気循環に関するマルクスの見解の多くの諸側面を明らかにしているが故に，それが古典派の精神に触発されたものであると主張する．特に，それは，「なぜ収益性が問題なのか」という難問への解答を提供する．

　我々の分析の枠組は，競争と生産価格の形成をめぐる古典派的な分析を行った以前の諸研究（ドゥメニル＝レヴィ 1983, 1987a）において発展させられた．オリジナルな諸研究の枠組は多数財（2財ないし3財）のモデルである．し

かしながら，この研究においては，単純化のために1財モデルのアプローチが使用される．これは，ミクロ・アプローチからマクロ・アプローチへの転換として解釈し得るが，基本的な諸原理やモデルは変更を受けていない．

　この研究の重要な側面は，貨幣の発行，借入金や利子の償還，企業の破綻，および金融政策のような景気循環に対する金融的な決定要因もまた分析されている，ということである．さらに，実物的な決定要因と金融的な決定要因の相対的な重要度について論じられている．

　本章は，次のような4つの部分から構成されている．

●実物的な安定性と不安定性．この部分では，景気循環の分析の基礎となるモデルが提示されるであろう．貨幣的要因や金融的要因については最小限の言及がなされるであろう．それにもかかわらず，分析の基本的な諸側面は，貨幣的な考察とは独立に導出することができる．

●金融的な安定性と不安定性．この部分では，貨幣を含むマクロ経済モデルを導入し，貨幣の取扱いに関係して得られた特定の諸結果が確立される．

●企業の破綻と景気停滞．この部分では，特に流動性の不足に対する企業や銀行の反応の取扱いを中心として，貨幣を含むモデルに若干の彫琢が付け加えられる．企業の破綻もまた，明示的にモデルに組み込まれる．

●歴史的な諸傾向．この部分では，19世紀における初期の形態から現代資本主義における諸事象の現代的なパターンに至る，景気循環の諸形態の理論の定式化を試みる．この定式化に従い，景気循環の理論と利潤率の傾向的低下の法則の関係が導入される．

実物的な安定性と不安定性

　この最初の部分の目的は，資本主義的生産の安定性の諸問題が分析できるための最小限の分析的枠組を定義することである．我々が不均衡ミクロ経済学と呼ぶ理論を支配する基本的な諸原理が，このミクロ経済学から直接的に引き出されるマクロ経済モデルによって得られる諸結果とともに提示される．

第 5 章　安定性の実物的決定要因と金融的決定要因　　　147

不均衡ミクロ経済学

我々の研究は，古典派経済学者達（スミス 1776；リカード 1817；マルクス 1863）による競争過程の分析を再解釈する試みに由来している[1]．古典派の見解においては，経済主体は不均衡を観察してそれに反応する．たとえば，自らが保有する資本の収益性の最大化を追求する資本家は，もし他の産業部門の方が利潤率が高いことに気づけば，資本の一部を他の産業へ移動させる．この利潤率格差は，我々が「不均衡の証拠」と呼んでいるものに他ならない．

不均衡の観察 ——→ 行動の修正

したがって，古典派の分析の定式化は，不均衡に直面した経済主体の行動のモデル化に依拠している．

経済活動の分析へのこのアプローチは，（経済活動への多くの文学的な論評においては極めて自然で自明であるにもかかわらず）ほとんど例外なく，主流派の経済理論によって無視されている．伝統的な見方においては，経済主体の行動は，均衡が常に実現しているという仮定のもとにモデル化されている．我々は，この見方を「均衡ミクロ経済学」と呼ぶが，それは，「不均衡ミクロ経済学」と対置され得る．

この後者のパラダイム〔不均衡ミクロ経済学〕は，古典派の経済学者達によって 3 つの状況に適用された．

1. 利潤率格差が観察されると，産業間の資本移動が誘発される．
2. 供給と需要の不一致が観察されると，価格の変更がもたらされる．超過供給は価格の下落を誘発し，超過需要はその反対の現象〔価格の上昇〕を引き起こす．
3. 供給と需要の不一致が観察されると，次のような古典派的な間接的な因果連鎖の伝達を待つことなく，直接的な産出量の調整もまたもたらされる．

価格の修正 ——→ 収益性の変化 ——→ 資本の移動 ——→ 産出量の修正

「数量の直接的なコントロール」と呼ばれるこの直接的なメカニズムは，リカード（1817, ch. 4）によって強調された．

これらの調整は，ワルラスによる模索過程（tatonnement）のパラダイムのように現実の経済活動に先立って競売人によって行われるのではない．そのかわりに，古典派的な調整は，実際の経済生活（生産，取引，消費等）の過程の中で発生するのである．2つのタイプの経済主体が，これらの調整に参加する．まず第1に，企業が産出量を決め，価格を修正する．第2に，資本の移動は，「資本配分のセンター」によって保証される．現実の資本主義においては，そのようなセンターは，多くの様々な形態をとりながら存在する．いろいろな生産物の生産に従事する企業は，そのような主体の一例であるが，他方，持株会社，銀行および個別的な投資家は，他の例である．

不均衡の証拠は常に，全体的にではなく，限られた情報に基づいて個別的に評価される．たとえば，企業は，保有する在庫水準を通じて超過供給または超過需要を認識するようになるのである．

上述の行動のモデル化において固定資本が明示的に取り扱われるならば，2つの変数が中心的な役割を演ずる．固定資本の稼働率（uと表わされる）と産出量に対する在庫の比率（s）である．企業の行動は，これらの2つの変数の値を安定化する傾向がある．しかしながら，企業は，資本の完全稼働や在庫ゼロを実現するために努力することはない．不確実性を伴う世界においては，企業は，自らが最適であると考える2つの比率のある値に到達しようと試みる．我々は，これらの値を「正常値」と呼ぶことにする．資本の稼働率の正常値（たとえば，80％）を$\bar{u}$と表わし，産出量に対する在庫の比率の正常値（たとえば，1ヵ月分の産出量）を$\bar{s}$と表わそう．

古典派経済学者によって提出され以上に述べられた3点に，さらに次の2点が付け加えられる．

4. 企業は，センターによって配分された資金をきっかり使用するとは限らない．配分された資金を完全に使用し尽くした場合に対応する投資水準は，我々が「正常な投資」と呼ぶものである．しかしながら，固定資本の稼働率に依存して，彼等は保有する資源の一部のみを使用することもできるし，あるいは，ある程度までは，配分の制約を踏み越えることもできるかもしれない．

5. 以下で提出される拡張されたモデルにおいては，貨幣発行の問題の取扱

第5章　安定性の実物的決定要因と金融的決定要因　　　149

いが組み込まれるであろう．この機能を持つ主体の行動は，不均衡を観察して反応する場合と同様の方法で分析される．貨幣の発行は，次の2つの変数に基づいて調整される．

●企業家の一部が金融的な資源を需要する願望の強さを表わす企業の資本設備稼働率（産出能力の過剰利用または過少利用）の不均衡．
●インフレーション．

そのような基礎のもとに，我々はいくつかのモデルを構築した．このタイプのモデルのうちの最初のモデルは，競争の古典派的な分析が妥当であることを証明した（ドゥメニル=レヴィ 1983）．その研究においては，固定資本が存在しない2財モデルによって，このモデルの分析的な取扱いが提示された．さらなる多くの発展が，ドゥメニル=レヴィ（1987a）によって提出された．特に，資本配分における2つのセンターの存在や，1つの産業において同一の商品を生産するプロセスが2つ存在する場合の分析が付け加えられた．ドゥメニル=レヴィ（1986a）において，我々は，センターや企業の数が任意の場合の古典派的な長期均衡の安定性に関する分析的な取扱いを提出した．固定資本の存在は，この研究を通じて言及するであろう他の多くの諸貢献において考慮に入れられた．

1. いわゆる「ミクロ・モデル」．固定資本の構成要素，流動資本の構成要素，および消費財をそれぞれ生産する3つの産業が考慮に入れられている．このモデルには13個の変数がある（もともとは15個であるが，方程式の同次性の故に13個に減らすことができる）．この分析は，コンピューター・シミュレーションによってなされた（ドゥメニル=レヴィ 1985b）．10個の変数を持つ同様のモデルの解析的な取扱いは，ドゥメニル=レヴィ（1986b）によって与えられている．

2. 「マクロ・モデル」．このモデルは，ミクロ・モデルの1財モデルによる複製である．産業間の資本移動に関連したメカニズムは，捨象されている．したがって，2つの変数 u と s のみが存在する．このモデルの解析的な取扱いは，

ドゥメニル=レヴィ (1987b) において提出されている．

3.「貨幣を含むマクロ・モデル」．以前のモデルのこの発展は，貨幣の明示的な取扱いを体現している．変数の数は今や，**u**, **s**, および2つの新しい金融的変数（m で表わさせる生産的資本と在庫の合計に対する企業の貨幣ストックの比率，および e で表わされる生産的資本と在庫の合計に対する銀行の自己資本の比率）の4つである．主な分析結果は，以下で紹介されるであろう．

これらの基本モデルは，多くのさらなる発展の基礎となり得ることは明白であるが，それらの発展のうちのいくつかは，以下で報告されるであろう．行われる論証に依存して，外生的なパラメーターを内生的に決定したり定数項を付け加えることは可能である．たとえば，貨幣を含むマクロ・モデルにおいて企業の破綻を明示的に取り扱うことができるし，利子率は外生的に与えることも内生的に決定することもでき，労働供給の制約を導入することもできる，等である．

このタイプの動学モデルの研究は，ある1時点の諸変数の値がいかにして前期の諸変数の値から導かれるかということを定義する再帰的関係の定式化を意味している．たとえば，上述の「マクロ・モデル」は，次のような決定関係をもたらす．

$$\mathbf{u}_{t+1} = U(\mathbf{u}_t, \mathbf{s}_t)$$
$$\mathbf{s}_{t+1} = S(\mathbf{u}_t, \mathbf{s}_t)$$

関数 U と S は，技術，各主体の反応関数，および各期における蓄積比率を定義する諸パラメーターに依存する．2つの問題，すなわち，均衡の存在と安定性が研究されなければならない．数学的な意味においては，均衡は，

$$\mathbf{u}^* = U(\mathbf{u}^*, \mathbf{s}^*)$$
$$\mathbf{s}^* = S(\mathbf{u}^*, \mathbf{s}^*)$$

という関係を満たす1組の変数 $(\mathbf{u}^*, \mathbf{s}^*)$ の値である．

そのような均衡はまた，「定常状態」とも呼ばれる．成長モデルにおけるこの概念は，「同次的成長」に対応する．均衡の安定性の問題は，もっと複雑で

ある．所与の初期条件 (u_0, s_0) から出発して無限の将来にわたって再帰方程式の計算を繰り返し行ったとき，我々は，この均衡への収束を見出すであろうか．安定性は，通常，諸パラメーターの値と諸変数の初期値に依存する．収束領域（それはまた「吸引域」とも呼ばれる）は，収束が得られるような諸変数のすべての初期値の集合である．

もしそのような均衡がいくつか存在して安定ならば，このことは，このモデルによって記述される経済が異なったタイプの複数の定常状態を示し得ることを意味するが，それらは「諸局面」と呼ばれ得る．

諸均衡，態手型の図

これらのモデルの主要な特質は，ある種の環境のもとでは，我々が「正常均衡」(N) と呼ぶ状況への収束をもたらし得る，ということである．それは古典派経済学者達によって競争の帰結として述べられたものに対応するので，これは重要である．産出量に対する在庫の比率とともに，固定資本の稼働率はその正常値を達成する[2]．

これらのモデルの第2の特質は，正常均衡の他に，以下のような他の均衡が存在し得るし安定になり得る，ということである．

1. 景気過熱 (O)．この状況においては，資本設備の稼働率は正常値を上回り，生産に対する在庫の比率は正常値を下回る．成長率もまた，正常値を上回る．インフレーションもまた，過熱した状況を特徴づける．

2. 停滞的成長，あるいはケインズ的状況 (K)．この局面においては，資本設備の稼働率と成長率は正常値より低いが，他方，生産に対する在庫の比率は正常値より高い．（以下で考察するスタグフレーションの場合を除いて）物価は下落する．

3. 不況 (D)．不況においては，劇的な下降を防ぐものが何もないならば，経済はゼロに向かって崩壊する．

諸均衡の安定性とそれらの吸引域の形状は，主として企業の行動をモデル化する際に採用されたパラメーターの値に依存している．このパラメーターは ϵ と表わされ，在庫の変化に反応する稼働率水準の上昇または下落の反応強度の尺度である（ϵ はこの強度を正常均衡の近傍でのみ測っている）．

```
0              ε¹         ε²
├──────────────┼──────────┼──────────────────────→ ε
│      N       │          │
├──────────────┤          │
│          K   │          │
│      ├───────┤          │
│          O              │
│      ├──────────────────┤
│          D
├─────────────────────────────────────────────────┤
```

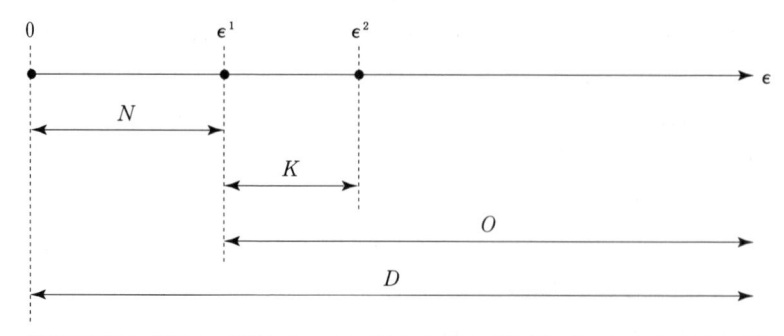

均衡の存在と安定は,産出量に対する在庫の比率の不均衡に対する企業の反応の強度を測るパラメーター ϵ によって主として決定される. ϵ の値に対応して存在し安定になる均衡が図に示されている.正常均衡(N)−景気過熱(O)−停滞的成長,またはケインジアン的状況(K)−不況(D).

図1 均衡の存在と安定:貨幣のないマクロ・モデル

貨幣のないマクロ・モデルにおいて,均衡の存在と安定性は,以下のように ϵ の値に依存する(図1参照).

1. すべての ϵ の値の範囲で,不況は存在し,1つの均衡になる.
2. ϵ が所与の値 ϵ^1 より小さいときには,正常均衡が存在して安定になる.この状況においては,収束領域は大きい.かくして,大きな攪乱のみが,経済の進路をもう1つの均衡(不況)へ変えることができる.
3. ϵ^1 と ϵ^2 の間の ϵ の範囲では,景気過熱均衡とケインジアン均衡が存在して安定になる.それらの収束領域は,1つの方向に限られている.このことは,領域の大きさにもかかわらず,一般に,ショックが経済を特定の一方向へ押しやるときに容易に不安定化作用が現われる,ということを意味している.
4. ϵ^2 よりも大きな ϵ については,ケインジアン均衡はもはや安定ではない.これらの ϵ の値の範囲では,(不況を捨象するならば)景気過熱均衡のみが安定になる.

貨幣のないミクロ・モデルにおいては,ϵ はあまり小さくなることはできない.ϵ がある閾値より小さくなると,相対価格と産出比率の調整は達成されないであろう.

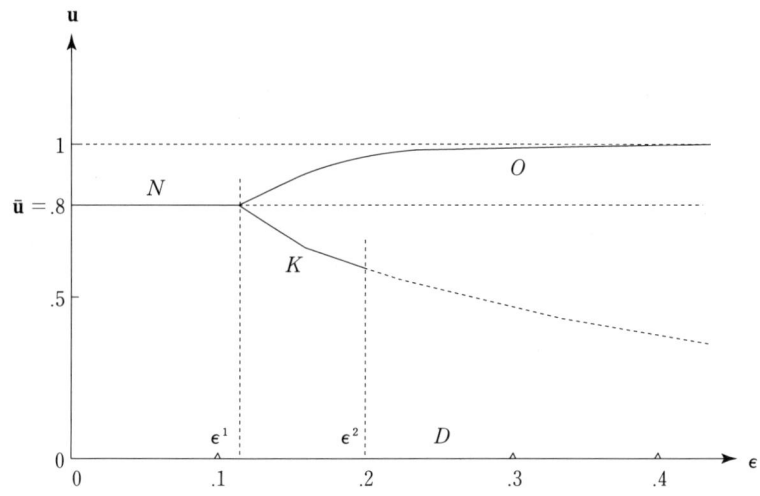

第5章 安定性の実物的決定要因と金融的決定要因

これは，図1の拡張である．均衡は，u の値によって示されている．s についても同様の図を提出することができる．得られた図の形状は，熊手型である．

図2　熊手：貨幣のないマクロ・モデル

均衡と ϵ との関係のさらに進んだ側面は，ケインジアン均衡と景気過熱の状況において，資本設備の稼働率と産出量に対する在庫の比率の均衡値が ϵ の値に依存する，ということである．たとえば，異なった ϵ の値において達成される2つの景気過熱状況を比較すれば，資本設備の稼働率は異なるであろう．より高い ϵ は，より高い設備稼働率をもたらすであろう．したがって，ϵ とそれに対応する u あるいは s の均衡値の間のこの関係をプロットすることが可能である．その結果は，図2において提出されている．この図は，$\epsilon = \epsilon^1$ において分岐が存在することをはっきりと示している．この図において得られた形状は，熊手型である（グッケンハイマー゠ホルムズ1983を参照されたい）．

古典派経済学者達，特にマルクスは，生産価格の形成による彼等のパラダイムが大きな役割を演じているにもかかわらず，資本主義が大域的に安定であると主張したことは決してない．この資本主義が大域的に安定であるという見解は，資本主義擁護の極端な形態であり，古いが今だに影響がある自由市場の主張——自由放任，なりゆきに任せよ（レッセ・フェール，レッセ・パッセ）

——に対応する．換言すれば，（たとえば，価格硬直性のような）ひねくれた挙動がない限り，均衡が存在し，均衡からの攪乱が起こっても均衡への復帰が自動的に起こるであろう．

　資本主義は，部分的にのみ安定的であり，安定性の程度は環境に依存する．N（正常均衡）が大域的に安定であることは，恐慌の不可能性と同等であろう．N が常に不安定であることは，生産価格の形成に関する古典派の分析が不適切であることと同等である．様々な局面の存在と限定された安定性（非大域的な安定性）という性質は，我々の意見によれば，資本主義の基本的な特徴である．明らかにされた均衡のパターンは，資本主義の分析にとって強力な考案物とみなされなければならない．この研究の残りの部分は，この命題を支持する試みである．

　いくつかの局面が存在し，それらが所与の吸引域によって取り囲まれているという事実は，諸変数に対するショックや（反応関数，生産技術等の）パラメーター値の変化の結果，経済が1つの局面からもう1つの局面へ転換し得るということを示している．これらの運動の研究は，景気循環理論を導入する．景気循環は，1つの局面から他の局面へ転換する局面の特定の連鎖に対応している．

　上述の景気循環理論を入念に考察する前に，分析の貨幣・金融的側面を明確化し，流動性の圧縮に関係した諸問題を取り扱う．

金融的安定性と不安定性

　上述の研究においては，分析は，貨幣的・金融的次元ではなく，安定性の実物的決定要因に焦点を合わせた．この第2部においては，貨幣的・金融的次元を取り扱う．モデル（貨幣を含むマクロ・モデル）に体現された貨幣的・金融的な分析の枠組が提出され，安定性の実物的次元と貨幣的次元の間の相互作用の形態が論じられる．

モデルにおける貨幣と金融

　モデルにおいてと同様に現実経済の作動においても，多くの取引において貨

幣の使用が必要である．たとえば，商品市場における売買は，貨幣の移転を通じて決済されている．しかし，貨幣はまた，産業間の資本移動，賃金や利子の支払い，配当の分配，負債の償還のような金融的な取引を実現させるためにも必要である．さらに，経済は成長するのであるから，そのような目的のために必要な貨幣量もまた成長する．このような理由により，貨幣の発行は，貨幣を含むモデルの必要な構成要素として組み込まれていなければならない．

我々は，「貨幣を含むマクロ・モデル」における2種類の経済主体，すなわち，商品のみを生産する企業と銀行を定義する．この銀行はモデルにおける唯一の銀行であるから，それは，通常の銀行であると同時に連邦準備銀行のような中央銀行組織でもあるとみなされなければならない．この銀行によって創り出される貨幣は，紙幣と送金や小切手を受け付ける預金から成る．しかしながら，我々は，2つのタイプの貨幣的資産を区別しないであろう．我々は，銀行預金には利子が支払われないと仮定する．さらに我々は，企業が家計や国家との間に行う貸借とともに（ただ1つの企業がが想定されているのであるから）企業間相互の貸借も捨象する．貨幣はもっぱら銀行によってのみ発行され，私的な貨幣発行主体や外国為替のような他の貨幣供給源はないものと仮定する．

貨幣発行の問題を考察する際の唯一の健全な分析方法は，企業と銀行のバランスシートの考察を通じた方法である．「貨幣と金融」という表現の中にバランスシートの2つの項目が含意されている．貨幣は資産側の項目を表わし，金融は負債側の項目を表わす．我々のモデルにおける企業と銀行のバランスシートは，図3に提示されている[3]．記号は，以下のとおりである．

$|P|$　生産資本のストック
$|C|$　商品資本のストック
$|M^e|$　貨幣資本のストック
$|E^e|$　企業の普通株
$|L^e|$　企業の銀行からの借入れ
$|L^b| \equiv |L^e|$　銀行による貸付け
$|E^b|$　銀行の普通株
$|M^0|$　資本の循環から除外されている貨幣のストック
$|M^b| \equiv |M^e| + |M^0|$　銀行によって発行された貨幣ストック

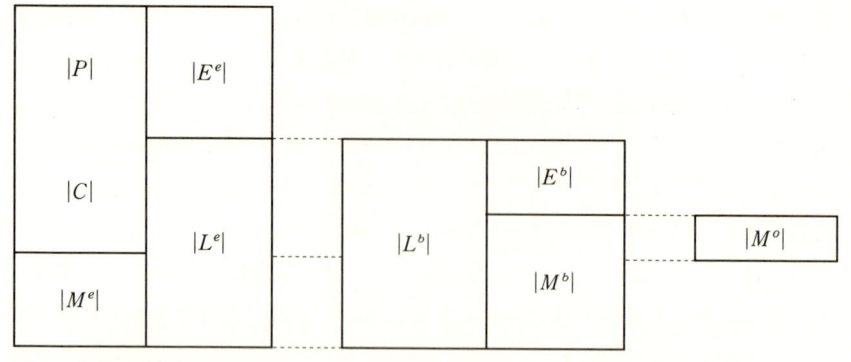

図3 企業と銀行のバランスシート：最終的消費者によって保有される貨幣ストック

$|P|+|C|+|M^e|$ は「総資本」

$|P|+|C|$ は「活動資本」

$$m = \frac{\text{企業の貨幣ストック}}{\text{活動資本}}$$

$$e = \frac{\text{銀行の普通株}}{\text{活動資本}}$$

　企業は価格，固定資本ストックの稼働率，および投資水準を決定しなければならない．価格と資本ストックの稼働率は，本章の最初の節で述べられたようにして決められる．価格は，意図せざる在庫水準に基づいて修正される．資本ストックの稼働率は，意図せざる在庫の以前における評価額や水準に基づいて固定される．

　稼働率の決定（生産量の決定）は，「実物的」な諸変数にのみ依存する．企業が資金制約に直面して貨幣が不足するために（投資がゼロである場合にさえ）生産計画を実行できなくなる流動性圧縮の状況を除いて，この決定は，貨幣の利用可能性の関数ではない．

　それとは反対に，投資決定は投資のために利用可能な資金をもとにして行われる．生産の決定が行われて必要な購買力が保証された後に，残りの貨幣が投資能力を決定する（我々は，ここでは，将来の取引契約を実行するために貨幣ストックを保有しようと企業家を駆り立てるであろう予備的動機に基づく行動は捨象している）．

第5章 安定性の実物的決定要因と金融的決定要因

この出来事の連鎖は，市場の開始とともに始まる次のような一連の行為によって，もっとはっきりさせることができる．

1. 新投資に対応する固定資本の諸要素とともに投入物が購入され，賃金が支払われる．貨幣フローは，企業に還流する．
2. 企業は満期になった負債の元本と利子の双方を返済する．
3. 企業は配当を支払う．特に，この取引が意味するところは，配当支払い額から個々の投資家による新規発行株式の購入額を差し引いた純収支のことである．
4. 銀行から企業へ新規の貸付けが行われる．企業が既に保有している貨幣ストックに新しい貨幣が付け加わる．
5. 企業は固定資本の稼働水準を決定し，決定された稼働水準で固定資本を操業するために必要な投入物を（新規投資に先立って）購入する．
6. 企業は残された貨幣ストックに基づいて新規投資水準を決定する．

最初の3つの取引は，企業が行わなければならない義務としての行為である．4番目の事柄のみが自発的かつ企業の主導権に依存する行為である．資金の借入れ需要は，企業の銀行に対する負債の総量に影響を及ぼす．銀行による資金の貸付け供給は，資源の利用可能性によって制約されない．なぜならば，銀行によって創造され得る唯一の貨幣形態が存在するからである．しかしながら，貨幣の発行は何らかの方法によって制限されなければならない．事前のコントロールの手続きを考案することは，困難である．ひとつの方法は，銀行がある意味で「正常な」取引額を推計し，これらの取引額にちょうど対応する貨幣ストックの値を計算する，ということである．しかしながら，そのような手続きを実行することは非現実的であろう．この理由により，以前に説明されたように，我々のモデルにおいては貨幣の発行は事後的にコントロールされる．貨幣発行の決定において役割を演ずる2つの不均衡の指標は，資本ストックの稼働率に基づいて測られる企業家の借入れ意欲およびインフレーション（またはデフレーション）の証拠である．

パラメーター τ は企業の負債－普通株比率である．物価水準の変化率は j

である．信用を通じた貨幣発行の決定は，

$$\tau_{t+1} = \tau_t g_j(-j_t) g_u(\mathbf{u}-\bar{\mathbf{u}})$$

という式によって支配される．ここで，g_j と g_u はそれぞれの要素の増加関数である2つの関数であり，それらの要素がゼロのときにそれらの値は1になる．

このモデルによって得ることができる主な結果は，以下のとおりである．

1. 実物的諸変数と貨幣的諸変数が同時に収束することによって均衡に到達することが可能である．

2. 貨幣を除外した以前のモデルと同様に，様々な局面を得ることができる．すなわち，（もし企業破綻を捨象するならば）正常均衡，景気過熱，停滞的成長，またはケインジアン的状況である．

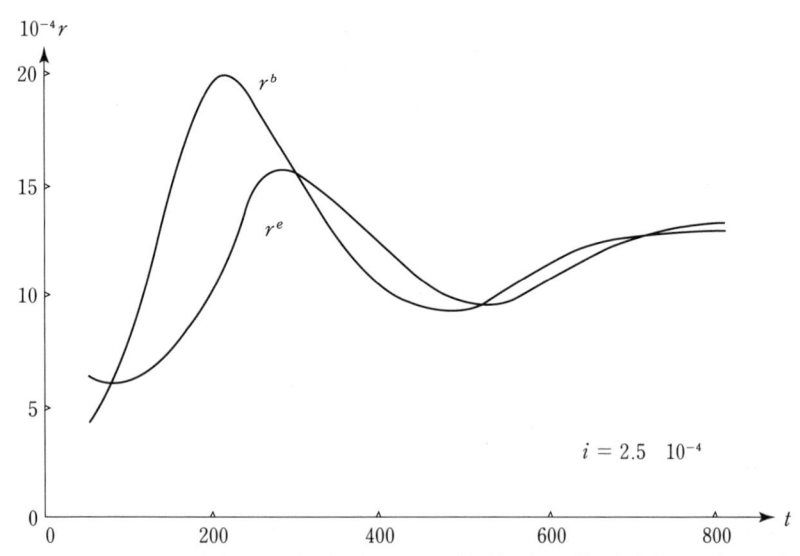

この図は，2種類の株式の収益率（企業 r^e および銀行 r^b）の利子率水準より大きな均等な水準への収束を示している．もし資本の循環から除外されている貨幣ストックがゼロならば，この利潤率は資本の実物的な構成要素 $|P|+|C|$ に対する利潤である．

図4 貨幣を含むマクロ・モデル：正常均衡への収束

第5章 安定性の実物的決定要因と金融的決定要因

　正常均衡においては，最初の部分で定義された金融的な諸変数は特定の値に安定化される．景気過熱の状況においては，m は正常均衡における値よりも大きく，e は正常均衡における値よりも小さくなる．ケインジアンの局面では，状況は正反対になる．さらに，銀行の普通株の収益率は，図4に示されるように企業の普通株の収益率に等しくなることに留意することは，興味深いことである．

　この最後の結果は，利潤率と利子率の間の関係についての重要な発見を示している．利潤率は，貸付けに対して支払われる利子率に等しくはならない．この結果はモデルの特定の仮定によるのではなく，貨幣が私的な経済主体によって発行されることができ貸付けに対して課される利子が預金に対して支払われる利子よりも大きい金融システムに必要な特徴である．まず第1に，預金利子率は借入れの利子率よりも小さい（それはモデルにおいてはゼロに等しいと仮定されている）．第2に，$|M^b|$ はすべての預金（小切手振出しが可能な預金，貯蓄性の預金等）の合計であり，これらの諸要素の一部にのみ利子が支払われる．

　銀行のバランスシートを考察しよう．銀行の所得は，支払われた利子である．もし i が利子率ならば，この所得は $i|L^b|$ に等しい．したがって，銀行の普通株に対する収益率は，

$$r^b = i \frac{|L^b|}{|E^b|}$$

となる．企業の普通株に対する収益率は r^e であり，活動資本に対する利潤率は r である．均衡が実現していて資本の循環から除外されている貨幣ストックがゼロならば，$r^b = r^e = r$ となる．このようなわけで，

$$i = r \frac{|E^b|}{|L^b|} \quad \text{および}$$

もし $|M^b| > 0$ ならば $i < r$

となる．

　単に（資本主義的な機関が発行する）貨幣が存在するだけで，資本循環の内部で必要とされる相対的な貨幣量によって決定される量によって，利子率が利潤率よりも小さくなるのである．

安定性の実物的決定要因と貨幣的決定要因

今までに提示された事柄において決定的に重要な結果は，モデルに貨幣と金融を含めてもその基本的な性質は変わらない，ということである．この発見は，生産および資本主義が作動する際の実物的な諸側面の重要性を強調している．しかしながら，この特徴は，貨幣が「中立的」であることを意味するわけではない．本節では，モデルによって明らかにされた実物的決定要因と貨幣的決定要因の間の関係の若干の諸側面を簡潔に考察する．

引き金としての貨幣と金融

諸局面が存在するモデルにおいては，経済的な出来事の連鎖は「ショック」によって変更され得る．貨幣がそのようなモデルに統合されたとき，ひとつの重要なショックは貨幣的ショックである．したがって，貨幣は経済をある局面から他の局面へ移行させ得る．

そのような貨幣的な影響の一例は，利子率についてのものである．景気過熱の状況——収束領域が一方向に極めて限られている局面——にある経済を考えよう．利子率の突然の上昇は，システムを不安定化し，ケインジアンの状況によって限界を画された景気後退または経済の崩壊に移行させ得る．この現象において，実物的な決定要因と貨幣的な決定要因の双方が役割を演ずる．メカニズムの「実物的」な側面は，それに基づいて利子率の変動が及ぼす影響を分析し得るような，基礎的な枠組を定義する．生産活動の内生的な低下を発生させる資本家の生産性向は，基本的な要素を形作る．貨幣は，引き金としてのみ作用する．このタイプの決定は，19世紀において確かにある役割を演じたし，未だに現代資本主義の重要な一側面であり続けている．

局面転換の引き金となるショックはまた，利子率ではなく（貨幣発行額の急激な落ち込みや突然の貨幣発行額の再膨脹のような）集計的貨幣量に関するものであるかもしれない．1979年以来の米国経済の金融政策の変化は，そのような出来事が演ずる決定的に重要な役割を明確に例証している．

貨幣と金融と反応パラメーターの値

実物的決定要因と貨幣的決定要因の間の相互作用の2番目のより複雑な側面

第5章 安定性の実物的決定要因と金融的決定要因　　　161

は，モデルから除外される多くの相互関係の効果である．我々は，パラメーター ϵ が利子率の値に依存するケースという唯1つの例を考察するであろう．

パラメーター ϵ は，在庫水準が正常値と異なっている場合に生産活動水準を上方または下方へ修正する企業の反応の強さを測っている．このタイプの反応が利子率に影響されることは，容易に理解できる．高い利子率は，在庫を厳格に管理する（ϵ が大きくなる）誘引を企業に与える．（モデルにおいてではなく，現実の経済生活において）短期の借入れは費用が高く，逆に過剰な流動性は少なからぬ収益を得るために預金され得る．同様にして，生産活動水準を低下させる費用に比べて相対的に利子率が低いならば，在庫が増加することを無視して需要の回復を待つ誘引を企業は持つのである．

金融的不安定性

実物的決定要因と金融的決定要因の間の相互作用のもう1つの重要な側面は，発散する径路が存在し得るということである．実物的なメカニズムの観点からはモデルは安定になり得るが，それは金融的なメカニズムの影響を受けて攪乱され得る．この一般的なアイデアについて，図5に基づいて簡単に概略を述べるにとどめよう．この図で述べられる数値実験の最初の部分では，利子率は低い．この場合には，正常均衡が安定になる．（利潤率よりは低く保ちながら）利子率を上昇させていくにつれて正常均衡は不安定になり，経済活動水準は低下し始め，下方へ駆り立てられていく．我々の意見によれば，この数値実験の結果は先進資本主義諸国に共通してみられる出来事のパターンではないが，それは，債務負担に耐えられなくなりつつある多くの第三世界の諸国の状況に対応するかもしれない．

企業の破綻とスタグフレーション

研究のこの部分は，生産的システムの内部での流動性圧縮の状況に対する企業と銀行の反応に関するモデルの，様々な方向への一連の発展を導入する．それはまた，最初の部分でとりあげられた企業の破綻に関する多くのアイデアを発展させる．流動性圧縮に伴い得る様々な反応が提示され，それに続いて，モ

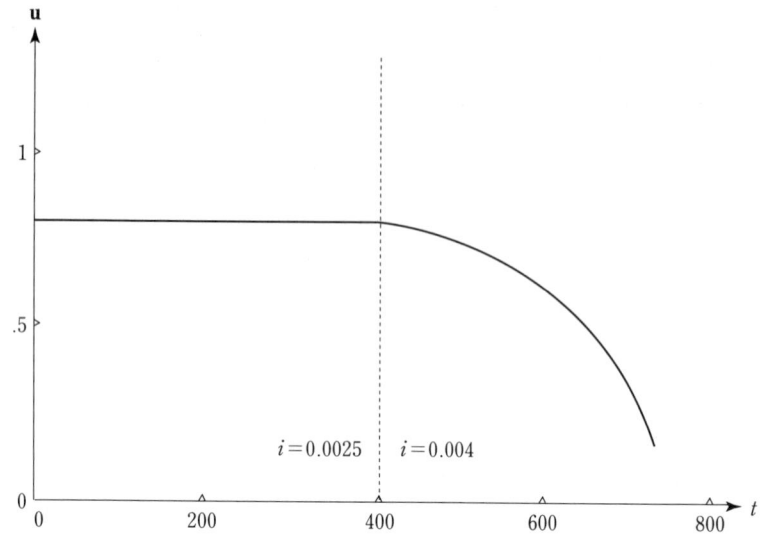

この図で述べられた数値実験の最初の部分では，利子率は低い．正常均衡は安定である．数値実験の2番目の部分では，利子率はもっと高い．もはや正常均衡は達成されず，経済活動水準は低下する．

図5　貨幣を含むマクロ・モデル：金融的不安定性

デルにおいて企業破綻を考慮に入れる方法が説明される．次に，現代の経済政策の1つの重要な側面，すなわち，スタグフレーション下でのインフレーションと企業破綻の間のトレード・オフが分析される．

流動性の圧縮

借入れの結果として，企業は，利子とともに負債を返済する義務を引き受けることになる．この債務は，負債額に比例する．モデルにおいては，各段階において，企業は，負債総額の一定割合 δ の部分と利子，すなわち，合計 $|L^e|(i+\delta)$ だけを支払わなければならない．各期におけるこの数量が企業が保有する貨幣ストックと比較されなければならない．もし貨幣ストックが不足するならば，企業は破産する

貨幣ストックが支払い義務額よりも明らかに多い限り，企業の行動は，以前に述べたとおりであり得る．しかしながら，もし状況がより厳しくなると，企

業と銀行による特定の反応が開始される．そのような反作用は，次のようにモデル化された．

1. 企業は，価格決定に関する行動を修正する．在庫の蓄積に対する感応度は維持されるが，ある種の硬直性が導入され，インフレーションが創り出される．企業は，価格を引き上げることによって金融的な圧力を緩和する傾向がある．企業は，（価格引き下げによって回避し得るであろう）生産活動の縮小と，過去に締結された金融支払い契約を履行できなくなることの間の選択を行う．スタグフレーションは，この反応の選択の結果である．これは，我々の見解によれば主として金融的な原因によって発生するのであるが，通常コスト・プッシュ・インフレーションと呼ばれている．
2. 企業は，生産活動の追加的な資金調達を差し控えることにより，負債に対する将来の支払いのために資金を内部留保することができる．
3. 最後に，通貨当局が経済動水準を維持するための政策を開始することができる．そのような政策の2つの形態が考察された．

●我々は，最初の政策の形態を「支持政策」と名づける．銀行は，企業による需要に反応して，貨幣供給を増加させる．
●我々は，金融政策の第2の形態を「救済政策」と名づける．この場合には特に，破産に直面した企業を救うために貨幣が創出される．企業が直面する即座の支払い義務を履行するために必要な額の貨幣が，特に創出される．我々のモデルにおいては銀行が唯一の貸し手であるから，貨幣が創出されても，企業が銀行に返済すると同時に貨幣は消滅してしまう．この逆説的な行動により，企業が生き残ることができるのである．

インフレーションの傾向は，マクロ経済的な視野のもとにモデル化される．我々は，流動性不足の指標である変数 ν を，

$$\nu = \frac{|M^e|}{|L^e|(i+\delta)}$$

と定義する．少なくとも経済の一部が流動性問題に直面する ν の極限値 $\bar{\nu}$ が存在する．企業による価格決定を定義する方程式は，

$$p_{t+1} = p_t g(\bar{\mathbf{s}} - \mathbf{s}_t)$$

であった．今や，この式は，第2の関数を付け加えることにより，以下のように修正された．

$$p_{t+1} = p_t g(\bar{\mathbf{s}} - \mathbf{s}_t) h(\bar{\nu} - \nu_t)$$

ここで，h は，その要素 $(\bar{\nu} - \nu_t)$ が正の場合にはその増加関数であり，その要素が負の場合には $h=1$ となる．

同様にして，「支持」政策を含むように修正された場合における貨幣発行は，

$$\tau_{t+1} = \tau_t g_j(-j_t) g_u(\mathbf{u}_t - \bar{\mathbf{u}}) h_\nu(\bar{\nu} - \nu_t)$$

という式によって決定される．ここで，h_ν は，上述の h と同様の性質を持っている．

「救済」政策をモデル化するためには，以下で展開されるさらなる分析的枠組の発展が必要である．

企業破綻

企業が1社しか存在しないように考えられているモデルにおいては，破綻のような現象を研究することは困難である．通常は，破産を分析するためには，多くの企業の存在を想定しなければならない．なぜならば，企業が1社しか存しないモデルにおいてその唯一の企業が破産すれば，分析はそこで終わってしまうからである．この研究においては，我々は，分析のマクロ経済的枠組を保持し，モデルにおける企業を，

$$l = \frac{|L^e|}{|P| + |C| + |M^e|}$$

で与えられる負債比率 l が異なる様々な企業の平均とみなす．

まず最初に，負債と利子の支払いに必要な貨幣のフローが計算される．次に，企業間の l の分布に依存して，支払い可能な企業の割合が決定される．モデルは，すべての企業が同時に破産することは不可能であるように組み立てられている．破綻した企業の資産や負債は，経済から消去される[4]．償還されなかっ

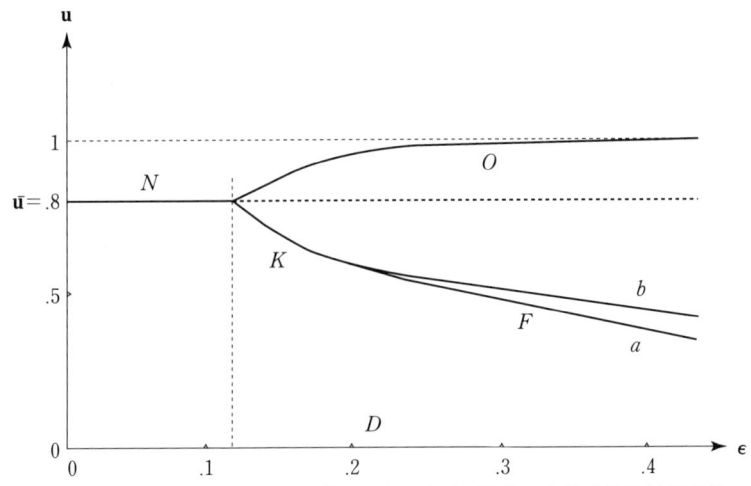

第5章　安定性の実物的決定要因と金融的決定要因　　165

図1の説明文と同様，プラス企業破綻を伴う劣悪な状況．支持政策と救済政策の効果は，支線を(a)から(b)に引き上げること．

図6　貨幣を含むマクロ・モデルと企業破綻：支持と救済

た貸付けは，銀行の損失として計算され，銀行の自己資本を減少させる．

システムのうち過重な債務を抱えた部分は，この過程において急激に消滅する．その結果，経済の金融構造の健全性は回復する傾向にある．

企業の破綻を考慮に入れると，この研究の最初の部分で提示した均衡の一般的なパターン（熊手型の図）に重要な補足物が付け加わる．絶え間のない資本の減価によってシステムが支えられる劣悪な状況として，新しい局面が出現する．我々は，この局面を F として表わす（図6参照）．

政策，インフレーション／企業破綻のトレード・オフ

今までに，流動性圧縮の状況に対する銀行の2つの反応，すなわち，「支持」と「救済」が導入された．これらの政策が均衡のパターンに及ぼす効果は，図6における熊手型の図に基づいて述べることができる．いずれの政策も，熊手型の図の下方の支線を上方へ引き上げるという限定された意味においてのみ，有効である．

もし流動性圧縮に対して企業が価格引き上げの傾向によって対応するならば，

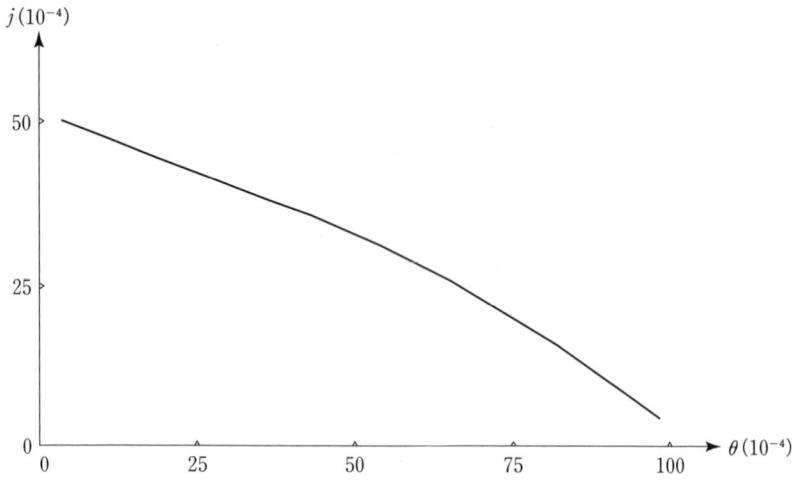

貨幣と企業破綻を含むマクロ・モデルにおいて，スタグレーション環境における支持政策と救済の影響が示されている．政策の強度を変化させることにより，インフレーションと企業破綻のトレード・オフが創り出される．jは物価上昇率であり，θは各期に破産する企業の比率である．

図7　インフレーションと企業破綻のトレード・オフ

停滞的成長とインフレーションが，熊手型の図の下方の支線において共存し得る．この状況が「スタグフレーション」に対応する．そのような環境のもとでは，支持政策や救済政策はインフレーション的な状況のもとで実施される．金融政策は，あまりにも引き締め的であってはならないし，また，あまりにも緩和的であってもならない．貨幣を厳格にコントロールして金融を引き締めれば，企業の破産が増加し，あるいは経済が崩壊するかもしれない．他方，金融緩和政策はインフレーションを加速する．

　モデルにおいては，貨幣の発行は，銀行の反応パラメーターによってコントロールされる．インフレーション回避性向が所与の場合に金融的困難に対する銀行の感応度の指標となるパラメーターを変化させれば，図7に示されるようなインフレーションと企業破綻のトレード・オフが得られる．

第5章　安定性の実物的決定要因と金融的決定要因　　　　167

歴史的傾向

　この最後の部分では，マルクスによる利潤率の傾向的低下法則と関係づけて景気循環の歴史的展開の理論が定式化される．まず最初に，マルクスによる利潤率の傾向的低下の法則と本章で今までに提出した枠組との間の関係が素描される．この分析は，資本主義の歴史における景気循環の様々な形態の解釈を提供する．この文脈の中で，資本主義の進化と経済理論の発展の間の関係が提示される．

不安定性の傾向的増大の法則

　この研究においては，我々は，マルクスによる利潤率の傾向的低下の法則に関する事実をめぐる論争（ドゥメニル゠グリック゠ランジェル1987a）も，理論をめぐる論争（置塩1961）も論じない．この節の目的は，次のような命題を確立することである．

　利潤率が低下する歴史的傾向と結びついて，資本をより厳格に管理する（パラメーター ϵ を増加させる）傾向が存在し得る．このより厳格に資本を管理する傾向は，不安定性を増大させる傾向を持つ．さらに，利潤率の低下に対して反対に作用する諸傾向のほとんどは，この不安定性増大への傾向（ϵ のこの動き）を相殺することはできず，そのかわりに，それは，資本主義の機能のこの修正の表現である．

　実際には，現在のような形態のモデルには，2つのパラメーターが存在する．それらはいずれも，不均衡の証拠に対する企業の反応の強度を示している．第1のパラメーターは在庫の蓄積に対する企業の反応に関係し，第2のパラメーターは資本設備の稼働率に対する反応の測度である．これらの ϵ の水準が高い場合には，在庫水準や資本設備の稼働率が過大または過小であるという証拠に対する企業の反応が素速く強い，ということになる．これらの強い反応は，「厳格な」管理を示している．この厳格な関与は，利潤率の傾向的低下に直面した企業の運営にとって必要な特徴になる．利潤率の低下と相対的に高い利子率が同時に発生すれば，費用をコントロールして企業の操業に必要な貨幣

$|M^e|$，在庫 $|C|$，および生産的資本 $|P|$ の数量を最小化しようとする方向に企業管理が変質する，ということを意味する．この企業管理の変質は，資本主義の進化にとって決定的に重要な側面である（階級構造に関する帰結については，ここでは扱われていない）．

固定資本の集約的な利用および在庫と流動性の厳格な管理は，利潤率の低下への対抗策である．経験的に示し得るように，それらは，収益性の低下をかなりの程度相殺する．しかし，この点に関して理解すべき決定的に重要なことは，これらの対抗策は資本主義の安定性を回避しない，ということである．その反対に，それらは，我々が以前の論文において「規模における不安定性」（ドゥメニル＝レヴィ 1985b）と呼んだものの原因となる．過剰な在庫水準に反応して生産を急速に切り詰めることにより，企業が在庫をより厳格に管理するようになれば，それは，収益性の回復に貢献する．しかしながら，どのような下方へのシグナルも（投入物の購入の減少，賃金の低下等を通じて）システム全体へ伝達されるので，そのような行動はシステムの全般的な安定性を危険にさらすのである．このタイプの伝染は，恐慌に発展するか，もしくは，設備稼働率のより悪化した水準で経済を安定させる．

マルクスが利潤率の低下傾向を――経済停滞とではなく――加速的な資本蓄積および不安定性の増大と関係づけていることを想起することは，重要である（ドゥメニル 1977）．モデルは，この見解の理論的な正当化を提供する．

これらの管理形態は資本主義における価格や産出量の相対比率のコントロールに関して非常に有効である，ということもまた，ここで強調しておかなければならない．この意味で，個別的な利益は全体の利益に一致する．しかし，不均衡に能率的に反応するこの同じ能力が，資本主義の規模における不安定性の原因になるのである．この理由により，資本主義は「相対比率」においては非常に安定であるが，「規模」においては不安定である．

この性質は，自由市場を擁護する見解がなぜ資本主義の肯定的な側面である相対比率に注意を集中するのかを説明する．一般均衡モデルにおける均衡ミクロ経済学は，需要不足が発生する可能性を排除しており，そして，このことが，なぜケインズ革命が必要であったかを説明している．ケインズは，相対比率の問題を無視し，セー法則が拒否されるマクロ経済的な分析枠組における規模の

第5章 安定性の実物的決定要因と金融的決定要因

問題のみを考察した．この性質はまた，マルクスの分析の中になぜ2つのパラダイムが存在するのかを説明する．それらの2つのパラダイムとは（産出量の調整とともに）諸価格の生産価格への収束が分析されている『資本論』第3巻の巻頭における安定性の分析，および，彼の著作全体を通じた恐慌に対する頻繁な言及にみられるような不安定性の分析である．

企業の反応パラメーターと利潤率の傾向的低下に関係づけられた資本主義の不安定性増大の法則の定式化は，以下でとりあげる景気循環の形態の歴史的進化の理論を導く．

景気循環の諸形態

この研究で提出された熊手型の図に基づく分析は，景気循環の原因に関する多くの基本的な特色を強調している．さらに，それは，資本主義の歴史を通じた諸段階に対応して景気循環の異なった諸形態が存在することを示唆している．我々は，4つの諸形態，すなわち，19世紀，2つの世界大戦にはさまれた時期，1950年代，および現代の形態を考察するであろう．

諸局面の継起としての景気循環

図8は，景気循環の4つの可能な形態を示している．第1のケースである図(a)においては，ϵの値は正常均衡の安定性を保証するような水準にある．重要なショックの後に，経済は徐々に正常均衡に戻ってくる．図(b)のケースにおいては，経済は正常均衡から景気過熱の状態に転換し，それからケインジアンの状態に向かって不安定化し，そして正常均衡に戻る．この後者の連鎖は，ϵの値の変化または熊手型の図の横方向へのシフトを必要とする．(c)のケースにおいては，最初のケースのように再びϵが所与の水準に与えられているが，最初のケースよりは高い水準（分岐点よりも大きな水準）に与えられている．経済活動水準は，景気過熱の水準からケインジアンの水準に落ち込み，また，その反対のことも起こる．最後のケース(d)においては，ケインジアンの状態が不安定化される．((b)にみられるように伝統的な景気過熱の状態からではなく）停滞的成長の状態から出発して，景気後退が発生する．

この研究において提出されるモデルは，景気循環のモデルではない．しかし

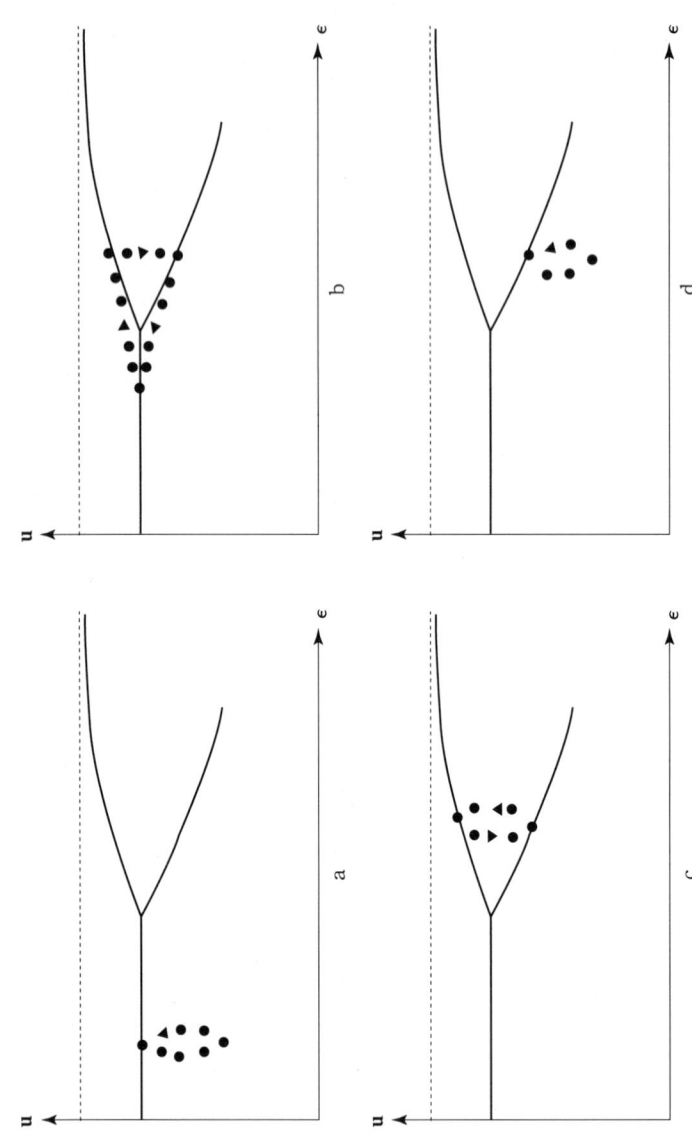

この図は，(図2または図6で提示されている熊手型の図を用いて) 景気循環は1つの局面から他の局面への転換の継起として分析できるという事実を，説明している．かくして，様々な形態を得ることができる．

図8 景気循環の諸形態

第5章 安定性の実物的決定要因と金融的決定要因 171

ながら，(たとえば，ϵ を内生変数に変換することにより) 1つの局面から他の局面への内生的な転換をもたらすモデルを発展させることができるのである．

19世紀の形態

もし19世紀のイングランドの経済活動の様子を考えるならば (ガイヤー = ロストー = ヤコブソン-シュワルツ 1953)，容易に2つの期間に区分することができる．第1の期間は，限定的で短期間の景気後退によって中断されることがあったとはいえ，恒常成長によって特徴づけられる「リカーディアン」の期間と呼ばれ得る期間である (図8[a]参照)．リカードは，これらの景気後退について「苦難」の状態として言及している．第2の期間は，「マルクシアン」と呼ばれ得る期間である．この期間においては，完全な景気循環が発生し，確実に繰り返し発生した (図8[b]参照)．

マルクスによって述べられた景気循環の伝統的なパターンは，完全に展開され尽くすには約10年間を要する出来事の連鎖の繰り返しに対応する．特定のシナリオにおいて，経済は1つの段階から他の段階へ移っていく．景気の底から始まり，景気回復は，数年間続く均斉成長をもたらす．それから景気過熱の局面が開始され，およそ数カ月ないしはそれ以上持続する．突然経済は不安定化して景気は急速に下降し，低い活動水準において停滞する．景気後退の間に資本は減価し，循環全体が再び繰り返される．過程全体を通じた平均としては，インフレーションはほとんど発生しない．この出来事のパターンを熊手型の図を用いて再解釈することは，容易である．物語はケインジアンの状態から始まり，正常均衡，景気過熱へと移行し，それも崩壊してケインジアンの状態で安定化する．循環は，1つの局面から他の局面への転換の継続として示される．景気循環の研究の他のアプローチにおいては，循環は単一のメカニズムと関係づけられて直接的に記述される．この点が，我々のアプローチと他のアプローチの間の方法論上の重要な差異を形作っている[5]．この諸局面の継続の理論において，インフレーション率はまた，平均してゼロになる (正常均衡においてはゼロ，景気過熱においてはインフレーション，ケインジアンの状況においてはデフレーション)．

正常均衡は数年間持続するのであるから，ϵ の値は通常 ϵ^1 より小さい．ϵ

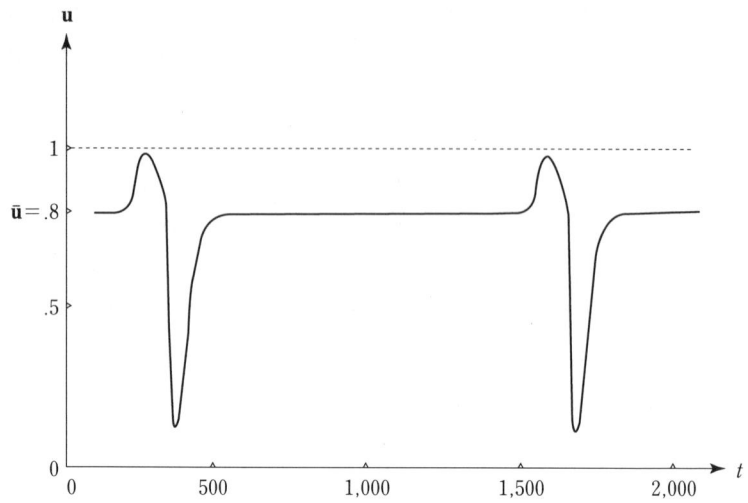

[図: 景気循環のグラフ。縦軸 u、横軸 t。$\bar{u}=.8$ を中心に、500付近と1,500付近で上昇後に急降下するパターンを示す]

この伝統的な景気循環の形態においては，ϵ の値は通常は ϵ^1 より小さい．労働力不足のような不足またはボトルネックの影響のために，限定された期間内にのみ ϵ は増加し，経済は正常均衡から景気過熱に転換するであろう．この局面の間，経済は不安定化し，崩壊する．経済は限定された期間内にのみ停滞するが，結局制約は緩まり，ϵ は以前の値に戻る．経済は正常均衡に復帰する，等々．

図9　景気循環：19世紀の形態

の高い値は，経済が企業行動に影響を及ぼす制約に遭遇したときにのみ，循環的に達成されるのである．制約が有効になったとき，その帰結は，ϵ の増加（より厳格な管理）である．これは，『資本論』第1巻における産業予備軍の研究とともに，『資本論』第3巻においてマルクスが資本の過剰蓄積を論じた際に叙述した過程である．資本の過剰蓄積の分析においては，賃金上昇の結果として利潤率が低下する．もう1つの制約は信用システムが生産の成長に適応できないことである．その場合には，利子率が上昇し，ϵ が一時的に上昇する．

ϵ の循環的な変動は，制約の性質を特定化することなくモデル化することができる．図9の例において，我々は，経済がそのような制約に直面していると仮定している．制約された変数の成長率は，経済が正常均衡にあるときのその変数の成長率より小さい．この制約の存在は，2つの帰結をもたらす．まず第1に，ϵ は，制約によって作り出された圧力に敏感であり，現実の状況と制約によって作り出された限界の差に応じて変化する．経済が制約に接近するよう

第5章 安定性の実物的決定要因と金融的決定要因

な動きを示して ϵ が増加するとき,経済は景気過熱の局面へ転換する.第2に,経済が制約に到達したとき,経済は自動的に不安定化し,低い活動水準に転落する.崩壊の底においては,もはや制約の圧力は感じられなくなり,景気回復が始まる.そして,同じ過程が繰り返される準備が整うのである.

戦間期の形態

1920年代に生じた循環は,過程の一般的な規模は異なるとはいえ,上述の循環と非常によく似ている.循環を通じて ϵ はかなり増加し,景気過熱は急激であり,相対的に長期間持続した.崩壊が生じたとき,不況は並はずれて深刻なものであった.金融当局および経済当局は,適切な拡張政策をとらなかった(ドゥメニル=グリック=ランジェル 1987b).その結果,非常に多くの企業の破産が発生した.「自由放任,なりゆきに任せよ」(レッセ・フェール,レッセ・パッセ)という態度は,そのような環境のもとで破滅的な帰結をもたらした.

1950年代の形態

第2次世界大戦後の景気循環を研究する者は,循環の性格が大きく変わってしまったことを認識せざるを得ない.1950年代の間,正常均衡は達成不可能となった.そのかわりに,経済は,過度の成長のほとばしりと景気後退の間を絶え間なく変動し,非常に周期が短い循環を生み出した.この新しい状況は,ϵ の変動の新しい範囲によって容易に解釈できる.戦時中に企てられた変容の結果,ϵ は今は ϵ^1 より大きく,新しい範囲を変動するが,正常均衡における以前の値には復帰しない.循環は,景気過熱からケインジアンの状態への転換,あるいはその反対の転換の絶え間ない繰り返しに対応する(図8[c]参照).

これらの環境は,平均的にはゼロのインフレーションを伴う「停止と前進」(ストップ・アンド・ゴー)を生み出す.需要政策は非常に有効で,新しい経済的な結び付きによく適合していたようにみえる.しかしながら,経済当局は,正しい治療法を定義できなかった(正しい治療法は存在しなかった)ように思われる.

モデルにおける一連のそのようなショックの結果は,図10に提示されてお

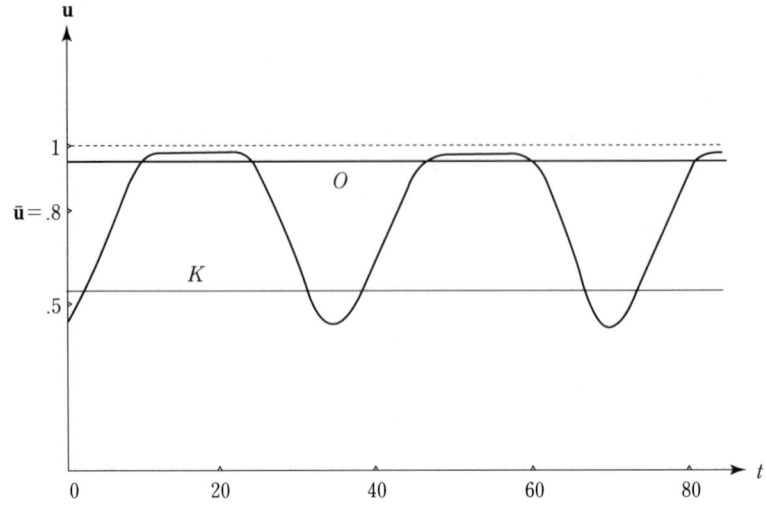

ϵ の値は固定され，需要ショック（政府財政赤字）は資本設備稼働率の現実値の差に依存して自動的に発生する．停止と前進の特徴的なパターンが再生産される．

図10 景気循環：1950年代の形態

り，かくして，新しい循環の形態が形成されている．このシミュレーションにおいて，上方または下方へのショックは自動的であり，その強さは，資本設備の稼働率の現実値と正常値の差に依存する．

1960年代の前半には，設備稼働率は非常に高かった．強力な恒常成長が一時的に回復し，景気循環が永久に消滅したかのようにみえた．自動的な安定性は，安定化政策と結び付けられた．図11は，均衡からの強い逸脱に続く正常均衡への復帰の2つの例を比較している．自動的な安定性の文脈における安定化政策は，非常に有効である．

我々は今や，1960年代の後半における新しい——そして劇的な——収益性の低下を伴う出来事の推移を考察しよう．

現代の形態

1960年代後期における収益率の低下とともに，ϵ の上方への新たなシフトが起こった．この状況においては，経済は，劣悪な局面（経済成長率がほぼゼ

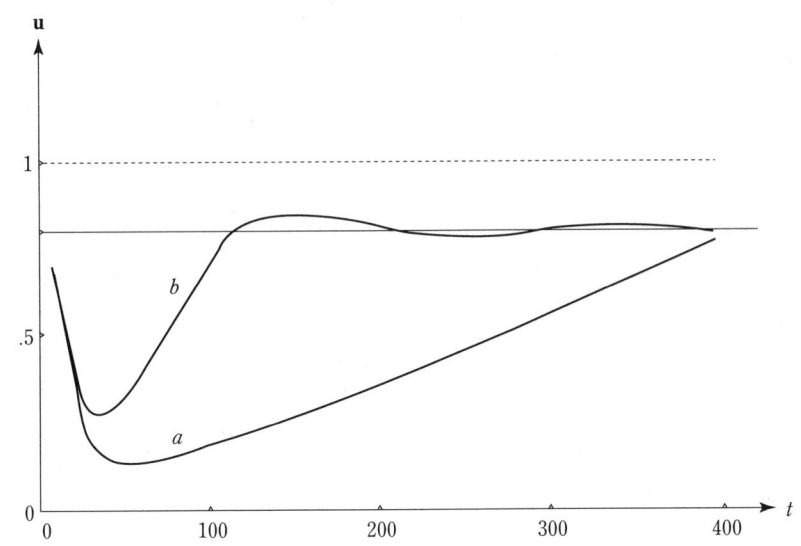

第5章　安定性の実物的決定要因と金融的決定要因　　　　175

背景にある条件は，正常均衡である．経済は均衡からの強い逸脱の犠牲になった．図における2つの曲線は均衡への自動的な復帰(a)と系統的な需要調整を伴う均衡への復帰(b)を比較することを可能している．政策の効率性が明確に例示されている．

図11　需要政策

ロの状態）に絶え間なく引き付けられた．経済の変動は，この劣悪な均衡のまわりで発生した．景気過熱に先立たれない景気後退とともに，盛り上がりに欠ける景気上昇がたびたび発生した．この時期の3つの重要な特徴の概略を述べておかなければならない．

1.　企業破綻の比率が高いことが，この時期を通じた経済の不変の特徴である（資本主義における諸価格や諸産出量の比率を調整するために必要な最低限の水準より高い）．

2.　上述した生き残りのための行動は，インフレーションをもたらす（流動性圧縮の議論を参照されたい）．

3.　経済が押しとどめられた経済活動の劣悪な水準は，経済政策によって絶え間なく支えられた．したがって，以前に述べられたインフレーションと企業破綻のトレード・オフは，経済を記述する際の基本的な要素である．

そのような環境のもとでは，景気循環の形態は再び異なってくる．経済は，（インフレーションを伴う）経済活動水準の劣悪な状態において停滞している．その水準は景気過熱を伴うことなく下方への需要ショックによって不安定化させられ，それから同じ劣悪な局面への復帰が生じる（図8[d]参照）．

経済理論と景気循環の諸形態

今までの節において，利潤率の傾向的低下および景気循環の分析と関係づけて，資本主義進化の理論が確立された．景気循環の異なった諸段階の間の区別が行われ，各段階において，特定の循環の形態が考察された．本節において，我々は，景気循環の進化と経済理論の歴史の間の関係を手短に示唆するために，前述したこの分析を用いるであろう．図式的に言えば，以上で議論した各段階は，それぞれに対応する経済思想の発展と結び付けることができる．

1. 19世紀における循環の特徴は，経済が長年にわたって正常均衡に留まり続けるということである．したがって，正常均衡は，各経済主体によって事象の自然な推移として実際に知覚される．それ以外のエピソードは劇的で，通常は短期間しか持続せず，「例外」または「偶然の出来事」とみなされた．事実，均衡のワルラス的パラダイムと結び付いたほとんどのイデオロギー的な表現は，正常均衡に対応する．この単純な見解においては，均衡は存在して，安定である．この見解においては，経済主体の一部によるひねくれた行動のみが，均衡への急速な復帰を妨害するのである．（ワルラスによって言及されたように）貨幣を例外として，国家による介入は正当化されない．その暴力的な性質にもかかわらず，恐慌は均衡への復帰の途上における逸話として現われる．このようなわけで，19世紀における正常均衡はすべて，自由市場を最善のものとする信念のすべての構成要素を提示している．しかしながら，1930年代の挿話は，この概念を適用できないような状況において（すなわち，正常均衡が実現できないような諸条件のもとで）この概念を擁護することがいかに悲惨な結果をもたらし得るかを非常にはっきりと示している．

2. 経済を活性化させるケインジアンのパラダイムに対応する安定化政策（政府財政赤字）は，事実上経済へのショックである．1つの局面から他の局

第5章 安定性の実物的決定要因と金融的決定要因　　　177

面への転換が望まれたとき，それらは，多くの環境のもとで積極的な影響力を持っている．これらの政策は，絶対的に必要であるというわけではないが，正常均衡の状況の中でそれが攪乱されたときに有効である．これらの同じ政策はまた，不況への動きを阻止することができる．しかしながら，それらの効果は，特定の均衡が存在して安定的であることによって制限される．これは，微調整が決して達成され得なかった1950年代を記述するために我々が導入した「停止と前進」（ストップ・アンド・ゴー）の形態によって，明らかに立証される．「停止と前進」政策の困難性にもかかわらず，需要政策は政策担当者にとって非常に有効にみえ，それらが絶えず目標を通り越して行き過ぎているという事実が，この有効性を確認している．この理由により，戦前直後の時期は，1960年代前半において正常均衡が回復したときに米国でケインジアンの見解が興隆したことの，肥沃な土壌になっている．奇跡に手が届くようにみえ，微調整が議事日程にのぼった．この時期は，米国におけるケインズ主義の決定的な勝利の時期と一致している．

　3. 1970年代に，経済思想における新しい革命が成し遂げられた．金融政策に注意が集中されるようになった．この見解は，経済の新しい状況と符合した．提供された唯一の経済的な二者択一の選択枝は，歴史的には戦時中にのみ受け入れられたような非常に疎遠な景気過熱と[6]，現在の持続する劣悪な状態であった．需要政策は，もはや不適切であった．政策の目的は，もはや1つの局面から他の局面へ転換することではなく，「耐えることができる」水準に停滞的な成長を維持することであった．状況の性質は，提示された企業破綻とインフレーションの間のトレード・オフによってよく表わされる．それは，マ・ネ・タ・リ・ズ・ム・の・綱・領・を・定・義・す・る．ケインジアンの需要政策は，企業破綻とインフレーションの間のトレード・オフに対して何の影響も及ぼさない．マネタリズムの分析において，ケインズ主義への批判と金融政策の強調を，（1979年に決定されたような）インフレーションと戦うことを最も優先される政策課題とすることと混同してはならない．同様にして，この理論的革命を新しく出現した事実に基づく状況と関係したものとして解釈することは，ちょうど1960年代におけるケインズ主義の成功がケインズ理論が真理であるということの証明になるわけではないのと同様に，マネタリズムの理論そのものが正しいことの確認

になるわけではない．

＊　＊　＊

　結論的に言えば，古典派の競争分析に基づいて恐慌と景気循環の理論を実際に構築することは可能である．資本主義が「相対比率」をうまく処理するまさにその能力，すなわち，適切な相対価格と相対的産出比率を決定する能力が，その規模（経済活動の一般水準）の決定に関する資本主義の脆弱な構造の原因となっている．不均衡のシグナルが生産活動を適度のものにすることを示唆しているとき，そのシグナルに敏速に反応すると，生産システム内からの需要減少（需要の内生的な減少）の悪循環を発生させてしまうことがあり得る．景気後退を発生させるこの傾向は，利子率と比較しての収益性，より一般的に言えば，金融システムが企業に対して課す制約によって条件づけられている．高い圧力（低い収益性と資金制約）は，企業がより厳格な管理を行うように仕向け，かくして，それは，不安定性を増大させることになるのである．

　この見解は，『資本論』におけるマルクスによる恐慌の分析と多くの共通点を持っている．第1に，いずれの場合においても，恐慌の問題に対して不安定性の見地から接近されている．産業予備軍の状況や金融的な諸要因が，システムの不安定化を引き起こす引き金となり得るメカニズムとして提示されている．第2に，利潤率の動きが，いずれのシステムにおいても安定性の基本的な諸条件を決定する，重要な要素である．

　貨幣的要因と実物的要因の間の相互作用に関して言えば，安定性の実物的決定要因が基本的である．貨幣的要因は一定の役割を演じ，それは，ある種の環境のもとではシステムの未来を決定し得る．しかしながら，そのようなメカニズムは，安定性の主要な決定要因の分析をもとにして理解されなければならない．

　我々の解釈に従って，マルクスによる利潤率の傾向的低下の法則を拡張することができる．不安定性増大の法則が，前者の法則の自然な完成形態である．この分析における決定的に重要な点は，収益性の低下をかなりの程度相殺する反対に作用する諸要因によっては不安定性の増大を回避できない，ということである．その反対に，不安定性の増大は，これらの反対に作用する諸要因によ

って作り出されるのである．したがって，現代資本主義の現在における諸困難は，依然としてその内的矛盾の表現の新しい形態とみなし得るということは，明らかであるように思われる．「不安定性問題」の諸形態の継続する諸段階を確認し得るのであるから，この命題をもっと明確に提出することができる．本章においては，4つのそのような段階，すなわち，19世紀，2つの世界大戦にはさまれた時期，1950年代と1960年代，および現代資本主義が記述された．それぞれの各形態は，異なった経済的な展望，すなわち，自由市場への不介入主義，ケインジアンの需要政策，および金融政策を正当化する．

注
* この研究の準備段階におけるバージョンは，*Economic Forum*, University of Utah, Winter 1986-87 に公刊された．本稿の原文を英訳するにあたり，M. グリックの助力に感謝する．
1) ドゥメニル゠レヴィ（1983, 1985a, 1985b, 1987a）を見よ．
2) 研究されるモデルに依存して，この結果は，解析的に，またはコンピューター・シミュレーションによって証明された．
3) ドゥメニル（1977）を見よ．
4) マルクスは，このことを「資本の減価」と呼んだ．
5) カレツキ（1935），サムエルソン（1939），グッドウィン（1951），ゼムラー（1984），およびフォーリー（1985）を見よ．
6) 特に，2つの世界大戦にはさまれた時期〔戦間期〕に景気過熱が受け入れられていた．このことが，第2次世界大戦中にとられた自由市場イデオロギーに対立する処置を正当化した．

参考文献

Duménil, G., M. Glick and J. Rangel. 1987a. "The Rate of Profit in the United States: From the Turn of the Century to the Nineteen Eighties." *Cambridge Journal of Economics* 11 (4): 331-60.

―――. 1987b. "Theories of the Great Depression: Why did Profitability Matter ?" *The Review of Radical Political Economics* 19 (2).

Duménil, G. and D. Levy. 1983. "La Concurrence capitaliste: Un processus dynamique," J.P. Fitoussi and P.A. Muet, eds. 1987.

―――. 1985a. "The Classicals and Neoclassicals, A Rejoinder to Frank Hahn." *Cambridge Journal of Economics* 9: 327-45.

―――. 1985b. "Stability and Instability in a Dynamic Model of Capitalist Production" (abridged version). W. Semmler, ed., pp. 132-69. 1986.

———. 1986a. *The Stability of Long-Term Equilibrium in a General Disequilibrium Model.* Working paper 8717. Paris: CEPREMAP.

———. 1986b. *The Analysis of the Competitive Process in a Fixed Capital Environment.* Paris: CEPREMAP. Forthcoming in *Manchester School* 57 (1): 34-57.

———. 1987a. "The Dynamics of Competition: A Restoration of the Classical Analysis." *Cambridge Journal of Economics* 11 (2): 133-64.

———. 1987b. "The Macroeconomics of Disequilibrium." *Journal of Economic Behavior and Organization* 8: 337-95.

Duménil, G. 1977. *Marx et Keynes face à la crise.* Paris: Économia.

Fitoussi, J.P. and P.A. Muet, eds. 1987. *Macrodynamique et déséquilibres.* Paris: Économia.

Foley, D. 1985. *Liquidity Profit Rate Cycles in a Capitalist Economy.* New York: Barnard College.

Gayer, A.D., W.W. Rostow and A. Jacobson-Schwartz. 1953. *The Growth and Fluctuations of British Economy (1790-1850).* Oxford: Oxford Clarendon Press.

Goodwin, R.M. 1951. "The Nonlinear Accelerator and the Persistence of Business Cycles." *Econometrica* 19 (1): 1-17.

Guckenheimer, J. and P. Holmes. 1983. *Nonlinear Oscillations, Dynamical Systems, and Bifurcations of Vector Fields.* New York, Berlin: Springer-Verlag.

Kalecki, M. 1935. "A Macrodynamic Theory of Business Cycles." *Econometrica* 3 (3): 327-44.

Marx, K. 1863. *Capital, Vol. 3.* New York: First Vintage Book Edition. 1981.〔向坂逸郎訳『資本論』第3巻, 岩波書店, 1967年〕

Okishio, N. 1961. "Technical Change and the Rate of Profit." *Kobe University Economic Review* 7: 86-99.

Ricardo, D. 1817. *The Principles of Political Economy and Taxation.* London: Dent and Son Ltd. 1960.〔堀経夫訳『経済学および課税の原理』雄松堂書店, 1972年〕

Samuelson, P.A. 1939. "Interaction between the Multiplier Analysis and the Principle of Acceleration." *Review of Economic Statistics* 21 (2): 75-78.

Semmler, W. 1984. *On Stability and Instability in Classical Economics.* New York: New School for Social Research.

Semmler, W., ed. 1986. *Competition, Instability, and Nonlinear Cycles.* Lecture Notes in Economics and Mathematical Systems. No. 275. Berlin: Springer-Verlag.

Smith, A. 1776. *The Wealth of Nations.* London: Dent and Son Ltd. 1964.〔水田洋訳『国富論』上・下, 河出書房新社, 1974年〕

第Ⅱ部　貨幣と金融を含む非線形動学モデルにおける安定化政策

第6章
金融政策と財政政策の比較動学

リチャード・H. デイ

　ケインジアンの動学的なストーリーによれば，景気循環の景気上昇局面における雇用と資本設備稼働率の上昇は，貨幣の取引需要が増加するにつれて貨幣市場におけるクラウディング・アウトを発生させ，そのために結局は利子率の上昇を引き起こす．このことにより，結局は投資の減少と総需要，雇用，および利子率の低下が引き起こされる．後者の現象〔利子率の低下〕は投資と消費を刺激する傾向があるが，過剰な生産能力が存在するために，景気回復には若干の時間がかかる，ということがあり得る．

　この過程を発生させる標準的なヒックス・モデルに商品市場における供給の調整を組み込んだモデルを用いて，デイ＝シェーファー（1985）は，誘発投資が十分に強く反応する場合には，周期的または非周期的な性質を持ちながらそのような変動が持続するであろう，ということを示した．それに引き続く研究（1987）において，彼等は，正の測度で不規則な循環が発生し得ること，すなわち，それらは原則として「観察可能」であることを証明している．その場合には，たとえモデルが決定論的〔非確率的〕なものであっても，GNP は定常的な確率過程であるかのように振る舞う．デイ＝リンは（現在準備中の論文において），これらの可能性のすべては需要の正常な定性的性質と整合的であり，それらの現象を引き起こすパラメーター値は様々な計量経済学的な議論に登場したパラメーター値の範囲内に収まるという意味で結果は頑健である，ということを示した．

　この論文における顕著な発見は，パラメーター値の変化に対するマクロ的な挙動の反応が複雑なものである，ということである．誘発投資の強さが変化するにつれて，あるいは乗数や貨幣的な効果が変化するにつれて，安定的な定常

状態が循環解に移行したりその逆の現象が発生したりし得る．また，循環は厳密に周期的でもあり得るし，不規則的な振幅を伴う周期的な転換点を持つこともあり得るし，あるいは，転換点と振幅の両方が不規則的であることもあり得るのである．

　これらの発見は，金融政策や財政政策に対してどのような含意を持っているのであろうか．本章では，貨幣供給 (M)，政府支出 (G) または平均税率 (τ) の変化が，いかにして経済の状態を安定的な定常状態や周期的あるいは非周期的な挙動へ移行させたり，逆にそのような状態から別の状態へ移行させたりするきっかけとなり得るのかを示す．さらに，政策パラメーターの値の特定の一方向への変化が影響を受ける方向の逆転現象をもたらし得る．たとえば，政府支出が絶え間なく上昇していけば，経済が安定的な定常状態から循環が発生する状態に移行し，さらに政府支出が増加するにつれて循環の周期が変化していき，次に非周期的な変動が発生するが，さらに政府支出が増加すると安定的な定常状態が再び出現する，ということが起こり得るのである．

　この事実は，政治的または他の「外生的な」影響による不規則的な性質によって引き起こされる不確実性ではなく，金融部門や実物部門に本来備わっている非線形的な相互作用によってもっぱら発生する不確実性の源泉を導入する．それは，金融政策または財政政策の所与の変化が現実の経済に及ぼす影響を予想することが困難である，という悪名高い事実に関する新しい仮説を提供する．

　明らかに，ここで用いられた特殊な諸仮定を緩めたより一般的なモデルによって，この仮説を探究することが必要であろう．しかし，一般物価水準の変化はどちらかといえば緩やかであり，産出量や雇用や利子率や投資は比較的急激に変化し，貨幣が逼迫した状況において貨幣市場でクラウディング・アウト〔政府支出の増加が民間投資資金を押しのけること〕現象が明らかに発生するときには，本章の分析は，たとえこれらの非常に特殊な諸条件のもとにおける粗削りな1次近似に過ぎないとしても，妥当なものであるはずである．それは確かに，全体像のある側面を表わしているし，諸問題を取り扱い易い理論的な道具立てのもとで研究することは，有意義なことであるように思われる．本章の分析はどの経済学者にもよく知られており，最小限の数学的装置および計算のための装置が必要になるのみである．

第6章 金融政策と財政政策の比較動学

近年,マクロ政策の諸問題を世代重複(overlapping generations: OG)モデルにおける異時点間均衡の枠内で研究することがありふれたことになってきた.ベンハビブ=デイ(1981, 1982)によって示され,グランモン(1985)によって彫琢されたように,そのようなモデルが非周期的な循環を生み出し得ることは,よく知られている.前者は,貨幣供給成長率が一定の場合に変動が持続し得ることを示しており,後者は,政府による政策がカオス的な循環を安定させ得ることを示している.それに対して,本章の分析は,不均衡の文脈のもとで行われているが,それは,その限界にもかかわらず,少なくともある条件のもとでは,おそらく OG モデルよりも現実に近いある側面を持っている.特に,そのモデルにおける消費,投資,および貨幣需要の諸成分は経験的に観察されてきたし,特定のパラメーターがとらなければならない値の符号と範囲についても,若干のことが知られているのである.

モデル

標準的な線形の貨幣需要関数は,

(1) $$D^m(r, Y) = L^0 - \lambda r + kY$$

となる.ここで,L^0,λ,および k はパラメーターである.貨幣供給 M が固定されていて貨幣市場で瞬時的に需要が一致するならば,$r = r^0 + (k/\lambda)(Y - Y^{**})$ となる.ここで,$Y^{**} = (M + \lambda r^0 - L^0)/k$ は,利子率が r^0 となるような所得水準である[訳注1].もしこの値 r^0 が利子率の下限を画すると仮定するならば,

(2) $r = L^m(Y ; M) := \begin{cases} r^0 & , \ 0 \leq Y \leq Y^{**} \\ r^0 + (k/\lambda)(Y - Y^{**}), & Y^{**} \leq Y \leq M/k \end{cases}$

となる.

以下では,$r^0 = 0$ と仮定する.ケインジアンの用語を用いれば,区間 $(0, Y^{**})$ は,総需要の変化が利子率にほとんど何の影響も及ぼさない流動性の罠である.Y^{**} より大きな所得のもとでは,利子率は所得の変化に感応的であ

り，貨幣の取引需要のクラウディング・アウト効果によって所得の増加は利子率の上昇をもたらす[1]。

線形の投資関数は，

(3) $\qquad I = I^0 + \beta Y - \gamma r$

である．もし短期において負の投資が重要でないならば，それは，非負制約を考慮に入れて拡張されなければならない．その場合には，それは，

(4) $\qquad I(r, Y) := \max\{0, \beta(Y - Y') - \gamma r\}$

という形をとる．もし Y' が正ならば，Y' は，たとえ利子率が非常に低くても，所得がそれ以下ならば過剰生産能力が大き過ぎて投資財の注文がゼロになるような，所得の閾値になる[2]。

上に述べたことのすべては極めて伝統的な事柄であるが，我々が決定的に新しい論点を導入するのは，ここにおいてである．(2)式を投資関数に代入して利子率を消去すれば，加速度要因と貨幣的なクラウディング・アウト効果の両方を組み込んだ「IY」関係が得られる．その結果得られる投資‐所得関数は，貨幣的相互作用の強さに依存して，3つまたは4つの支線を持つ．

第1の支線は，過剰生産能力の存在のために誘発投資がゼロになる国民所得の範囲 $0 \leq Y \leq Y'$ で発生する．（独立投資は，この場合でも依然として正であり得る．）第2の支線では，投資の閾値に対応する所得 Y' と利子率は下限にあるが所得上昇が誘発投資を刺激する効果が作用する所得の上限 Y^{**} の間で発生する．この支線の傾きは，β である．第3の支線は，貨幣の取引需要の増加が利子率を流動性の罠の水準よりも引き上げて，利子率の上昇が誘発投資を低下させる効果が作用する領域に突入した後に，発生する．この領域では，支線の傾きは，$\sigma := \beta - k\gamma/\lambda$ となるので，第2の領域の支線より傾きが小さくなるはずである．もし σ が正ならば，貨幣的な効果は弱い．その場合には，投資関数は図1(a)のようになるであろう．もし σ が負ならば，貨幣的な効果は強い．その場合の図は，図1(b)に示されている．この場合には，貨幣市場で需要を一致させるために必要な利子率の上昇が投資を低下させ，その効果が所得上昇による投資刺激効果を圧倒してしまう．このクラウディング・ア

第6章 金融政策と財政政策の比較動学

(a) 貨幣効果が弱い場合

(b) 貨幣効果が強い場合

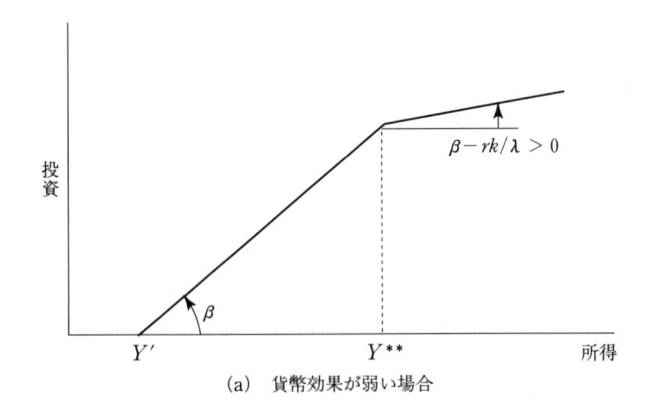

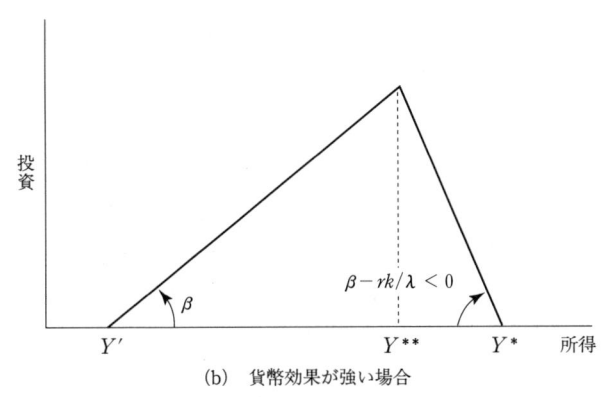

図1 本来的な貨幣効果を伴う IY 関数

ウトは，k や γ の増加または λ や β の減少によって強化されるが，また，もし利子率効果の比率 γ/λ の方が所得効果の比率 β/k よりも大きい場合にも強くなる．それは，所得が $Y^* := [(k\gamma/\lambda)Y^{**} - \beta Y']/\sigma$ という水準に到達すると結局投資がゼロになるということを意味する．ここで，$Y^{**} = (M - L^0)/k$ である．Y^* より所得が大きい場合には，誘発投資がゼロになり，独立投資のみが残る．

本章の分析は，図1(b)に示されるような，貨幣効果が強い場合のみを扱っている．この状況のもとでは，投資関数を次のように書くことができる[訳注2]．

$$
(5) \quad I = H(Y) := \begin{cases} 0, & 0 \leq Y \leq Y' \\ \beta(Y-Y'), & Y' \leq Y \leq Y^{**} \\ \sigma(Y^*-Y), & Y^{**} \leq Y \leq Y^* \\ 0, & Y^* \leq Y \leq Y^u \end{cases}
$$

局面転換が発生するという IY 関数の性質は,貨幣需要関数(1)と投資需要関数(3)が線形の形状をしていることに由来している.それは,限界的な所得効果が広範囲の所得水準のもとでかなり安定的であるが,ある重要な範囲においてより急速に上昇するような,滑らかな関数を近似しているものとみなすことができよう.区間 $[0, Y']$ は,過剰生産能力が大き過ぎるために投資水準が非常に低い状況を近似している.「流動性の罠」の所得の範囲 $[Y', Y^{**}]$ は,Y が変化しても利子率がほとんど変化しない領域を近似している.領域 $[Y^{**}, Y^*]$ は,貨幣需要の増加に対して利子率が敏感に反応する領域に対応している.Y が Y^* よりも大きい領域は,利子率の高騰のために内生的に決まる投資がひどく落ち込んだ領域である.デイ=リン(1985)は,近似のあてはまりは良く,一般的なモデルと区分線形モデルの定性的な挙動は類似していることを,示している.消費関数と独立需要の構成要素を付け加えることにより,モデルは完成する.前者〔消費関数〕は,

$$
(6) \quad C = C^0 + aY, \ \text{ここで} \ a = (1-\tau)\alpha
$$

となる.α は限界消費性向 (MPC) であり,τ は平均税率である.固定的な支出項目を $A = I^0 + C^0 + G$ と定義しよう.ただし,I^0 と C^0 は独立投資と独立消費であり,G は政府支出である.また,総需要における誘発投資の重要性を外生的に変化させたり,投資需要と貨幣需要のパラメーターの比例的な変化の効果を研究したりすることを可能にするために,強度を示すパラメーター μ を導入しよう.このパラメーターはまた,投資の調整速度とみなすこともできる.

1期間の調整ラグを仮定すれば,次のような GNP の差分方程式が得られる.

第6章 金融政策と財政政策の比較動学

$$(7) \quad Y_{t+1} = \theta(Y_t) := \begin{cases} A + aY_t, & 0 \leq Y_t \leq Y' \\ A - \beta Y' + [a + \mu\beta]Y_t, & Y' \leq Y_t \leq Y^{**} \\ A + \sigma Y^* - [a + \mu\sigma]Y_t, & Y^{**} \leq Y_t \leq Y^* \\ A + aY_t, & Y^* \leq Y_t \leq Y^u \end{cases}$$

Y_t の上限 Y^u は，完全雇用所得，資本設備の完全稼働をもたらす所得，および M/k のうちの最も小さい値である．

(7)と σ の定義より，総所得関数の第2および第3の「支線」の双方において，μ が増加すると，所得変化が投資を刺激する効果が高まることは，明らかである．（もちろん，μ の減少は，正反対の影響を及ぼす．）クラウディング・アウト効果が発生する第3の領域においては，総需要関数の傾きは $(1-\tau)\alpha + \mu\sigma$ となる．$\sigma = \beta - (\gamma/\lambda)k$ であることを考慮に入れれば，μ の増加は，β, γ, または k の増加，あるいは λ の減少と同様である，と解釈することができる．

弱い貨幣効果と強い貨幣効果が総需要 $\theta(Y)$ に及ぼす影響の含意が，図2に示されている．もちろん，もし $\mu = 0$ なので誘発投資が重要でないならば，モデルは，単純な安定的乗数過程に還元される．もし γ がゼロなので利子率の変化に対して投資が全く反応しないならば，投資に対する所得の限界的な効果が乗数に組み込まれることを除いて，同様のことがあてはまり得る．もしそれ〔投資に対する所得の限界的効果〕が十分に大きいならば，単純な定常状態から際限なく遠ざかる発散的な運動が生じ得る（その場合には，システムは崩壊するであろうと思われる）．しかし，もし $\gamma > 0$ ならば，貨幣的な相互作用が存在する．これらの可能性は，2つの図に示されている．もし相互作用が弱ければ，通常の乗数の安定性分析を行うことができる．（この場合，定常状態がどの領域または諸領域にあるのかについて注意しなければならない．）本章のはじめで簡潔に述べた複雑な動学がすべて作用し得るのは，貨幣的効果が強い場合のみである．比較静学分析のみで十分であると考えることがもはやできなくなるのは，この状況においてである．そのかわりに，比較動学分析が必要になるのである．

(a) 貨幣効果が弱い場合

(b) 貨幣効果が強い場合

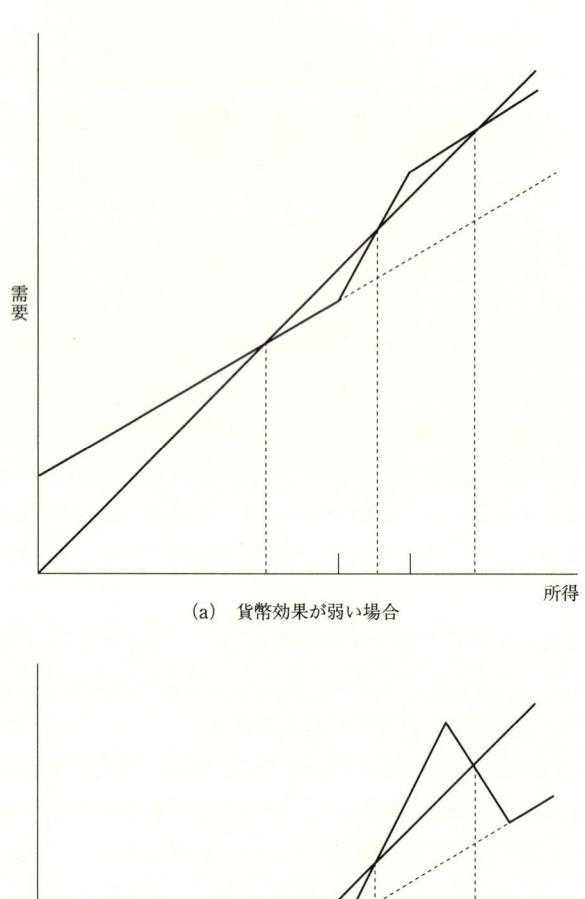

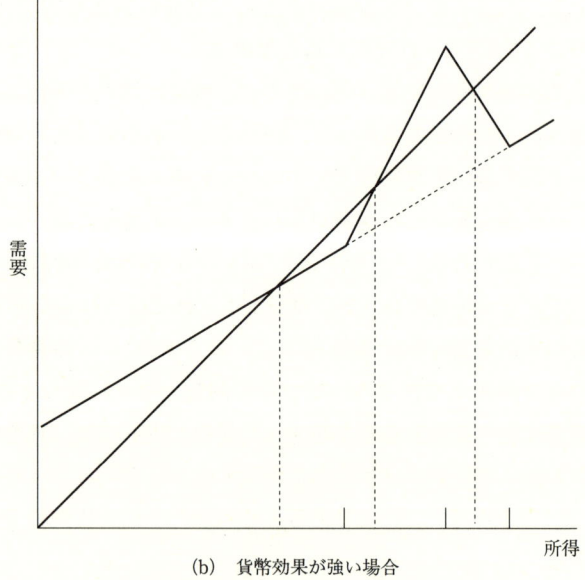

図2 総需要と貨幣的相互作用

第6章 金融政策と財政政策の比較動学　　　191

分岐と政策の比較動学

　以上述べたことにもかかわらず，比較動学分析の方法論は，比較静学の方法論と似ている．比較静学分析においては，パラメーターの変化に応じて定常状態がどのように変化するかを研究する．そのような定常状態は，それがもし安定であれば，動学モデルの漸近的な挙動の終着点である．もし定常状態が不安定であれば，それらは，漸近的な挙動の終着点ではない．そのかわりに，モデルによって生み出される軌道は，アトラクターと呼ばれる点の集合に収束するであろう．もし漸近的な挙動が厳密に周期的ならば，この集合は有限個の点から成るであろう．もし挙動がカオス的ならば，それは非可算集合になるであろう．もし漸近的な挙動がエルゴード的ならば，それは正の測度を持つ非可算集合になるであろう．後者の場合には，モデルは，定常的な確率過程であるかのように振る舞う．時には，これらの軌道は周期的な転換点と不規則的な振幅を持つ．時には，転換点の周期と振幅の両方が不規則的になる．過去20年間のうちに，非線形動学モデルの2つの注目すべき性質が，急速に増大する正確さを伴って理解されるようになってきた．それらの性質とは，(a)挙動の頑健性，すなわち，それらの現象が「広範囲の」パラメーター値の集合において発生すること，および，(b)アトラクターがパラメーター値に本来的に複雑な形で依存すること，すなわち，パラメーターが変化するにつれて，モデルは定常状態から様々な周期を持つ循環へ移行し，さらにカオス的およびエルゴー的な領域に入り，あるいはそこから出る，ということである．アトラクターによって表現されるモデルの定性的な挙動が変化する決定的なパラメーター値を得るために用いられる方法は，分岐分析と呼ばれる．この方法の詳細な注釈と完全な分析的結果については，デイ=シェーファー（1987）で与えられている．詳細な数値例は，デイ=リン（1989）で与えられている．それらの研究においては，誘発投資需要の重要性の変化によって分岐分析が行われた．本章では，伝統的なマクロ政策の道具，すなわち，政府支出 G，税率 τ，および貨幣供給 M の変化による同様の分析が提示されている．

　まず最初に，政府支出の変化を考え，図3(a)を見ることにしよう．パラメ

ーター G は,総需要における独立支出を表わす定数項に影響を及ぼす. 3つの定常状態が存在する. GNP が3つの定常値のうち最小の, しかも安定な状態に「張り付いて」いると想定しよう. したがって, G がわずかに増えた場合には, 定常状態が徐々に上方へ移動する通常の安定な乗数効果が発生する. G の総額が G^2 の水準を超えるとき, 総需要曲線は2のようになる. このとき, 定性的な飛躍が発生する. もはや, 定常状態は1つしか存在しなくなる. 総需要曲線の傾きは負でその絶対値は1より大きいのであるから, 変動が持続するはずである. 実際, 引用されている参考文献において発展させられた理論を用いて, 短期間の成長期の後にエルゴード的な変動が発生し, GNP は定常的な確率過程と同様に振る舞うことを示すことができる. G がさらに増加するとGNP の長期的な分布が変化し, 不規則的変動が発生し続けるであろう. G が十分に増加すれば, 不安定な定常状態は消滅するであろう. このとき安定的な定常状態が達成され, さらなる政府支出の増加は, 再び通常の安定的な乗数過程を伴うであろう.

GNP が定常状態に張り付いており, G が非常に高水準であると仮定しよう. 需要曲線3をもたらす点 G^3 に至るまでは, G の減少は定常的な GNP の安定的な減少を伴うであろう. G^3 の点に到達した以後は, 確率的な変動が出現するであろう. もし G がさらに連続的に減少するならば, G^0 の点に到達して安定的な乗数過程が再び出現するまでは, これらの確率的な変動が持続するであろう. 政府支出の範囲 (G^0, G^3) においては, G の変化が GNP の定性的な挙動に及ぼす影響が, 政府支出の値がそれ以外の範囲内にある場合と全く異なっている, ということに留意されたい. したがって, これらの値 G^0, G^3 が, 決定的な分岐点である.

次に, 税率の変化を考えよう. そのような変化は, 総消費関数の傾きを変化させることにより, 総需要関数の傾きを変化させる. 図3(b)に示されるように, 上述した初期の状態と同様の状態から出発すれば, τ の決定的な分岐点は容易に確認される. ここでも再びアトラクターは, 通常の乗数過程によって達成される安定的な定常状態から, 定常的な確率過程となる非周期的な変動を伴うエルゴード集合へ移行する.

最後に, 貨幣供給の変化を考えよう. 転換点 Y^{**} および Y_0 は, 貨幣供給

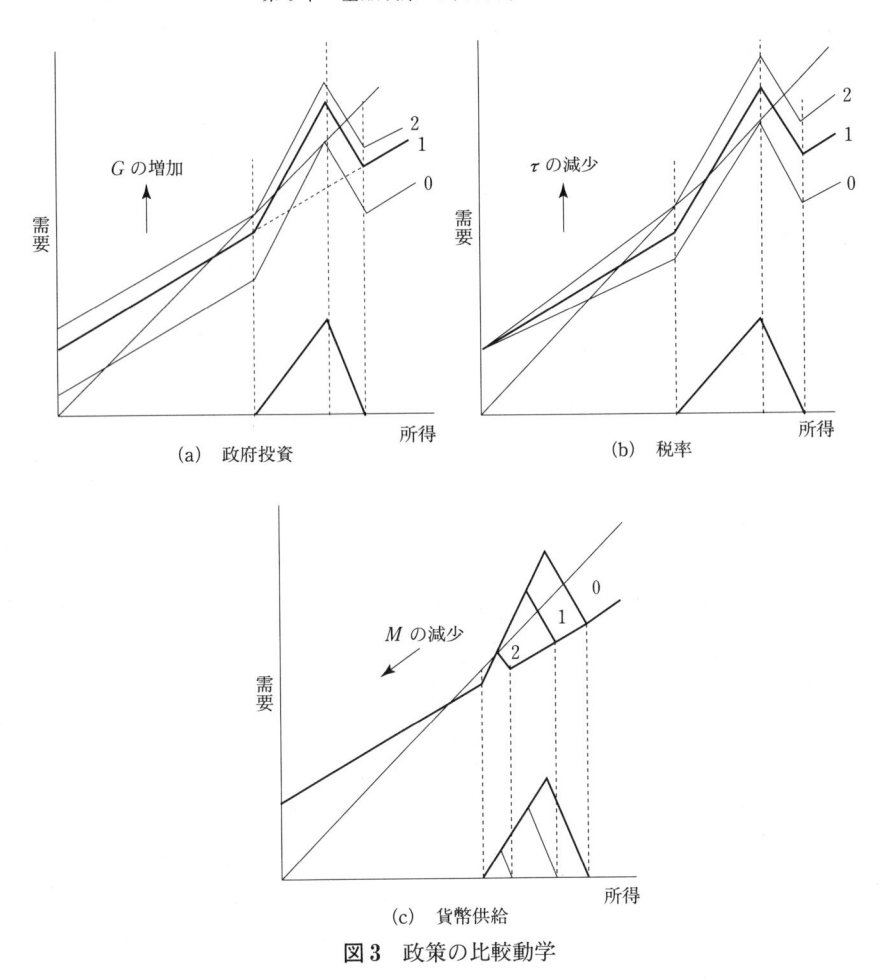

第6章　金融政策と財政政策の比較動学

(a) 政府投資

(b) 税率

(c) 貨幣供給

図3　政策の比較動学

のパラメーターに依存するが，総需要関数の線分の傾きは，貨幣供給パラメーターに依存しない．したがって，図3(c)に示されるように，Mの変化は，第3の領域における総需要関数の平行移動を引き起こす．2つの分岐点が容易に確認される．MがM^0を超える場合には，総需要の最大値がY^uを超え，モデルは非ケインズ的な領域へ移行する．$M < M^2$のときには，唯一の安定的な定常状態のみが存在する．それらの中間の領域では，カオスが発生する．今までに言及したすべての複雑な挙動が生じ得る．もちろん，これらのすべては，

出発点の状況において選択された総需要関数の諸パラメーターの特定の値に依存する．しかしながら，以前に我々が強調したように，エルゴード的な挙動は頑健である．すなわち，正の測度で非周期的な変動が発生するような政策手段の値の連続的な範囲が存在するのである．

比較動学 I : 3 つの異なった時期の事実を対比したシミュレーション

これらの発見は，分岐図を描くことによって説明できる．そのような図は，所与のパラメーターの関数としてアトラクターの推定値を提供する．出発点の状況が与えられれば，軌道を計算することができ，GNP の値を図示することができる．たとえば，最初の 50 回ないしは 100 回分の計算結果を除外して計算の履歴における最初の部分を捨て去ることにより，軌道の漸近的な挙動の指定値が残される．それから，パラメーターがわずかに増やされたり減らされたりして，新しい軌道が計算されて図示される，というようなことが，我々が関心を持つパラメーター値の範囲についてなされる．

デイとリンは，以前に我々が引用した論文において，大不況（期間 I），1960 年代初期（期間 II）および 1970 年代後期（期間 III）に対応するこのモデルのパラメーター値の 3 つの例を提出している．それぞれのケースにおいて，資本ストックの蓄積を反映するために調整された投資の利子効果を表わす γ を除いて，諸パラメーターは同一の値である．もちろん，（G をその要素として含む）A, Y', Y^*, Y^{**}, L^0 および M は，独立支出と貨幣供給の変化を反映するように調整されている．彼等の論文においては，諸パラメーターが示され，その偏差が議論され，推計された総需要関数が説明されている．3 つの総需要関数の一般的な形状は，図 2(b) と似ている．ただし，その間に経過した半世紀を通じた経済成長を反映して，後の時期になるほど関数がかなり大きくなるのであるが．

これらを出発点の状況として用いながら，G の変化に関する図，τ の変化に関する図，M の変化に関する図という 3 組の分岐図が，計算されて描かれた．それらは，図 4, 5, および 6 として再録されている．まず最初に，図 4 に示されるような政府支出の変化を考えよう．3 つの時期のすべてについて，

第6章　金融政策と財政政策の比較動学　　195

(a)　I: 1930-34
G^0　G^2

(a)　I: 1930-34

(b)　II: 1961-65
G^0　G^1G^2　G^3

(b)　II: 1961-65

(c)　III: 1975-78
G^0

(c)　III: 1975-78

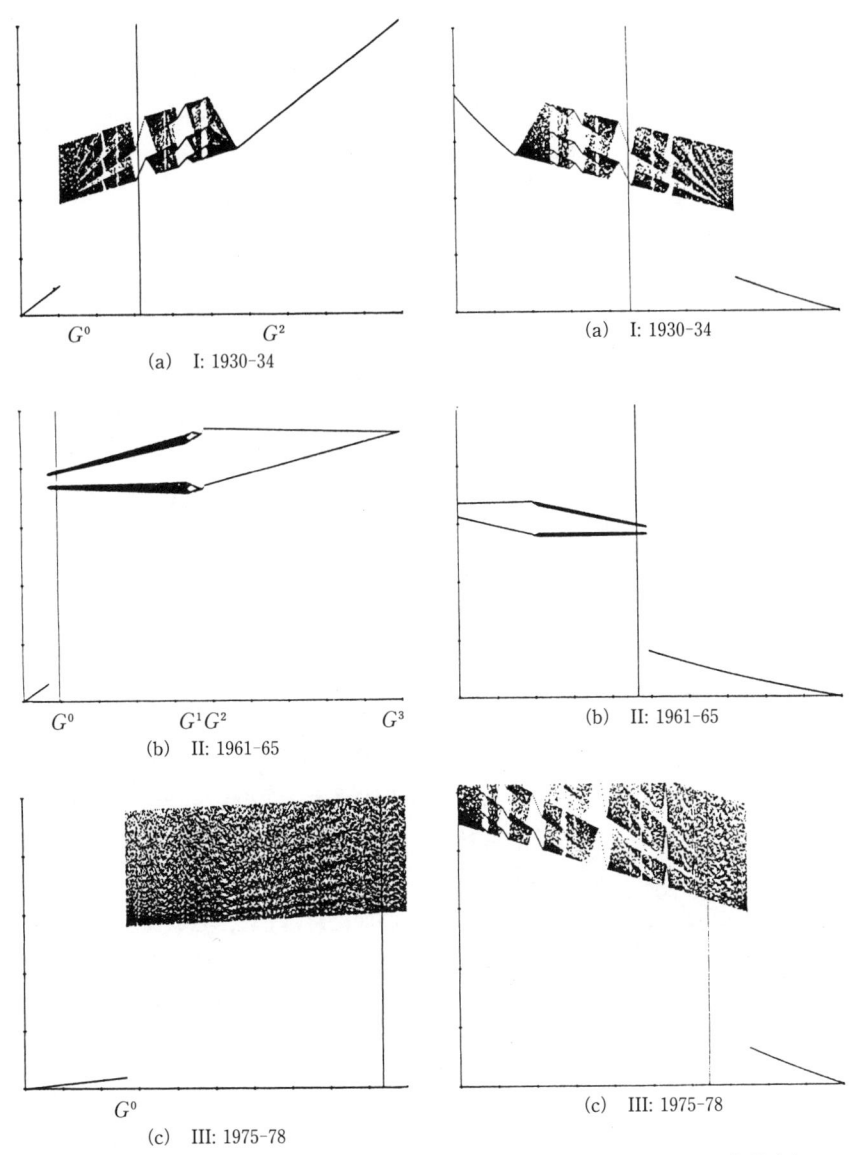

図4　政府支出（または独立支出と独立消費）の比較動学

図5　税率（または限界消費性向）の比較動学

(a) I: 1930-34

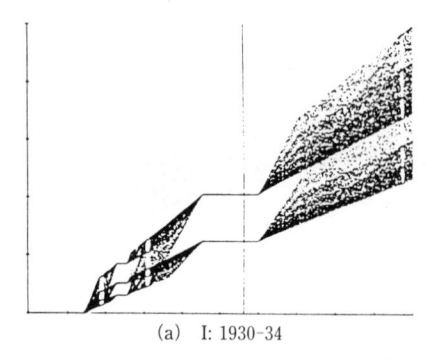

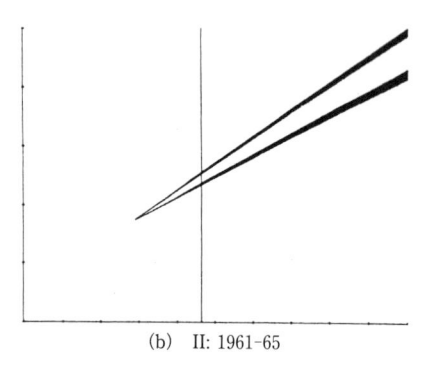

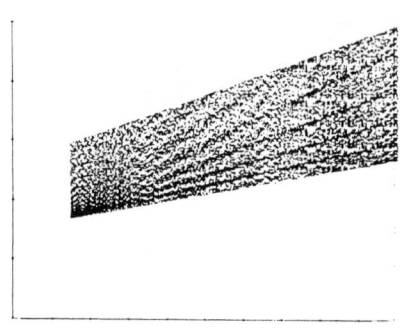

(b) II: 1961-65

(c) III: 1975-78

図6 貨幣供給の比較動学

計算結果は，(G^0, G^1)の範囲において複雑な挙動が出現することを示している．この範囲においては，乗数過程は不安定である．図4(a)に示される時期Ⅰにおいては，永続的な変動は，GNPがある区間内に分布しているエルゴード的な挙動から安定的な循環へ移行し，次に不規則的な振幅を持つ周期的な循環へ移行し，再びエルゴード的な挙動に復帰する．図の濃淡のパターンは，Gが変化するとともにGNPの値の密度がどのようになっているかを示している．影が濃くなっている部分では，密度がより大きく，影が薄くなっている部分では，密度がより小さい．

時期Ⅱは，著しく異なった反応のパターンを示している．政府支出のほとんどの範囲で，2周期の転換点を持つ変動が発生する．G^0とG^1の間においては，この循環は不規則的な振幅を持つが，G^2とG^3の間においては，挙動は厳密に周期的になる．G^0とG^2の間では，Gが増加するにつれて循環の振幅が増加するが，G^2を超えてG^3までGが増加するにつれて，循環の振幅は減少して，ついには定常状態が出現する，ということに留意されたい．また，

(G^1, G^2) という短い区間内では,その区間が狭いために容易に見ることができないとはいえ,4周期またはおそらくそれより長い周期の循環が存在する,ということにも留意されたい.

時期IIIにおいては,G が G^0 を超えると,G がこの区間内でさらに変化しても,GNPの値の分布はほとんど変化しない.非常に高い失業を伴う定常状態が支配的になるほど政府支出が極端に小さい場合を除いて,G の変化は,変動の振動数の分布にささいな影響を及ぼすのみである.

次に,租税政策を考えよう.3つの例についての分岐図は,図5に示されている.先ほどと同様に,それぞれの図は,著しく異なっている.時期Iにおいては,税率の増加や減少に反応してGNPの定性的な挙動が複雑に変化することは,明らかである.時期IIにおいては,税率のわずかな増加がGNPの劇的で不連続的な低下を引き起こし得る.同じ税率から出発しても,減少は,GDPの振幅を徐々に増加させていき,次に徐々に減少させていく,ということを伴いながらも,GNPの平均値にはゆるやかな影響しか与えないであろう.時期IIIにおいては,税率の変化の定性的な効果は,時期IIよりは時期Iにより近い.

図6において,貨幣供給の変化に関する3つの分岐図が示されている.ここでもまた,これらの3つの例において,政策の変化の定性的な影響は著しく異なっている.

垂直線は,出発点として選ばれた時点におけるシミュレーションで用いられた貨幣供給を示している.

定性的な動学

政策の変化に対する複雑なマクロ経済的な反応をより良く理解するために,GNPの定性的な挙動と需要のパラメーターの間の関係をより詳しく調べることが必要になる.この目的のために,文献で報告されている広範な様々な推定値を現わしている6組のパラメーター集合が用いられるであろう.これらのパラメーターは,本章の末尾にある付録で述べられている.これらのすべては,文献で論じられている値の範囲内に収まっている.

総需要関数は，図7に示されている．ケース(a)から(e)までにおいては，唯1つの定常状態が存在するが，ケース(f)においては，3つの定常状態が存在する．$\mu = 0.25$ であるケース(a)と(b)においては，定常状態は安定である．しかしながら，ケース(c)から(e)にかけては，定常状態は不安定であり，ケース(f)においては，3つの定常状態のうちで国民所得が最小になるものは安定であるが，他の2つの定常状態は不安定になる．このことは，$c = \theta'(Y^m)$ を示している付録の表1の第4列にみられる．ここで，Y^m は，定常状態の国民所得のうちで最大のものである．

もしパラメーターが(a)や(b)の例と同様であれば，外生的でランダムなショックが発生する場合にのみ，不規則的な変動が経済に伝播し得るであろう．これが，マクロ経済学において通常，現実の世界で生じると仮定される状況である．(c)から(f)の例では，それとは状況が異なっている．これらの例では，Y^m が不安定であるから，変動が永続する．すべての軌道は，ある集合に引き込まれて，そこから逃れられなくなるはずである．この集合は，区間 $[Y^{\min}, Y^{\max}]$ である．$Y^{\min}$ は，内生的な投資が利子率の上昇によってクラウド・アウトされる〔押しのけられる〕ような水準の総需要である．$Y^{\max}$ は，内生的な投資が達成可能な水準の上限にあるような水準の総需要である．これらの値は，$Y^{\min} = \theta(Y^*) = A + aY^*$ および $Y^{\max} = A - \beta Y' + (a+\mu\beta) Y^{**}$ である．この集合は，図7(c)から図7(f)までの箱型の図によって示されている．

$[Y^{\min}, Y^{\max}]$ という区間内の Y について

$$y = g(Y) := (Y - Y^{\min})/(Y^{\max} - Y^{\min})$$

という変換を用いることによって作成される $[0, 1]$ という区間上の同値の写像は，

$$(8) \quad y_{t+1} = T(y_t) := \begin{cases} f(y) := 1 - by^{**} + by, & y \in [0, y^{**}] \\ g(y) := 1 + xy^{**} - cy, & y \in [y^{**}, y^*] \\ h(y) := -ay^* + ay, & y \in [y^*, 1] \end{cases}$$

という式で与えられる．ここで，

$$a = (1-\tau)\alpha,$$

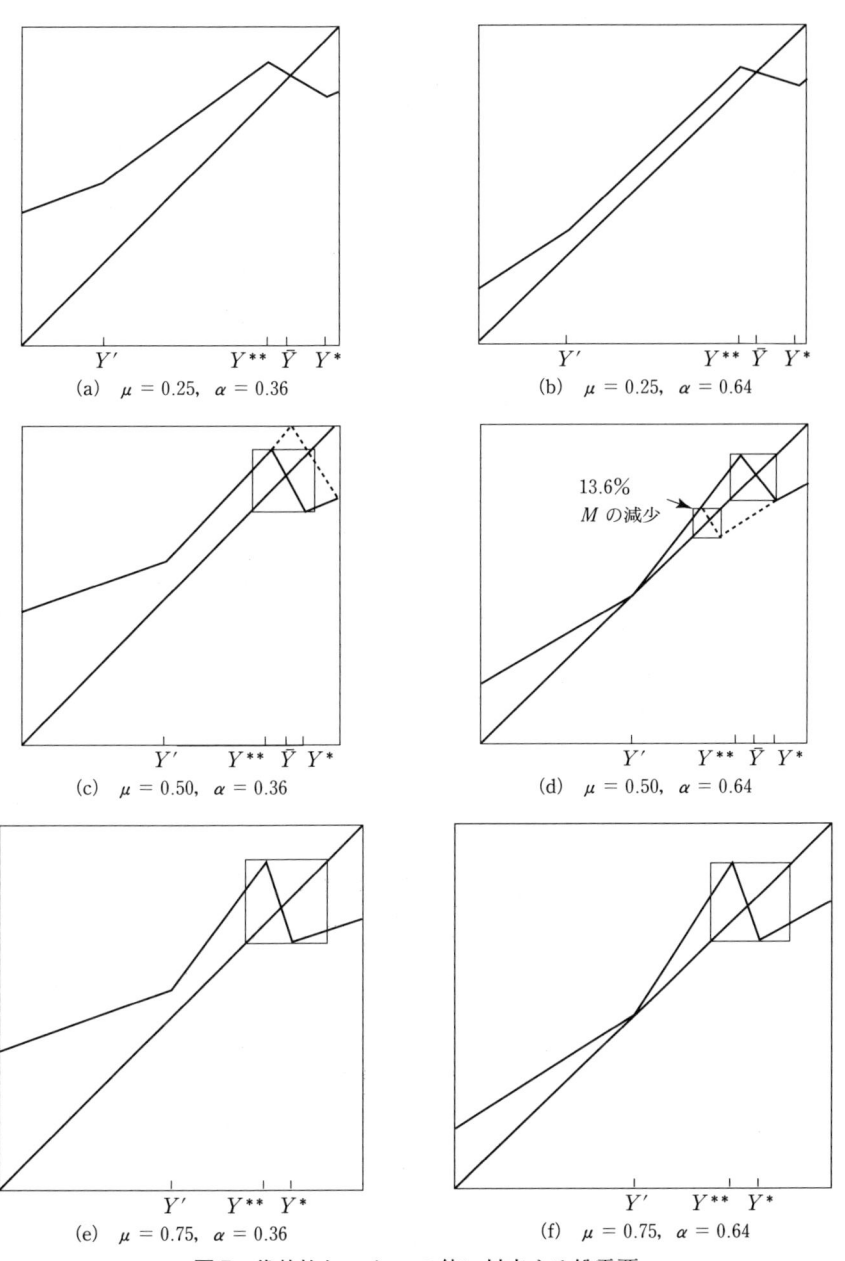

第6章　金融政策と財政政策の比較動学　　199

(a) $\mu = 0.25$, $\alpha = 0.36$

(b) $\mu = 0.25$, $\alpha = 0.64$

(c) $\mu = 0.50$, $\alpha = 0.36$

(d) $\mu = 0.50$, $\alpha = 0.64$

13.6%
M の減少

(e) $\mu = 0.75$, $\alpha = 0.36$

(f) $\mu = 0.75$, $\alpha = 0.64$

図7 代替的な α と μ の値に対応する総需要

(a) $\alpha = 0.36$, $\mu = 0.50$

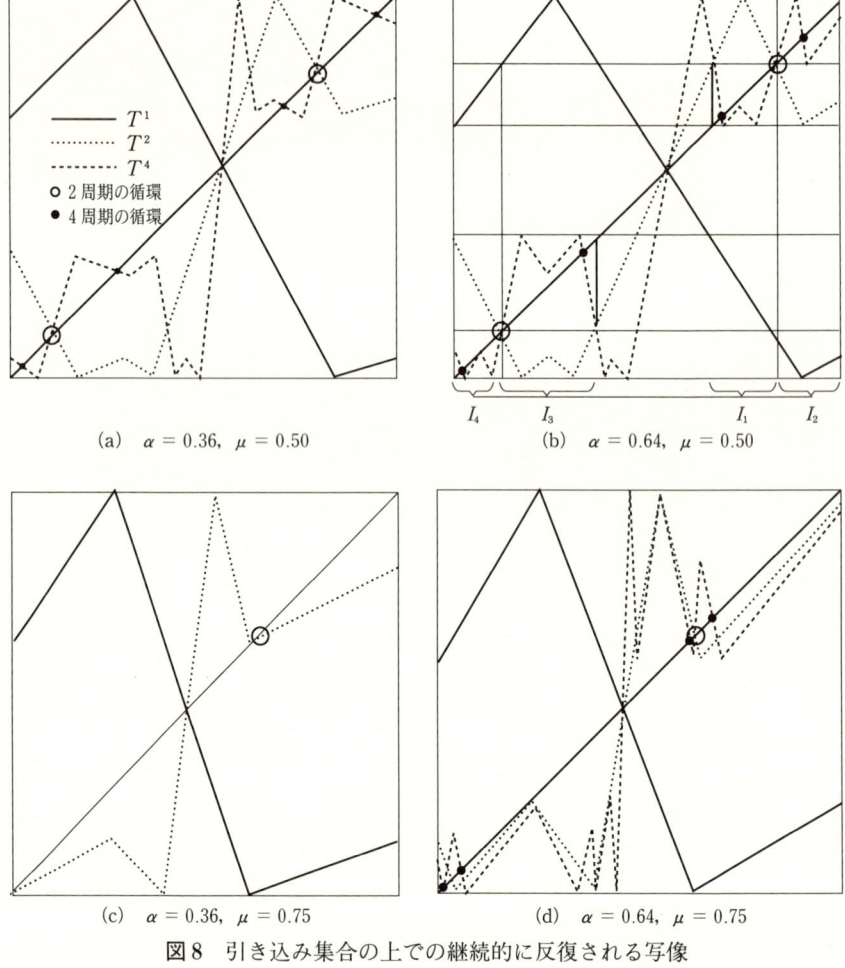

(b) $\alpha = 0.64$, $\mu = 0.50$

(c) $\alpha = 0.36$, $\mu = 0.75$

(d) $\alpha = 0.64$, $\mu = 0.75$

図8 引き込み集合の上での継続的に反復される写像

$b = a + \mu\beta,$

$c = a + \mu\sigma,$ および

$y^* = g(Y^*) = y^{**} + 1/c,$

$g(y^{**}) = y^{**}$ である.

もちろん，$T(0) = 1 - by^{**}$ および $T(1) = a(1-y^*)$ である．パラメータ

第6章　金融政策と財政政策の比較動学

一は，付録の表3にまとめられている．

　図8は，検討の対象となっている不安定な例についての方程式(8)のグラフを示している．これらは，各図における実線によって表わされている．すべての図はどれも同じように，傾いたZ型をした3つの線分を持っており，すべての例において定常解は不安定であるから，すべての例において軌道は変動するはずである．これらの軌道は，どこへ向かうのであろうか．

　この疑問に答えるために，$T^n(y)$ は $T^0(y) \equiv y$，$T^1(y) \equiv T(y)$ および $T^{n+1}(y) \equiv T(T^n(y))$，$n = 1, 2, 3, \cdots\cdots$ と定義される反復される写像を考えよう．図8において，反復 T^n，$n = 1, 2, 4$ が示されている．最初の写像 $T^1 = T$ は，3つの線分を持っている．それに続く写像は，あたかも最初の写像が引き延ばされてから折り曲げられて，のこぎりの刃か何かのようなギザギザの歯を継続的に作り出すかのように，より多くの線分を持っている．

　図8(a)は，$\sigma = 0.36$ となる付録の例3に対応する．定常状態 Y^m の他に，T^2 の不動点によって決定された2つの2周期の循環が存在する．周期点 y^{m21} および y^{m22} で評価された $dT^2(y)/dy$ は，$-bc = -1.86$ であるから，それらは不安定である．（ここには示されていない）T^3 は Y^m 以外には不動点を持たないが，T^4 は Y^m，y^{m21} および y^{m22} の他に4つの不動点を持つ．これらは y^{m4i}，$i = 1, \cdots\cdots, 4$ と表わされ，周期点 y^{m4i}，$i = 1, \cdots\cdots, 4$ で評価した場合に $dT^4(y)/dy = -\alpha b^2 c \simeq -0.70$ となるから，これらの点は安定である．この例によって記述される世界においては，ランダム・ショックによって攪乱されない限り，規則的で予測可能な4周期の景気循環が発生するであろう．

　図8(b)は，$\mu = 0.5$ および $a = 0.64$ である付録の例4に対応する1回，2回，および4回の反復写像を示している．2回の反復写像は，例3と同様に，2つの不安定な2周期循環を持つ．しかし，今や T^4 の傾斜はより緩やかになるのではなく，より急になり，やはり4つの追加的な不動点を持つ．実際，T^4 は区間 $[0, 1]$ 全体について拡張的になる．すなわち，その導関数は，それが定義できる場合にはどこでも，その絶対値が1より大きくなるのである．そのような写像は，確率関数または累積的な分布によって特徴づけられる非周期的，またはカオス的な軌道を生み出し得る（デイ゠シェーファー 1985，1987）．すべての $4n$ 周期（$n = 1, 2, 3, \cdots\cdots$）の循環が存在するが，それら

は不安定であり，ほとんどすべての初期条件のもとで，すなわち，[0, 1] からランダムに抽出された初期条件について 1 の確率で，不規則的な変動が発生する．

写像 T^4 をもっと詳しく調べてみると，その写像は，拡張性の他にも非常に興味深い性質を持っていることがわかる．それは，図 8(b) において I^i, $i = 1, \ldots, 4$ と表わされている 4 つの不変集合を持っている．このことは，$T^4(I^i) = I^i$ であり，したがって，4 期後には常に，軌道が同じ不変集合内の点を訪れる，ということを意味している．さらに，$I^{i+1} = T(I^i)$ である．したがって，集 I^i は，「周期集合」と呼ぶのがふさわしく，次のように解釈することができる．もし

(9) $\quad\quad y_t \epsilon I^i$ ならば，$y_{t+j} \epsilon I^{(i+j) mod 4}$, $j = 1, 2, \ldots\ldots$

付録の例 5 と 6 は，図 8(c) と 8(d) に示されている．これらのうちの最初の図は，安定的な 2 周期の循環を持っているが，2 番目の図は，例 4 と同様に，その内部では循環が不規則的になるような安定的な周期集合を持っている．もし I^i, $i = 1, 2$ が周期集合ならば，この場合には，

(10) $\quad\quad y_t \epsilon I^i$ ならば $y_{t+j} \epsilon I^{(i+j) mod 2}$, $j = 1, 2, \ldots\ldots$

は，例 4 について述べられたのと同様の確率的な運動に似た性質を持っている．

以上述べたことを別の表現で言い換えれば，例 4 と 6 は多かれ少なかれランダムな振幅を持つある種の周期的な変動をもたらすが，この変動は，よく定義された予測可能な集合内に限定されているのである．振幅は，それらがランダム・ショックによって決定されるという通常の確率的な意味でランダムなわけではなく，むしろ，既知の直近の過去の値に基づいた計算が，予測が遠い未来に関してのものになればなるほど危険なものになる，という意味でランダムになるのである．四捨五入によって生じるわずかな誤差が爆発的に増幅され，したがって，厳密な予測は，ある集合内に値が収まる，という意味においてのみ可能なのである．

例 4 と 6 によって示されたエルゴード的な性質を特徴づける密度関数の解析的な表現を導出することは極めて困難であるが，それらは，数値計算によって

第6章 金融政策と財政政策の比較動学

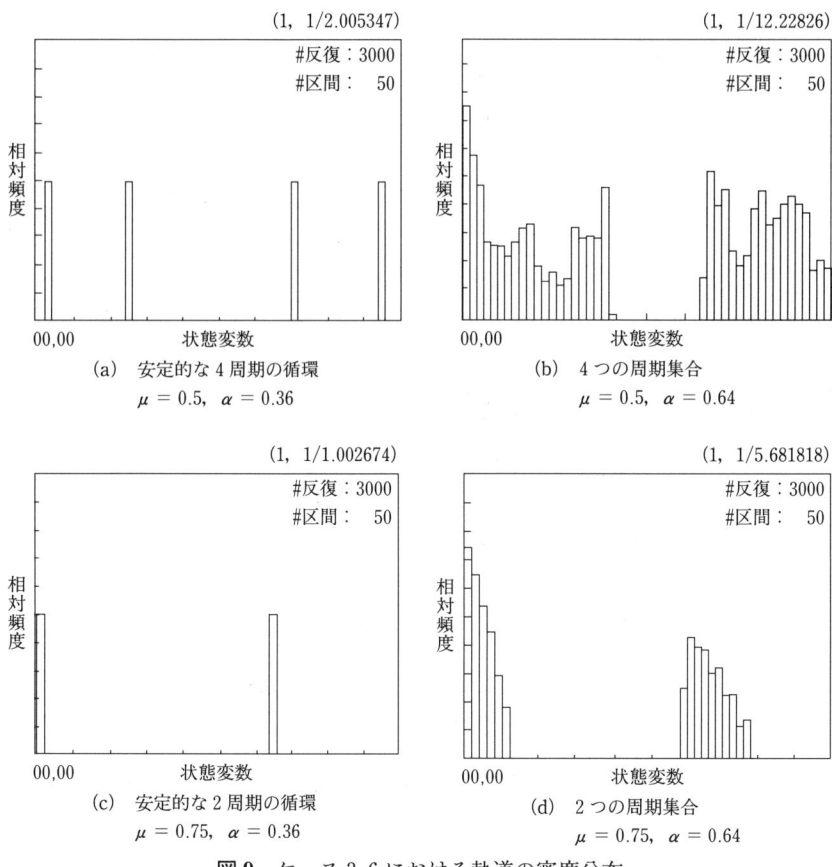

(a) 安定的な4周期の循環
$\mu = 0.5, \alpha = 0.36$

(b) 4つの周期集合
$\mu = 0.5, \alpha = 0.64$

(c) 安定的な2周期の循環
$\mu = 0.75, \alpha = 0.36$

(d) 2つの周期集合
$\mu = 0.75, \alpha = 0.64$

図9 ケース3-6における軌道の密度分布

近似することができる．図9において，方程式(8)の10,000回の反復計算に基づく例3から6までについての数値ヒストグラムが示されている．安定的な周期解が発生するケース3と5においては，すべての密度は，周期点を含む区間に積み上がっている．他方，それと対照的に，例4と6においては，密度は，不変の周期集合全体に分布している．これらの集合の範囲内で，GNPは非周期的な性質を持っており，様々な周期の周期的循環の近傍をさまよいながらも，常に予測不可能に振る舞いながらそれらから離れてさまよい続ける．もちろん，十分に大きな衝撃を許容するランダム・ショックは，この程度の予測可能性さ

えもくつがえしてしまうであろう．

政策の比較動学 II：政策効果の逆転

前節において提示された情報を用いて，政策手段の変化によってトラッピング集合〔引き込み集合〕の範囲内で総需要の輪郭がどのように修正されるかを示そう．前節における4つの不安定なケースが，例として用いられるであろう．まず最初に，貨幣供給 M の外生的な変化として表わされる金融政策を考えよう．総需要関数が図8に示されるような傾いた Z 型になるためには次のような関係が満たされなければならないことを，示すことができる．

$$(11) \qquad Y^{\min} < Y^{**} < Y^* < Y^{\max}$$

ΔM で示される貨幣供給の変化によって引き起こされた変数の変化を，Δ_m という記号を変数の前につけることによって示すことにしよう．このとき，次のようになることを容易に示すことができる．

$$(12) \qquad \begin{aligned} \Delta_m Y^{\min} &= a\eta \Delta M \\ \Delta_m Y^{**} &= (1/k)\Delta M \\ \Delta_m Y^* &= \eta \Delta M \\ \Delta_m Y^{\max} &= (b/k)\Delta M \end{aligned}$$

ここで，以前と同様に，$\eta = k\mu/(\lambda\sigma)$ および $b = a + \mu\beta$ である．パラメーター Y', a, b および c は，M の変化によって影響を受けない．第2節で言及したように，貨幣供給の変化は，今や $[Y^{**}+\Delta_m Y^{**},\ Y^*+\Delta_m Y^*]$ と定義される区間内で総需要関数(7)の3番目の線分の平行移動を引き起こす．トラッピング集合が単位区間 $[0, 1]$ に変換された場合には，これは，$g(y) = 1 - c^{**} - cy$ の線分の移動に対応する．新しい貨幣供給 $M + \Delta M$ のもとで(11)式が成立するためには，

$$(13) \quad Y^{\min} + a\eta\Delta M < Y^{**} + k^{-1}\Delta M < Y^* + \eta\Delta M < Y^{\max} + bk^{-1}\Delta M$$

という関係が満たされなければならない．

第6章 金融政策と財政政策の比較動学

この1組の不等式を満たすどのような ΔM についても,前節で述べられた動学は定性的には変化しない.もちろん,例3における周期的循環の正確な振幅や例4における周期集合内の振幅の範囲は修正され,したがって,金融政策は,景気循環を悪化させたり弱めたりする効果を持ち得る.しかしながら,もっと興味深いのは,(13)式を満たさなくなるような変化である.もし最右辺の不等号が逆になるかあるいは等号で置き換えられれば,傾いたZ型の図は,次のような2つの領域によって決定される頂点を1つだけ持つ図に変化する.

(14) $\quad y_{t+1} = T_1(y_t) := \begin{cases} f(y_t) := 1 - by^{**} + by_t, & y_t \in [0, y^{**}] \\ g(y_t) := 1 + cy^{**} - cy_t, & y_t \in [y^{**}, 1] \end{cases}$

ここで,$y^{**} = 1 - 1/c$ である.もし b と c が1より大きければ,T_1 は拡張的である,ということに留意されたい.他方,もし(13)式の最左辺の不等号が逆になるかあるいは等号で置き換えられれば,傾いたZ型の図は,次式で定義される「チェック・マーク」〔√〕のような図になる.

(15) $\quad y_{t+1} = T_2(y_t) := \begin{cases} g(y_t) := 1 - cy_t, & y_t \in [0, y^*] \\ h(y_t) := -ay_t^* + ay_t, & y_t \in [y^*, 1] \end{cases}$

ここで,$y^* = 1/c$ である.$0 < a < 1$ であるから,T_2 は拡張的ではない.もしある k について $a^k c > 1$ であれば,k 回反復計算した写像が拡張的になることを容易に示すことができる.もし $ac < 1$ であれば,何回反復計算しても写像は拡張的にはならない(デイ=シェーファー1987参照).(8)式から(14)式への転換が生じる ΔM を計算するために,

(16) $\quad \Delta M = (Y^{\max} - Y^*)/(\eta - bk^{-1})$

と置こう.もし $\eta > bk^{-1}$ であれば,貨幣供給が十分に増加すれば転換が引き起こされるであろうし,他方,もし $\eta < bk^{-1}$ であれば,貨幣供給が十分に減少すれば転換が引き起こされるであろう.(もちろん,もし $\eta = bk^{-1}$ であれば,問題となっている転換を金融政策によって引き起こすことはできない.)これらのいずれのケースにおいても,例3や4のように b と c の両方が1より大きいならば,M が十分に変化すれば,総需要関数が非拡張的な傾いたZ

型から拡張的な傾いた Z 型へ，そして単一の頂点を持つ型へと転換する．したがって，そのような政策変化の効果は，経済を（例3や5のような）安定的な循環または（例4や6のような）集合的な意味で周期的なカオスを，非周期的で多かれ少なかれランダムな振幅の変動が引き込み集合全体に拡がっているような，カオス的な変動へ転換させるきっかけを作り出すのである．前者の場合には完全に予測可能であるが，後者の場合には，集合的な意味での予測可能性が失われる[3]．

例3においては，6.6% の貨幣供給の増加は，4周期の循環から激しい変動へ不安定的に転換するのに十分である．集合的な意味で周期的である例4においては，少なくとも 13.6% の貨幣供給の減少によって転換が引き起こされる[4]．図10は，これらの2つの例における新しい密度関数（ヒストグラム）を示している．この図のパネル(a)と(b)はそれぞれ，図9のパネル(a)と(b)に対応する．これらの新しい状況から出発して貨幣供給を変化させた場合について見ることができるように，政策手段を変化させることにより，カオスを除去したり，少なくとも GNP の分散を減少させるという意味でカオスを緩和したりできるのである．しかし，諸パラメーター値がこの例とは異なる場合には，再び，この安定化効果を得るために，政策変数をこの例とは逆の方向に動かすようにコントロールしなければならないのである．

財政政策に関して言えば，政府支出の変化は A の変化を引き起こす．

$$
\begin{aligned}
&\Delta_g Y^{\min} = Y^{\min} + \Delta G \\
&\Delta_g Y^{**} = 0 \\
&\Delta_g Y^{*} = 0 \\
&\Delta_g Y^{\max} = Y^{\max} + \Delta G
\end{aligned}
\tag{17}
$$

これらの関係を M の変化の議論と同様に(11)式の不等式表現に用いることにより，

$$\Delta G \geq Y^{**} - Y^{\min} \tag{18}$$

を満たすような政府支出の増加は（方程式(15)で表わされるような）T_2 タイプに経済を転換させ，他方，

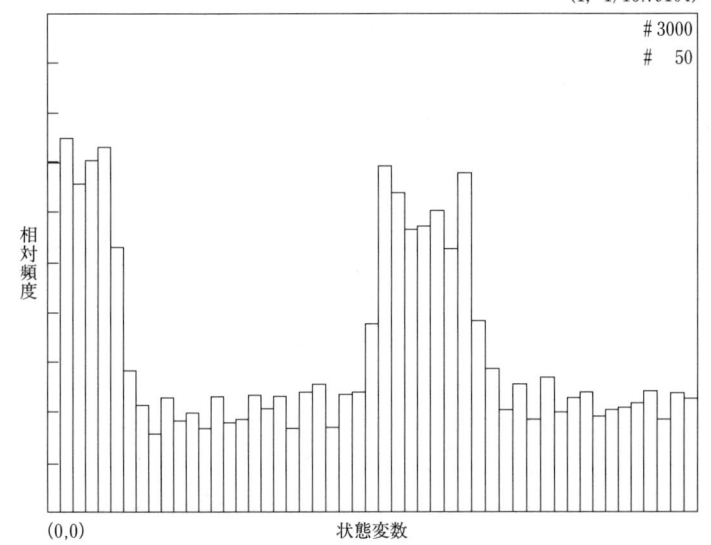

第6章　金融政策と財政政策の比較動学　　207

(1, 1/16.79104)

＃3000
＃　50

相対頻度

(0,0)　　　　　　　　　　状態変数

(a) 安定的な4周期の循環から貨幣供給の増加によって誘発されたGNPの値の分布（ケース3）

(1, 1/17.85714)

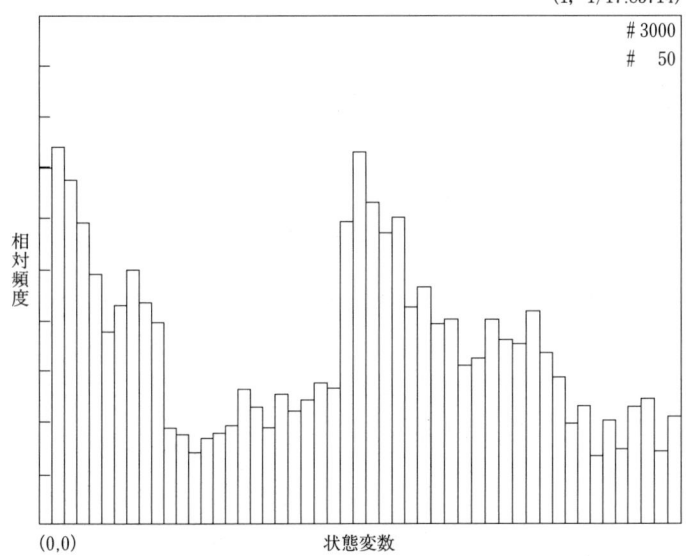

＃3000
＃　50

相対頻度

(0,0)　　　　　　　　　　状態変数

(b) 安定的で集合的な循環から貨幣供給の減少によって誘発されたGNPの値の分布（ケース4）

図10　貨幣供給の変化によって誘発された密度分布
　　　（パネル(a)は図9(a)に対応し，パネル(b)は図9(b)に対応する）

(19) $$\Delta G \leq Y^* - Y^{\max}$$

を満たすような政府支出の減少は（方程式(14)で表わされるような）T_1 タイプに経済を転換させる，ということを示すことができる．ケース 3 において経済で周期的な循環が発生する場合に，(18)式を満たすような政府支出の増加が生じれば，周期的な循環の振幅が単に減少するであろうが，他方，(19)式を満すような政府支出の減少が生じれば，エルゴード的で全く激しい変動が引き起こされる．

例 4 におけるように経済がはじめに集合的に循環的であるとき，(19)式を満たす政府支出の減少によって周期的カオスは激しい非周期的な変動に転換するが，他方，(18)式を満たす政府支出の増加は，a と c の値に依存して，周期的な循環かカオス的な挙動のいずれかを引き起こし得る．

α は平均所得税によって調整される前の限界消費性向であること，すなわち，$a = (1-\tau)\alpha$ であることを想起しよう．$\Delta\tau$ だけの税率の変化は，$-\alpha\Delta\tau$ だけの調整された限界消費性向の変化を誘発する．したがって，次のようになる．

(20)
$$\Delta_\tau Y^{\min} = (1-\alpha\Delta\tau) Y^*$$
$$\Delta_\tau Y^* = 0$$
$$\Delta_\tau Y^{**} = 0$$
$$\Delta_\tau Y^{\max} = (1-\alpha\Delta\tau) Y^{**}$$

今や，税率の変化は，おそらく経済をカオス的な変動，集合的に循環的な変動，または全く激しい変動の領域に突入させるか，あるいはそれから脱出させるという意味で，動学の定性的な転換を引き起こすことがあり得る．いくつかの例の可能性は，金融政策や財政支出政策の場合とまさに同じような方法で，容易に導出することができる．

* * *

計算は長くて退屈であるが，本章においては，以下のような若干のめざましく新しい結果が，明らかになった．

(1) 政策の変化は，政策変数の初期値と変化の方向に依存して，徹底的に異なったパターンの反応を引き起こし得る．

(2) 政策の小さな変化はある場合にはほとんど何の影響も経済に及ぼさないが，上方または下方の閾値に一旦達した後は，経済の挙動の著しく大きな変化を引き起こす．

(3) 独立支出，諸価格，および資本蓄積が変化すれば，たとえ他のパラメーターがすべて不変であったとしても，政策の変化に対するGNPの反応を定性的に大きく変えてしまうはずである．

(4) 行動パラメーターおよび政策手段となる変数の値の広範な領域において，複雑な動学が発生する．

明らかに，政策担当者は，マクロ経済学者達によって既に認識されている以上に，単に経済に指針を与えようと試みることで満足しなければならないであろう．比較政策分析は，単に金融政策や財政政策のパラメーターが長期的な産出量と雇用の水準に及ぼす影響を調べるだけでは，不十分である．政策の変化が産出量の調整を循環的または非周期的な変動に変えてしまったり，あるいはその反対に，そのような不安定性が出現したときにそれを安定化させたりする潜在的な能力を持っていることを認識することもまた，必要であろう．ある1組の条件のもとで所与の政策手段が経済に及ぼす影響の方向が，他の1組の条件のもとでは正反対になってしまうという，人を当惑させるような可能性について認識することもまた，必要であろう．

現在のモデルにおける制約的な諸仮定を緩めたより一般的な動学モデルにおいてこれらの可能性をより良く理解することは，さらなる研究にとって重要な優先的課題となるように思われる．

完全な解答がまだ発見されていない多くの重要な疑問が，今なお存在する．価格が超過供給や超過需要に反応するとき，資本が蓄積されるとき，そして消費や投資が眼の前に展開する予測可能な諸条件に反応するとき，経済は不安定になり得る構造を持つのであろうか．この不安定性は，適切な財政金融政策によって緩和され得るのであろうか．この疑問に解答を与えることこそ，まさにマクロ経済学の課題そのものである．それは，まだ完了していない仕事である．マクロ経済的な困難の源泉としての非線型構造に由来する諸関係の潜在的な重

要性をたぶん本章でうまく明らかにすることができたと思うが、この非線形構造に由来する困難の源泉は、ヒックス、グッドウィン、カルドアによってこの主題への先駆的な貢献がなされてからしばらくの間、比較的無視されてきたのであった．

付　録

ホール (1977) は，税率によって調整された限界消費性向を $a = 0.36$ と推定した．若干の論者達はもっと小さな値であると主張したが，他の若干の論者達，特に，グラムリッヒとクラインは，それよりかなり大きな値であることを示唆した（ホール，p. 121 参照）．ブランソン (1979) は 0.72 という値を報告しているが，他方，モーレー (1983, p. 67) は，0.65 という値を報告している．これらのうちの両方とも，ホールのデータが計算された年である 1977 年における独立支出の値が負になることを含意している．$a = 0.64$ については，この問題は生じない．そこで我々は，その値を用いることにする．

投資関数については，ホールは，$\alpha = 1.36$ および $\gamma = 83.8$ という値を推定している．彼は，ジョルゲンソンによる投資の考察から引き出された，所与の 1 年内において完全に調整が完了できる割合を表わし得る，代替的な値を考察した．これは，現在の文脈においては，パラメーター μ の値を 0 と 1 の間で選択することと類似している．ホールは，$\mu = 0.25$ であるという証拠を提出した．しかしながら，グラムリッヒとクライン（前掲論文 p. 121 参照）は，それよりかなり大きな値を示唆した．我々は，この代替的な見解を表わすために，0.50 および 0.75 という値を用いる．クラインは，我々の記号では $a + \mu\beta$ となる総需要に対する所得の限界的効果がおよそ 1.5 になることは，計量経済学的に確立された事実であると主張した（ホール前掲論文 p. 105 参照）．もしそのことを認めるならば，$a = 0.36$ および $\beta = 1.36$ の場合には $\mu \sim 0.84$ となる．あるいは，$a = 0.64$ という数値を用いれば，$\mu \sim 0.63$ となる．このようなわけで，0.5 という数値は適度な値であり，0.75 という数値も極端な値ではない．右上がりの傾きを持つ IS 曲線を支持するシムズの議論（ホール前掲

論文 p. 105 参照) は実際，μ の値が大きいという議論でもある．限界効果を記述するパラメーターは，ホールが $k = 0.135$ および $\lambda = 2.0$ と推計した貨幣需要関数のパラメーターによって完結する．これらはおそらく，あらゆるパラメーター値の中で最も異論の余地のある値であることがわかるであろう．たとえば，モジリアーニは，多くの機会に，それらのパラメーター値はもっと小さいと論じた（前掲論文 p. 111 参照)．本章における標準的なモデルの区分線形関数による近似版においては，これらのパラメーターは，総需要が利子率に対して感応的な領域でのみ，総需要関数に入り込むが，もし狭い範囲の利子率についてのみのデータが利用可能であれば，これらの領域を正しく表わすことが

表1　a と μ の代替的な値のものでの限界所得効果

ケース	(1) a	(2) μ	(3) $b = a+\mu\beta$	(4) $c = a+\mu\sigma$
1	0.36	0.25	0.70	0.71
2	0.64	0.25	0.98	0.43
3	0.36	0.50	1.04	1.79
4	0.64	0.50	1.32	1.51
5	0.36	0.75	1.38	2.86
6	0.64	0.75	1.66	2.58

表2　a と μ の代替的な値のもとでの水準に関する諸パラメーター

ケース	C^0	A	Y'	Y^{**}	Y^*	$Y^{\max}$	$Y^{\min}$
1	379	661	424	1276	1545	1410	1218
2	0	282	424	1276	1545	1388	1273
3	379	661	733	1276	1447	1489	1183
4	0	282	733	1276	1447	1467	1209
5	379	661	836	1276	1515	1569	1170
6	0	282	836	1276	1515	1547	1187

表3　変換された写像の諸パラメーター*

ケース	b	c	a	Y^{**}	Y^*	$T(0)$	$T(1)$
3	1.04	1.79	0.36	0.304	0.863	0.684	0.047
4	1.32	1.51	0.64	0.260	0.922	0.657	0.045
5	1.38	2.86	0.36	0.266	0.615	0.633	0.139
6	1.66	2.58	0.64	0.247	0.634	0.590	0.235

＊4つの不安定なケースについての総需要を単位区間内に変換した場合のパラメーター

できない．（この点についての議論としては，デイ＝リンを参照されたい．）

ホールは本質的に動学的な諸問題を提示したが，彼は，安定的であると自ら仮定したケインジアンの不均衡状態の近傍における小域的な線形近似に基づいた伝統的な比較静学分析を用いた．これらの理由により，彼は，政策変数の限界的な効果のみを考慮すればよかった．しかし，方程式(7)は安定的であるとは限らない．その解を得るためには，その非線形性の故に，閾値または「屈折」が生じるパラメーター Y'，Y^{**}，および Y^* を推計しなければならない．このことを実行するために，我々は，貨幣や財の需要関数に入り込む「水準」を表わすパラメーター L^0 および C^0 を推計しなければならない．

1977年における関連する実質値のデータは，$Y = 1350$，$C = 865$，$I = 210$，$G = 282$，$M = 232$ であり，$r = 5\%$ である．C^0 を推計するために，我々は，方程式(6)を用いる．このとき，$A = C^0 + G$ となる．L^0 を推計するために，流動性の罠の状態にはないと仮定し，したがって，$L^0 = M + \lambda r - kY$ を得る．(4)式より，$I^0 = -\beta Y' = I - \beta Y + \tau r$ となる．この式を $-\beta$ で割れば，Y' が得られる．$Y^{**} = (M - L^0)/k$ および(4)式を用いて，$Y^* = [(\tau k/\lambda) Y^{**} - \beta Y']/\sigma$ を得る．

これらの計算の結果得られる諸パラメーターは，表1，2および3に示されている．

注
* この論文の作成は1983年の夏にストックホルムの経済社会産業研究所（Industrial Institute of Economic and Social Research）で開始され，翌年ヴァッセナーのオランダ高等研究所（The Netherlands Institute for Advanced Study）で継続され，1985年にロサンゼルスの南カリフォリニア大学経済学部モデリング・リサーチ・グループ（Modelling Research Group, Department of Economics, USC）で完成された．シミュレーションとコンピューター・グラフィックスは，T.Y. リンによって提出された．この論文の最終稿は，1987年7月にワシントン州のディア・ハーバー（Deer Harbor, Washington）で準備された．
1) 所得が M/k を超えると，モデルが崩壊する．そのときには，システムが機能し続けることができるようにするために物価水準，貨幣の取引速度，あるいは貨幣供給がいかに変化するかを説明するために，局面転換が必要になるであろう．
2) もし Y' が負ならば，$I^0 = -\beta Y'$ は正になり，それは独立投資とみなすことがで

第6章 金融政策と財政政策の比較動学   213

きる．もし $Y^{**} > Y'$ ならば，投資は利子率に対して感応的な範囲にある．このことが生じるためには，$Y^{**} = (M+\gamma r^m - L^0)/k > Y'$ とならなければならないが，$r^m = 0$ であることを考慮に入れれば，この条件は $M - L^0 > kY'$ となる．以下では，この条件が満たされているものと仮定する．

3) 実際には，政策手段の変化はトラッピング集合の崩壊をもたらし得る．この場合には，軌道は Y^{min} と Y^{max} によって画された限界から「逸脱」し，複数の定常状態のうち GNP が最小になる状態に向かって，GNP が下落し得る．例4について行われた比較動学分析を例6について繰り返そうと試みれば，このことが実際に起こる．その結果は，貨幣供給が十分に減少したときに，変動はやがて消滅し，GNP が最小になる安定的な定常状態へ向かって GNP が下降する，ということである．

4) 後者の場合には，貨幣供給の増加は単に周期的な変動が発生する集合の領域を拡大させ，したがって，4周期の不規則的変動の振幅の範囲を拡大させるであろう．前者の場合には，貨幣供給の減少は結局，頂点を逆さにしたような形状の総需要関数を持つ領域への転換を引き起こすであろう．$ac < 1$ であるから，拡張性の発生が誘発されることはなく，貨幣的な効果は単に，厳密に周期的な循環の振幅を減少させることである．この意味で経済は安定化されるが，それには，平均的な失業率と資本設備の過剰能力が上昇するという犠牲が伴うのである．

訳注

1〕貨幣市場の均衡条件（需要一致条件）は $L^0 - \lambda r + kY = M$ となるから，この式を r について解けば，

$$r = \frac{1}{\lambda}L^0 - \frac{1}{\lambda}M + \frac{k}{\lambda}Y \qquad ①$$

となる．また，

$$r^0 = \frac{1}{\lambda}L^0 - \frac{1}{\lambda}M + \frac{k}{\lambda}Y^{**} \qquad ②$$

となるから，①式から②式を引けば，

$$r - r^0 = \frac{k}{\lambda}(Y - Y^{**}) \qquad ③$$

となる．③式を書き直せば，

$$r = r^0 + (k/\lambda)(Y - Y^{**}) \qquad ④$$

となる．

2〕(5)式およびその他の若干の式にミス・プリントが散見されたが，気づいた限りにおいて，すべて訂正しておいた．

参考文献

Benhabib, J. and R. Day. 1981. "Rational Choice and Erratic Behavior." *Review of Economic Studies* 48: 476-95.

———. 1982. "A Characterization of Erratic Dynamics in the Overlapping Generations Model." *Journal of Economic Dynamics and Control* 48: 459-72.

Branson. W. 1979. *Macroeconomic Theory and Policy*: 2nd ed. New York: Harper and Row.

Day, R. and T.Y. Lin. 1987. "A Keynesian Business Cycle." in E. Nell and W. Semmler (eds.) N. Kaldor and Mainstream Economics, Festschrift for N. Kaldor, forthcoming. London: Macmillan Press.

Day, R. and W. Shafer. 1985. "Keynesian Chaos." *Journal of Macroeconomics*, 7: 277-95.

———. 1987. "Ergodic Fluctuations in Deterministic Economic Models." *Advances in Dynamic Economics*. A. Medio, ed. (Special Issue). *Journal of Economic Behavior and Organization* 9.

Grandmont, J. 1985. "On Endogenous Competitive Business Cycles." *Econometrica* 53: 995-1045.

Hall, R. 1977. "Investments, Interest Rates, and the Effects of Stabilization Policies." *Brookings Papers in Economic Activity* 1: 61-121.

Morley, S.A. 1983. *Macroeconomics*. Chicago: The Dryden Press.

第7章

ケインズ=グッドウィンの成長循環モデルにおける貨幣的安定化政策

浅田統一郎

　資本主義経済において，景気の周期的交替が生じるのはなぜであろうか．この問題に対する1つの古典的な解答は，産業予備軍と階級闘争の概念に基づくマルクスの景気循環理論である[1]．この理論によれば，利潤率は「搾取率」によって決まり，後者は資本家と労働者の間の相対的な交渉力によって決まる．マクロ経済的な観点からは，搾取率は，国民所得に占める利潤の相対的なシェアを反映する賃金に対する利潤の比率によって近似できる，とみなしてよいであろう．この理論は，労働者の交渉力が失業率と逆比例関係にあることを想定している．すなわち，失業率が低くなると労働者の交渉力が相対的に強くなり，賃金分配率が上昇するが，このことは，利潤率が低下することを意味する．利潤率の低下は資本蓄積率の低下を誘発し，したがって，失業率が上昇する．失業率の上昇は労働者の交渉力の低下を招くが，それは，企業の収益性の回復を意味し，したがって，蓄積は活発化する．かくして，この理論によれば，労資間の相対的な交渉力の変化を通じて，必然的に内生的な景気循環が生み出されるメカニズムが，資本主義経済に組み込まれていることになる．

　景気循環に関するこのマルクス的なアイデアをグッドウィン（1967）が定式化したことは，よく知られている．グッドウィンによれば，上述のメカニズムは，次のような動学方程式システムによって記述できる．

(i) 　　　　$\dot{Z}/Z = f_1(E) \; ; f_1' > 0, \; f_1(E^*) = 0, \; 0 < E^* < 1$
(ii) 　　　　$\dot{E}/E = f_2(Z) \; ; f_2' < 0, \; f_2(Z^*) = 0, \; 0 < Z^* < 1$

ここで，E は雇用率（1－失業率）であり，Z は国民所得に占める賃金の相対的分け前である．形式的には，これは，数理生物学における有名なヴォルテ

図1

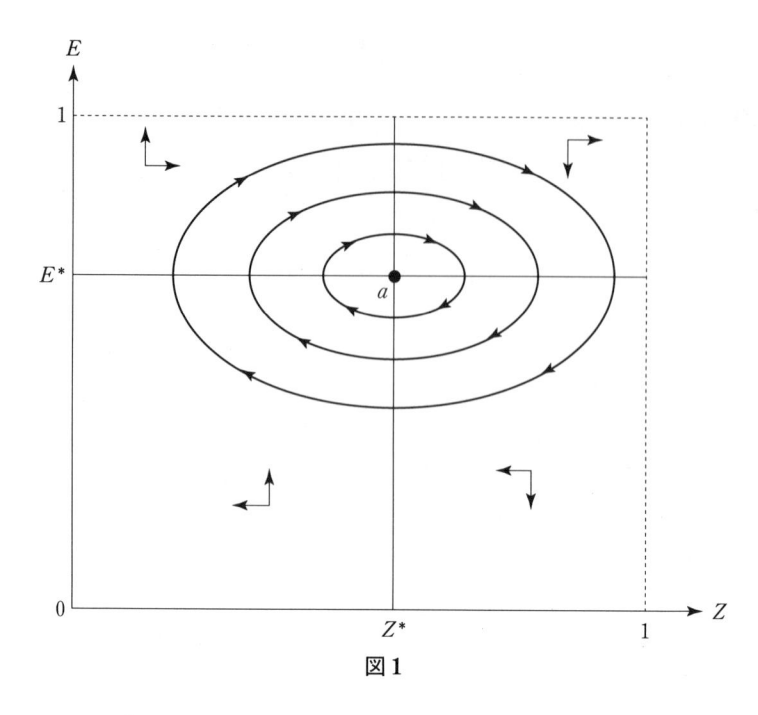

ラ゠ロトカの「捕食者・被食者」システムと同等であり，このシステムの解曲線は，図1のような均衡点をめぐる閉軌道になる[2]．

　グッドウィンの定式化は極めて刺激的で有用であるが，彼のオリジナルなモデルは，若干の古典派的ないしは反ケインズ的な趣きがあるので，現代資本主義経済の若干の性質が十分には組み込まれていない．

　まず第1に，このモデルは政府部門の存在を無視している．第2に，資本ストックの完全稼働をあらかじめ仮定しているので，有効需要の不足によって生じるケインズ的な失業を仮定によって排除している．第3に，貯蓄関数から独立した投資関数の存在を許容していない．第4に，貨幣と金融資産が明示的にはモデルに組み込まれていない．

　本章では，貨幣部門とケインズ的な投資関数をグッドウィンの成長循環モデルに明示的に組み込み，政府による貨幣的安定化政策の含意を研究する．この修正によってグッドウィンの古典派的なモデルに若干のケインズ的な風味が付け加えられたので，本章のモデルを成長循環のケインズ゠グッドウィン・モデ

ルと名づけることができるであろう[3].

モデル

モデルにおける単純化のための仮定は，以下のとおりである．
1. 1財モデル．
2. 資本減耗は無視する．
3. 経済主体は2つの階級，すなわち，資本家と労働者に分割される．労働者は可処分所得のすべてを支出し，資本家は可処分所得の一部を貯蓄する．
4. 財市場においても，貨幣市場においても，常に需給が一致している．
5. 労働者の人口および労働生産性は，外生的に与えられた一定率で指数的に成長する．完全稼働時の産出-資本比率は一定である[4].

モデルにおける諸変数は，以下のように定義されている．
X = 実質産出量
K = 実質資本ストック量
I = 実質投資需要
G = 実質政府支出
$g \equiv \dot{K}/K$ = 資本蓄積率
δ = 資本ストックの稼働率 $(0 \leq \delta \leq 1)$
L = 雇用労働量
L^s = 労働供給量
$n_1 \equiv \dot{L^s}/L^s \equiv$ 一定 = 労働者人口の成長率
$E \equiv L/L^s$ = 雇用率 $\equiv 1-$失業率 $(0 \leq E \leq 1)$
w = 貨幣賃金率
p = 物価水準
$\omega = w/p$ = 実質賃金率
$\pi \equiv \dot{p}/p$ = 物価上昇率
π^e = 期待物価上昇率
$\delta x \equiv X/K$ = 産出-資本比率 ($\bar{x} \equiv$ 一定 = 資本設備の完全稼働時の産

出 - 資本比率)

$\delta v \equiv L/K = $ 労働 - 資本比率（$v = $ 資本設備の完全稼働時の労働 - 資本比率）

$l \equiv L/X \equiv v/\bar{x} = $ 労働 - 産出比率（労働生産性の逆数）

$n_2 \equiv -\dot{l}/l \equiv $ 一定 $=$ 技術進歩率

$t_w = $ 賃金所得に対する平均税率

$t_r = $ 利潤所得に対する平均税率（$0 \leq t_w \leq t_r < 1$）

$s_r = $ 資本家の平均貯蓄性向（$0 \leq s_r \leq 1$）

$Z \equiv wL/pX \equiv \omega l = $ 国民所得に占める税引前賃金の相対的な分け前（$0 \leq Z \leq 1$）

$Z_n \equiv (1-t_w)wL/pX \equiv (1-t_w)\omega l = $ 国民所得に占める税引後賃金の分け前（$0 \leq Z_n \leq 1-t_w$）

$r \equiv (pX-wL)/pK \equiv \delta(\bar{x}-\omega v) \equiv \delta\bar{x}(1-\omega l) \equiv \delta\bar{x}(1-Z) = $ 税引前利潤率

$r_n \equiv (1-t_r)(pX-wL)/pK \equiv (1-t_r)\delta\bar{x}(1-Z) \equiv (1-t_r)\delta\bar{x}\{1-Z_n/(1-t_w)\} = $ 利引後利潤率[5]

$\rho = $ 名目利子率

$M = $ 名目貨幣供給量

財市場における均衡条件は，次式で表わされる．

$$(*) \qquad X = (1-t_w)\omega L + (1-s_r)(1-t_r)(X-\omega L) + I + G$$

この式の両辺を K で割って整理すれば，以下のようになる．

$$(**) \quad \delta\bar{x}\left[1-(1-s_r)(1-t_r)-\frac{s_r(1-t_r)+(t_r-t_w)}{1-t_w}Z_n\right] = g+h \,;\, g \equiv I/K, \quad h \equiv G/K^{[6]}$$

ここで，次のような投資関数を仮定しよう．この投資関数は，ケインズ的投資関数のトービンによるヴァージョン（いわゆる「q 投資理論」）から導出することができる[7]．

第7章 ケインズ=グッドウィンの成長循環モデルにおける貨幣的安定化政策

(***) $g = g(r_n, \rho - \pi^e)$; $g_1 \equiv \partial g/\partial r_n > 0$, $g_2 \equiv \partial g/\partial(\rho - \pi^e) < 0$

この方程式を方程式(**)に代入すれば，我々は，次のようなIS方程式を得る．

(1) $$\delta \bar{x}\left[1-(1-s_r)(1-t_r)-\frac{s_r(1-t_r)+(t_r-t_w)}{1-t_w}Z_n\right]$$
$$= g\left(\delta \bar{x}(1-t_r)\left(1-\frac{1}{1-t_w}Z_n\right), \rho - \pi^e\right) + h$$

次に，貨幣市場の均衡条件（LM方程式）は，以下のように定式化される．

(****) $M/p = X \cdot \phi(\rho, \pi^e)$; $\phi_1 \equiv \partial \phi/\partial \rho < 0$, $\phi_2 \equiv \partial \phi/\partial \pi^e \leq 0$

ここで，$\phi(\rho, \pi^e)$は，「マーシャルのk」（貨幣の流通速度の逆数）である．方程式(****)の両辺をKで割れば，

(2) $$m = \delta \bar{x} \phi(\rho, \pi^e) ; m = M/(pK)$$

という式を得る．

我々のモデルにおける他の基本的な方程式は，以下のとおりである．

(3) $$\dot{w}/w = f(E) + \pi^e ; f'(E) > 0$$
(4) $$E \equiv L/L^s \equiv \delta l \bar{x} K/L^s$$
(5) $$Z_n \equiv (1-t_w)wL/pX = (1-t_w)wl/p$$
(6) $$\pi \equiv \dot{p}/p$$
(7) $$g\left(\delta \bar{x}(1-t_r)\left(1-\frac{1}{1-t_w}Z_n\right), \rho - \pi^e\right) = \dot{K}/K$$
(8) $$\dot{L}^s/L^s = n_1 ; n_1 = 一定$$
(9) $$\dot{l}/l = -n_2 ; n_2 = 一定$$

方程式(3)は，「期待で修正された」フィリップス曲線である．この方程式は，労働者の交渉力が雇用率を反映することを述べている．

方程式(4)-(6)はそれぞれ，雇用率，税引後賃金分配率，物価上昇率の定義式である．方程式(7)は，投資が資本ストックの増加に貢献することを意味し

ている.方程式(8)および(9)は,労働力の増加率と労働生産性の増加率が外生的に与えられることを述べている.

かくして,9個の独立な方程式と12個の内生変数 (E, Z_n, p, w, π, π^e, ρ, K, L^s, l, δ および M) が存在する.したがって,このシステムは,「自由度3」のシステムである.

グッドウィン型の成長循環

もし以下のような一組の方程式によってシステムを閉じれば,このシステムにおいてグッドウィン型の成長循環が発生する.

(10) $\qquad \delta = 1$

(11) $\qquad \pi = \pi^e$

(12) $\qquad \dot{M}/M = \mu + \alpha(\rho - \bar{\rho})\,;\, \alpha \geq 0$

方程式(10)は,資本ストックの完全稼働が常に満たされていることを意味する.(11)式は,物価上昇率に関するいわゆる近視眼的完全予見の仮説を表わしている.この仮説は,「現在の物価上昇率はすべて確実に知られている」(バーマイスター 1980, p.85) ことを述べている.方程式(12)は,政府〔中央銀行〕の金融政策ルールを定式化したものである.$\alpha > 0$ であるようなルールは,貨幣供給の増加率を名目利子率の変化に対して正比例的に変化させることに同意するアクティビストないしはケインジアンのルールである.

方程式(1)-(12)は,以下のようなよりコンパクトなシステムに還元できる.

(13)
- (i) $H(Z_n) = \tilde{g}(Z_n, \rho - \pi) + h$
- (ii) $m = \bar{x}\phi(\rho, \pi)$
- (iii) $\dot{m}/m = \mu + \alpha(\rho - \bar{\rho}) - \pi - \tilde{g}(Z_n, \rho - \pi)$
- (iv) $\dot{Z}_n/Z_n = \dot{w}/w - \pi - n_2$
  $\qquad\quad = f(E) - n_2$
- (v) $\dot{E}/E = \tilde{g}(Z_n, \rho - \pi) - (n_1 + n_2)$

ここで,$H(Z_n) \equiv \bar{x}[1 - (1-s_r)(1-t_r) - \{s_r(1-t_r) + (t_r - t_w)\}Z_n/(1-t_w)]$,

$\tilde{g}(Z_n, \rho-\pi) \equiv g(\bar{x}(1-t_r)\{1-Z_n/(1-t_w)\}, \rho-\pi)$ であり，このシステムの内生変数は Z_n, E, m, ρ および π である．

このシステムの古典派的な性格は，明白である．短期においては，Z_n, E, および m が所与であり，ρ と π の短期的均衡値が方程式(13)(i)および(13)(ii)によって決定される．Z_n が与えられれば，資本設備の完全稼働を保証する投資率(g)の水準が一意的に決まり，この投資率の水準は実質利子率($\rho-\pi$)の調整によって達成される，ということが方程式(13)(i)からわかる．換言すれば，実質利子率は，貨幣市場から独立に財市場において決まる．これは，古典派的マクロ・モデルの基本的な特徴である．さらに，古典派的な2分法がこのシステムにあてはまる．すなわち，このシステムにおいては，主な実物変数の動きが貨幣市場とは独立に決まってしまうのである．次に，この主張を証明しよう．

まず第1に，方程式(13)(i)を $\rho-\pi$ について解けば，

(14) $\quad \rho-\pi = \Phi(Z_n)\,;\; \Phi'(Z_n) = \{\underset{(-)}{H'(Z_n)} - \underset{(-)}{\tilde{g}_1}\}/\underset{(-)}{\tilde{g}_2}$

となる．ここで，$\tilde{g}_1 \equiv \partial\tilde{g}/\partial Z_n$ および $\tilde{g}_2 \equiv \partial\tilde{g}/\partial(\rho-\pi)$ である．もし利潤率の変化に対する投資の感応度が小さいことを反映して g_1 が十分に小さければ，$\Phi'(Z_n) > 0$ となる．本章の以下の部分では，$\Phi'(Z_n) > 0$ と仮定しよう．

方程式(14)を方程式(13)(ii)に代入すれば，

(15) $\quad m = \bar{x}\phi(\Phi(Z_n)+\pi, \pi)$

となる．この式を π について解けば，次式を得る．

(16) $\quad \pi = \pi(Z_n, m)\,;\; \pi_1 \equiv \partial\pi/\partial Z_n = -\phi_1\Phi'/(\phi_1+\phi_2) < 0,$
$\qquad \pi_2 \equiv \partial\pi/\partial m = 1/\bar{x}(\phi_1+\phi_2) < 0$

方程式(14)と(16)より，我々はまた，次のような関係を得る．

(17) $\quad \rho = \Phi(Z_n)+\pi(Z_n, m) \equiv \rho(Z_n, m)$
$\qquad ;\; \rho_1 \equiv \partial\rho/\partial Z_n = \Phi'+\pi_1 = \phi_2\Phi'/(\phi_1+\phi_2) \geq 0,$
$\qquad \rho_2 \equiv \partial\rho/\partial m = \pi_2 < 0$

(13)(i)式を(13)(v)式に代入し，(16)式と(17)式を(13)(iii)式に代入すれば，次のような，基本動学システムが得られる．

(S_A)
- (i) $\dot{Z}_n = \{f(E) - n_2\}Z_n \equiv F_1(Z_n, E)$
- (ii) $\dot{E} = \{H(Z_n) - (h + n_1 + n_1)\}E \equiv F_2(Z_n, E)$
- (iii) $\dot{m} = [\mu + \alpha\{\rho(Z_n, m) - \bar{\rho}\} - \pi(Z_n, m) - H(Z_n) + h]m$
  $\equiv F_3(Z_n, m)$

このシステムを観察すれば，このシステムにおける(S_A)(i)と(S_A)(ii)は(S_A)(iii)式から独立なサブ・システムを構成していることがわかる．システムのこの特徴は，図2によって視覚的に表わされている．この図において，矢印は，因果連鎖の方向を示している．この図は，雇用率と賃金分配率の変動径路が貨幣市場から独立していることをはっきりと示している．さらに，方程式(S_A)(i)および(S_A)(ii)から構成されるサブ・システムは，グッドウィン(1967)の成長循環モデルと同じである．したがって，このシステムのワーキ

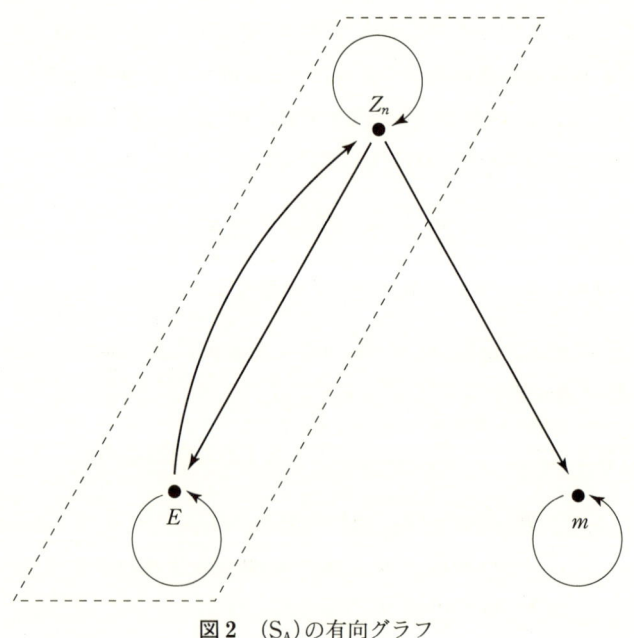

図2 (S_A)の有向グラフ

ングは，グッドウィンによる方法を用いて分析することができる．

まず最初に，システム$(S_A)(i)-(ii)$の定常解（長期均衡）が，

(18) $$Z_n^* = H^{-1}(h+n_1+n_1)$$

および

(19) $$E^* = f^{-1}(n_2)$$

という式によって決まる．

$0 < Z_n^* < 1-t_w$ および $0 < E^* < 1$ であると仮定しよう．この場合には，このシステムの位相図は図3のようになる．

グッドウィン (1967) は，所与の初期値 $[Z_n(0), E(0)]$ に対応するこのシステムの解曲線が均衡点をめぐる閉軌道になることを，次のようにして示した．方程式 $(S_A)(i)$ および $(S_A)(ii)$ より，

(20) $$dE/dZ_n = \frac{\{H(Z_n)-(h+n_1+n_1)\}E}{\{f(E)-n_2\}Z_n}$$

あるいは

(21) $$\{H(Z_n)-(h+n_1+n_2)\}(dZ_n/Z_n) = \{f(E)-n_2\}(dE/E)$$

という式を得る．この方程式を積分すれば，

(22) $$\begin{aligned}\varphi(Z_n) &\equiv \int\{H(Z_n)/Z_n\}dZ_n - (h+n_1+n_2)\log Z_n \\ &= \int\{f(E)/E\}dE - n_2\log E + C \equiv \Psi(E)\end{aligned}$$

となる．ここで，C は積分定数である．

この方程式から，

(23) $$\varphi'(Z_n) = \{H(Z_n)-(h+n_1+n_2)\}/Z_n \gtreqless 0 \longleftrightarrow Z_n \gtreqless Z_n^*$$

および

図3

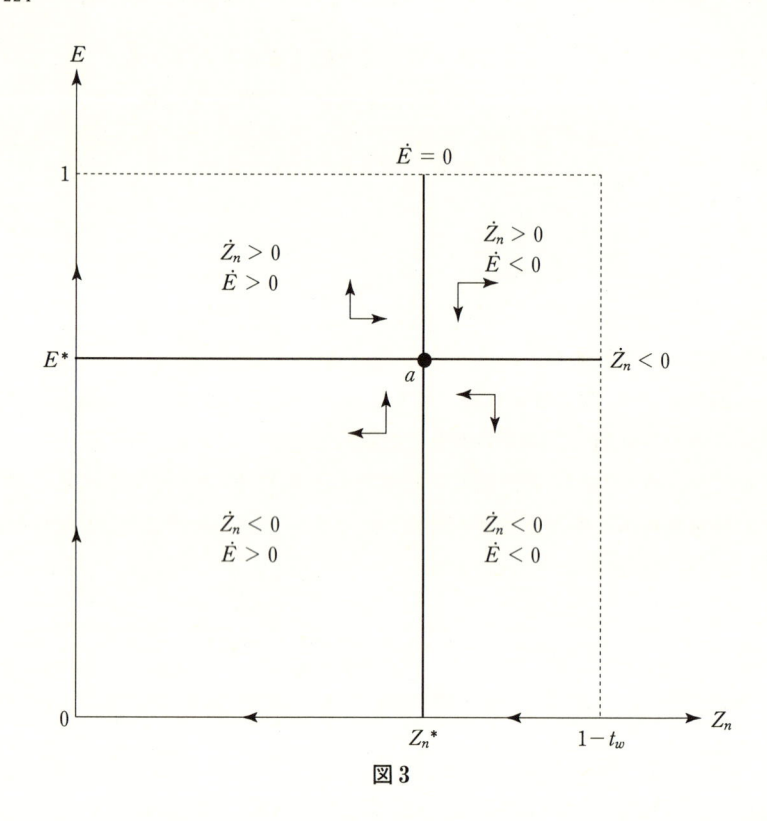

(24) $\quad \Psi'(E) = \{f(E) - n_2\}/E \gtreqless 0 \longleftrightarrow E \gtreqless E^*$

という関係が得られる．

　図4が示すように，循環の振幅は初期値 $[Z_n(0), E(0)]$ に依存する．初期点が均衡点から遠ければ遠いほど，振幅は大きくなる．このモデルにおける雇用率 (E)，税引後賃金分配率 (Z_n)，および実質利子率 $(\rho - \pi)$ のタイム・パターンは，図5に描かれている[8]．

　このモデルにおいては政府〔中央銀行〕による金融政策は実物変数を安定化する力は持たないが，m，π，または ρ のような貨幣的な変数を安定化する力を持っていることは，今や明らかである．次に，この主張を証明しよう．

　システム (S_A) (i)-(iii) の定常解を，次のように書くことができる．

$$
\begin{aligned}
Z_n^* &= H^{-1}(h+n_1+n_2), \\
E^* &= f^{-1}(n_2), \\
m^* &= \pi^{-1}\left|\left(\frac{\mu+\alpha\left(\varPhi^*-\bar{\rho}\right)-(n_1+n_2)}{1-\alpha}\right)\right|_{Z_n=Z_n^*}
\end{aligned}
\tag{25}
$$

ここで, $\varPhi^* \equiv \varPhi(Z_n^*)$ である[9]. システム (S_A) を均衡点 (Z^*, E^*, m^*) のまわりで線形近似すれば, 次式を得る.

$$
\begin{bmatrix} \dot{Z}_n \\ \dot{E} \\ \dot{m} \end{bmatrix} = \begin{bmatrix} 0 & F_{12}^* & 0 \\ F_{12}^* & 0 & 0 \\ F_{31}^* & 0 & F_{33}^* \end{bmatrix} \begin{bmatrix} Z_n - Z_n^* \\ E - E^* \\ m - m^* \end{bmatrix}
\tag{26}
$$

ここで, $F_{12}^* \equiv f'(E^*)Z_n^* > 0$, $F_{21}^* \equiv H'(Z_n^*)E^* < 0$, $F_{31}^* \equiv [\underset{(+\text{or }0)}{\alpha\rho_1^*} - \underset{(-)}{\pi_1^*} -$

図 4

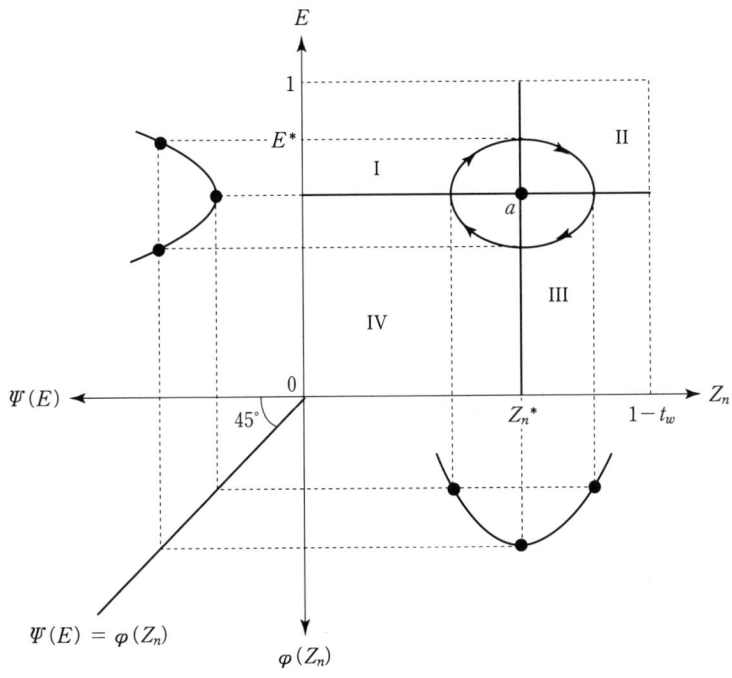

図5

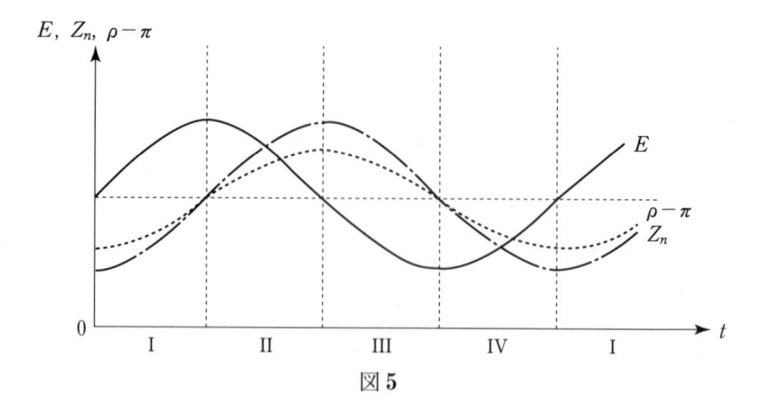

$H'(Z_n^*)]m^*$, $F_{33}^* \equiv (\alpha\rho_2 - \pi_2^*)m^* \equiv (\alpha-1)\pi_2^* m^*$ である。
（Z_n^* は $(-)$、π_2^* は $(-)$、$(\alpha-1)\pi_2^*$ は $(-)$）

このシステムの特性方程式は，

$$(27) \quad \Delta(\lambda) \equiv \begin{vmatrix} \lambda & -F_{12}^* & 0 \\ -F_{21}^* & \lambda & 0 \\ -F_{31}^* & 0 & \lambda - F_{33}^* \end{vmatrix} = (\lambda - F_{33}^*)(\lambda^2 - F_{12}^* F_{21}^*) = 0$$

となるので，特性根は，

$$(28) \quad \lambda = F_{33}^*, \pm \sqrt{F_{12}^* F_{21}^*}$$
$$= (\alpha-1)\pi_2^* m^*, \pm i\sqrt{-H'(Z_n^*)f'(E^*)Z_n^* E^*}$$

（π_2^* は $(-)$、$H'(Z_n^*)$ は $(-)$、$f'(E^*)$ は $(+)$）

となる．ここで，$i \equiv \sqrt{-1}$ である．したがって，システム(26)の解は，次のように表現できる．

$$(29) \quad \begin{aligned} &\text{(i)} \quad Z_n(t) = Z_n^* + B_1 \cos(\theta t + \epsilon_1) \\ &\text{(ii)} \quad E(t) = E^* + B_2 \cos(\theta t + \epsilon_2) \\ &\text{(iii)} \quad m(t) = m^* + A e^{\lambda_1 t} + B_3 \cos(\theta t + \epsilon_3) \end{aligned}$$

ここで，$\lambda_1 \equiv (\alpha-1)\pi_2^* m^*$ であり，$\theta \equiv \sqrt{-H'(Z_n^*)f'(E^*)Z_n^* E^*} > 0$ である．さらに，定数 A と $B_j (j=1, 2, 3)$ の値は，初期値 $[Z_n(0), E(0), m(0)]$ に依存して決まる．

方程式(29)は，システム (S_A) の均衡点の近傍における近似解とみなすことができる．もしマネタリストの貨幣供給ルール ($\alpha = 0$) が採用されるならば $\lambda_1 > 0$ となり，したがって m の運動が発散的になることが(29)式から明らかであるが，この場合には，物価上昇率 (π) の運動も発散的になる[10]．政府〔中央銀行〕は，アクティビストの貨幣供給ルールを採用することにより，この種の物価の不安定性を除去することができる．事実，もし $\alpha > 1$ ならば，方程式(29)(iii)における発散項は消滅するのである．しかし，この場合においてさえ，「実物的」な要因に基づく貨幣変数の循環的変動を除去することはできない．

方程式(29)における循環の周期 (T) は，

(30)
$$T \equiv 2\pi/\theta = T(|H'(Z_n^*)|, f'(E^*), Z_n^*, E^*);$$
$$\partial T/\partial |H'(Z_n^*)| < 0, \ \partial T/\partial f' < 0,$$
$$\partial T/\partial Z_n^* < 0, \ \partial T/\partial E^* < 0$$

となる．ここで，

(31)
$$|H'| = \bar{x}[s_r(1-t_r) + (t_r - t_w)]/(1-t_w)$$

である．

したがって，雇用の変化に対する賃金変化の感応度 (f') と資本家の貯蓄性向 (s_r) が大きければ大きいほど，循環の周期は短くなる．

可変的貯蓄性向

前節のモデルにおける実物変数のワーキングは，貨幣部門および独立な投資関数が導入されているという事実にもかかわらず，オリジナルなグッドウィン(1967) の成長循環モデルのワーキングと同じである．よく知られているように，グッドウィンの成長循環モデルは，「パラメーターの小さな変化がシステムの性質を変えてしまうという意味で構造不安定である」(デサイ 1984, p. 256)[11]．

本節においては，前節のモデルに特定の摂動を施すことにより，この命題を

例示する．

$$(32) \quad s_r = s_r(\pi^e)\,;\, s_r{}'(\pi^e) < 0$$

と仮定する以外は，前節のモデルのすべての諸仮定を維持しよう．方程式(32)は，π^e の上昇は貨幣所得の期待購買力の減少の加速化を意味するので，期待物価上昇率 (π^e) の上昇は資本家の現在所得からの消費性向 $(1-s_r)$ の上昇を誘発する，ということを意味する[12]．

この場合には，前節におけるシステム(13)は，次のように修正される．

$$(33)\quad\begin{aligned}&\text{(i)}\quad H(Z_n,\ \pi) = \tilde{g}(Z_n,\ \rho-\pi)+h\\&\text{(ii)}\quad m = \bar{x}\phi(\rho,\ \pi)\\&\text{(iii)}\quad \dot{m}/m = \mu + \alpha(\rho-\bar{\rho})-\pi-\tilde{g}(Z_n,\ \rho-\pi)\\&\text{(iv)}\quad \dot{Z}_n/Z_n = f(E)-n_2\\&\text{(v)}\quad \dot{E}/E = \tilde{g}(Z_n,\ \rho-\pi)-(n_1+n_2)\end{aligned}$$

ここで，

$$(34)\quad\begin{aligned}&H(Z_n,\ \pi) = \bar{x}\Big[1-(1-t_r)\{1-s_r(\pi)\}-\frac{(1-t_r)s_r(\pi)+(t_r-t_w)}{1-t_w}Z_n\Big]\,;\\&H_1 \equiv \partial H/\partial Z_n = -[\bar{x}(1-t_r)s_r(\pi)+(t_r-t_w)]/(1-t_r) < 0,\\&H_2 \equiv \partial H/\partial \pi = -\bar{x}(1-t_r)[1-Z_n/(1-t_w)]s_r{}'(\pi) < 0\ \ (\text{if } Z_n < 1-t_w)\end{aligned}$$

である．

(33)(ii)より，次式を得る．

$$(35)\quad\begin{aligned}&\rho = \rho(m,\ \pi)\,;\, \rho_1 \equiv \partial\rho/\partial m = 1/(\bar{x}\phi_1) < 0,\\&\rho_2 \equiv \partial\rho/\partial \pi = -\phi_2/\phi_1 \leq 0\end{aligned}$$

この式を(33)(i)に代入すれば，

$$(36)\quad H(Z_n,\ \pi) = \tilde{g}[Z_n,\ \rho(m,\ \pi)-\pi]+h$$

となる．この方程式を π について解けば，次式を得る．

第7章　ケインズ=グッドウィンの成長循環モデルにおける貨幣的安定化政策

(37) $\pi = \pi(Z_n, m) ; \pi_1 \equiv \partial\pi/\partial Z_n = \underbrace{(H_1}_{(-)} - \underbrace{\tilde{g}_1}_{(-)})/[\underbrace{\tilde{g}_2}_{(-)}(\underbrace{\rho_1}_{(-)}-1) - \underbrace{H_1}_{(-)}]$
$\pi_2 \equiv \partial\pi/\partial m = \underbrace{\tilde{g}_2}_{(-)}\underbrace{\rho_1}_{(-)}/[\underbrace{H_2}_{(-)}+\underbrace{\tilde{g}_2}_{(-)}(1-\underbrace{\rho_2}_{(-)})] < 0$

再びこのケースにおいても，もし利潤率に対する投資の感応度 $|\tilde{g}_1|$ が相対的に小さければ，$\pi_1 < 0$ となる．以下では，$\pi_1 < 0$ と仮定することにしよう．

(37)式を(35)式に代入すれば，次のような関係が得られる．

(38) $\rho = \rho(m, \pi(Z_n, m)) \equiv \tilde{\rho}(Z_n, m) ; \tilde{\rho}_{zn} \equiv \partial\tilde{\rho}/\partial Z_n = \underbrace{\rho_2 \pi_1}_{(-\text{or } 0)(-)} \geq 0,$
$\tilde{\rho}_m \equiv \partial\tilde{\rho}/\partial m = \underbrace{\rho_1}_{(-)} + \underbrace{\rho_2}_{(-\text{or } 0)}\underbrace{\pi_2}_{(-)} = (\frac{1}{\bar{x}} - \underbrace{\phi_2}_{(-\text{or } 0)}\underbrace{\pi_2}_{(-)})/\phi_1$

以下では，$\tilde{\rho}_m < 0$ と仮定する．もし期待物価上昇率の変化に対する貨幣需要の感応度 $|\phi_2|$ が相対的に小さければ，この仮定は正当化できるであろう．

(37)式と(38)式を(33)(i)式に代入し，さらに(33)(i)式を(33)(iii)と(33)(v)に代入すれば，次のような「基本動学方程式」を導出できる．

(S_B)
(i) $\dot{Z}_n = \{f(E) - n_2\}Z_n \equiv F_1(Z_n, E)$
(ii) $\dot{E} = \{H(Z_n, \pi(Z_n, m)) - (h+n_1+n_2)\}E \equiv F_2(Z_n, E, m)$
(iii) $\dot{m} = \{\mu + \alpha[\rho(Z_n, m) - \rho] - \pi(Z_n, m)$
$\qquad - H[Z_n, \pi(Z_n, m)] + h\}m \equiv F_3(Z_n, m)$

貨幣部門から実物部門へのフィードバック効果が存在するためにシステムはもはや「分解可能」ではなくなるので，このシステムにおいては，もはや古典派の二分法が成立しない（図6参照）．

次に，経済的に意味のある定常解（長期均衡解）が存在することを仮定して，システムの（小域的）安定性を検討しよう[13]．

システム(S_B)の長期均衡点で評価されたヤコービ行列 (J^*) は，次のようになる．

(39) $J^* \equiv \begin{bmatrix} 0 & F_{12}^* & 0 \\ F_{21}^* & 0 & F_{33}^* \\ F_{31}^* & 0 & F_{33}^* \end{bmatrix}$

ここで，$F_{12}^* \equiv f'(E^*)Z_n^* > 0$, $F_{21}^* \equiv (\underbrace{H_1^*}_{(-)} + \underbrace{H_2^*}_{(-)}\underbrace{\pi_1^*}_{(-)})E^*$, $F_{23}^* \equiv \underbrace{H_2^*}_{(-)}\underbrace{\pi_2^*}_{(-)}E^* >$

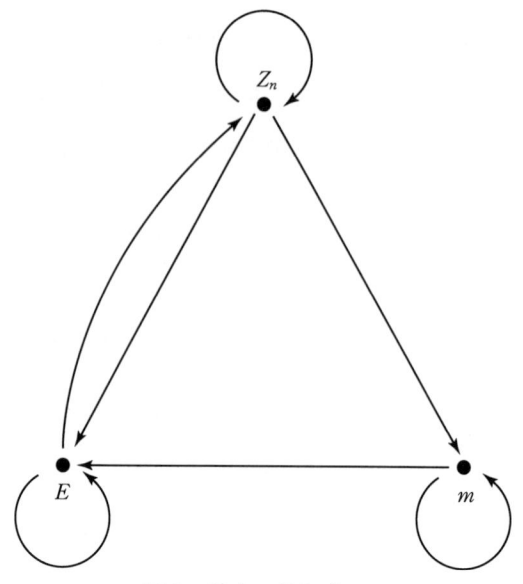

図6 (S_B)の有向グラフ

0, $F_{31}^* \equiv [\alpha \underset{(-)}{\tilde{\rho}_{z_n}^*} - (1+\underset{(-)}{H_2^*}) \underset{(-)}{\pi_1^*} - \underset{(-)}{H_1^*}] m^*$, および, $F_{33}^* \equiv [\alpha \underset{(-)}{\tilde{\rho}_m^*} - (1+\underset{(-)}{H_2^*}) \underset{(-)}{\pi_2^*}] m^*$ である.

このシステムの特性方程式は,

$$\begin{aligned}
\Delta(\lambda) &\equiv |\lambda I - J^*| \\
&\equiv \begin{vmatrix} \lambda & -F_{12}^* & 0 \\ -F_{21}^* & \lambda & -F_{23}^* \\ -F_{31}^* & 0 & \lambda - F_{33}^* \end{vmatrix} \\
&\equiv \lambda^3 + a_1 \lambda^2 + a_2 \lambda + a_3 = 0
\end{aligned} \tag{40}$$

となる. ここで,

$$a_1 \equiv -\underset{(?)}{F_{33}^*}, \quad a_2 \equiv -\underset{(+)}{F_{12}^*}\underset{(?)}{F_{21}^*}, \quad a_3 \equiv \underset{(+)}{F_{12}^*}(\underset{(+)}{F_{21}^*}\underset{(?)}{F_{33}^*} - \underset{(+)}{F_{23}^*}\underset{(?)}{F_{31}^*}) \tag{41}$$

である.

特性方程式の根の実数部分がすべて負になるための必要十分条件であるラウス=フルウィッツの安定条件は, 次式で与えられる.

(42)
(i) $a_1 \equiv -F_{33}^* > 0$
(ii) $a_3 \equiv \underset{(+)}{F_{12}^*}(F_{21}^*F_{33}^* - F_{23}^*F_{31}^*) > 0$
(iii) $a_1 a_2 - a_3 \equiv \underset{(+)}{F_{12}^*}\underset{(+)}{F_{23}^*} F_{31}^* > 0$

これらの条件は，以下の1組の条件と同値である．

(43)
(i) $F_{31}^* > 0$
(ii) $F_{33}^* < 0$
(iii) $F_{21}^* F_{33}^* - F_{23}^* F_{31}^* > 0$

ここで，これらの小域的安定条件の含意を検討しよう．もし $|H_2^*|$ が相対的に小さければ，条件(43)(i)は満たされる．この条件は，$\bar{\rho}_{z_n}^* > 0$ かつ α が十分に大きい場合にもまた，満たされる．$|H_2^*|$ が相対的に小さいという条件は，期待物価上昇率に対する資本家の貯蓄性向の感応度 $|s_r'(\pi^*)|$ が相対的に小さいことと同じである（[34]式参照）．α が十分に大きいという条件は，政府〔中央銀行〕の金融政策が十分にアクティビスト的であることを意味している．

今や，$|H_2^*| < 1$ となるほど $|s_r'(\pi^*)|$ が小さいと想定しよう．この場合には，もしマネタリストの貨幣供給ルール（$\alpha = 0$）が採用されるならば，条件(43)(ii)が成立しなくなり，したがってシステムは小域的に不安定になる．しかし，たとえ $|H_2^*| < 1$ であっても，$\alpha > 0$ を十分大きくとることにより，政府〔中央銀行〕は条件(43)(ii)を保証することができる．

最後に，条件(43)(iii)の含意を考えよう．条件(43)(i)および(43)(ii)が満たされていると想定しよう．このとき，不等式(43)(iii)が成立するための必要条件は，$F_{21}^* < 0$ という条件が満たされることである．もし $|H_2^*|$ が十分に小さければ（すなわち，$\underset{(-)}{|H_2^*|} < \underset{(-)}{H_1^*/\pi_1^*}$ ならば），この条件は満たされる．さらに，もし $F_{21}^* < 0$ および，$|\phi_2^*|$ が相対的に小さいことを反映して $\bar{\rho}_{z_n}^*$ が相対的に小さいならば，$F_{21}^* F_{33}^* - F_{23}^* F_{31}^*$ は α の線形増加関数になる．この場合には，たとえ $\alpha = 0$ のときに条件(43)(iii)が満たされなくても，$\alpha > 0$ を十分大きくとることにより，政府〔中央銀行〕は条件(43)(iii)を保証することができる．

上述の分析結果は，以下のような命題に要約される．

命題 1.

(i) $|s_r'(\pi^*)|$ が相対的に小さいと想定しよう．このとき，もしマネタリストの貨幣供給ルール（$\alpha = 0$）が採用されれば，システム (S_B) の均衡点は小域的に不安定になる．

(ii) $|s_r'(\pi^*)|$ および $|\phi_2^*|$ が相対的に小さいと想定しよう．このとき，貨幣供給ルールが十分にアクティビスト的（すなわち，α が十分に大きい）であれば，システム (S_B) の均衡点は小域的に安定になる．

次に，均衡点のまわりで循環解が発生するための条件を検討する．特性方程式(40)を，次のように書き直すことができる．

$$(40)' \qquad \lambda^3 + b\lambda - c = a(\alpha)(\lambda^2 + b)$$

ここで，$a(\alpha) \equiv F_{33}^*$, $a'(\alpha) = \tilde{\rho}_m^* m^* < 0$, $b \equiv -\underset{(+)}{F_{12}^*} F_{21}^*$, および $c \equiv \underset{(+)}{F_{21}^*} F_{23}^* F_{31}^*$ である．

$|s_r'(\pi^*)|$ が十分に小さいために $a(0) > 0$, $b > 0$ および $c > 0$ であると想定しよう．さらに，単純化のために，$\tilde{\rho}_{zn}^* = 0$ であるために c が α から独立になると想定しよう．この場合には，方程式(40)′の関係は図7のように描かれる．この図における $U(\lambda)$ は方程式(40)′の左辺を示しており，他方，$V(\lambda; \alpha)$ は，政策パラメーター α が与えられたときの右辺を示している．ここで，$0 < \alpha_1 < \alpha_2 < \alpha_3 < \cdots\cdots$ である．この図から，(i) $\alpha \in (0, \alpha_4) \cup (\alpha_5, \infty)$ のときには特性方程式(40)′は1組の複素根を持つので，均衡点の近傍において循環的変動が発生し，(ii) $\alpha \in [\alpha_4, \alpha_5]$ のときには方程式(40)′は複素根を持たないので均衡点の近傍における循環的変動は発生しない，ということがわかる．これらの結論と安定性分析の結果は，図8にまとめられている．

適応期待仮説

本節においては，インフレーション期待に関する近視眼的完全予見の仮定（方程式[11]）を，次のような適応期待仮説で置き換える．

図7

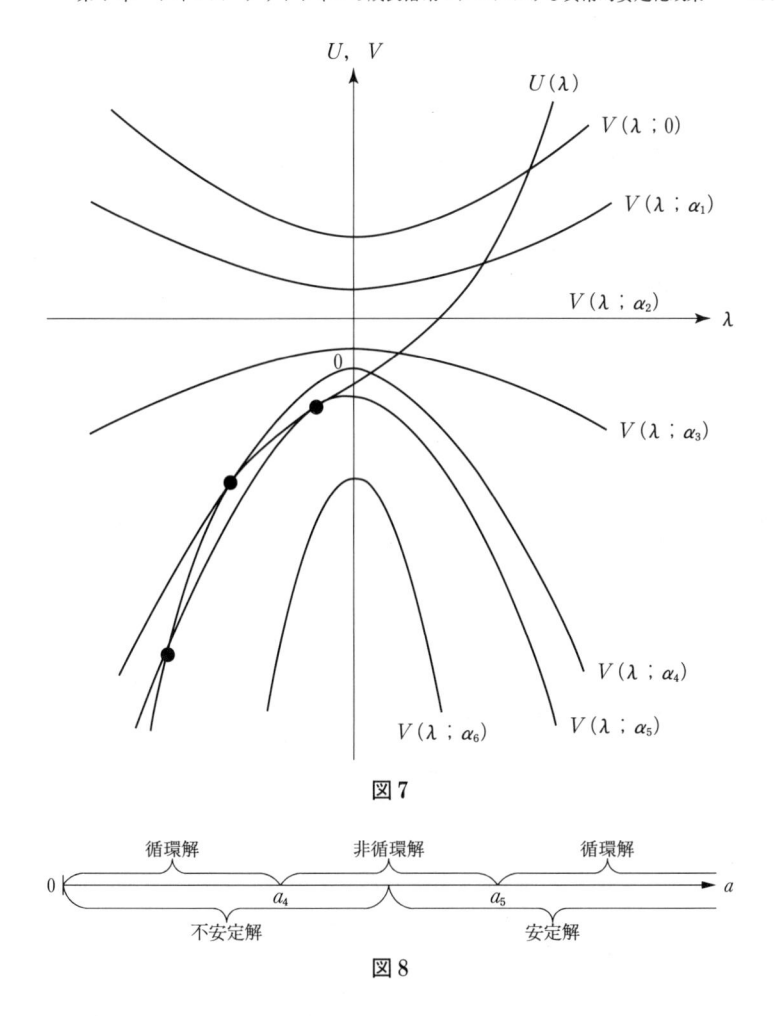

図8

(44) $$\dot{\pi}^e = \gamma(\pi - \pi^e)\,;\,\gamma > 0$$

さらに，単純化のために，s_r は，時間を通じて一定であると仮定する．このとき，システム(13)は，以下のように修正される．

(45)
- (i) $H(Z_n) = \tilde{g}(Z_n, \rho - \pi^e) + h$
- (ii) $m = \bar{x}\phi(\rho, \pi^e)$
- (iii) $\dot{m}/m = \mu + \alpha(\rho - \bar{\rho}) - \pi - \tilde{g}(Z_n, \rho - \pi^e)$
- (iv) $\dot{Z}_n/Z_n = \dot{w}/w - \pi - n_2 = f(E) + \pi^e - \pi - n_2$
- (v) $\dot{E}/E = \tilde{g}(Z_n, \rho - \pi^e) - (n_1 + n_2)$
- (vi) $\dot{\pi}^e = \gamma(\pi - \pi^e) \; ; \; \gamma > 0$

(45)(i)式から,

(46) $\quad \rho - \pi^e = \Phi(Z_n) \; ; \; \Phi'(Z_n) = \{\underset{(-)}{H'(Z_n)} - \underset{(-)}{\tilde{g}_1}\}/\underset{(-)}{\tilde{g}_2}$

という式を得る.

本節においても, $\Phi'(Z_n) > 0$ と仮定する. (46)式を(45)(ii)式に代入すれば, 次式を得る.

(47)
$$\pi^e = \pi^e(Z_n, m) \; ;$$
$$\pi_1^e \equiv \partial \pi^e/\partial Z_n = -\phi_1 \Phi'/(\phi_1 + \phi_2) < 0,$$
$$\pi_2^e \equiv \partial \pi^e/\partial m = 1/x(\phi_1 + \phi_2) < 0$$

方程式(46)と(47)より, 次式が得られる.

(48)
$$\rho = \Phi(Z_n) + \pi^e(Z_n, m) \equiv \rho(Z_n, m) \; ; \; \rho_1 \equiv \partial \rho/\partial Z_n$$
$$= \Phi' + \pi_1^e = \phi_2 \Phi'/(\phi_1 + \phi_2) \geq 0,$$
$$\rho_2 \equiv \partial \rho/\partial m = \pi_2^e < 0$$

このとき, システム(45)を次のように要約することができる.

(S_C)
- (i) $(1/Z_n + \pi_1^e/\gamma)\dot{Z}_n + (\pi_2^e/\gamma)\dot{m} = f(E) - n_2 \equiv F_1(E)$
- (ii) $\dot{E} = \{H(Z_n) - (h + n_1 + n_2)\}E \equiv F_2(Z_n, E)$
- (iii) $(\pi_1^e/\gamma)\dot{Z}_n + (1/m + \pi_2^e/\gamma)\dot{m}$
  $= \mu + \alpha\{\rho(Z_n, m) - \bar{\rho}\} - \pi^e(Z_n, m) - H(Z_n) + h$
  $\equiv F_3(Z_n, m)$

今や, 次の命題を容易に証明することができる (証明は省略する).

命題2.

システム (S_C) の1組の小域的安定条件は, (i)期待係数 γ が十分小さく, (ii)金融政策パラメーター α が十分大きいことである.

$\lim_{\gamma \to +\infty} \pi^e = \lim_{\gamma \to +\infty} (\pi - \dot{\pi}^e/\gamma) = \pi$ となるので, もし期待係数が無限大ならば本節のモデルはグッドウィンの成長循環モデルに還元されることに, 留意されたい.

＊　＊　＊

本章で提出された不安定性の主な源泉は, 貨幣市場に由来する. たとえば, 期待物価上昇率が上昇したと想定しよう. このとき, 期待物価上昇率の上昇を後追いして名目利子率が上昇する傾向を持つ. このことは, 貨幣から債券への代替を通じて貨幣の流通速度（マーシャルの k の逆数）の上昇を加速させる. 貨幣の流通速度の上昇は物価上昇率の上昇を誘発するが, このことは期待物価上昇率のさらなる上昇をもたらす. グッドウィン・タイプのモデルでは, この不安定性は貨幣部門内に閉じ込められているが, 他方, それに続くモデルにおいては, 可変的な貯蓄性向または期待物価上昇率と現実の物価上昇率の乖離を通じて, 不安定性が実物部門に伝播していく. この不安定性を相殺するためには, マネタリストの貨幣供給ルールは無力であり, アクティビストのルールが必要とされるのである.

本章におけるモデルにおいては, 政府の予算制約は何ら主要な役割を果たしていない.

政府の予算制約は, 以下のように定式化できるであろう.

$$(49) \qquad pG + R - T = q\dot{B} + \dot{M}$$

ここで, R = 公債への名目利子支払い,
　　　　T = 名目所得税,
　　　　q = 公債の市場価格,
　　　　B = 既存の公債ストック

である. 単純化のために, 公債はコンソル・タイプの債券であると仮定しよう. このとき, $R = B$ および $q = 1/\rho$ となる. この場合には, 方程式(49)を次の

ように書き直すことができる.

(50) $$G+B/p-T/p = \dot{B}/\rho p + \dot{M}/p$$

この関係は本章のモデルにおいても成立しなければならないが, この方程式は, E, Z_n, あるいは m のような変数の動態に何の影響も及ぼさない. しかしながら, もし公債利子からの消費や消費の富効果が導入されるならば, 方程式(50)が貨幣部門から実物部門へ不安定性が伝達されるもう1つのルートになるので, このシステムの動態はもはや方程式(50)から独立ではなくなる. この場合には明らかに, マネタリストの政策ルールは経済を安定化するためには無力であり, ある種のアクティビスト的な安定化政策のルールが必要になるはずである[14].

注
* 本章は,『一橋論叢』91(3) (1984年3月) に日本語で掲載された論文の改訂版である.
1) マルクス (1967) 第7部およびシロス-ラビーニ (1970) 第II章を見よ.
2) ハーシュ=スメール (1974) 第12章を見よ.
3) 本章の目的はディ・マッテオ (1984) の論文のそれと幾分似ているが, 本章は独立に書かれ, 両論文の分析的な細部はかなり異なっている. グッドウィンの成長循環モデルの様々な発展については, たとえば, バルドゥッチ=カンデラ=リッチ (1984), デサイ (1973, 1984), デサイ=シャー (1981), フラッシェル (1984), グロンボースキー=クリューガー (1984, 1986), グッドウィン (1983, 1984), メディオ (1980), ポヨラ (1881), 佐藤 (1985), ファン・デア・プロエグ (1983, 1984), ヴェルピライ (1979), ヴォルフシュテッター (1982) 等を参照されたい.
4) このことは, 技術進歩が「ハロッド中立的」なタイプであることを意味している.
5) r と r_n の表現より,「分配フロンティア」を描くことができる (図F1および図F2を見よ). もし資本設備の完全稼働を仮定するならば, $r = x(1-Z)$ となるが, これは, 我々のモデルにおけるスラッファ方程式 (スラッファ [1960] の記号では, $r = R(1-w)$) に他ならない.
6) $0 \leq t_w < t_r < 1$ であるから, $[s_r(1-t_r)+(t_r-t_w)]/(1-t_w) > 0$ となることに留意されたい. ところで, 方程式(*)を $r_n = (g+h-t)/s_r$, $t \equiv [t_w\omega L + t_r(X-\omega L)]/K$ と書き直すことができる. この方程式は, 税引後利潤率 (r_n) を資本蓄積率 (g), 政府財政赤字率 ($h-t$), および資本家の貯蓄率 (s_r) に関係づけているが, これは, カレツキの所得分配理論の基礎である (カレツキ 1971 を見よ).

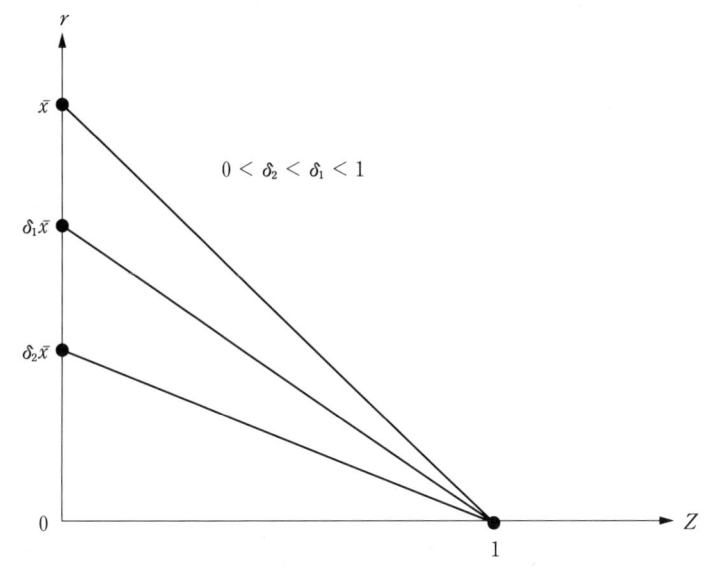

図 F1 税引前分配フロンティア

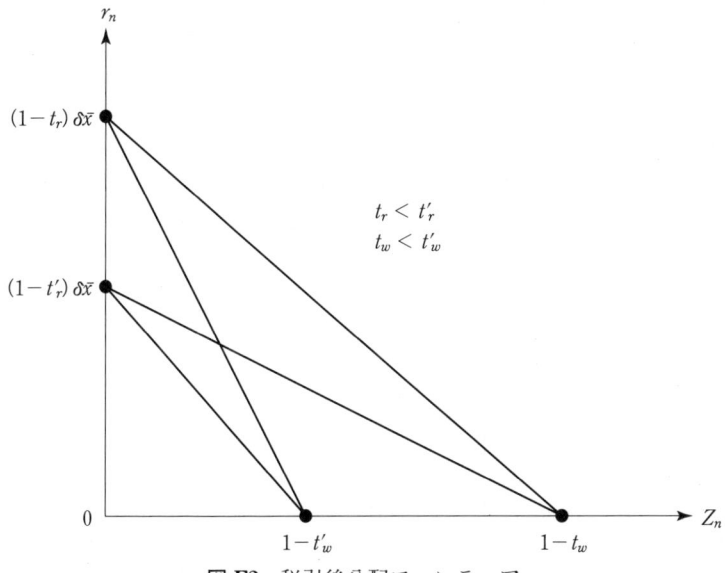

図 F2 税引後分配フロンティア

7) 証明については，たとえば，トービン（1969）および吉川（1980）を見よ．
8) $\Phi'(Z_n) > 0$ という仮定のもとでは，$\rho - \pi$ は Z_n と同じ方向に動くことに留意されたい（方程式[14]参照）．
9) 我々は，$\alpha \neq 1$ と仮定する．
10) この言明は，方程式(16)から従う．
11) 構造(不)安定性のフォーマルな定義については，たとえば，ハーシュ＝スメール（1974，第16章），メディオ（1980），およびヴェルピライ（1979）を見よ．
12) このタイプの貯蓄関数は，置塩（1979）によって導入された．
13) 経済的に有意味な定常解は，$0 < Z_n^* < 1$，$0 < E^* < 1 - t_w$，および $0 < m^*$ という性質を持つシステム (S_B) の定常解 (Z_n^*, E^*, m^*) を意味する．
14) 政府の予算制約が本質的な役割を果たす安定化政策のフォーマルな分析としては，浅田（1987）を見よ．

参考文献

Akashi, S. and T. Asada. 1986. "Money in Kaldorian Cycle Theory." 『経済研究』（一橋大学経済研究所）37: 169-77.

Asada, T. 1987. "Government Finance and Wealth Effect in a Kaldorian Cycle Model." *Journal of Economics (Zeitschrift für Nationalökonomie)* 47: 143-66.

Balducci, R., G. Candela and G. Ricci, 1984. "A Generalization of R. Goodwin's Model with Rational Behavior of Economic Agents." R.M. Goodwin, M. Krüger and A. Vercelli, eds. *Nonlinear Models of Fluctuating Growth*. Berlin, Heidelberg, New York and Tokyo; Springer-Verlag.

Burmeister, E. 1980. *Capital Theory and Dynamics*. Cambridge: Chambridge University Press.

Desai, M. 1973. "Growth Cycles and Inflation in a Model of the Class Struggle." *Journal of Economic Theory* 6: 527-45.

―――. 1984. "An Econometric Model of the Shares of Wages in National Income: UK 1855-1965." R.M. Goodwin et. al. eds., *op. cit*.

――― and A. Shah. 1981. "Growth Cycles with Induced Technical Change." *Economic Journal* 91: 1006-10.

Di Matteo, M. 1984. "Alternative Monetary Policies in a Classical Growth Cycle." R. M. Goodwin et al. eds., *op. cit*.

Dornbusch, R. and S. Fischer. 1978. *Macroeconomics*. New York: Mc Graw-Hill. 〔坂本市郎他訳『マクロ経済学』上・下，マグロウヒル好学社，1981年〕

Flaschel, P. 1984. "Some Stability Properties of Goodwin's Growth Cycle: A Critical Elaboration." *Zeitschrift für Nationalökonomie* 44: 63-9.

―――. 1984. "The Inflation-Biased 'Natural' Rate of Unemployment and the Conflict over Income Distribution." R.M. Goodwin et al. eds., *op. cit*.

Foley, D.K. 1986. "Stabilization Policy in a Nonlinear Business Cycle Model." W. Semmler, ed. *Competition, Instability, and Nonlinear Cycles.* Berlin, Heidelberg, New York and Tokyo: Springer-Verlag.

Friedman, M. 1977. *Inflation and Unemployment.* Occational Paper No. 51. London: The Institute of Economic Affairs.〔保坂直達訳『インフレーションと失業』マグロウヒル好学社，1987 年，所収〕

Glombowski, J. and M. Krüger. 1987, "Unemployment Insurance and the Cyclical Growth." R.M. Goodwin et al. eds., *op. cit.*

―――. 1986. "Some Extensions of a Classical Growth Cycle Model." W. Semmler, ed., *op. cit.*

Goodwin, R.M. 1967. "A Growth Cycle." C.H. Feinstein ed. *Socialism, Capitalism and Economic Growth.* Cambridge: Cambridge University Press.〔「成長循環」水田洋他訳『社会主義・資本主義と経済成長』筑摩書房，1969 年，所収〕

―――. 1983. "A Note on Wage, Profits and Fluctuating Growth Rate." *Cambridge Journal of Economics* 7: 305-9.

―――. 1984. "Disaggregating Models of Fluctuating Growth." R.M. Goodwin et al. eds. *op. cit.*

Hirsch, M.W. and S. Smale. 1974. *Differential Equations, Dynamical Systems and Linear Algebra.* New York: Academic Press.〔田村一郎・水谷忠良・新井紀久子訳『力学系入門』岩波書店，1976 年〕

Kalecki, M. 1971. *Selected Essays on the Dynamics of the Capitalist Economy.* Cambridge: Cambridge University Press.〔浅田統一郎・間宮陽介訳『資本主義経済の動態理論』日本経済評論社，1984 年〕

Keynes, J.M. 1936. *The General Theory of Employment, Interest and Money.* London: Macmillan.〔塩野谷祐一訳『雇用・利子および貨幣の一般理論』東洋経済新報社，1983 年〕

Marx, K. 1967. *Capital* Vol. I. New York: International Publishers.〔向坂逸郎訳『資本論』第 I 巻，岩波書店，1967 年〕

Medio, A. 1980. "A Classical Model of Business Cycle." E.J. Nell, ed. *Growth, Profits and Property.* Cambridge: Cambridge University Press.

置塩信雄. 1979.「マネタリズムの理論構造」『経済研究』(一橋大学経済研究所) 30: 289-299.

Pohjola, M.T. 1981. "Stable, Cyclic and Chaotic Growth: The Dynamics of a Discrete-Time Version of Goodwin's Growth Cycle Model." *Zeitschrift für Nationalökonomie* 41. 27-38.

Robinson, J. 1956. *The Accumulation of Capital.* London: Macmillan.〔杉山清訳『資本蓄積論』みすず書房，1957 年〕

Rose, H. 1967. "On the Nonlinear Theory of the Employment Cycle." *Review of*

Economic Studies. 34 (April): 153-73.

Rowthorn, R.E. 1980. *Capitalism, Conflict and Inflation*. London: Lawrence and Wishart.〔藤川昌弘・小幡道昭・清水敦訳『現代資本主義の論理』新地書房, 1983年〕

Sargent, T. 1979. *Macroeconomic Theory*. New York: Academic Press.

Sato, Y. 1985. "Marx-Goodwin Growth Cycles in a Two-Sector Economy." *Zeitschrift für Nationalökonomie* 45: 21-34.

Sraffa, P. 1960. *Production of Commodities by Means of Commodities*. Cambridge: Cambridge University Press.〔菱山泉・山下博訳『商品による商品の生産』有斐閣, 1962年〕

Sylos-Labini, P. 1970. *Probemi dello Sviluppo Economico*. Editori Laterza & Figli, Bari.〔尾上久雄訳『経済発展：理論と現実』平凡社, 1973年〕

Tobin, J. 1969. "A General Equilibrium Approach to Monetary Theory." *Journal of Money, Credit and Banking* 1: 15-29.

Van der Ploeg, P. 1983. "Predator-Prey and Neoclassical Models of Cyclical Growth." *Zeitschrift für Nationalökonomie* 43: 235-56.

―――. 1984. "Implications of Workers' Savings for Economic Growth and the Class Struggle." R.M. Goodwin et al. eds., *op. cit.*

Velupillai, K. 1979. "Some Stability Properties of Goodwin's Growth Cycle." *Zeitschrift für Nationalökonomie* 39: 245-57.

Wolfstetter, E. 1982. "Fiscal Policy and the Classical Growth Cycle." *Zeitschrift für Nationalökonomie* 42: 375-93.

Yoshikawa, H. 1980. "On the 'q' Theory of Investment." *American Economic Review* 70: 739-43.

第8章
「豊かな」動学システムにおける金融政策の定性的効果

ピーター・S. アルビン

　金融政策が資源配分効果のみならず実業界の期待に対する情報効果を持っているということは，広く推測されてきた．情報効果の影響は，特にすでに移ろいやすい環境のもとにおいて，システムの動態に影響を及ぼすかもしれない．本章は，順循環的（適応的）および反循環的な金融的介入の定性的な効果を独立に取り出すことを目的とする現在進行中のコンピューター実験の結果を報告する．まず最初にモデル化のアプローチが述べられ，次に，動学システムの複雑性の分類のための関連する図式が説明される．次節は，金融的なコントロールの特定化を含んでいる．それから，諸結果と解釈が提示される．その分析が示すところによれば，伝統的なルールに基づく介入は，a)システム固有の動学的振舞いを，たとえば周期的な運動から非周期的（カオス的）運動に変えたりその逆に変えたり，b)自然均衡を追い求める傾向を遅らせたり，c)集計的な目標値への接近と目標値をめぐる変動を抑制することの間のトレードオフを悪化させたり，d)集計的な目標値への接近と「選択的な」目的の達成の間のトレードオフを悪化させたりし得る．これらの諸条件のもとでは，「反循環的」なルールは必ずしも「適応的」なルールより優れているとは限らないし，「微調整」が必ずしも良い結果をもたらすとは限らない．そのモデルは単に，近視眼的な期待と介入ルールを特定化しているのみであるが，その分析は，もっと高次の特定化に関する強い推定の根拠を与えるケースをもまた，生み出す．

実験環境の設定

　実験環境の設定は，隣接する経済主体の行動を観察することからシステムが

辿りそうな径路に関する情報を引き出す個別企業の投資の変化をシミュレートするコンピューター・モデルである．まず最初に，政策介入がない場合のシステムの動学的な挙動が調べられる．システムの詳細な特性は，アルビン (1987) で与えられている．その顕著な特徴は，以下に要約されている[1]．

1. 経済は M 個の産業で組織されている N 社の企業から構成されている．各産業が 5 企業で構成される 100 企業のモデルを操作するのが便利である．
2. 各企業は，景気の情勢が劣悪か，正常か，良好か，ということに対応して 3 種類の投資計画の選択肢を設ける．正常な場合の投資水準は，ソロー (1956) の意味での均斉成長に対応し，デイ (1982) によって非線形システムに翻訳された投資水準を支持する総資本形成の水準である．劣悪な情勢と良好な情勢は，最悪なケースと最良のケースのシナリオとしての景気情勢と考えることができる．
3. 3 つの別個の計画の選択肢を計算するために必要なデータは，価格の次元を持ち，通常の企業活動において追加的な費用をかけずに企業が得ることができると仮定される．最適計画を計算するためのデータと計算の手法は標準的なタイプのものであり，ここでは考察されない．
4. 妥当な計画の選択肢を選択するために必要な戦略的な情報は，費用をかけなければ得られないし，また，若干の遅れを伴ってのみ得られる．企業は，その戦略的な決定を，その「経済的な隣人達」の直近の過去の行動を観察することによって引き出される「主要な指標」に基づいて行う．これは，最も時宜を得た，そして少なくとも最も費用がかからない戦略的な情報源である．
5. 「経済的な隣人」は産業と重複し得るが，産業と全く同一というわけではない．隣人関係は，競争者間や供給者と顧客の間の同一産業内の様々な関係とともに（あるいはまた）異なった産業間の投入 - 産出関係をも現わしている．
6. 隣人は，指数の集合によって特定化される．指数の集合 $(-2, -1, 1, 2)$ は，企業 J に関して隣人 $(J-2, J-1, J+1, J+2)$ を定義する．もしすべての企業が同一の指数の集合を持つならば，システムは同質的であり，産業の区別は，単に名目的なものになる．
7. もし隣人の集合が産業内の企業の地位に応じて変化するならば，システ

ムは異質的である．典型的には，1企業ないしは2企業を産業外から情報を引き出す「リーダー」とみなすことができ，他方，その他の企業はリーダーと産業内の競争者達に反応する場合である．異質的なモデルは，様々な寡占的な行動および「協調的な敵対関係」（クエネ1979）を捉えることができる．

8. 企業は，その正常な投資水準に，-1，0，$+1$として表わされるマイナス，ゼロ，またはプラスの量を付け加える．その選択は，直近の過去における隣人の投資行動に反応する計算のルールに基づいてなされる．ルールは，実験において変化させられるモデルのパラメーターである．観察可能な隣人の行動の種類は比較的少数しかないので，すべての可能な整数の集合をシミュレートし，かくして，(有意味な行動も無意味な行動も含む) すべての企業行動の戦略の集合を生成することができる．

9. ここで述べられているシミュレーションにおいて，ルールは隣人の行動の代数的な集計値の関数に限定されている．BASICのプログラムを日常言語で表わせば，ルールは，以下のようになる．「もし前期における隣人の行動を集計した純計値が3または4ならば，$+1$（正の投資増加）を選びなさい．もし純計値が-3または-4ならば，-1（負の投資）を選びなさい．それ以外の場合は，0（正常な投資）を選びなさい．」

10. 企業は，線分上に並んで配置され，一番左と一番右にある産業は，実験上の境界として取り扱われる．ここで報告されているケースにおいては，境界上の産業は，いつも正常な投資を行うという制約を課せられている．

11. 便宜上，各企業の規模はほぼ等しいと仮定されている．さらに，投資の増加分は，すべての企業についてドル表示の一定額である，と仮定し得る．このようなわけで，企業行動の代数的な合計である SUM は，「実業界の雰囲気の指標」としてか，あるいはまた，尺度を変換することにより，「超過総投資」の尺度として解釈することができる．

12. 確率的に選択された非ゼロの企業へのショックの初期のパターンを配分することにより，システムは開始される．それ以後は，システムは決定論的に展開する．ショックの分布は，実験的に変化させられる．

図1bは，隣人と初期のショックが固定されているがルールは実験的に変化

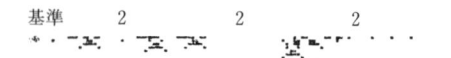

タイプ1

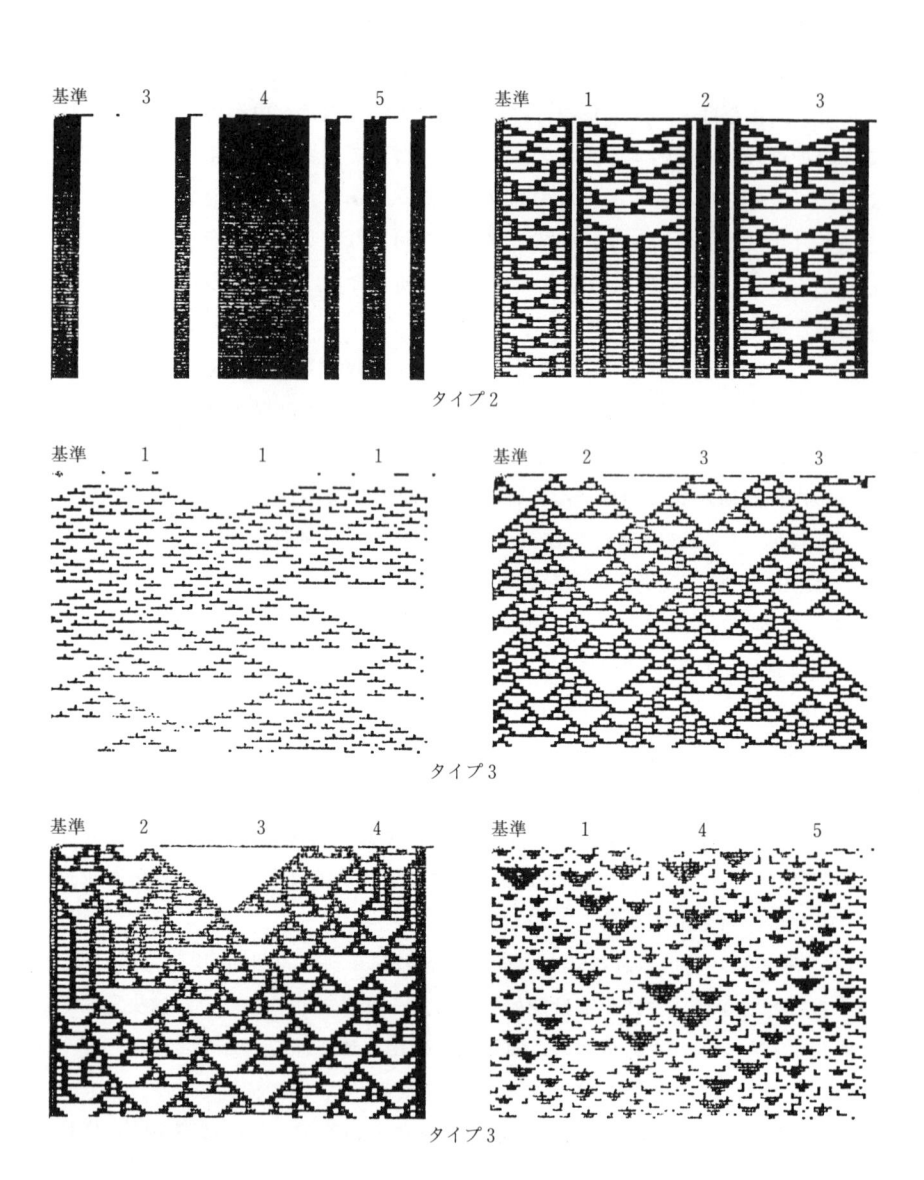

タイプ2

タイプ3

タイプ3

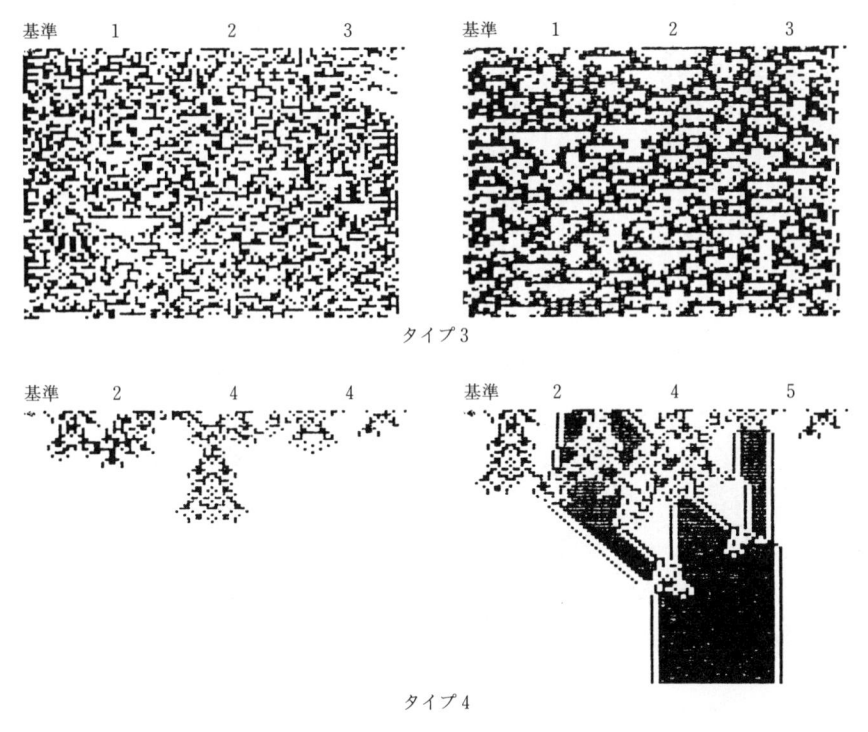

第8章 「豊かな」動学システムにおける金融政策の定性的効果　　245

タイプ3

タイプ4

注：各パネルにおいて，縦軸における 80 の時間ステップに対して横軸における 100 の場所（企業）が印刷されている．超過総投資の集計値は，これらのパネルには描かれていない（しかし，後出の図2を見よ）．「規準」は，パラメーターとしてのルールである．かくして，「規準145」は，「あなたの隣人1または4または5が1期前の時間ステップにおいて黒く印刷したならば，黒く印刷せよ」というルールを表わしている．すべてのケースは，初期にランダムに作り出される同一のパターンの初期値のものとで生成されている．

　タイプ2のうち右のケースは「移行期間」におけるものであるということに注意されたい．それは，初期のパターンとともに変化する周期を持った複雑な循環をもたらす．かくして，それは，厳密な意味でのリミット・サイクルをなぞってはいない．他の形態図においては，このルールは一般に非周期的な出力を生み出す．ついでに言えば，「もし隣人1, 2, または3が前期に黒く印刷したならば黒く印刷せよ」というこのルールは，期待モデルにおける極めてもっともらしい定式化である．

図1a　2状態モデルにおける4つの定性的なタイプ

させられるような，同質的な 100 企業モデルにおける代表的な出力結果を与えている．企業は，水平に並んで配置されている．正常値より大，正常値，および正常値より小の投資水準はそれぞれ，黒，白，および灰色で表わされている．そして，線で表わされる各パターンは，システムの時間的な足どりを表わして

タイプ2

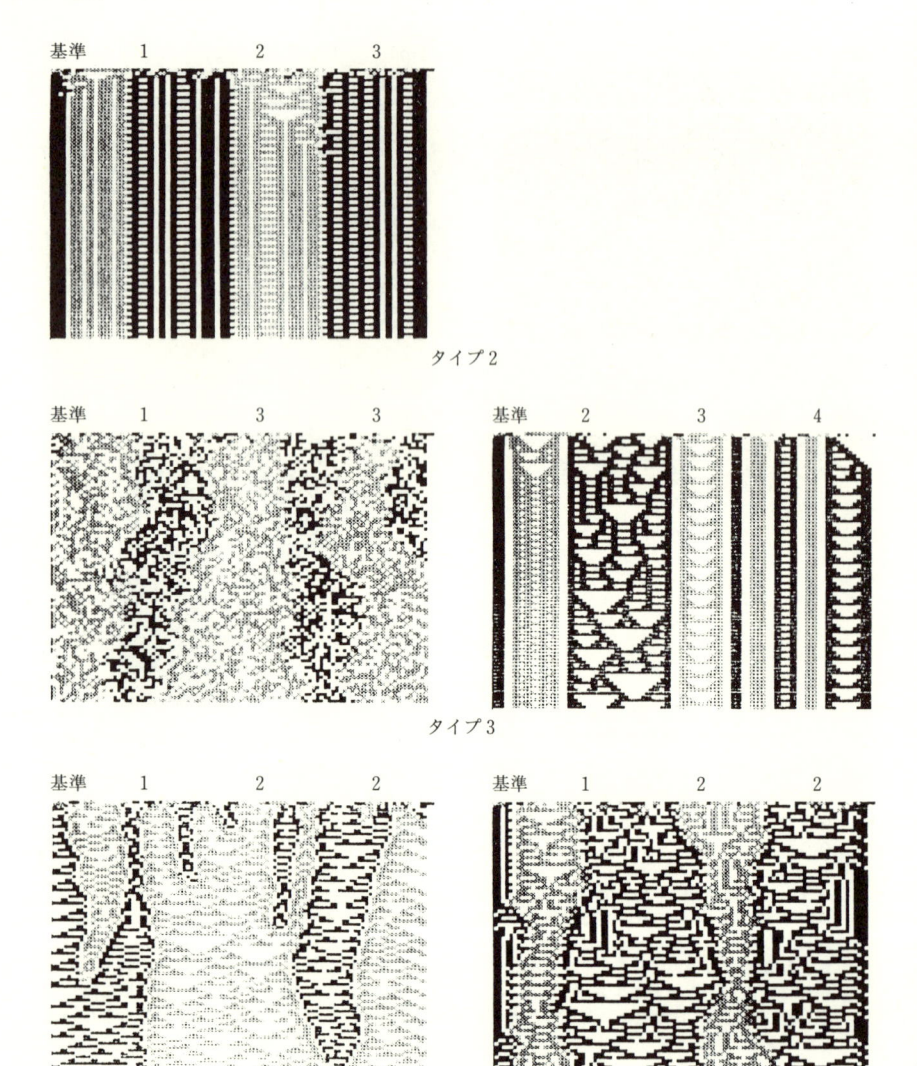

タイプ3

タイプ3

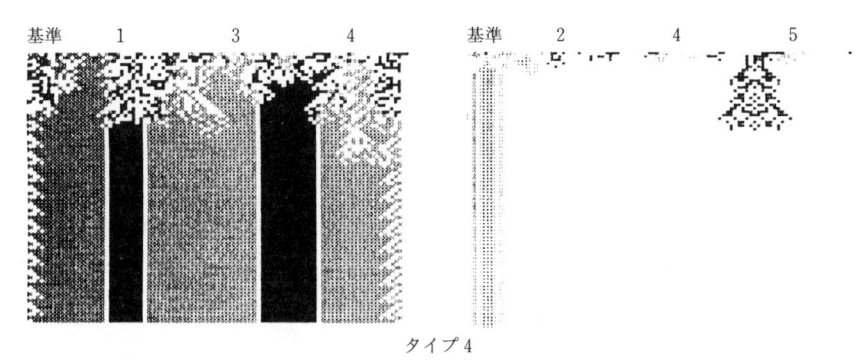

第8章　「豊かな」動学システムにおける金融政策の定性的効果　　247

タイプ4

注：(すべてが黒，白，または灰色になる) タイプ1は，示されていない．第1行のケースは，タイプ2である．第2行における右のケースは，図1aで言及されたような移行過程である．その他のタイプ3のケースは，類似した行動をとる「偽似部門」を示している．第4行の左のケースは，線の区分で示される形態図における移行過程である．それは，タイプ4の性質を持つ長期間かかる移行を示している．

図1b　3状態モデルの定性的挙動

いる．システム特有のパターンを確認する助けとなるように，図1aは，より単純な，状態が2種類しかないモデル（正常値より大＝黒，正常値より小＝白）における出力結果を与えている．この図表は，企業レベルの変数の値を与えるデータ・バンクの内容の大雑把なスナップ写真と考えることができる．組織化の原理は，多くの標準的なデータ集合において見出されるものと同じである．企業の記録は産業に従って組織化され，産業は，（SICコードのように）生産物または生産過程の隣接性に従って組織化される．図2を先取りして見れば，スナップ写真の右に描かれている伝統的な描線は，超過総投資がゼロになる規準線のまわりを変動する SUM の時系列を与えている．

動学的な挙動の複雑性の分類

図には，（数値と注で示されているように）4つの異なったタイプの動学的な挙動が出現している．同一のルールは，トリビアルではないすべての初期条件の配置に対して，首尾一貫して同一の定性的な挙動を生み出す．それぞれの個別的な視覚的表現，または特徴を示すサインは，動学的な特性，生成されたデータの統計学的な特徴，および言語学的な特性のすべてを包括する計算上の

複雑性の定性的なレベルに対応することが示された(ウォルフラム 1984;アルビン 1987).後者は,決定的に重要である.なぜならば,それらはシステムを理解してその将来の径路を投影するために必要なデータと計算のための資源の規模を決定するからである.

動学的な挙動の定性的なタイプ

4つの挙動タイプは,以下のように要約される.

1. 一様に安定的な挙動.すべての場所(企業)は,一様に黒,白,または灰色に塗りつぶされた状態によって示される共通の値を有する状態に急速に落ちつく.

動態:システムは,場所の集計値のすべての軌道が単一の極限点に引きつけられる安定的な均衡を示している.

計算上の複雑性:移行過程が消失したあとは,システムは,単純な計算器またはメモリーのないコンピューターのみを用いて再現したり将来に投影したりできる.

言語学的な範疇:場所の値を示す白,灰色,または黒の点は,言語学的なルールに基づいて加工され得るいろいろなシンボルから成るより糸のようなものとして考えられ得る.当初における様々な糸が一様なデータに加工される仕方は,(〔米国の言語学者〕チョムスキーの)通常言語の性質である.

2. 単純な安定性または周期性.特定の場所あるいは場所の局所的なグループは,一定値をとるか,単に周期的な値をとる.この挙動は,水平的または垂直的な,多かれ少なかれ複雑化された帯状の図として観察できる.

動態:システムは,安定的な周期的運動として叙述される.場所の値の合計は,リミット・サイクルを形成する.静止することのない有限個の場所の形態から発展するシステムの状態は,有限個にとどまる.

計算上の複雑性:システムは,有限個のメモリーの容量を持っている装置によってシミュレートできる.

言語学的な範疇:場所の価値を表わすシンボルの加工は,文脈から自由な言語を構成する.たとえば,局所的な場所の値の所与の糸は,それがスナップ写

第8章　「豊かな」動学システムにおける金融政策の定性的効果　　249

真の図のどこに位置づけられているかにかかわりなく，常に同一の将来のより糸を作り出す．

　3．非周期的な挙動．現われた1つのパターンにおいては，特徴を示すサインは，明白な規則性を持たない「ノイズ」のようにみえる．もっと詳しく観察してみると，非常に変化に富んだ任意の長さの点のパターンが出現することが確かめられる．技術的な文献においては，この出現は，エルゴード理論を経由した厳密な叙述（すべての可能なより糸は遭遇するのか？）およびエントロピーの測定（すべての可能な点のパターンは等しい頻度で起こるのか——システムは最大限に無秩序なのか？）を促した．現われたもう1つのパターンにおいては，特徴を示すサインは，自己相似的な「三角形の塊」のような繰り返し出現するパターンや点のパターンが変形した集合を表示する．この出現は，エントロピーの測定によって確認され，フラクタル次元の計算を促す．

　動態：システムは非周期的であり，時間に関して非可逆的である．合計された値は，ストレンジ・アトラクターをめぐるカオス的な軌道を示唆している．限界のないシステムは空白の場所に拡張していき，多数の状態が存在するシステムにおいて1つの値が優勢になる「偽似部門」が出現し，持続するかもしれない．以前に言及したように，場所の値の糸は統計学的な規則性を示すかもしれない．これらの性質は，出現する各ルール（企業戦略）に対して一意的であり，ショックの初期パターンから独立している．

　計算上の複雑性：シミュレーション装置のために必要なメモリーは際限なく成長する．これらの要求は「圧縮不可能」である．それはまた，システムを完全に模倣するための「分析的な」近道は存在しない，ということを意味する．

　言語学的な範疇：システムの展開は「文脈に対して鋭敏」である．それは，場所の値の所与の糸は，スナップ写真図表における異なった位置では異なった後にくるより糸を作り出すかもしれない．

　4．不規則的で持続的な挙動．特徴を示すサインは，予期されないような仕方で相互作用するいくつかの不規則な形態から成る．異なった初期パターンは，劇的に異なったスナップ写真図表を生み出し得る．

　動態：ショックの初期パターンに依存して，このタイプの不規則的なシステムは，成長したり，循環したり，縮小したり，死滅したりする．入り組んだ局

所的な構造は，持続するかもしれないし，死滅するかもしれないし，あるいはまた，繁殖していき，他の局所的な構造と入り組んだ相互作用を行うようになるかもしれない．そして，「時間的に非可逆的な」システムは，歴史的に展開することを示唆する．システムの集計値の時系列には，統計学的な規則性はほとんど見出されない．構造変化を模倣するシフトが現われるかもしれない．

　計算上の複雑性：局所的な構造は，事実上，万能コンピューターの構成要素として作動する．そのシステムは計算量を圧縮することができない．さらに，システムが行きつく極限における挙動と任意の入力についての統計的な性質は，事実上予測不可能である．

　言語学的な範疇：システムの「人間的な予測不能性」は，チョムスキーの「制約されない言語」という範疇によって捉えられる．それは，形式的には，システムを模倣するために要求される恣意的と言えるほどに大規模なシミュレーション装置に対応する．

投影の性質

　時系列の自己完結的な形態を導入するために，あるいはまた，システムを将来に投影して期待形成のための現在の近視眼的なルールを改善するために，企業の予測担当者がいかにして局所的に観察された時系列の暗号を解読するかということを問うことによって，経済学者にとっては，分類システムの直観的な理解を得ることができる．たとえば，タイプ 1 の一様な均衡を取り扱うにあたっては，ほとんど何の問題もない．一様性を確認するためには，時間に関する断面を単に数回観察するだけでよいことは明白であり，システムを任意の期間だけ将来に向かって投影するためにもこの情報だけで十分であろう，ということは明白である．計算のために必要な資源の観点から言えば，均衡値に t をかけて将来の t 年間に成長を外挿するためには，（メモリーがない）ポケット電卓があれば十分である．

　タイプ 2 の周期的なシステムについては，循環の完全な記録を含むほど十分に厚い観察データの時間に関する断面があれば，将来へ投影するためには十分である．これらのデータは，有限のメモリー装置の範囲内に収まるであろう．このようなわけで，P 周期の循環については，任意の長さの将来の期間 t に

第8章 「豊かな」動学システムにおける金融政策の定性的効果

システムを投影するためには，比率 (t/P) を計算してメモリー装置における対応する値を調べるだけの計算能力があれば十分である．おそらく，動態を確認するためにもっと多くの循環を観察することが望まれるかもしれないが，原理は単純である．システムの将来の挙動を単純な手段によって将来へ投影するために必要なすべての情報は，確定的なシステムの有限期間の過去の挙動を観察すれば得られるのである．

観察と外挿のために必要とされる資源の範囲に関する広く共有された仮定は，第3および第4のタイプのシステムについては，もはやあてはまらない．1つの言い方によれば，システムの第 t 期の状態を予想するためには，$t-1$ 期までのすべての記録が必要である．別の言い方をすれば，システムについて知るために必要なすべてのことを教えてくれるデータの蓄積量には限界がないのである．もう1つ別の言い方をすれば，追加的な観察の限界価値は逓減しないのである．そのようなシステムを表現するために必要とされるコンピューターは，投影期間の長さとともにその大きさが成長するメモリーを持っていなければならない．さらに，タイプ4のシステムのために必要とされるコンピューターは，その論理能力に対するいかなる事実上の制約があってもならない．経済に関する期待の理論にとって，タイプ2とタイプ3のシステムの間の区別が特に重要である．タイプ2のシステムにおいては，経済主体は，隣接する場所の限られた範囲内における循環全体のデータを観察するだけでよい．場所の値の特定のパターンがひとたび一巡して再帰すれば，その局所的な範囲の将来の歴史全体を外挿することができる．タイプ3のシステムにおいては，特定の局所的なパターンの再発は，将来への投影を形成するにあたり，限定された意味でしか役に立たない．さらなる将来に局所的な範囲で何が生じるかは，「文脈」，すなわち，かなり離れた場所における値に依存する．「文脈に鋭敏な」ケースを将来に投影するために必要とされるデータと計算のための資源は，「文脈に依存しない」環境において必要とされるものよりもはるかに大きくなり，実用的な期待形成において一般に仮定されるものをはるかにしのぐ．「文脈に依存しない／文脈に鋭敏な」という呼称は，言語的な複雑性を分類するための位相同形のシステム——チョムスキーの等級づけ——をほのめかしている．

モデル化の検討

4つの定性的な範疇は，相互作用するシステムにとっての動学的な潜在的可能性を余すところなく尽くしている．より多くの状態が存在したり（カラー印刷が必要とされる），より狭い範囲またはより広い範囲の隣人どうしの相互作用が存在したり，より高い階数のラグが存在したり，諸ルールや近隣との境界線が混合していたり，追加的な次元が存在したりするようなシステムにおいて，特性を示すサインが現われる（スミス1971；アルビン1975；ウォルフラム1986）．この特定のモデル化の図式は，多くの理由によって選択された．3つの状態の計画の特定化は，よく知られた（最悪，正常，最良のケースという）期待データのシナリオの形式に極めて密接に対応し，黒白印刷に便利である．近隣として5つの企業を考えるのは，戦略的な相互作用が起こりそうな産業規模として示唆的である．最後に，モデルは，すべての（特定化された整数タイプの）戦略的ルールを研究できるほど十分に小規模である．これは，おそらく，その情報コストの仮定において「認識できるほど経済的であり」，一般均衡的な成長のフレームワークと整合的であり，すべての種類の動態を発生させることができるモデルのうちで最も単純なモデルであろう．モデルは，事態をわかりにくくする細部，したがって厳格な諸仮定をはぎ取って，本質のみを提示している．最後に，このタイプのシステムは，「複雑性のトレードオフ」によって特徴づけられることに留意されたい．そこでは，多くの状態があるが相互作用する近隣の範囲が狭いモデルか，あるいは状態の数は少ないが近隣の範囲が広いモデルにおいて，特定のレベルの動学的な豊かさが得られるのである．このようなわけで，完全に精巧なモデルの動学的な挙動は，ここで示されたモデルの動学的な挙動より豊かではない，ということがあり得る．

動態と期待

極限点とリミット・サイクルの軌道は，もちろん，金融の動学に関する文献において極めて良く知られている．ストレンジ・アトラクター（カオス）のケースは――ほとんどはデイ（1982）の仕事に追随するかたちで――，比較的最近になってから関心を持たれたが，それは，非線形システムにおける曲率のトリックを用いて，幾分ぎこちなく，かなりの不明確さを残したままで作り出さ

れている.第4のタイプの極めて豊かで不規則的な動学は,相互に接続された
コンピューター網として動く市場経済の自然な帰結であるにもかかわらず,文
献において全く考慮されてこなかった.豊かなケースは,どのような意味で重
要なのであろうか.適切な規模のモデル——期待される状態の数が2から5程
度あり,隣接する企業の数が3から7程度のモデル——において,極端に豊か
なタイプ4のケースは,極限点となる均衡とほとんど同じ程度の確率(所与の
モデルにおけるルールのうち6%~10%)で発生し得るのである.リミット・
サイクルは,幾分もっと多く発生する(一般的には,生起する回数の10%か
ら20%の間)のようにみえるが,他方,様々な種類のカオスが最も頻繁に発
生し,モデルの規模が増大するにつれて,その頻度が増加する可能性が高い.

　1つのタイプまたは他のタイプの動学的な行動が支配的になることを経済理
論が予見する先験的な根拠は,存在するであろうか.私は,そのような根拠が
存在するとは思わない.期待に関する特定のデータに反応する戦略として,ま
さにどの1つのルールをも想定することができるのである.低コストで得られ
る局所的なデータの伝達径路と直接的な観察を利用してデータを得ることに
(時宜を得ていること,信頼性,利用可能性のような)利点がある限り,これ
らの出所が用いられるであろう.しかしながら,経済におけるすべての企業が
同一のルールに固執するという,各シミュレーションで採用された仮定は,明
らかに,実際にはありそうもないことである.それは,実験の便宜として採用
された仮定に過ぎない.現実の市場経済においては,産業内の一部の企業のみ
が相互作用を演ずるような状況に置かれるのではないかと,私は予想している.
さらに,そのような産業はそれぞれ支配的なルールが異なり,ルールは,自律
的または進化的に,時とともに変化していく.このようなわけで,実際のシス
テムは,いくつかのスナップ写真から構成される写真のモザイクのようなもの
とみなすことができ,それ故に,複雑で複合的な動態を伴うであろう.

産業構造

　上述の推論によれば,経済的には,異なった固有の動学的な行動をそれぞれ
伴う複数の区域が存在する.さらに,「偽似的な部門」が拡大または縮小する
自己組織化の傾向は,いくつかのスナップ写真の範囲内で既にみられた.産業

構造それ自体については，何が言えるであろうか．以下で提出する政策に関するシミュレーションにおいては，一産業内の企業が産業外の諸条件についての情報を引き出す路径に関する制約とともに，鍵を握る企業の戦略的なリーダーシップを仮定する際の様々な異質な特定化が含まれている．手短に言えば，複雑性に関する4つのタイプが再び出現する．しかしながら，同じような振舞いを示す諸部門はより長く存続し，しばしば，次に述べられるような方法でシステムを安定化させることがより容易になる．

政策的な介入

一般的に，そして我々のモデルにおいて，積極的な安定化政策は，以下の諸目的のうちの1つまたはそれ以上を達成させようとする試みを伴っている．

1) 経済のトレンドを目標径路（ここでは，超過投資がゼロになる線上）に乗せる．

2) 鍵となる集計量の変動の振幅を減少させる（かくして，生産能力の過剰や不足という負担を減少させる）．

3) 集計すれば相殺されるような部門間の不均衡を減少させる（ある好況部門と他の不況部門が互いに相殺してゼロの超過総投資が達成されても，システムの潜在的な成長率は引き下げられるかもしれない）．

4) 部門内の変位性を減少させる（かくして，企業または産業レベルにおける超過的な生産の新規立ち上げと閉鎖の負担を減少させる）．

これらの目的は，優先度の高い順番に並べられていると思う人がいるかもしれない．しかし，実際には，損失関数は，第1の目的を犠牲にすることによってシステムがより良くなるようなものであるかもしれない．たとえば，より大幅な変動を伴うという犠牲を払って目標径路に乗せるよりも，目標径路から幾分それる方がシステムにとって良い結果をもたらすかもしれないのである．手短に言えば，システムの相互依存性のために，諸目標は，その達成の間にトレードオフが発生し得る目標である，とみなすことができるかもしれないのである．さらに，ある種の状況のもとでは政策的に重要になるとみなされるかもしれない，介入の2つの補助的な結果が考察されるであろう．その状況とは，複

数の当局が協力し，1つの当局の行動がもう1つの当局の操作を容易にする場合である．これらの帰結は，以下のとおりである．

5) システムの動態を質的に転換し，
6) 動態を選択的に単純化する．

ここで考えられていることは，通貨当局の介入がもしカオス的な経済を周期的な運動を行う経済に変えることができるか，または，既に存在している周期性の複雑さを減少させることができるならば，もう1つの政策当局の仕事がそれによってもっと容易になるかもしれない——あるいはおそらく，経済は，さもなければ除去しなければならなかったであろうショックに対してより頑健になるであろう，ということである．

政策的介入をモデル化するにあたり，「外部に存在する実体」，すなわち通貨当局が，システム内のすべての企業が共有する近隣者として特定化されている．この実体は，事実上銀行システムという代理を通じて，共通の信号を各近隣者に伝達する．企業は，この信号を期待を形成する際のデータとして解釈する．長期実質利子率と貨幣的な諸条件に関する諸仮定を考慮に入れて企業は3種類の投資計画を準備する，ということを想起されたい．このようなわけで，資本配分効果は，投資計画の中に既に組み入れられている．短期における投資計画の選択は，局所的で集計的な景気動向に関する雰囲気を読み取ることに依存している．現在における貨幣的な信号は，企業の経済的な隣人の直近の過去における行動の観察とともに含まれるべき，早期警報の指標であるとみなされる．

確かに，循環的で期待に左右される現象を資本理論によって基礎づけられる現象から分離させるというこの試みは，幾分人為的である．すなわち，認識された経験に基づく計画の修正が何も用意されていないのである．しかしながら，ここで提示された方式は，単純であるという美徳を持っており，かつ信号関数の顕著な諸側面を捉えている．当局は，直近の過去における超過総投資の観察に基づいて，その信号（政策）を決める．それは，近視眼的な反循環的なルール（超過投資に反応して信用を引き締めること）かまたは順循環的なルールのいずれかに従っている．異なった実験において，超過投資の幅に対する感応度がより高い場合とより低い場合（きめの粗い調整またはきめの細かい調整）に政策が適用されている．

256

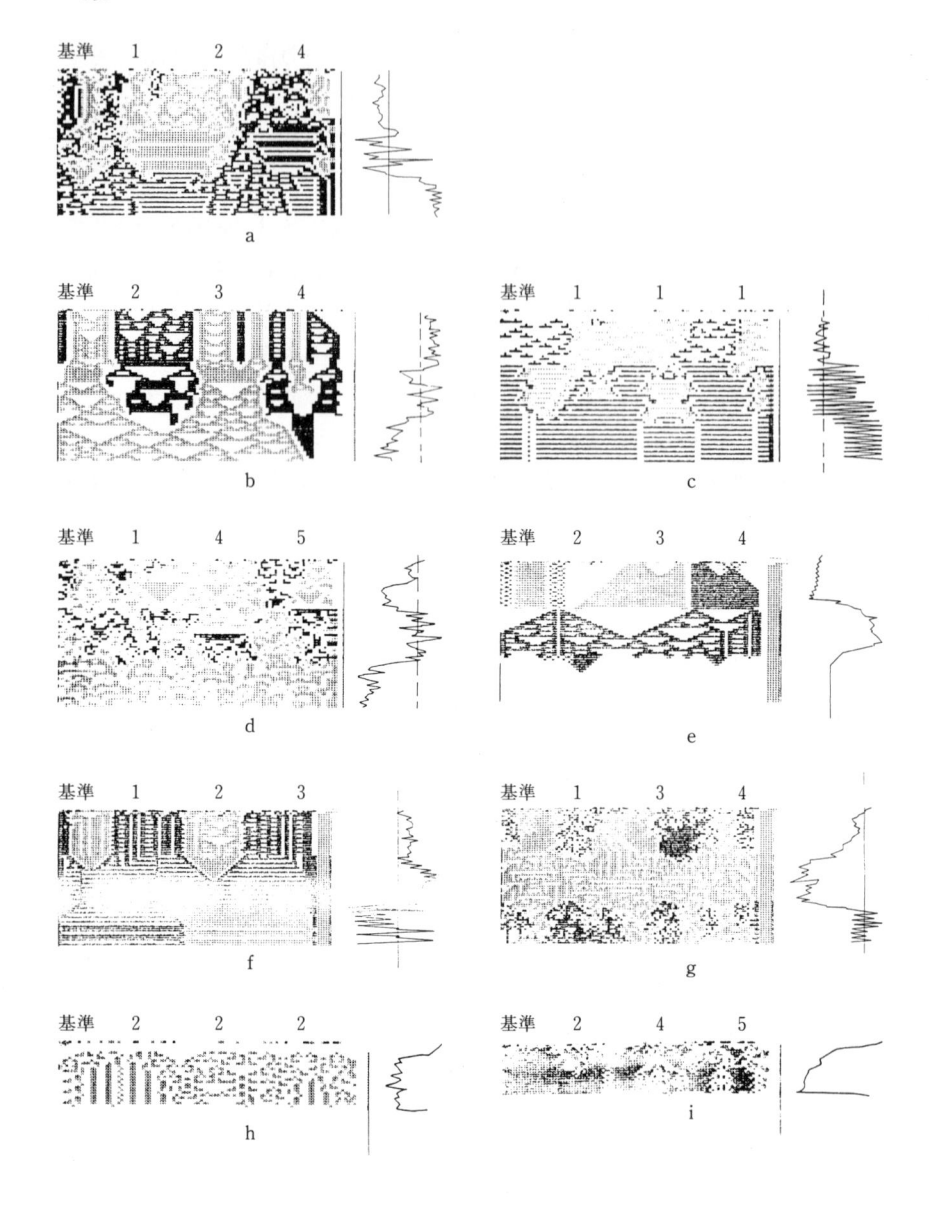

注：各パネルの右側には，ソローの成長径路と適合的な投資量を表わす「目標」または「ゼロ」の「総投資」の時間径路が与えられている．パネル 2a-2g においては，20 期間は介入なしに展開している．2a-2d では，第 21 期に「反循環的」政策が開始され，第 41 期に「適応的」政策が開始される．2e-2g においては，（企業自身の状態はその期待関数の成分になっていないモデルにおいてであるが）一連の諸局面が逆転するように行動する．両局面において，現実の投資が目標投資から 4 パーセント以上離れたならば，介入が誘発される．

2a においては，当初のカオス的な局面が介入によって目標を「中心」とする変動に転換させられるが，変動幅がより大きくなるという犠牲が発生している．2b においては，周期的に変動する経済がより大きな変動を伴う非周期的な運動を行うように転換するが，ここでも再び，目標が中心化するという改善がみられる．2c においては，変動が大きくなり，中心からはずれるという意味で事態は悪化し，経済は著しく循環的になる．2d は，「安定化」が成功したと言ってもよいようなケースである．カオス的なシステムは，エントロピーの測定値を増大させ，産出量が停滞する傾向を是正し，目標を中心化するが，相対的に大きな変動幅を伴う．2a-2d のそれぞれにおいて，後に「適応的」な政策に転換した後の挙動は，より大きな変動幅を伴う．2a-2d のそれぞれにおいて，後に「適応的」な政策に転換した後の挙動は，より大きな同質性を持っており，しばしば，非周期的な挙動に移行または復帰する．ケース 2e-2g でもまた，定性的なタイプの劇的な移行がみられる．たとえば，ケース 2e においてはタイプ 2 からタイプ 3 への移行が生じ，2f においては異なった周期的なサブ・タイプの間での移行が生じる．

パネル 2h および 2i は，標準的な挙動が展開する時間的余裕を与えずに，当初のショックの直後に「反循環的」な局面が開始されるときに何が起こるかを示している．2h においては，通常はタイプ 1 の均衡をもたらすルールが，他の諸モデルの特徴が混在する複雑で持続的な形態の変動をもたらす．2i においては，タイプ 4 のシステムが，そうでなければ観察されないような多くの珍しい形態の変動を示す．大域的なコントロールの賦課がチョムスキー＝ウォルフラム・タイプの間の可能な 12 種類の移行のうちのいずれをも出現させることができ，また，多くのサブ・タイプをも出現させ得るように思われる．

図 2 セルオートマトンの期待モデルを通じて作用する「金融的」介入の定性的な効果

金融的介入のシミュレーション

次のようにして，計算がなされている．

1. 企業が 100 社存在するモデルがシミュレートされる．まず最初に選択された複数のルールを伴う同質なモデルがとりあげられ，次に，同一のルールを伴ういくつかの異なった異質なモデルがとりあげられる．

2. 基本的な動態と特徴を誇示するために，20 期間は介入を伴うことなくモデルを動かしている．政策的にコントロールがなされる時期は 21 期目に始まり，それから，第 41 期に「逆転」させられている．

3. コントロールは，すべての企業の行動（$-1, 0, +1$）の代数和である SUM に基づいている．かくして，（企業が 100 社存在する経済においては）SUM は，完全な不況を含意する -100 から元気に満ちた好況を含意する $+100$ までの範囲の値をとり得る．$SUM = 0$ は，すべての企業が一様に正常水準の投資を行うか，または，正常水準を上回るある企業の投資と正常水準を

下回る他の企業の投資が相殺し合うかのいずれかによって生じ得る．(現実の経済ではいずれのケースが生じるかは確かに重要であるが) 現在のモデルのシミュレーションの実行においては，当局は，これらの2つのケースを区別しないし，過剰投資また過小投資が持続することから生じる実質産出量への効果も存在しない．

4. SUM は，モデルの特徴を示す図の右側にプロットされている．点線は，ゼロの集計的純投資を示す．

5. 貨幣的なコントロール MON は，実験のルールに応じて，$(-1, 0, +1)$ に設定され得る．MON の経常値が，それぞれ点線，空白，あるいは黒い四角として，図の右側にあるルール・ラインのちょうど左にプロットされている．

システムの諸性質と実験の原案

MON は，各企業によって，近隣の企業から受け取る期待に影響を及ぼす1単位の情報と同等のものとして取り扱われる．かくして，もし3社の隣接する企業から前期に正の投資という信号を受け取ったときに企業が投資を拡張するとすれば，$MON = 1$ で2企業が正の投資を行った場合には，その企業は今や投資を拡張するであろう．

実験の第1のグループにおいては，第21期に「反循環的」なルールが適用される．もし $SUM > 0$, $SUM = 0$, $SUM < 0$ ならば，それぞれ $MON = -1, 0, +1$ である．第41期にルールが逆転させられて，「適応的」になる．実験の第2のグループにおいては，SUM の絶対値が5以上ゼロを上回るときにのみ $MON \neq 0$ となる．実験の第3と第4のグループにおいては最初に，異なったきめの細かさの程度を伴って反循環的なルールが適用されている[2]．実験の最後のグループにおいては，その固有の動態がタイプ1か4であるモデルについて，第1期に介入が開始されている．

諸結果と予備的な解釈

研究における試験的な段階である現段階においては，モデルの動態の視覚的

な分類と言葉による記述で十分であろう．図2におけるパターン変化を観察すれば，金融的な介入が動学的な複雑さを増大させる例（たとえば，[2e]のようにリミット・サイクルをカオスに転換させる例）や，複雑さを減少させる例（たとえば，[2f]のようにカオスから単純なリミット・サイクルに転換させる例）を見出す．実際，4つの複雑さのタイプの間の可能な移行のうちのすべてが，安定化ルールの賦課またはその逆転によって発生した．注意深く観察するとまた，介入は，動学的複雑さに関する分類の同一範疇内においても，「複雑度」を高めたり低めたりする（たとえば，循環の周期を短くしたり長くしたり，あるいは，カオス的な無秩序の度合を高めたり低めたりする）ことがあり得る，ということが示唆される．このようなその時々の観察は，システムのエントロピーの計算によって支持されるが，この点については，更なる実験が必要である．しかしながら，ひとつの試験的な結論が提出される．広範囲にわたる様々な企業の意思決定ルールと当局の安定化政策原案をカバーする数百の実験の記録において，介入は，システムの定性的な特徴に影響を及ぼす可能性は極めて大きい，ということが言える．そのような効果は，しばしば，企業または産業または政策立案者の予想を妨害するというかたちで，システムの統計学的な性質を変えてしまうのである．

不完全な安定化

しかし，伝統的な安定化はどうなるのであろうか．介入によって引き起こされる運動は，システムの性質を示す各図の右側にある SUM の時系列のグラフによって，容易に検出される．ひとつの典型的な結果は 2a と 2b に描かれているが，そこでは，経済は中央値の方向に是正されているが，それは，集計値の変動幅がより大きくなるというトレードオフを伴う犠牲を払って達成されているのである．多くの他の例において，集計値の変動幅が大きくなるというトレードオフを伴う犠牲が発生している．中央値からますますはずれ，しかも変動の振幅を劇的に増加させる 2c の結果は，あまり頻繁には発生しないが，それは，集計値の変動幅がより大きくなるというトレードオフを伴う犠牲を払って達成されているのである．多くの他の例において，集計値の変動幅が大きくなるというトレードオフを伴う犠牲が発生している．中央値からますますはず

れ,しかも変動の振幅を劇的に増加させる2cの結果は,あまり頻繁には発生しないが,それは,微調整の危険性を例証する,思考を刺激する一例になっている.この危険性のうちの若干のものは2hと2iで例示されているが,そこでは,隔離されている場合には安定であるが外部から「安定化」の介入が行われると不安定になるシステムを例証している.実際に,変動が少ない「景気後退」から脱出して中央値のまわりを変動する経済に転換する2dの結果は,観察されたいずれのケースと比べても同程度には,安定化政策がほとんど成功しているのである.その基本的な動態がタイプ3であるような経済においては,それは稀なことである.予想し得ることであるが,適応的な政策(図2e, 2f, 2g)がシステムを中央値から乖離させる傾向がある.しかし,それはまた,集計値の範囲内での変動を除去する傾向をも持ち,かくして,後の反循環的な介入をより効果的にする.

経済的な含意

現時点における諸結果は,予備的で推測的なものとして判断されるべきであるが,それにもかかわらず,この分析からいくつかのテーマが浮かび上がってくる.

1. マクロ経済的な基準に基づいた貨幣的な政策手段は,ミクロ的ないしは局所的な「主要な指標」と結び付いたとき,期待によって動かされる経済の動態の定性的な性質を変更させ得る.

2. その変更は,システムの動態の複雑さと複雑化の度合を増加させるかもしれないし,減少させるかもしれない.システムの挙動は,順循環的か反循環的かという介入の意図よりはむしろ,企業が期待形成に必要な情報をどのように用いるかにより強く依存するように思われる.

3. システムを安定化させるために,予備的な順循環的な介入が必要になるかもしれない.反循環的な介入は,集計レベルの,あるいはシステム内部の無秩序を増大させるかもしれない.介入はまた,通常それらに帰されるようなし方で機能するかもしれないが,そのようなことが起こることは,稀である.何が起こるかは,まず第1に,企業レベルの期待形成の手続きに依存する.

4. 介入のフィルター・ルールのきめが粗いか細かいかは,重要である.通

常は，予想された結論どおりになるが，常にそうなるとは限らない．

手短に言えば，金融的な介入は，その動態が既に豊かであるシステムの動態を変更させるが，決定的な政策ルールが示唆するようなかたちでそうするのではない．ここで提出されたモデルはリアリズムをかなりの程度捨象しているが，その結果は，金融的な介入が期待に対して及ぼす効果は不確実で潜在的にはひねくれている，という見解を支持している．

注
1) モデルの基礎となる数学的構造は，1次元セル・オートマトンのそれである．ウォルフラム（1986）が，この形態のモデルの基礎となる諸論文と詳細な参考文献の主要な源泉である．経済学におけるセル・オートマトン・モデルについての一般的な議論としては，アルビン（1975）をも見よ[訳注1]．
2) これらのルールは，極めて素朴である．私は将来の論文において，最善の適応的ルールを工夫するために準備された，より高次の自己回帰的な公式と組み入れられた人工知能を伴う実験を行うつもりである．

訳注
1〕セル・オートマトンのわかり易い一般的な解説としては，たとえば，井庭崇・福原義久『複雑系入門』（NTT出版，1998年）第7章を参照されたい．もう少し専門的な解説としては，高橋智「セルオートマトンにおけるカオスとフラクタル」（合原一幸編著『カオス――カオス理論の基礎と応用』サイエンス社，1990年，第8章）を参照されたい．

参考文献
Albin, P.S. 1975. *Analysis of Complex Socio-Economic Systems*. Lexington. Mass.: Lexington Books.
―――. 1987. "Microeconomic Foundations of Cyclical Irregularities or Chaos." *Mathematical Social Sciences* 13: 185-214.
Chomsky, N. 1959. "On Certain Formal Properties of Grammars." *Information and Control* 2.
―――. 1963. "Formal Properties of Grammars." *Handbooks of Mathematical Psychology* 2. pp. 323-418. New York: John Wiley and Sons.
Day, R.H. 1982. "Irregular Growth Cycles." *American Economic Review* 72, (June): 406-14.
Farmer, D., T. Toffoli and S. Wolfram, eds. 1984. *Cellular Automata*. Amsterdam: North Holland.

Kuenne, R.E. 1979. "Rivalrous Consonance and the Power Structure of OPEC." *Kyklos* 32: 695-717.

Li, T. and J.A. Yorke. 1975. "Period Three Implies Chaos." *American Mathematical Monthly* 82 (December): 985-92.

Mandelbrot, B. 1982. *The Fractal Geometry of Nature.* New York: W.H. Freeman and Co.

Martin, O., A.M. Odlyzko and S. Wolfram. 1984. "Algebraic Properties of Cellular Automata." *Communications in Mathematical Physics* 93: 219-58. Reprinted in Wolfram, 1986.

Smith, A.R. 1971. "Cellular-Automata Complexity Tradeoffs." *Information and Control* 18: 466.

Solow, R.M. 1956. "A Contribution to the Theory of Economic Growth." *Quarterly Journal of Economics* 70: 65-94. Reprinted in Sen, A. ed. 1970. *Growth Economics*, pp. 161-92. Harmondworth, U.K.: Penguin Books.

Wolfram, S. 1983a. "Statistical Mechanics of Cellular Automata." *Review of Mordern Physics* 55. Reprinted in Wolfram 1986.

———. 1983b. "Universality and Complexity in Cellular Automata." *Physica D.* Reprinted in Wolfram 1986.

———. 1986. *Theory and Applications of Cellular Automata.* Singapore: World Scientific.

第9章

負債の支払い約束と総需要

新古典派総合と政策の批判

スティーブン・ファツァーリ，ジョン・カスケイ

　『雇用・利子および貨幣の一般理論』（1936）において，ケインズは，大不況の間にあれほど明らかであった潜在生産能力の持続的かつ大規模な浪費を分析した．ケインズの理論は，自由放任資本主義の生存能力に疑問を呈した．ミクロ・レベルでは有効に経済行動を調整するようにみえた利己心に導かれた市場活動の「見えざる手」は，システム全体としては，生産資源の完全利用を保証しなかった．

　戦後に経済理論家達は，『一般理論』の一見すると革命的な諸結果を新古典派の一般均衡分析に統合した経済活動に対する見方を提出することにより，ケインジアンの挑戦に応じた．ケインジアンの諸結果を新古典派的な正統派学説の一特殊ケースとして解釈するこの「新古典派総合」は，特に米国においては，主流派のアカデミックな思考を支配するようになった．この見解においては，市場経済が根本的に欠陥を持ったものであり得るという概念が，「現実経済」の諸制度が市場経済の調整メカニズムにおける硬直性を作り出すという観念に転換された．一般均衡が攪乱されたとき，これらの硬直性は，緩慢な動きに基づく自然で内生的なシステムの安定化要因となるかもしれない．短期的には経済はケインズ的な性質を持つが，究極的にはシステムは完全雇用を伴う一般均衡状態に復帰するのである．

　新古典派総合は，現代資本主義の制度的構造に関する単純なモデルに基づいている．金融取引構造は明確に考慮されてはいない．経済の金融サイドから実物サイドへのフィードバックは，狭く定義された貨幣ストックの需要と供給を一致させる利子率を通じてのみ作用する．これらの諸仮定は，モデルを明快で単純なものにする．しかし，それらは，新古典派総合を現代資本主義の分析に

とって適切たらしめるに十分なほどに詳細なものであろうか.

　これが，本章において提出される疑問である．負債契約が総需要に及ぼす影響を明確に考慮に入れた市場経済のモデルにおいても安定性に関する新古典派総合の諸結果が依然としてあてはまるのかどうか，ということに分析の焦点を合わせる．新古典派総合は，それが広く受け入れられているにもかかわらず，現代の市場経済の分析に対して脆弱な基礎しか提供していない，ということを本章の結論が示している．金融構造の制度的な細部がより徹底的に考慮に入れられたとき，システムの本来的な安定性という新古典派総合の中心的な結果が疑わしくなるのである．ここで提出されるアイデアはまた，金融政策について現在流布されている多くの見方に対する批判をもたらす．

新古典派総合における安定化要因

　新古典派総合の背後にある理論は，2種類の不均衡調整過程を通じて経済は究極的には生産諸資源の完全利用の状態に到達する，ということを予言している．まず第1に，不完全利用の諸資源が存在する場合には諸価格が下落する，ということを供給サイドが保証している．第2に，需要サイドの過程がデフレーションをより高い総需要に転換し，そのことによりシステムは完全稼働状態に復帰する．これらの調整過程のうちの両方が，新古典派総合の予言が成立するために不可欠である．それらのうちのそれぞれが，手短に考察される．

　ある資源，たとえば労働が超過供給の状態にあると想定しよう．その資源の名目要素価格，すなわち，貨幣賃金が競争的な市場において下落する．賃金が下落すると，限界費用が限界収入より小さくなり，産出物の供給は拡大し，財の価格水準は下落する．供給サイドからの本質的な結果は，諸資源の過小利用がデフレーション圧力を発生させる，ということである．

　しかしながら，ケインジアンの理論においては，総需要の縮小は，当初は失業を引き起こす．新古典派総合によれば，超過供給によって引き起こされたデフレーションは2つの経路を通じて総需要を刺激する．まず第1に，「ケインズ効果」が存在する．物価の低下は，外部貨幣の実質価値を上昇させる．流動性の実質供給量の増加は貨幣を保有するために経済主体が支払ってもよいと思

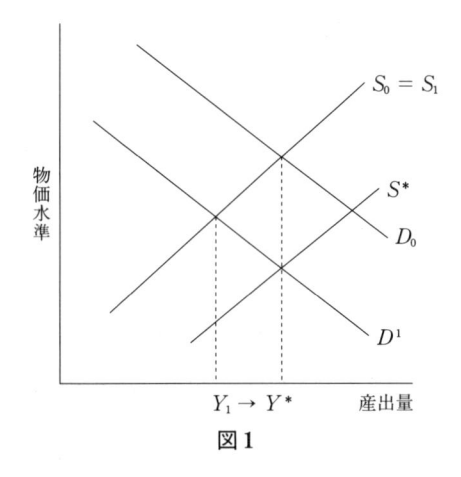

第9章　負債の支払い約束と総需要　　265

図中のラベル: $S_0 = S_1$, S^*, D_0, D^1, 物価水準, 産出量, $Y_1 \to Y^*$

図1

うプレミアムを引き下げ，利子率が低下する．利子率の低下は追加的な支出を刺激し，総需要は増加する．ここで，「流動性の罠」は，外部貨幣ストックの増加がほとんど無視できる程度の利子率の低下しかもたらさないかもしれないので，潜在的には問題を引き起こす．しかし，この事態は，「ピグー効果」によって克服され得る．デフレーションによって富の実質価値がより高くなるので，家計は，支出を直接的に増加させる．システムの安定性は，利子率の下落のみに依存する必要はない．

　調整過程は，図1のように図式的に要約される．総需要が D_0 から D_1 にシフトした後では，生産要素市場における超過供給によって生産要素価格が低下する．このことにより，所与の産出物価格水準に対応する総供給が増加し，総供給曲線の外側へのシフトが引き起こされるが，そのことは，物価水準が下落する方向への圧力を発生させる．ケインズ効果とピグー効果により，物価の下落が総需要を増加させ，したがって，支出が増加して超過供給が縮小する．過小利用の生産諸資源が存在する限りその過程は持続し，システムは，図1の Y^* で示される資源の完全利用状態へ収束する．このようなわけで，新古典派総合モデルは，価格が瞬時的には調整されない度合に応じて，不十分な有効需要による短期的な産出量の損失を許容するが，長期的には，完全雇用の一般均衡状態へ復帰させる安定化要因が機能するのである[1]．

負債による資金調達のマクロ経済効果：新古典派総合の批判

　新古典派総合はマクロ経済学において広く受け入れられている見解を代表しているが，供給サイドと需要サイドの双方について批判がなされてきた[2]．本章において，我々は，デフレーションが総需要に及ぼす安定化効果に対して疑問を呈する批判者達に合流する．我々のアプローチは，債務者は名目値が固定された支払いを約束していることをはっきりと認識している．予期されざるデフレーションやインフレーション率の減少は，経済主体が以前に期待した値に比して名目キャッシュ・フローを減少させるであろう．このようなわけで，負債支払いの「安全性のゆとり幅」が減少する．このことが経済主体の支出を減少させ得るので，物価が下落するときに総需要もまた減少するかもしれないと，我々は論ずる．もしこのことがあてはまるならば，さもなければ標準的な新古典派総合モデルの動学的な調整は，前節で述べられた安定的な過程とは非常に異なり得る．

　負債契約は，時間を通じた支払い約束の流れを設定する．契約の当事者達は，ある種の期待を心に抱きながらそれらの契約を結ぶ．資金の借り手と貸し手の双方が，義務を履行することによってキャッシュ・フローがいかに発生するかについての計画を立てている．たとえば，もしインフレーションが期待されているならば，資金の借り手は，将来におけるより高額の現金支払いに喜んで同意するであろう．なぜならば，彼等は，高いインフレーション率が彼等の将来のキャッシュ・フローを増加させることを期待するからである．これらの期待は，負債契約に具体化される．それらは契約の諸条件に暗黙のうちに反映され，契約期間が終了するかまたは契約が廃棄されるまで，それらは変更できない．

　支払い契約が結ばれた時点では予期されなかった事態が発生した場合には，何が起こるであろうか．ほとんどの文献は，分配効果に焦点を合わせている．現実の価格が負債契約に具体化された価格期待と異なるので，支払い約束の実質価値が変化し，債務者と債権者の間の富の実質的な分配は，契約の際に予想されたものとは異なるであろう．物価が下落するにつれて，債権者が得た利得とちょうど同じだけの損失を債務者が被る．この理由により，これらの分配効

第9章 負債の支払い約束と総需要

果は集計すれば相殺されてしまうと一般に仮定されている[3]。

しかし，債務者と債権者の間の単なる富の再分配以上のことが起こっているのである。システムがデフレーションのショックを受けるときには，債務者のキャッシュ・フローと現金支払い約束の間の安全性のゆとり幅が減少し，債務不履行の確率が高まる。債務不履行にはコストが伴うので，債務者は，裁量的な支出を切り詰めることによってそれを回避する誘因を持つ。たとえ債務者が破産を選択するとしても，彼等の債権者は，彼等に「耐乏生活に甘んじざるを得ない方法」を強制するために利用可能なあらゆる手段を行使するであろう[4]。

この状況において，債務者の支出の減少が債権者の支出の増加によって相殺されるであろう，と期待するべきではない。デフレーションによって債務者が被る損失と同じだけ債権者の実質的な富は増加するが，破産の可能性が増加することによってその富の危険度もまた増加する。危険の増加に直面して，債権者の流動性選好は増加するであろう。このことは，諸資産の相対価格構造の変化をもたらすであろう。安全な流動資産，たとえば国債への需要の増加は，他の条件が一定ならば，その収益率の低下をもたらすかもしれないが，これらの資産の利子率の低下は，支出の増加をもたらさないであろう。他方，資金の貸し手は消費者や企業の支出を金融するために用いられる危険度の高い資金の貸付けから撤退するので，これらの貸付けの利子率は上昇するであろう。このことにより，支出が著しく切り詰められ得る[5]。

予期されない物価下落またはインフレーション率の低下はまた，金融仲介過程の崩壊による支出の減少をもたらし得る。信用割当に関する文献は，貸付けの危険度が増加すると逆選択の問題が金融仲介を縮小させ得ることを示した。米国における大不況の時期に実際にそうなったように，もしこのことが起これば，それはまた，需要をも縮小させるであろう[6]。

これらの諸効果は，すべて同一の方向を指し示している。以前に予想された水準に比して物価が下落したりインフレーション率が下落したりすれば，総需要が刺激されるとは限らない。総需要に対する純効果は，我々のキャッシュ・フロー効果が新古典派総合によって強調されるケインズ効果やピグー効果を圧倒するかどうかに依存している。総需要曲線が右下がりであると先験的に仮定する理由はない[7]。

もし物価下落が需要を抑制する効果がケインズ効果とピグー効果による需要を拡大させる傾向を圧倒するならば，マクロ経済分析は，右上がりの総需要曲線を用いて行わなければならない．これは，前節で論じた新古典派総合の安定化装置を台無しにしてしまう．供給サイドの標準的なミクロ的基礎を受け入れて，需要が減少した後で失業が生産要素価格の下落を引き起こすと想定しよう．図2に示されているように，総需要曲線が右上がりの場合に総供給曲線が外側へシフトすれば，物価の下落が需要を抑制するので，失業はさらに悪化するのである．また，デフレーション圧力が大きければ大きいほど，すなわち，失業に反応した貨幣賃金の下落が急速であればあるほど，結果はさらに悪化するであろう．需要の抑制という最初の状況から，賃金と物価の下落は，名目値が固定された負債契約の存在により，状況を悪化させるのである．これは，総需要の変化の実質効果が貨幣賃金の粘着性ないしは非伸縮性に帰せられる新古典派総合の見解と完全に矛盾する．

　総需要が名目負債支払い約束に基づくキャッシュ・フロー効果を含むときには，図1のような固定した総需要曲線を用いたマクロ経済的調整の分析は，もはや適切ではない．なぜならば，物価水準が変化すると，経済主体は新しい期待のもとに負債を再契約するので，名目現金支払い約束額もまた変化するからである．物価水準を低下させる負のショックの後では，新しい負債契約は，より低い物価の期待に基づくであろう．このようなわけで，債務者と債権者は，

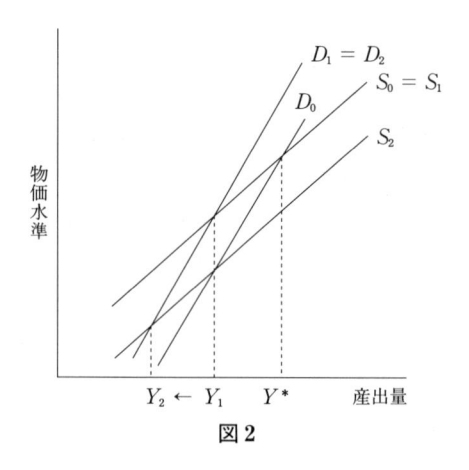

図2

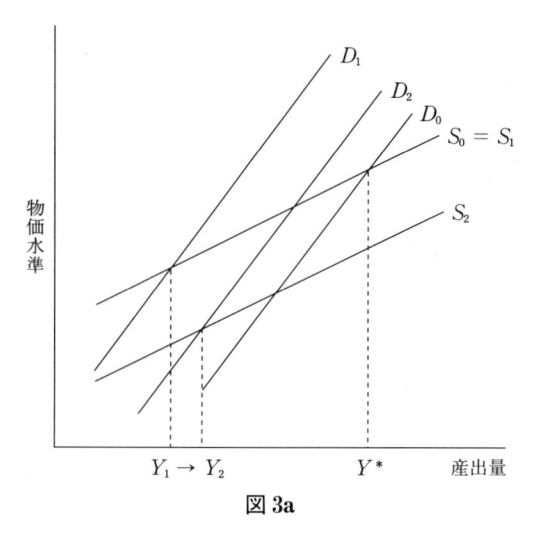

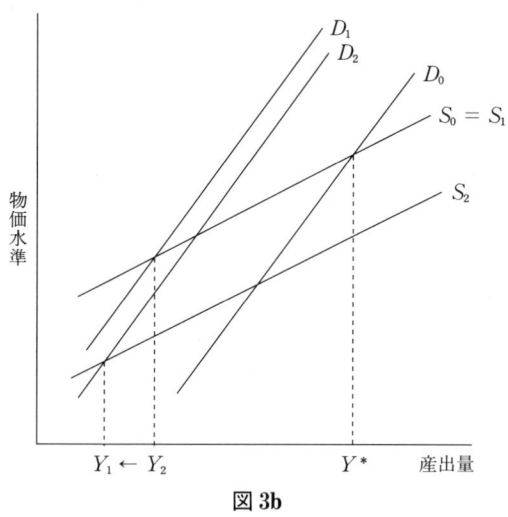

第9章 負債の支払い約束と総需要

図3a

図3b

支出を減らすことなくより低い物価水準に耐えることができるであろう．このことは，総需要曲線を外側へシフトさせる．供給曲線が一定に保たれるならば，需要曲線の外側へのシフトは，完全雇用の方向へシステムを押しやる．

　正味では，失業が存在する場合に産出量が動く方向は，供給サイドと需要サ

イドの調整過程の組合せに依存する．需要曲線が右上がりで物価が下落するとき，賃金の下方への調整は産出量を減少させるが，他方，負債契約に具体化された物価期待の改訂は，産出量を刺激する．正味の結果は，これらの動きのうちどちらが支配的であるかに依存している．図3aと図3bは，負の需要ショックが産出量を完全雇用均衡水準から Y^1 へ低下させた後のいくつかの可能性を提示している．図3aは，需要のシフトが供給のシフトを圧倒して第2期に産出量を完全稼働水準 Y^* の方向へ復帰するように押しやるケースを示している．図3bにおいては，供給のシフトが圧倒し，第2期に産出量が Y^* からさらに離れて減少する．

カスケイ＝ファツァーリ（1987）において，この種のモデルから結果的に生じ得る動学的な径路が分析されている．調整径路は循環を発生させるものであり得るし，それらは漸近的に不安定であるかもしれない．もし需要曲線が右上がりならば，賃金の下方への伸縮性が増せばマクロ経済の動学的不安定性が満す．ここでも再び，これらの諸結果は，需要の動きの実質効果を「粘着的な」賃金に帰する新古典派の伝統的な知恵に完全に矛盾する．

代替的な見解の含意

前節の分析は，マクロ経済の不況によって生じるデフレーションへの圧力は安定化効果を持っているとは限らないことを示している．新古典派総合と比較したとき，この結論は，集計的なレベルで市場経済がどのように機能するかということに関する著しく異なった見解をもたらす．それはまた，マクロ・パフォーマンス，経済制度，および経済政策の間の連関についての新しい洞察を提供する．本節において，これらの諸問題のうちの若干のものについて考察する．

理論的なレベルにおいては，我々が得た諸結果の最も著しい含意は，市場経済における自然な調整過程は，新古典派一般均衡の諸結果にとって典型的な領域である長期においてさえ，不安定化要因を克服するほど十分に強力ではないかもしれない，ということである．我々のアプローチが不安定な調整を許容しているという事実は，市場システムが究極的に破裂してしまうとか完全に崩壊してしまうということを予言するわけではない．むしろ，それは，戦後の市場

第9章 負債の支払い約束と総需要

経済によって示された一般的な安定性の完全な説明を見出すために，新古典派総合によって強調された価格と生産数量の調整の範囲を超えた探究が必要であることを示唆している．我々のアプローチあるいは主流派理論において考慮されなかった経済の他の諸側面が，我々が確認した潜在的には不安定な動学を制約する，ということはありそうなことである．たとえば，計画されたものにせよ偶然によるものにせよ，政府の介入が，不安定な経路を一定の範囲に封じ込める防壁を提供したかもしれない．

もちろん，過去数十年間にわたる市場経済の一般的な安定性に関するもう1つのあり得べき解釈は，システムの経験的なパラメーターが安定的なケースを出現させるような値であり，新古典派総合の長期における含意があてはまっている，というものである．結局，我々は，総需要曲線が必然的に右上がりであると論じているわけではなく，不安定なケースを理論的に排除できないということを指摘しているだけである．しかし，事後的な諸結果が経験的な土俵の上で不安定性を排除すると単に主張することは，本章で提出された論点に対する満足のゆく返答ではない．キャッシュ・フロー効果の相対的な重要性は時間を通じて一定ではなく，金融的な諸条件や制度が変化するにつれて変わるであろう．たとえば，米国において私的債務負担が増加するという一般的な傾向を所与とすれば，最近のシステムの挙動がたとえ一般的に受容できるものにみえたとしても，通貨当局が内生的な不安定性を封じ込めるための政策と制度的構造を立案すべきである，と強く主張することができる[8]．

これらの諸結果は，金融制度とマクロ経済のパフォーマンスの結び付きの重要性を強調している．この決定的に重要な関係は，たとえば，デヴィッドソン（1972）やミンスキー（1975）とともに，ケインズ（1936）の著作において顕著である．それは，新古典派総合の主流派理論の内部においては，未だに十分な注目を受けていない．前節において論じたように，長期均衡からはずれてしまった場合のシステムの調整径路は，現金支払い約束を変化するキャッシュ・フローにいかに急速に合わせることができるかに依存する．この調整速度は，未払いの負債の期間構造に依存するであろう．調整の動学的な性質はまた，負債契約で設定された支払い義務の性質とともに，経済全体でどの程度の水準の負債が存在するかにも依存する．これらの経済の制度的な諸側面が進化するに

つれて，集計的な市場システムの動学的な性質は著しく変化するかもしれない．マクロ経済理論は，金融慣行や制度の変化の研究と分離することができないのである[9]．

この結論は，政策の分析に特に関係がある．多くのマクロ経済学の文献は，すべての時代のすべての市場経済に適用可能な普遍的な政策ルールを提唱している．我々の代替的な分析の諸結果は，この探究は失敗する運命にあることを示唆している．政策の変化がマクロ経済に及ぼす影響は，それらが起こる特定の制度的環境に依存するであろう．負債の水準が低くて金融的な諸関係が単純なシステムにおいては，金融引き締め政策はインフレーションを抑制するために有効で，実質産出量の損失で測ったコストも低いかもしれない．しかしながら，大規模で複雑な負債契約を抱える経済においては，同じ政策が産出量の絶え間ない変化を引き起こし，不安定性をもたらすことがあり得る．

この点についてもっと詳しく考察しよう．前節において，物価の下落が総需要に及ぼす純効果が経済の動学的な挙動を決める決定的に重要な要因である，ということを，我々は論証した．需要曲線が右下がりの場合には新古典派総合の伝統的な知恵が一般的にあてはまるが，その曲線が右上がりの場合には，失業によって発生したデフレーション圧力が不安定化作用を持つようなシステムがもたらされる．今，企業と家計が十分な金融的資源を保有しているので，物価またはインフレーション率のわずかな下落は伝統的な経路を通じて総需要を増加させるものと想定しよう．しかしながら，もし物価が以前に予想された水準よりもさらに下落して金融的な諸問題がもっと深刻になれば，不安定化作用を持つキャッシュ・フロー効果が安定化作用を持つケインズ効果やピグー効果をしのぐようになり，物価が下落するにつれて需要が減少し始める．これらの性質を持つ需要曲線は，非線形であろう．図4aのD^0として，1つの例がグラフに描かれている．

この種の需要曲線は，システムに「回廊効果」(corridor effects) を引き起こさせ得る．小さな攪乱が起こった場合には，システムの内生的な反応は安定化作用を持っているであろうが，大きな攪乱は経済を安定的な回廊の外側へ押しやり，不安定な動学が結果として生じるのである．図4aにおけるD_0からD_1への需要曲線の後方へのシフトによって示されるような，需要の小規模な減少

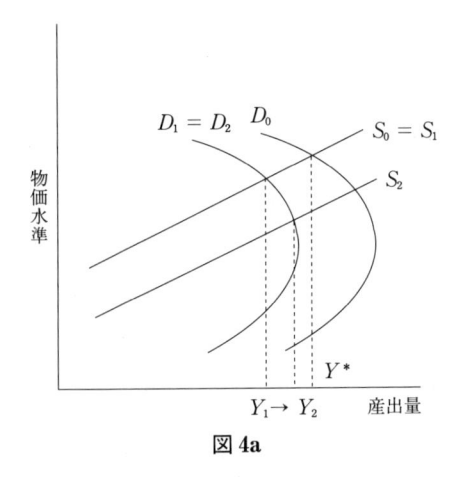

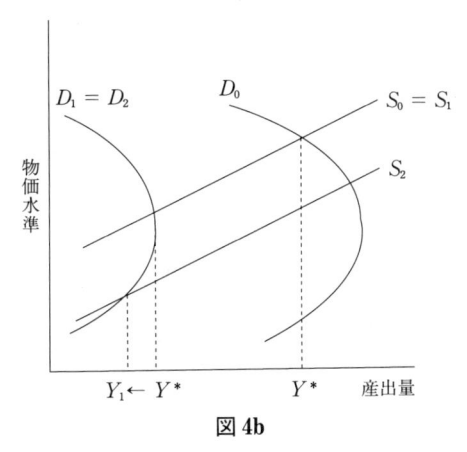

第 9 章　負債の支払い約束と総需要

図 4a

図 4b

の効果を考えよう．新しい均衡点は，需要曲線の右下がりの部分に位置している．したがって，供給曲線の外側へのシフトによって引き起こされるデフレーション圧力は，Y_2 が Y^* の方向に動いたところにあるので，産出量を完全雇用水準の方向へ押しやる．しかしながら，図 4b は，同じシステムがもっと大規模な需要ショックを受けた場合を示している．ショック後の均衡は今や需要曲線の右上がり部分に位置し，デフレーションは，完全雇用からさらに離れた Y_2 の方向へ産出量を押しやるのである[10]．

　この非線形分析は，政策実施の際の「漸進主義」の基礎を提供する．たとえ

ば，インフレーションと闘うために通貨当局が貨幣の成長率を引き下げるならば，政策はゆっくりと実施されなければならない．もし支払い契約に具体化されている期待が実際の状況と著しく異なるほど，あまりにも大きなショックをシステムが受けると，システムにおける安定化作用を持つ調整メカニズムは崩壊するかもしれない．これはまた，最後の貸し手（render of last resort）の政策のような，金融部門における不安定性を封じ込めるように設計された諸政策は，システムが大規模なショックを受けるときには非常に重要であるかもしれない，ということを示唆している．

　この結果は，金融政策に関する「新しい古典派」マクロ経済学の見解とは根本的に異なっている．新古典派総合モデルにおいては，金融政策の変化は，長期の恒常状態においては名目変数のみに影響を及ぼし，実質産出量は，人々の嗜好と生産技術によって決定される完全稼働水準に収束する．合理的期待をモデルに組み込むならば，経済主体は金融政策の変化の長期的な帰結を完全に理解していることが仮定される．したがって，貨幣量の変化についての情報が利用可能となるとすぐに，彼等は瞬時的に裁定を行って，現在の名目値と恒常状態の均衡値の間のいかなる差も即座に消滅してしまうのである．

　我々のモデルにおいては，この種の過程は起こり得ない．貨幣量が変化する前に確立された価格期待は，新しい情報が出現したときにコストをかけずに放棄できるような主観的な予想以上の存在である．期待は，客観的に存在する名目負債契約に具体化されるようになる．たとえ通貨当局が完全に信用できるとしても，過去の期待の遺産は，政策の変化が起こったときに即座に消去することはできない[11]．支払い約束額に比して相対的に名目キャッシュ・フローが圧縮されることによって引き起こされる実質支出が影響を受ける効果は，経済変数の名目値の水準がシステムの調整動学に対して重要な影響を及ぼすことを意味している．このようなわけで，期待が「合理的」であろうとなかろうと，金融政策は，負債契約を有効にする経済主体の能力を妨害してはならない．さもなければ実質変数の不安定性が結果として生じることを，我々の分析は示している．

＊　＊　＊

第9章 負債の支払い約束と総需要

『一般理論』が出版されて以来いつも,主流派マクロ経済学は,内生的な市場メカニズムが必ずしも安定的な完全雇用均衡をもたらすとは限らないというケインズの結論をくつがえそうと試みてきた.新古典派総合は,この努力の中から出現した.しかし,総合は,若干の脆弱な理論的諸命題に依拠している.これらの諸命題の理にかなった一見したところ小さな変更が,理論の含意の大きな変化を引き起こし得るのである.

本章においては,新古典派総合モデルで採用されている諸仮定のうちの1つ,すなわち,デフレーションが総需要を刺激するであろう,という命題を変更した場合の帰結について分析した.名目値で測られた支払い約束額が多額であるとき,名目支払い義務額に比べて相対的に名目キャッシュ・フローが減少すれば債務不履行の可能性が増加するので,デフレーションは総需要に対して負のキャッシュ・フロー効果を持っている.このことがいかにして債務者と債権者の支出を引き下げ得るかを,我々は示した.もしこの効果が十分に大きければ,デフレーションは総需要の減少を引き起こし,システムに対する市場の反応は不安定になるかもしれない.賃金と物価の下落速度が速ければ速いほど,経済の収縮はより深刻になり得る.このことは,総需要の収縮の実質的なコストをこれらの名目諸変数が十分急速に調整できないことに帰する,新古典派総合の中心的な結果をくつがえす.

市場経済がいつも不安定であるという予言を我々の諸結果がもたらすわけではないことを認識することは,重要なことである.我々は単に,完全雇用の一般均衡への収束を当然のこととみなすことはできない,ということを主張しているのである.市場経済は,制度的な環境次第で質的に異なった挙動を発生させ得る.新古典派総合は,現代の金融的に複雑な経済のマクロ経済学的分析の基礎を提供するほど十分に詳細ではないのである.我々は,金融構造とマクロ経済のパフォーマンスの間の連関をはっきりと認識する理論的枠組を必要としている.本章は,その方向への一歩を提供している.

注
1) もちろん,政策に関する異なった展望についての新古典派総合の広い境界の範囲内で,かなりの程度の自由度が存在する.若干のネオ・ケインジアンは,賃金と物価の

内生的な調整が十分に緩慢なので，完全雇用への収束が長引くと仮定している．システムに許容できるパフォーマンスを行わせるために，政府の需要管理政策が必要になる．マネタリストは，調整過程に含まれるタイム・ラグが複雑で可変的であるために，安定化政策は失敗する可能性が最も高いと信じている．最後に，「新しい古典派」のマクロ経済学者達は，「合理的期待」によって内生的な安定化要因が非常に急速に働き，マクロ経済政策は実質値の諸変数に系統的な効果を何ら及ぼさない，と論じている．

2) デフレーションは総需要を刺激するという観念は，ケインズの結論と矛盾する．『一般理論』の第19章を見よ．同様の見解はまた，フィッシャー(1933)，デヴィッドソン(1972)，ミンスキー(1975)およびトービン(1975)においても表明されている．新古典派総合の供給サイドの批判は，ファツァーリ(1986)にみられる．

3) 注目すべき例外は，トービン(1975)にみられるが，そこでは，債務者と債権者の消費性向が異なっていると仮定されているので，デフレーションの所得分配効果が総消費に影響を及ぼす．

4) ミシュキン(1976, 1978)は，金融的な諸条件が消費行動に影響を及ぼす経験的な証拠を提示している．ファツァーリ＝モット(1986)およびファツァーリ＝アシー(1987)は，金融的な諸変数が企業の投資支出に経験的に顕著な影響を及ぼすことを見出している．

5) 既存の負債契約が可変的な資金調達条件を持ち込むものであるときには，この分析はもっと複雑なものになる．このときには，利子率の変化は，将来の支払い約束のみならず未払いの支払い約束にも影響を及ぼす．この問題は，カスケー＝ファツァーリ(1986)においてさらに深く考察されている．

6) スティグリッツ＝ワイス(1981)，バーナンキ(1981)，グリーンワルト＝スティグリッツ＝ワイス(1984)，およびカロミリス＝ハバード(1985)を見よ．

7) この論点は，カスケー＝ファツァーリ(1987)でもっと十分に論じられ，正式にモデル化されている．同様の点は，デロング＝サマーズ(1986)において指摘されている．彼等のモデルにおいては，予想された将来のデフレーションは，現在の実質利子率を引き上げることにより，総需要を減少させる．

8) 本書におけるウォルフソンによって書かれた章とウォルフソン(1986)は，一般的な債務負担の増加についての経験的な支持を提供している．循環的な視点からの同様の証拠は，本書におけるニッグルによって書かれた章において提出されている．ここで考察された枠組においては，これらの観察結果は不安定性の可能性を増加させ，不安定性を封じ込める政策的介入をより重要なものにする．

9) これらの論点は，カスケー＝ファツァーリ(1986)においてより徹底的に分析されている．

10) もちろん，本書の最初の部分の諸章が論証しているように，この種のモデルの完全な動学的分析は，多くの異なった種類の定性的なシステムの挙動をもたらし得る．

11) この意味で，我々のモデルにおける名目負債契約は，フィッシャー(1977)のよう

なモデルにおける名目賃金契約と似た役割を演ずる.

参考文献

Bernanke, Ben. 1981. "Bankraptcy, Liquidity and Recession." *American Economic Review* 7 (2).

Calomiris, Charles, and R. Glenn Hubbard. 1985. "Price Flexibility, Credit Rationing and Economic Fluctuations: Evidence from the U.S., 1879-1914," NBER Working Paper No. 1767.

Caskey, John and Stephen Fazzari. 1986. "Macroeconomics and Credit Markets." *Journal of Economic Issues* 20 (2).

――――. 1987. "Monetary Contractions with Nominal Debt Commitments: is Wage Flexibility Stabilizing?" *Economic Inquiry* 25 (4): 583-97.

Davidson, Paul. 1972: *Money and the Real World*. New York: John Wiley and Sons. 〔原正彦・金子邦彦・渡辺良夫訳『貨幣的経済理論』日本経済評論社, 1980年〕

DeLong, J. Bradford, and Lawrence Summers. 1986. "Is Increased Price Flexibility Stabilizing?" *American Economic Review* 26 (5): 1031-44.

Fazzari, Steven. 1986. "Sales Expectations and Output Constrained Firms: A New View of the Microfoundations of Aggregate Supply." Washington University, St. Louis. Mimeo.

Fazaari, Steven, and Michael Athey. 1987. "Asymmetric Information, Financing Constraints, and Investment." *Review of Economics and Statistics* 69 (3): 481-87.

Fazzari, Steven, and Tracy Mott. 1986. "The Investment Theories of Kalecki and Keynes: An Empirical Study of Firm Data 1970-1982." *Journal of Post Keynesian Economics* 9 (2): 171-87.

Fisher, Irving. 1933. "The Debt Deflation Theory of Great Depressions." *Econometrica* 1: 337-57.

Fischer, Stanley. 1977. "Long-Term Contracts, Rational Expectations, and the Optimal Money Supply Rule." *Journal of Political Economy* 85 (1): 191-205.

Greenwald, Bruce, Joseph Stiglitz, and Andrew Weiss. 1984. "Informational Imperfections in the Capital Market and Macro-Economic Fluctuations." *American Economic Review* 74 (2).

Keynes, John M. 1936. *The General Theory of Employment, Interest, and Money*. London: Harcourt, Brace and World. 〔塩野谷祐一訳『雇用・利子および貨幣の一般理論』東洋経済新報社, 1983年〕

Minsky, Hyman P. 1975. *John Maynard Keynes*. New York: Columbia University Press. 〔堀内昭義訳『ケインズ理論とは何か』岩波書店, 1988年〕

Mishkin, Frederic. 1976. "Illiquidity, Consumer Durable Expenditure, and Monetary Policy." *American Economic Review* 64 (4): 642-53.

―――. 1978. "The Household Balance Sheet and the Great Depression." *Journal of Economic History* 38 (4): 918-37.
Stiglitz, Joseph, and Andrew Weiss. 1981. "Credit Rationing in Markets with Imperfect Information." *American Economic Review* 71.
Tobin, James. 1975. "Keynesian Models of Recession and Depression." *American Economic Review* 65 (2).
Wolfson, Martin. 1986. *Financial Crises: Understanding the Postwar U.S. Experience.* Armonk, New York: M.E. Sharpe, Inc.〔野下保利・原田善教・浅田統一郎訳『金融恐慌：戦後アメリカの経験』日本経済評論社，1995年〕

第Ⅲ部　負債と金融不安定性の経験的証拠

第10章
企業の金融諸変数の比率の循環的変動とミンスキーの金融不安定性仮説

クリストファー・J. ニッグル

　本章は，全般的な金融不安定性と脆弱性に関するハイマン・ミンスキーの理論のいくつかの側面について経験的な分析を提出する．成熟した資本主義経済は景気の拡張期に金融的に不安定になる，すなわち，経済が成長するにつれて，ある種の決定的に重要な金融的な諸比率が系統的に変化する，とミンスキーは論じている[1]．非金融企業の利潤期待とリスク評価は，景気拡張が進行するにつれてそれらの企業の資本をますますてこの原理によって拡張することを促進させ，実物資産と金融資産のポジションを金融するために，資本の外部資金による調達源泉を捜し求めることを促進させる．金融仲介機関やその他の資金の貸し手は，利潤とリスクに関するそれらの機関自体の期待が改訂されるにつれて，（以前に用心深いと考えられていた水準を越えて非金融機関がてこ率を上昇させることを許容することにより）資金の借り手によろこんで資金を提供するようになる．集団的な「多幸症」（ユーフォリア）が始まり，その結果として，負債が急速に増加する．それと同時に，リスクが低下したという企業の認識は，景気拡張が通常引き起こす利子率の上昇と結び付いて，非金融企業（nonfinancial corporations, NFCs）が流動金融資産の保有を減らすようにし向ける（ミンスキーの啓発的な言葉によれば，「現金を蹴り倒す企業」cash kickers が増加する）．その結果として，景気拡張につれて，非金融企業部門の金融的なバランスシートは悪化する．負債／資産の比率と借入れ／投資の比率（てこ率）は増加し，それらの企業の短期の負債の構成比率は上昇し，それらの企業の流動資産の比率は次第に減少するようになる．

　景気の収縮期にはこれらの過程は逆転する，とミンスキーは論じている．借入れ，投資，および金融資産の購入が減少する．投資支出よりも借入れの方が

急速に減少するので,てこ率もまた縮小するが,他方,リスクが増加しつつあるという認識により,企業は資産ポートフォリオの流動性を増加させようと試みるようになる.(戦後最初の30年間のように相対的な繁栄の時期が長期間続いたために)雇用と利潤の相対的に高い安定した水準が次第に正常なものとみなされるようになり,景気後退が一時的な逸脱とみなされるようになる経済においては,循環が繰り返されるにつれてリスクの認識は低下する.その結果として,循環が繰り返されるにつれて,てこ率を上昇させる効果を持つ歯止め効果と非線形性が発生する.非金融企業のバランスシートのこの悪化は,経済の安定性と反景気循環政策の双方にとって含蓄がある.経済は金融的に脆弱であり,その結果としてデフレ的なマクロ経済政策が危険なものになるかもしれない.それは,深刻な不況に陥らせるかもしれない負債デフレーション(資産価値の崩壊)の脅威に直面する[2].

　企業の行動がミンスキーのモデルにおいて仮定されたものとどの程度一致するかを決定するために,全米経済研究所(National Bureau of Economic Research, NBER)の参照循環プログラムを用いて,6つの完全な景気循環(1953年から1982年)にわたる米国の非金融企業部門の資産の源泉と用途の循環的な挙動が研究された[3].ウェズレー・C.ミッチェルによって始められ,NBERにおいてアーサー・F.バーンズ他によって引き継がれたこのプログラムは,時系列による標準的な景気循環分析として知られている.そのプログラムは,時系列を,系列の値を循環の平均値について規準化する(そのことによって同一循環内の趨勢を修正する)ような参照循環に変換し,時系列の転換点を定義し,系列の上昇と下降の振幅を計算し,分析された循環をもとにして「平均循環」を計算する.景気循環は,景気拡張局面と景気収縮局面に分けられる.それらは,底,景気拡張の初期,中期,および末期,頂点,景気収縮の初期,中期,および末期,そして底の9つの諸段階を含んでいる[4].

非金融企業の資金の源泉と用途および連邦準備制度理事会の会計諸概念

　以下で提出される非金融企業の金融行動の分析の若干の側面を明らかにする

第10章 企業の金融諸変数の比率の循環的変動とミンスキーの金融不安定性仮説

ために,本節では,非金融企業の資金の源泉と用途を吟味しよう.それはまた,それらの抽象的な諸概念と,この研究のためのデータ・ベースを供給する連邦準備制度理事会の資金フロー勘定 (Flow of Fund Accounts, FOFA) にみられる統計の背後にある幾分異なった会計的なテクニックの間の関係についても論じるであろう[5]. 一企業(そして非金融企業部門全体)は,資本勘定が赤字にも黒字にもなり得る(あるいは資本支出が内部資産にちょうど一致することもあり得る).資本支出のために利用可能な内部資金には,2つの源泉がある.内部留保(利潤から租税と配当を差し引いたもの)と資本減耗引当である.資本支出は,設備や備品への支出,住居用の建物の建設費,および財庫投資への支出を含んでいる.非金融企業部門は,通常は資本勘定が赤字になるが,内部資金(それは,資本ストックと資本減耗引当の強い上向きの趨勢によって景気収縮期を通じて通常は増加する)の水準を投資支出が下回るので,景気収縮期に時々黒字になる.

資本勘定の赤字 (D) または黒字 (S) は,投資のために利用可能な内部資金 (N) と実際の投資 (I) の差額として定義されている.すなわち,

$$(1) \quad D(S) = I - N$$

である.これらの諸変数は,連邦準備制度理事会のFOFA統計における「資金調達ギャップ」,「資本支出」,および「内部資金」に対応する.資本勘定の支出は,固定資本投資 (F) と財庫投資 (V) の合計である.すなわち,

$$(2) \quad I = F + V$$

内部資金 (N) は,留保利潤から企業の所得税支払い義務額を控除した値 (P) と資本減耗引当 (A) の合計である.すなわち,

$$(3) \quad N = P + A$$

連邦準備制度理事会 (FRB) の資本フロー部門において,内部資金は,帳簿価値が報告されているが,また,報告された帳簿価値を価格変化の効果を考慮に入れて調整した在庫評価調整 (IVA) 価値も報告されている.価格インフレーションは,企業の在庫の価値が上昇するので,報告される利潤額を引き上げ

る．IVA における内部資金は，インフレーションの時期には，内部資金の帳簿価値を下回る．この調整された内部資金の価値は多くの目的にとって最も適切な統計的指標であるだろうが，非金融企業が名目投資支出の資金を調達しようと企てるときに，その企業の内部資金による調達能力がどれほどであるかを考察する目的にとっては，内部資金の実際の帳簿価値が最も適切な指標になる．我々の目的にとって最も適切な赤字の概念は，投資の名目価値と内部資金の帳簿価値の差額である（この論点の重要性と含意に関する興味深い議論としては，ポーリン［1986］を見よ）．

しかしながら，FOFA によって定義された非金融企業の資本勘定における資金の用途は，実物資産の購入に限定されてはいない．企業はまた，金融資産 (FA) を取得するためにも資金を使用する．FOFA においては，これらの金融資産は，現金や他の短期資産を含む流動金融資産 (LFA)，取引信用 (TC)，消費者信用 (C)，および，特に米国の非金融企業の外国への直接投資を含むその他の資産 (MA) に分けられる（これらの統計数値はすべて純額である）．金融資産の純取得 (NFA) を表わす恒等式は，

(4) $$NFA = LFA + TC + CC + MA$$

となる．このとき，非金融企業による資本支出のための資金の純利用額の合計 (TNU) は，資本勘定の赤字 ($I-N$) プラス金融資産の純取得額，すなわち，

(5) $$TNU = D + NFA$$

となる．

非金融企業の総資金源泉 (TS) は，外部資金 (X) と内部資金 (N) を含んでいる．すなわち，

(6) $$TS = X + N$$

である．FOFA は，非金融企業の外部資金を，ともに償却した額を差し引いた純額表示の負債 (B) と株式 (E) の販売である信用市場で調達された純資金 (NF)，取引債務 (TD)，および，米国の企業部門の外国での直接投資 (FI) に分割している．すなわち，

(7) $$NF = B + E$$
(8) $$X = NF + TD + FI = B + E + TD + FI$$

となる．

純資金の構成要素，すなわち，信用市場における借入れ (B) と株式発行 (E) の双方が，非金融企業自体が発行済のものを償却した額を差し引いた純額である，ということに留意されたい．FOFAの表においては，借入れ (B) は「債務手段の純発行額」と同値であり，二次的な市場が存在するある種の債務証券（債券，抵当証書，商業手形，銀行借入れ，引受手形，金融企業からの借入れ，政府からの借入れ）の発行を含む，企業によるすべての借入れから成り立っている．

資本支出のもう1つの潜在的な資金源は，非金融企業のポートフォリオにおける金融資産の流動化（特に貨幣および他の流動資産）であり，非金融企業部門の資金の源泉および用途のモデルにこれを含めることは，分析者にとても訴えかけるものがある．（このアプローチと経済主体による支出の分析への応用に関する議論としては，アーリー=パーソンズ=トムソン [1976] を見よ．）この研究では，連邦準備制度理事会のFOFAアプローチとデータとの整合性のために，代替的なアプローチを使用する．金融資産の純取得（購入から販売を差し引いた値）は，（その部門におけるある企業にとって）金融資産の負の投資の資金源を差し引いた値としての資金の用途として取り扱われる．資本勘定における資金の総使用額 (TU) は総資金源泉に等しくなければならない．この恒等式は，次のように書かれるであろう．

(9) $$TU = TS$$
(10) $$I + NFA = X + N$$
(11) $$I + LFA + TC + CC + MA = B + E + TD + FI + N$$

内部資金を差し引いた資本勘定の赤字を定義するFOFAアプローチに適合させるために，資金の純利用額の合計 (TNU) が定義され，それは，方程式 (5) と同じである．

$$(12) \quad TNU = D + NFA$$

TNU は，外部金融されなければならない．純利用額の合計は外部資金の合計に等しくなければならないから，

$$(13) \quad TUN = D + NFA = X$$

となる．

これらの資金の源泉と利用額は定義により等しいが，現実の世界においては，非金融企業の資金の源泉と利用額に関する FRB の FOFA の推定値には，大きな額の統計的な不一致が存在する．「資金の源泉の推定値」は，「資金の利用額の推定値」をほとんどいつも上回っている．FRB の FOFA 統計担当者は，彼等が資金の源泉を統計的に推定するときに用いる生データは，利用額の推定のためのデータよりも信頼できる，と考えている．「源泉」のデータは主として IRS と SEC の報告書から取られるが，他方，「利用額」のデータのうちの若干のものは，専門家のための雑誌やビジネス関係の出版物から抜粋されている．これらの不一致は，計算から漏れてしまう資金の使途——非金融企業からの流出——を反映する，ともっともらしく説明し得るが，それは，以下で論じられるであろう若干の興味深い分析的な意義を持っているかもしれない．FOFA のテクニックに適合するが明示的にこの統計的な不一致 (SD) を含み，TNU を報告された利用額の合計として解釈した場合の源泉と利用額に関する基本的な恒等式は，次のようになる．

$$(14) \quad TNU + SD = D + NFA + SD = X$$

非金融企業の資金の源泉と用途の循環的な挙動とミンスキーの金融不安定性仮説

ミンスキーの金融不安定性仮説は，企業のある種の金融的な諸変数や諸比率の挙動に関する一連の諸命題として解釈されるであろう．ここでは，その仮説は，以下のような循環的な挙動として特定化される．

第 10 章　企業の金融諸変数の比率の循環的変動とミンスキーの金融不安定性仮説　　287

　第1に，ミンスキーは，利潤期待の上方への修正およびその他の諸要因により，景気拡張期に内部資金 (N) より急速な投資支出 (I) の増加が引き起こされる，と論じている．すなわち，$d(I)/dt > d(N)/dt$ である．

　第2に，資金の借り手のリスクと貸し手のリスクの期待は下方へ修正されるので，外部資金の利用 (X) と信用市場における借入れ (B) はいずれも，景気拡張期に増加する．すなわち，$d(X)/dt > 0$ および $d(B)/dt > 0$ である．

　第3に，企業は，資本形成の資金を調達するためだけではなく，金融資産や既存の実物資産を購入するためにも借入れを行うので，投資に対する借入れの比率（てこ率の「フロー」の指標）は景気拡張期に増加する．すなわち，$d(B/I)/dt > 0$ である．ここで，B/I は，てこ率のフローの指標である．注意：他の条件が一定ならば，もし B/I が増加すれば，てこ率の伝統的な指標（総資本または総資産——それがどのように表わされようとも——に対する総負債の比率）は増加するであろう．

　第4に，ミンスキーは，リスクが低下したと認識するために，景気拡張期に企業は流動金融資産 (LFA) の保有を減少させる，と論じている．すなわち，$d(LFA)/dt < 0$ である．

　第5に，景気収縮期には，これらの過程は唯一の例外を除いてすべて，自ら逆方向に作用するはずである．その例外とは，（減少する）販売収入によってまかなうことができない現金支払い契約義務を負っている企業による強制借入れのために，景気収縮の初期段階を通じて増加するかもしれない借入れである．ファツァーリとカスケーは，本書において強制借入れについて論じている．すなわち，景気収縮の初期段階では $d(B)/dt > 0$ であるが，後の段階では $d(B)/dt < 0$ となるのである．

　ミンスキーは彼の理論のこの側面を正式にモデル化しているわけではないが，この特定化は，金融不安定性を扱っている多くのミンスキーの論文にみられるような，これらの諸変数の予想される循環的変動に関する記述と整合的である．簡潔な説明としては，ミンスキー (1974, 1980) を参照されたい．比較のために，ウォルフソン (1986) とテイラー=オコンネル (1985, 本書に再録) にみられる，景気循環の頂点の近傍における金融的な諸変数の挙動に解するミンスキーの見解に関する詳細な議論を参照されたい．適切な形式によるデータが存

在しないために，満期構成に関する企業データの循環的な挙動については，研究されなかった．

景気拡張期における企業の金融的な諸変数と諸比率

非金融企業部門の金融的な頑健性を掘り崩し，究極的には経済の金融的な脆弱性の程度を決定するにあたって最も重要な要因とミンスキーがみなしているのは負債の増加とその結果として起こるてこ率の増加なのであるから，それらの比率の挙動に本研究では焦点を合わせている．そして，てこ率のストックによる指標（負債／資本，負債／資産，または負債／株式）はゆっくり変動し，純借入れや資産の購入の変化に対して緩慢に調整されるので，てこ率のフローによる指標の循環的な挙動が強調されている．

非金融企業のてこ率の，そのような4つの指標が研究されている．信用市場における借入れ（B）と総外部資金（X）の双方の，総投資（I）と固定資本投資（F）の双方に対する比率である．4つの指標（X/I, X/F, B/I, および B/F）のうちのすべては，ミンスキーの仮説に関する第3の特定化と整合的に変動した．すなわち，すべてが景気拡張期に増加し，景気拡張の末期に頂点に達した．図1は，平均循環の第4期に頂点に達する B/I の挙動を図示している．この研究のより完全なバージョンと他の諸比率の挙動は，ニッグル（1984, 1986）にみられる．てこ率のストックによる指標は，景気拡張の初期を通じて減少し，それから増加し，景気収縮期に頂点に達する．てこ率のストックによる指標，すなわち，信用市場における未払いの負債／企業の株式の市場価値（CMD/MVE）の挙動に関しては，図2を見よ．

投資支出，内部資金，および資本勘定における赤字の個別的な挙動を考えよう．投資のすべての指標——設備や備品への支出，固定資本投資，および資本支出——は，景気拡張期に，（帳簿価値であれIVA価値であれ）内部資金のいかなる指標よりも増加額が多く，それらはまた，内部資金よりも急速なスピードで増加する（このデータおよび他のデータについては，表1を見よ）．企業部門は，ほとんどの景気拡張を資本勘定が黒字の状態から開始し，景気拡張が進行するにつれて，それは赤字に転換する．平均拡張期において，資本支出は

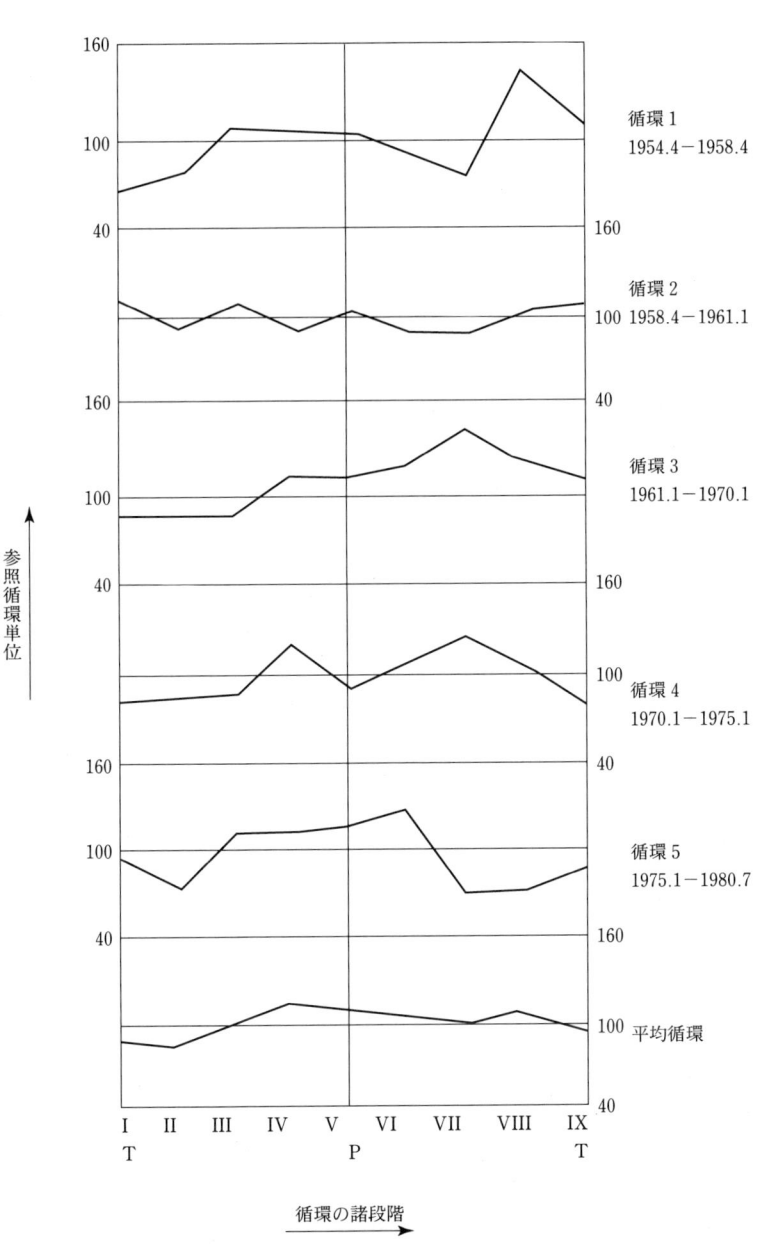

第10章　企業の金融諸変数の比率の循環的変動とミンスキーの金融不安定性仮説　　289

図1　てこ率：信用市場における借入れ／資本支出 (B/I)

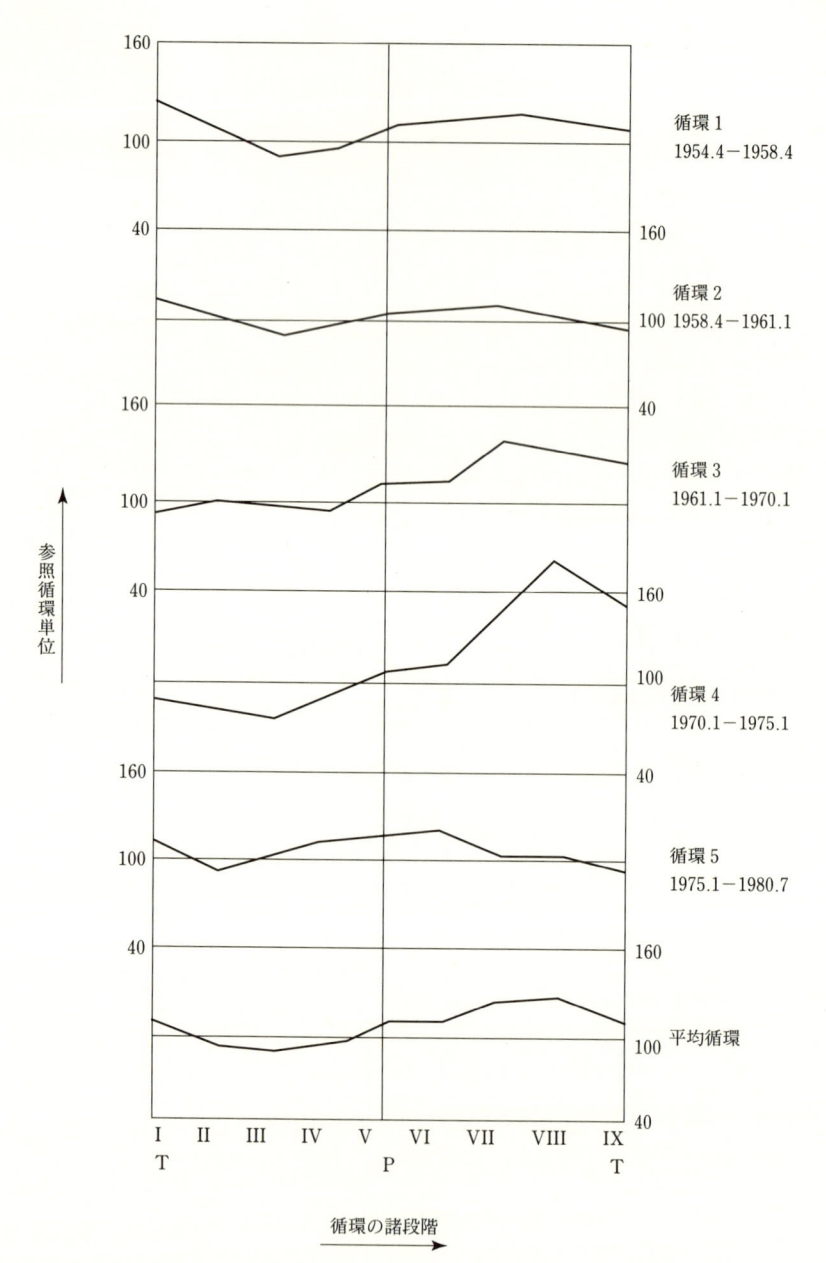

図 2 てこ率：信用市場における未払いの負債／企業の株式の市場価値（CMP/MVE）

表1 金融的な諸変数と諸比率の底から頂点へ，および頂点から底への変化の「平均循環」における値（米国の非金融企業，1953-81）

	B	X	F	I	N	D	NFA	SD	B/I	B/F
	変数または比率									
	(参照循環単位における) 底から頂点への増加									
(+)	71.3	69.1	44.3	55.6	45.8	246.9	70.9	47.0	20.1	32.8
	(参照循環単位における) 頂点から底への減少									
(−)	25.9	18.6	3.4	17.9	4.8	170.6	37.9	+11.8	7.0	19.6

B ：信用市場における純借入れ
X ：外部資金（信用市場における借入れプラス新株発行を含む他の外部資金の調達源泉）
F ：固定資本投資への支出
I ：資本支出（固定資本投資プラス在庫投資）
N ：内部資金
D ：資本勘定の赤字（$I-N$）
NFA ：金融資産の純取得
SD ：統計的な誤差
B/I ：てこ率のフローの指標
B/F ：てこ率のフローの指標

出所：Federal Reserve Board Flow of Funds Accounts and Niggle (1987).

55.6参照循環単位だけ上昇する（このことは，景気循環における底から頂点までのその変数の増加が，景気循環全体を通じたその平均値の55.6％に等しい，ということを意味する）が，他方，内部資金の帳簿価値は45.8ポイントだけ上昇し，内部資金のIVA価値は40.5ポイント上昇する．この挙動は，ミンスキーの仮説の第1の特定化と整合的である．

内部資金と投資支出の循環的変動の結果として，資本勘定の赤字に関するFOFAの指標（投資と内部資金のギャップ）は，景気拡張期に劇的に増加する．すなわち，当初の底から循環の頂点までに246.9参照ポイント上昇する（図4および表1）．この投資ギャップは，2つの方法で資金調達し得る．企業はポートフォリオにおける金融資産の保有を減らすことと，外部の資金源に頼ることの双方あるいはそのいずれかができる．企業は，後者の解決を採用する．負の貯蓄を行うのではなく，非金融企業は，実際には平均拡張期間に70.9参照ポイントだけ金融資産の純取得を増加させている（非金融企業の頂点は第4期である——図3と表1を見よ）．その結果として，非金融企業は，資本勘定における増大する赤字を資金調達するために，証券を発行し，必要な資金を募

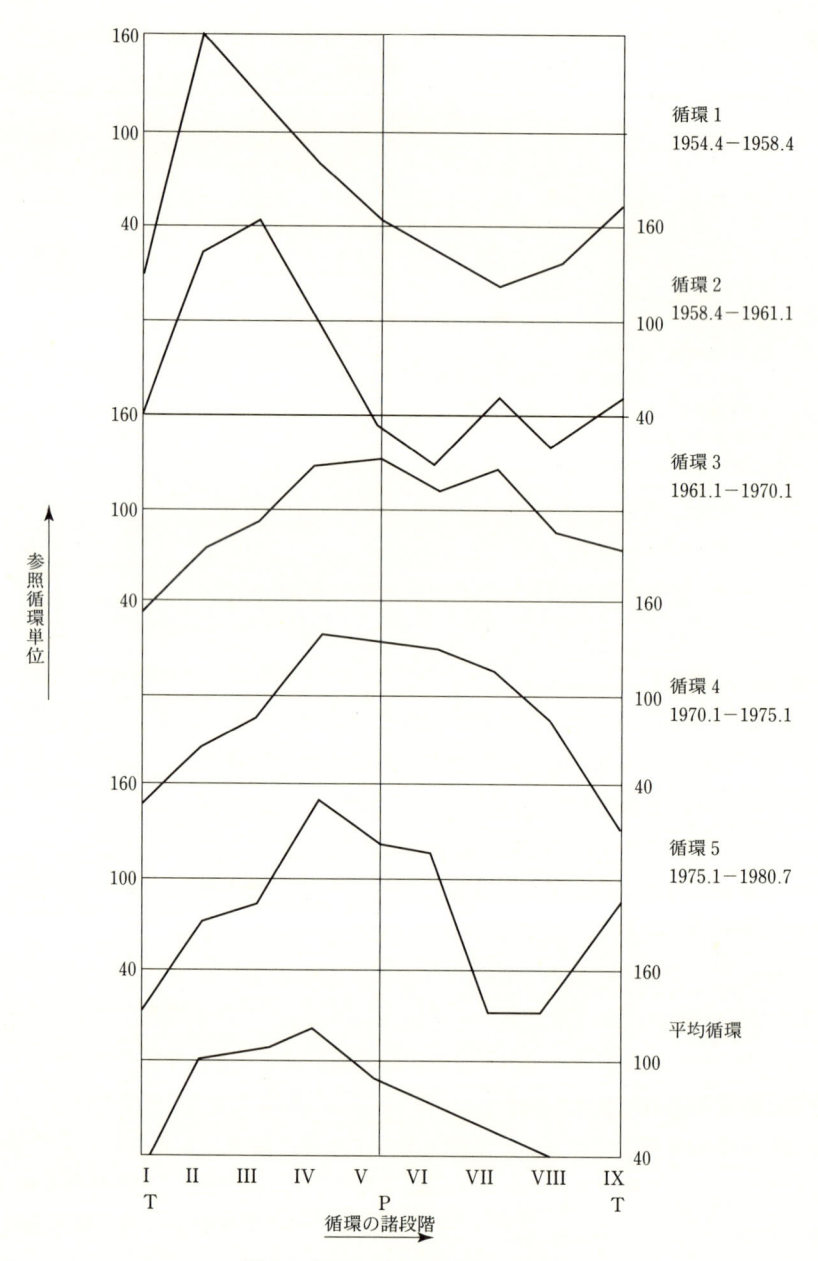

図3 金融資産の純取得（NFA）

第10章　企業の金融諸変数の比率の循環的変動とミンスキーの金融不安定性仮説　　293

循環1
1954.4－1958.4

循環2
1958.4－1961.1

循環3
1961.1－1970.1

循環4
1970.1－1975.1

循環5
1975.1－1980.7

平均循環

参照循環単位

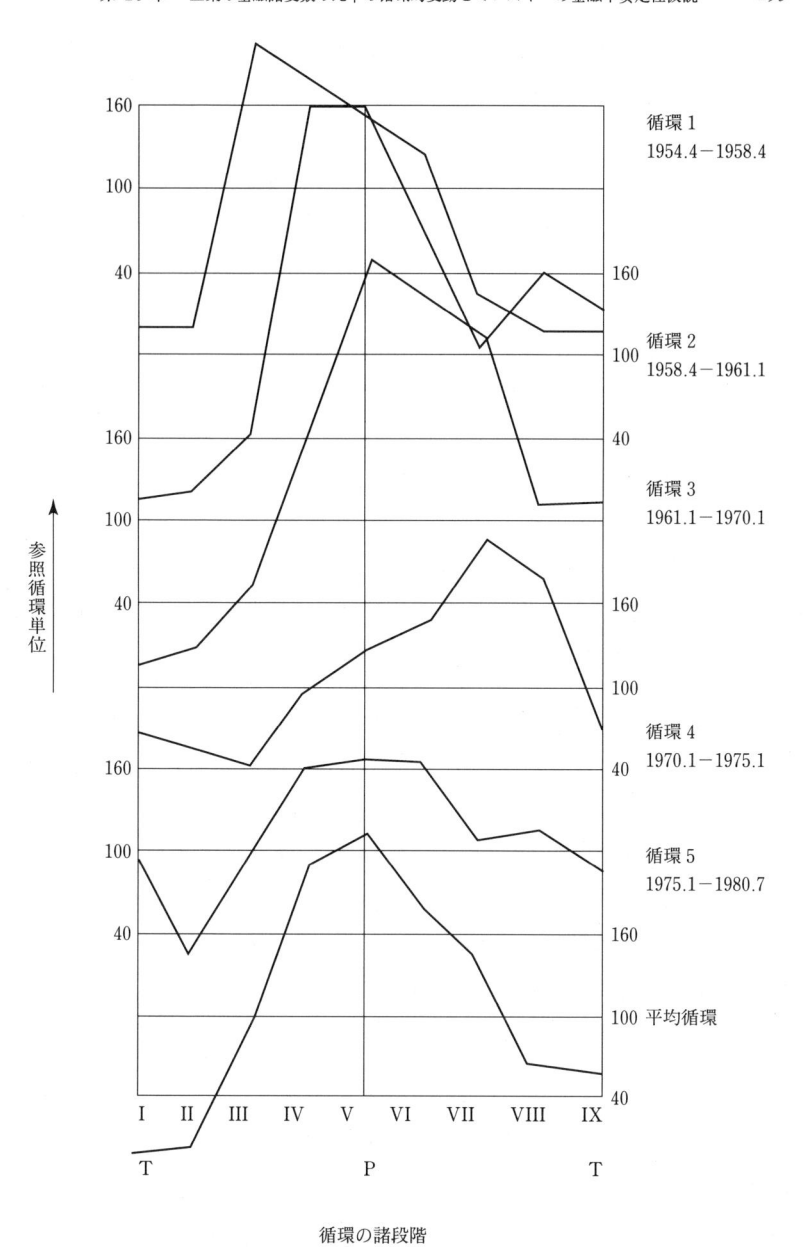

循環の諸段階

図4　資本収支の赤字（D）

集しなければならない．非金融企業部門の信用市場における借入れ (B) は，平均拡張期間に 71.3 参照単位だけ上昇し，景気循環の頂点である第 5 期に頂点に達し，そして，市場で募集された純資金 (NF——借入れプラス新株の純発行) は 64.1 ポイント上昇し，それもまた第 5 期に頂点に達する．総外部資金 (X) もまた，景気拡張期に上昇する（表 1 とニッグル [1986] 参照）．この挙動は，ミンスキーの分析の第 2 の特定化と整合的である．

このようなわけで，景気拡張期に発生する外部金融の増加のうちの若干のものは，内部資金フローと投資支出の循環的な変化のタイミングとリズムのずれによるものとして説明できる．循環の動き全体を通じて，近似的には資本形成にとって十分なだけの内部資金が存在する（ニッグル 1984）が，景気拡張期には，所望された投資にとって必要とされる資金よりも内部資金の方がゆっくりと増加するので，企業は，目標とする投資支出にとって十分な外部の資金源を捜し求めざるを得なくなる（外部資金のうちの若干のものは，資本勘定の赤字を資金調達するために必要である）．そして，資本形成に対する外部金融および借入れの比率であるフローのてこ率は景気拡張期に増加する（B/I は 20.1 ポイントおよび B/F は 32.8 ポイント）ので，借入れは，絶対額でも増加し，投資支出または資金調達ギャップそのものよりも急速に増加するはずである．2 つの広範な可能性が存在する．それは，運転資本の増加の資金を調達するために使用されるかもしれない（それは，FOFA において流動金融資産の取得として表われる）が，あるいはまた，（企業の吸収合併に付随するものを含む）投機目的での負債や株式証券の購入のような，FOFA によっては追跡されていない他の目的のために使用されるかもしれない．

資金の純使用総額と外部資金源に関する恒等式（方程式 14）を考えよう．この恒等式を投資水準 (I) で割れば，てこ率の概念のうちの 1 つ (X/I) を含む表現が得られる．すなわち，

(15) $$X/I = (D + NFA + SD)/I$$

である．フローのてこ率の挙動は，（内部資金を差し引き，統計的な不一致 SD に反映される報告されない用途を含む）資金の純使用額と投資支出の集合的な挙動によって決定される，ということを，この恒等式は示している．分子

の3つの変数のうちのいずれかが増加すればてこ率は上昇するであろう．しかし，もし内部資金が減少している（I が増加することなく D が増加している）のでなければ，てこ率（X/I）の増加は，他の2つの資金の用途のうちの1つまたは両方の増加の結果であるはずである．景気拡張期に内部資金は増加するから，景気拡張期に生じる X/I のようなフローのてこ率の増加は，資金の他の用途の増加に帰せられなければならない．

　ミンスキーの金融不安定性仮説に関する我々の第3の特定化と整合的であるが，金融資産の取得と（統計的な不一致に反映される）他の報告されない資金の用途の双方が，景気拡張期に増加する．景気拡張における第3，第4，および第5の各期に企業は流動資産の保有を減らす（それらの企業は，景気拡張期の最初の3分の1である第2期に最初は流動資産の保有を増加させる）——ミンスキーの理論の第4の特定化——が，他の金融資産（取引信用，消費者信用，および外国への直接投資）の保有は急速に上昇し，流動資産の保有の低下を圧倒してしまう．資金のこれらの金融的用途は募集された外部資金に比して大規模であり（負債に対する金融資産の純取得の比率は，1970年代の循環において 3/1 であった），それは，募集された外部資金と資本勘定の赤字の間の差が拡大していくことを説明している．顧客の購買を金融するために，また，収益性の高い金融的な投資機会を求めて，資金が非金融企業部門から流出する．景気拡張期に，非金融企業は，貸し付けるために借り入れる．それらの企業は，まるで金融仲介機関のように行動する．

　景気拡張期に増加する他の資金の用途は，FOFA における報告された資金源と資金の用途の間の不一致に反映されるかもしれない．企業の吸収・合併・買収を成し遂げるための株式証券購入の資金を負債によって調達したり，利子を資本化する（金融が逼迫している時期に利子支払いを金融するために借り入れる）ことは，景気拡張期に生じるてこ率の上昇のもう1つのあり得べき説明になる．FOFA のオリジナルなデータ・ソースは，これらの活動を追跡していない．そして，最近数十年間の企業行動をさり気なく観察すれば，これらの活動が借り入れられた資金のうちのかなりの額を吸収しているかもしれない，ということがわかる[6]．統計的な不一致は，絶対額でも大きいが，また，非金融企業の借入れや報告された支出に比べても大きい．それは時々，信用市場に

おける総借入れ額そのものの大きさに近づくのである．47.0 参照ポイントに達する平均的な底から頂点への増加において，統計的な不一致は，(4.8 ポイント下落した唯一の例外を除いて) 大部分の景気拡張期に上昇している．その挙動がここで示唆された投機的な金融的用途を反映するという点で，それは，ミンスキーの理論の第 3 の特定化を支持するさらなる証拠を提供している．

要約すれば，典型的な景気循環の景気拡張期に生じる企業の経済活動の外部金融の増加は，資本支出と内部資金の増加率が異なっていること，および資金の使用と内部資金源の獲得のタイミングのずれによって，特に説明される．しかし，非金融企業のてこ率とともに外部金融が増加することを完全に説明するためには，(報告されているものであろうとなかろうと) 他の資金の用途の増加にも訴えなければならない．非金融企業部門は，新しい実物資産のポジションを金融するためだけではなく，取引，外国への投資，および金融資産の保有を金融するためにも，てこ率を変化させ，より負債と外部の資金源の比重を重くする方向へ資本構造を変化させる．さらに，増加したてこ率はまた，未払いの負債の資金を再調達し，その負債に奉仕し，企業の再構築と再編成のための資金を調達する．景気拡張が熟すにつれて，これらの資金の用途のすべてが内部資金の成長を追い越し，企業が外部の資金源を捜し求めることを強いるようになる．

資金の源泉と用途およびてこ率のこの観察された挙動は，景気拡張期における上方への金融不安定性のミンスキーのモデルが予言するであろうパターンに正確にあてはまる．(実物的および金融的) 資本資産への企業の需要が内部資金の成長率を追い越すので，景気拡張期における借入れとてこ率はともに増加し，企業の流動金融資産の保有は低下し，企業の金融的なポジションはさらに弱体化する．(ウォルフソン [1986，および本書に収録されている論文] もまた，ミンスキーの理論の観点から金融的な諸変数の挙動を説明している．ウォルフソンは，ミンスキーのモデルのある種の側面については批判的であるが，景気循環の頂点の近傍で発生する金融恐慌の時期における非金融企業の行動に関するもっともらしい説明をそのモデルが提供していることを，見出している．)

景気収縮期における企業の金融的な諸変数と諸比率

　景気拡張期においては，外部金融が投資支出より急速に上昇し，投資はまた内部資金より急速に成長するので，フローのてこ率が増加する．成長しつつある資本勘定の赤字を資金調達するために必要な水準を超える外部金融のこの増加は，金融資産の取得，企業の再構築や再編成のような，非金融企業の他の活動の資金を調達するために必要である．景気循環の収縮局面では，この過程は逆転される．投資，金融資産の取得，借入れ，およびてこ率は，以前の景気拡張が始まった時点の水準に復帰するわけではないが，すべて低下する．この挙動は，ミンスキーの仮説の第5の特定化と整合的である．

　フローのてこ率は，景気拡張の末期（平均循環の第4期）に頂点に達する傾向があり，それから景気収縮期を通じてゆっくりと低下し，しばしば，景気収縮の中期から後期にかけて第2の（もっと低い）頂点を形成する．これらの景気収縮期におけるてこ率の頂点は，しばしば景気拡張期における頂点よりも高いが，2つの要素の結合の結果として現われる．第1に，景気収縮期に投資が絶え間なく減少しててこ率の分母が減少し，第2に，景気収縮の中期から後期にかけて借入れが増加しててこ率の分子が増加する．投資が顕著に減少する循環において，借入れの相対的に小さな増加は，その部門にとっててこ率の顕著な増加を結果としてもたらす．景気収縮期における借入れの増加は，いくつかの要素の結果として現われる．その1つは，顧客に対する非金融企業の信用供与の拡大であり（景気収縮の末期に消費者信用は増加する），もう1つは，やはり景気収縮期に上昇する外国への直接投資である．ミンスキーの金融脆弱性および不安定性仮説と整合的な第3の要素は，運転損失をカバーするための（固定的な管理共通費用を支払うための），利子支払いのための，そして未払いの負債の資金を再調達するための，企業による強制借入れである．（信用逼迫期における強制借入れに関するミンスキーの議論［ミンスキー 1982b］を見よ．ともに本書に収録されているファツァーリ＝カスケー，ウォルフソンもまた，強制借入れについて論じている．）

　てこ率は，底－頂点－底（T-P-T）循環の末期（第9期）において，初期

表2 1953-81年の底－頂点－底（TPT）および頂点－底－頂点（PTP）の期間における米国の非金融企業の様々なてこ率の平均値

TPT 循環（5循環）	B/F %	B/I %	CMD/MVE %
1　(1954.4−1958.4)	29.0	27.3	36.2
2　(1958.4−1961.1)	29.2	28.1	33.4
3　(1961.1−1970.10)	38.6	34.6	33.4
4　(1970.10−1975.1)	55.2	48.9	50.4
5　(1975.1−1980.7)	45.7	42.0	74.3
PTP 循環（6循環）			
1　(1953.7−1957.7)	26.0	23.9	37.9
2　(1957.7−1960.4)	29.7	28.8	39.9
3　(1960.4−1969.10)	36.9	32.9	32.5
4　(1969.10−1973.10)	50.3	46.1	41.5
5　(1973.10−1980.1)	49.6	44.5	73.7
6　(1980.1−1981.7)	43.3	41.5	71.1

B　：信用市場における純借入
F　：固定資本投資
I　：資本支出（固定資本投資プラス財庫投資）
CMD：信用市場における未払いの負債
MVE：企業の株式の市場価値

出所：Federal Reserve Board *Flow of Funds Accounts and Balance Sheets for US Economy* 1945-81; Niggle 1984.

（第1期）よりもほとんどいつも高く，上向きの趨勢が作り出されている．表2は，5つの T-P-T 循環の最初の4つで生じたてこ率のフロー指標のこの上向きの歯止め効果を示している．（企業の株式の市場価値に対する信用市場における未払いの負債の比率のような）てこ率のストック指標は，その上向きの歯止め効果を反映している．

　これらのてこ率の諸循環を貫く長期の挙動もまた，循環の分析と長期趨勢の分析の総合であるミンスキーのモデルと整合的である（ポーリン1982, 1986）．てこ率のフロー指標は，第4循環（1970-75）に頂点に達した．この循環の拡張局面は，1960年代の長期間（105カ月）の景気拡張と1969-70年の短期間（12カ月）の景気収縮を継承した．ミンスキー理論の視点からは，1960年代の好況の後に生じた短期間の浅い景気後退は，もはや「多幸症的」ではな

いが代表的企業やその取引銀行家にとってまだ非常に楽観的であった利潤期待やリスクに対する認識を消滅させることはできなかった，と論じることができる．てこ率の（参照循環単位の）相対的に最も大きな増加は，第3循環（1960年代の長期間の景気拡張）と第4循環に生じた（表2参照）．

分析された時期におけるてこ率の上昇傾向は，第4循環（1970-75年）の後に途切れた．それに続く循環（1975-80年）の景気拡張期にてこ率は増加したが，それは，それ以前の循環におけるほど急速に上昇せず，それらの循環におけるよりも急速に元の水準に向かって下降した．このことは，2つの要因の結合によって生じたように思われる．第1に，産業部門の資本勘定における赤字は，この循環においては以前の景気拡張期におけるよりも小さかったので，募集された外部資金の上昇を鈍らせた（図1および図4参照）．第2に，産業部門による金融資産（特に消費者信用や取引信用）の取得は1980年代の景気収縮期に急に落ち込み，非金融企業の資金需要を低下させた（図3参照）．

最後の循環を通じたフローのてこ率の低下は，より低い「正常な」てこ率への復帰を意味するかもしれないし，その水準は，金融的に成熟して発展した経済についてガーレー＝ショー（1956）によって予想されたような新しい高原状態の達成であるかもしれない．あるいはまた，それは単に，長期趨勢的なパターンの一時的な休止であるかもしれない．てこ率のストック指標はフローのてこ率の低下を極めてわずかに反映するのみである，ということに留意されたい（表2参照）．第5循環と第6循環（P-T-P循環）の間に，CMD/MVE は73％から71％へ低下したのみであり，てこ率のストック指標の10年間の平均は，1970年代には，それ以前の時期におけるよりも非常に高かった．この挙動はまた，ミンスキーのモデルと整合的であると解釈され得る．1970年代後期と1980年代初期のより頻繁で厳しい景気後退は，金融機関のポートフォリオの質の悪化と結び付いて，投機的な期待を抑制し，借入れとてこ率の低下をもたらした．そして，（1982年に始まった）現在の景気拡張が続いているので循環の分析は不適切になるが，1980年代の半ばにてこ率は再び上昇し始め，そのために，1986年に B/I は平均50.5％に達した（1987年6月5日のFRB統計速報Z7を見よ）．

* * *

　（1つの部門として捉えられた）非金融企業のてこ率と借入れは，（少なくともこの論文で特定化された意味での）ミンスキーの理論に基づく予言と多くの点で一致するように，循環的および趨勢的に変動するということを，この分析は確認している．（実物的なものであれ金融的なものであれ，あるいは，既存のものであれ新規のものであれ）資本資産への支出，借入れ，およびてこ率は，すべて景気拡張期に増加する．最も長期間の景気拡張期（第3循環における，1961-70年）にてこ率の最も大きな増加が生じて，1960年代の長い景気拡張に続いた1969-70年の短い12カ月間の景気収縮の後の第4循環に，てこ率の絶対水準は頂点に達した．そして，1970年代後期と1980年代初期にてこ率は一時的に低下したが，1981-82年の最近の景気後退から経済が回復するにつれて，その過程は自ら逆転した．現在では，てこ率は，米国の非金融企業が今までに記録した中で最高の水準に達している．

　注
* 本稿の初期のバージョンに対するマーティン・ウォルフソン，ウィリー・ゼムラー，ゲーリー・エヴァンス，およびボブ・ポーリンのコメントに感謝する．もちろん，すべての誤りと欠落は私自身によるものである．
1) ミンスキーは，金融不安定性と金融脆弱性を一連の著書と論文で論じている．彼の *John Maynard Keynes* (1975) と *Can "It" Happen Again?* (1982) は，彼の理論の拡張された議論を含んでいる．"A Theory of Systemic Fragility" (1977) は，彼の見解の簡潔な叙述を含んでいる．
2) 金融的に脆弱な状態がもたらす金融恐慌とその結果としてのあり得べき深刻な不況についての議論としては，ミンスキー（1977），ミンスキー（1978）pp. 17-20，ミンスキー（1980）pp. 508-11，および彼の1982年の著書に収録されているすべての論文を見よ．
3) ミンスキーの理論を経験的な諸結果と比較するもう1つの試みは，マーティン・ウォルフソンの *Financial Crises: Understanding the Postwar Experience* (1986) である．本書に収録されている彼による章も見よ．
4) ウェズレー・C. ミッチェルの *What Happens During Business Cycles* (1951) およびW.C. ミッチェルとアーサー・F. バーンズの *Measuring Business Cycles* (1946) は，景気循環の分析のために彼等が開発したテクニックを述べている．ゲルハルト・ブライとシャルロッテ・ボッシャンは，*Cyclical Analysis of Time Series,* Technical

Paper 20 (1971), NBER において，徹底的ではあるがテニクニカルではないやり方で，NBER プログラムの適用に関して詳しく論じている．非金融企業の資金の源泉と用途への NBER アプローチの適用に関する詳細な議論としては，ニッグル（1984，第 3 章）を見よ．そこでは，NBER アプローチの強味と弱点が論じられている．

5) 連邦準備制度理事会の資金フロー会計は，マクロ経済レベルおよび産業部門レベルにおける，金融的および非金融的な経済活動の間の相互作用を表現しようと試みている．FRB は，1947 年に FOFA の開発を開始した．*Introduction to the Flow of Funds* (FRB 1980) は，使用された会計的な概念，会計の編成，データ・ソース，および時系列を報告する様々な出版物を述べている．モリス・コープランドの先駆的な業績は，会計の概念的な基礎を形成している（Copland 1952 を見よ）．コーヘン（1972）は，資金フロー会計テクニックへのコープランドの貢献と経済分析にとってのそれらの有用性の評価を提供している．

6) 企業の結合や再構築のために非金融企業が資金を利用する程度に関する連邦準備制度理事会の見解については，*Federal Reserve Review* 71 (July 1985): 514-17 における，当時の連邦準備制度理事会副議長であったプレストン・マーティンの陳述を見よ．

参考文献

Bry, Gerhard, and Charlotte Boschan. 1971. *Cyclical Analysis of Time Series,* Technical Paper No. 20. New York: National Bureau of Economic Research.

Cohen, Jacob. 1972. "Copland's Moneyflows After Twenty-five Years: A Survey." *Journal of Economic Literature* 10: 1-25.

Copland, Morris. 1952. *A Study of Moneyflows in the United States* New York: National Bureau of Economic Research.

Earley, James, Robert J. Parsons, and Fred A. Thompson. 1976. "Money, Credit, and Expenditure: A Sources and Uses Approach." *The Bulletin,* Center for the Study of Financial Institutions, Graduate School of Buisiness Administration, New York University, No. 3.

Fazzari, Steven, and John Caskey. 1988. "Debt Commitments and Aggregate Demand: A Critique of the Neoclassical Synthesis." In this volume.

Federal Reserve Board. 1980. *Introduction to the Flow of Funds.* Washington, D.C.: Board of Governers of the Federal Reserve.

Fisher, Irving. 1933. "The Debt Deflation Theory of the Great Depressions." *Econometrica* 1: 337-57.

Gurley, John G. and Edward S. Shaw 1956. "Financial Intermediaries and the Saving-Investment Process" *Journal of Finance* (May): 257-66

Minsky, Hyman P. 1974. "The Modelling of Financial Instability: An Introduction." *Modelling and Simulation Volume5: Proceedings of the Fifth Annual Pittsburgh Conference,* Instrument Society of America, pp. 267-73.

―. 1975. *John Maynard Keynes.* New York: Columbia University Press. 〔堀内昭義訳『ケインズ理論とは何か』岩波書店, 1988 年〕

―. 1977. "A Theory of Systemic Fragility." *Financial Crises: Institutions and Markets in a Fragile Environment.* E.P. Altman and A.W. Sametz, eds., New York: John Wiley and Sons, pp. 138-52.

―. 1978. "The Financial Instability Hypothesis: A Restatement." *Thames Papers in Political Economy* (Autumn): 5-10.

―. 1980. "Finance and Profits: The Changing Nature of American Business Cycles." *The Business Cycle and Public Policy.* Washington, D.C.: U.S. Government Printing Office, pp. 209-44.

―. 1982. *Can "It" Happen Again?* Armonk: M.E. Sharpe, Inc. 〔岩佐代市訳『投資と金融』日本経済評論社, 1988 年〕

Mitchell, Wesley C. and Arthur F. Burns. 1946. *Measuring Business Cycles.* New York: National Bureau of Economic Research.

Mitchell, Wesley C. 1951. What Happens During Business Cycles. New York: National Bureau of Economic Research.

Niggle, Christopher J. 1984. The Cyclical and Secular Behavior of Leverage for the U.S. Nonfinancial Corporate Sector 1953-81. A Sources and Uses Approach. Ph. D. diss., University of California, Riverside.

―. 1985. The Cyclical Behavior of U.S. Nonfinancial Corporations' Financial Ratios and Minsky's Financial Instability Hypothesis. University of Redlands. Mimeo.

Pollin, Robert. 1982. Corporate Financial Structure and the Crisis of U.S. Capitalism. Ph. D. diss., The Graduate Faculty, New School for Social Research, New York.

―. 1986. "Alternative Perspectives on the Rise of Corporate Debt Dependency: The U.S. Postwar Experience." *Review of Radical Political Economics* 18: 205-35.

Taylor, Lance, and Stephen A. O'Connell. 1985. "A Minsky Crisis." *Quarterly Journal of Economics* 100: 871-85. Reprinted in this volume.

Wolfson, Martin. 1988. "Theories of Financial Crises." In this volume.

―. 1986. *Financial Crises: Understanding the Postwar U.S. Experience.* Armonk; New York: M.E. Sharpe, Inc. 〔野下保利・原田善教・浅田統一郎訳『金融恐慌：戦後アメリカの経験』日本経済評論社, 1995 年〕

第11章
金融恐慌の諸理論

マーティン・H.ウォルフソン

　近年における金融恐慌の増加とともに，この現象の原因に関する理論的分析もまた，増加してきた．このトピックについて書いている何人かの理論家達は，最近，相対的に類似した視点から問題に接近した．もっと良い表現が見当たらないので，この視点は，「景気循環的，信用市場的」な視点と名づけられよう．
　一般的なアプローチについては広範な意見の一致があるが，様々な著者達の実際の分析には，重要な相違がある．本章の目的は，主な金融恐慌の理論をこの一般的な視点の範囲内で論じ，それらがいかに異なるかを示し，そして，諸理論を戦後米国経済の金融恐慌の経験と比較することである．

金融恐慌への一視点

　景気循環的視点は，金融恐慌を景気循環を通じた経済システムおよび金融システムの正常な機能の結果とみなしている．循環の頂点の近傍における内生的な展開は，金融恐慌が発生しやすい諸条件を創り出す．
　信用市場的な視点によれば，景気循環における拡張期において，信用の利用が決定的に重要な役割を果たす．景気拡張の頂点の近傍で，信用への需要がますます非弾力的になる．しかしながら，信用の供給に制約があるということは，信用のすべてを融通することは不可能である，ということを意味する．金融恐慌は，信用拡張の終焉と結び付いている．
　この一般的な視点は，分析の重要な枠組であるが，それにもかかわらず，それは単に1つの枠組であって，金融恐慌の理論ではない．全般的な視点の範囲内で，分析における重要で意義深い相違が含まれている．これらの相違のより

良い理解を得るために，いくつかの現代の金融恐慌理論に手短に焦点を当て，その後に，重要な相違点について論じるであろう．

金融恐慌の特定の諸理論

アルバート・M. ヴォジニロワー (1980, 1985) の見解は，景気循環における拡張の頂点の近傍での信用需要は利子率に対して非弾力的であるのみならず，本質的に限りがない，というものである．企業は生産を拡張しようとし，得られる限りなるべく多くの信用によってこの拡張を金融しようとする．ヴォジニロワーによれば，銀行は要求された信用をよろこんで供給しようとし，また，供給することができる．しかしながら，銀行が資金の貸付けの継続を渋るかまたはできなくなるような突然のショックによって，信用の拡張は停止する．突然もたらされる信用制限は，景気循環における拡張を終わらせ，景気後退を引き起こす．

アレン・サイナイ (1976, 1977；エクスタイン＝サイナイ 1986) の視点は，全く異なっている．彼は，景気循環の頂点の近傍で経済の制御がきかなくなるとはみなしていない．彼の見解は，信用の制限はゆっくりと確実に景気拡張を終わらせる，というものである．長期間にわたる金融引き締め政策と預金の流入の減少は，次第に銀行が信用需要に応じることをできなくさせる．生産は徐々に切り詰められ，経済はゆっくりと景気後退に向かって動いていく．

ハイマン・P. ミンスキー (1975, 1982, 1986) の分析は，金融的脆弱性の内生的な展開と，金融恐慌の展開に対する脆弱性の含意に焦点を合わせている．脆弱な金融環境の重要な側面は，経済主体が支払い約束，特に負債の約束に応じることがますますできなくなることである．ミンスキーによれば，景気循環の頂点の近傍における信用需要が非弾力的になる1つの重要な理由は，これらの負債を返済するために借り入れる必要がある，ということである．もう1つの重要な理由は，以前に開始した現在進行中の投資プロジェクトの資金を調達する必要がある，ということである．

ソースタイン・ヴェブレン (1904) やウェズレー・クレア・ミッチェル (1971) のような初期の金融恐慌理論家達と同様に，ミンスキーは，借り手企

業の信頼度が低下するので銀行が投資資金の負債による調達に応じることを渋るようになることに,特に言及している.これらの初期の理論家達は,貸し手による評価の変化にとって決定的に重要な変数として,利潤の低下を強調した.ミンスキーは利潤の役割を認めているが,彼の主な強調点は,利子率の上昇であるように思われる.彼は,資金の借り手が負債の返済約束を履行する能力および将来の収益性の見通しにし対するそれらのマイナスの影響を強調している.彼の強調点は,固定的な支払い約束を履行できなくなるにあたって利潤の低下が演じる決定的に重要な役割を強調したカール・マルクス (1967, 1968) によるそれとも異なっている.

諸理論の間の相違

上述の議論からわかるように,全般的な展望には共通点があるとはいえ,諸理論の間には重要な相違がある.これらの相違は,一般的には,(a)信用の需要,(b)信用の供給,および,(c)金融恐慌の性質に関わっている.

1つの重要な相違は,景気循環の拡張局面の頂点の近傍において信用の需要が非弾力的になる理由に関わっている.1つの見方は,営利企業は積極的に生産を拡張しようとしており,より高い利子率はこれらの計画にとって十分な障害にはならない,というものである.もう1つの代替的な見方は,必要に迫られているので需要が非弾力的になる,というものである.過去に開始された(そしてその放棄には無用な損失が伴うであろう)投資プロジェクトを完了させるためにか,あるいは未払いの負債の支払い約束を履行するために,企業は貨幣を必要とするのである.

この意見の相違は,金融恐慌と景気循環における景気後退の関係に関するもう1つの意見の相違と関係がある.信用需要を生産の成長を金融する資金の需要とみなす人々は,信用の供給の中断が,この成長を停止させて景気後退を引き起こす元凶であると考える.他方,負債の支払い義務を履行したり部分的に完成した投資プロジェクトを完了させるための資金を含む必要に迫られたものとして信用需要をみなす見方は,(新投資計画がすでに切り詰められているので)金融恐慌を景気後退の途中で生じるか,または景気後退の諸条件がすでに

整った後に生じるものとみなしている.

　この区別は，金融恐慌と景気の後退の因果関係を正確に示すためだけではなく，恐慌自体の潜在的脅威を理解するためにも重要である．もし恐慌が負債の支払い義務を履行できない借り手への資金供給の拒否を伴うならば，負債デフレーション過程に典型的にみられる債務不履行，破産，および信用の清算が上流から下流へ滝の水が流れ落ちるように次々に経済全体に拡がっていく連鎖反応が，開始される（フィッシャー 1933 参照）．しかしながら，もし信用の拒絶を要求することなく生産を切り詰めることができるならば，おそらく，経済はこれらの厳しい相互に作用する反響を避けることができるであろう．

　資金の借り手が負債の支払い義務を履行できなくなることを強調する人々の間に，さらに意見の相違が存在する．それは，この状況が主として利子率の上昇によるものか，それとも主として利潤の低下によるものか，ということである．

　第 2 の主要な論点は，信用供給の制限の理由についてである．意見の相違は，債権者，特に銀行が信用を拡張する能力と意志をめぐっている．1 つの見解は，信用制限の主な理由は，借り手企業の信頼度が低下したために銀行が自発的に信用を制限することにある，というものである．代替的な見方は，銀行は借り手の信用需要に応じようとするが，準備金と預金がゆっくりと圧縮されていくためか，またはシステムに対する突然のショックのために，そうすることができなくなる，というものである．

　第 3 の論点は，金融恐慌の性質に関してである．相違点の一側面は，恐慌がゆっくりと生じるか不意に生じるか，ということである．もう 1 つの側面は，それが単に信用の供給の圧縮であるのか，それとも，それが信頼の突然の動揺と正常な金融パターンの崩壊を伴うものなのか，ということである．換言すれば，論争は，信用恐慌は信用拡張のゆっくりした下方への屈曲を伴うのか，それとも，信用の突然の遮断と支払い約束を履行するための絶望的な貨幣の争奪を伴うのか，ということをめぐって行われている．

諸理論と米国の経験

　これらの相違を和解させることは，容易なことではない．なぜならば，それ

第11章 金融恐慌の諸理論　　307

らは，事実に関する問いとともに，態度や動機を含んでいるからである．確定的な解答を得ることはできないが，米国における最近の金融恐慌の経験を調べることによって，関連した諸論点について若干の光を当てることができる．諸関係のタイミングを調べて挙動を概観することは，特に有用であろう．

　まず第1に，戦後の恐慌のタイミングを手短に確認することは，有用であろう．米国における第2次世界大戦後最初の恐慌は，1966年8月に生じており，1966年の信用逼迫と呼ばれた．それに続いて，1970年6月のペン・セントラル鉄道の破産をめぐる恐慌が発生した．1974年5月に，フランクリン・ナショナルの破綻がもう1つの恐慌のきっかけとなり，それに次いで，1980年にハント兄弟の失敗に終わった銀投機をめぐる事件が発生した．1982年の夏の間（6月から8月にかけて），ドライスデール政府証券株式会社の倒産，ペン・スクエア銀行の破綻，およびメキシコの対外債務不履行の脅威が，国内の商業銀行の信頼性の危機をもたらした．

　もし1966-67年の経済成長率の後退を勘定に入れるならば，1966年以降，各景気循環における景気拡張の頂点の近傍で金融恐慌が発生した．実際のところ，上述の恐慌はそれぞれ，景気後退が始まった後でまもなくして発生した．（景気拡張の頂点から約1年後に発生した1982年の恐慌を除いて）それらのうちのすべては，景気拡張の頂点から6カ月以内に発生した．このようなわけで，このタイミングの証拠は，金融恐慌時における信用の清算によって景気後退が引き起こされるという見解と矛盾するように思われる．

　もっと最近の恐慌もまた，存在する．すなわち，コンチネンタル・イリノイ・ナショナル銀行の事実上の破綻，オハイオ州とメリーランド州の州保証貯蓄預金の取り付け騒ぎ，および株価の崩落があった．これらは，景気の頂点に到達する前に，景気循環における景気拡張の途中で発生した．これらのタイミングは，ここではこれ以上論じない長期の構造変化や制度変化に関係している[1]．

　ここで，前節で提起された他の諸論点について考えることにしよう．第1の論点は，景気循環における景気の頂点の近傍で信用需要が非弾力的になる理由にかかわっている．これは，支払い約束を履行するための必要に迫られた資金需要である，と考えるための若干の根拠が存在する．

景気拡張の頂点が近づくにつれて，非金融企業部門の金融的な諸条件がひどく悪化するということが周期的に生じた．バランスシートの健全性に関する伝統的な指標は，悪化する．すなわち，負債／株価および負債／満期手形の比率は増加し，流動性比率は減少した[2]．さらに，景気拡張の頂点の近傍で，インタレスト・カバリッジ比率は低下した．支払い利子に対する税引前粗利潤プラス支払い利子の比率であるこの指標は，資本所得から利子費用の支払いをまかなう能力を示している．

　インタレスト・カバリッジ比率の頂点は，利潤比率の頂点とほとんど一致している．このように2つの比率が頂点に達するタイミングがほとんど一致しているということは，観察れた負債支払いの困難の原因は，景気拡張の頂点の近傍における利潤の低下にある，ということを示唆している．他方，利子率は，インタレスト・カバリッジ比率が低下し始める6カ月から1年前に，典型的には上昇し始めた．企業は収益性のある投資機会を開拓するために負債を利用することができ，これらの行動は負債の償還の困難を必ずしも招くことなく利子率を上昇させ得る，ということを，このタイミングのパターンは示唆している．償還の問題がもっと深刻になるのは，負債を償還する手段——利潤——が低下し始めたときのみである[3]．

　信用需要に関する代替的な見方は，企業は清算の増加を金融するために信用を追い求める，というものである．しかしながら，設備や備品への実物投資は，その後も相対的に高い水準を維持するとはいえ，一般に金融恐慌が発生する前に頂点に達する，ということを経験的な記録は示している．さらに，将来の投資計画の指標となる設備や備品の契約や注文の時系列は，投資の時系列自体が頂点に達するよりも約3カ月から6カ月前に，いつも必ず頂点に達した．

　これらの諸関係の一番もっともらしい解釈は，金融恐慌直前の時期における信用需要の少なくとも一部の原因はある種の形態の「非自発的」投資に帰せられる，というものである．投資計画が切り詰められたが投資支出水準はまだ相対的に高い時期には，企業は新しい投資プロジェクトではなく，過去に開始されて現在でも引き続き資金を必要とする投資プロジェクトの資金を調達しようとする，という可能性が高い．この「非自発的」投資は，ある点では，負債の償還要求と似た支払い約束の形態をとる．

第2の主要な論点は，信用の供給制限の理由にかかわっている．資金の貸し手に影響を及ぼす諸条件を調べるにあたり，我々は，戦後の景気循環における景気の頂点の近傍において，いつも首尾一貫して金融引き締め政策が実行されたことを見出している．さらに，景気拡張の頂点が近づくにつれて，商業銀行の貸付けの損失が増加した．このようなわけで，銀行は，貸付けを削減する誘因を持ち，また，貸付けを制限させようとする通貨当局からの圧力に対処しなければならない．しかしながら，顧客のタイプが異なれば，銀行がいかにしてこの状況に到達するかも異なってくる．

一般的には，銀行は景気循環における景気の頂点の近傍で信用を制限したが，それと同時に，長年のつきあいがある顧客企業には，必要に迫られた融資需要に応じようとした．準備金の減少という圧力があったために，銀行は投資の成長を制限せざるを得なくなり，商業的な貸付けを優先させて非商業的な貸付けの成長を減速せざるを得なくなった．連邦準備制度理事会の銀行貸出し慣行調査からの証拠によれば，銀行は，確立された顧客よりも新規の借入れ企業に対して，かなり厳しい貸出し制限政策をとっていた．それらの銀行は，負債管理を利用することにより，また，多くの譲渡性預金，ユーロダラー，商業手形の借入れ，および連邦資金市場での借入れのような，貨幣市場における相対的に費用のかかる，浮動的な，保険がかけられていない資金を「購入」することにより，最良の顧客の要求に応じることができた．

最後の論点は，金融恐慌の性質に関するものである．意見の相違は，金融恐慌はゆっくりとした信用の清算なのか，それとももっと突然の反応なのか，という論点のまわりをめぐっている．実際，前文で言及された銀行への圧力は，景気循環の頂点に到達する以前に，多くの借り手の信用をゆっくりと減少させた．しかしながら，最良の顧客の要求に応えようとする銀行の試みもまた，意外な出来事によって突然中断されるような貸付けの状況をもたらした．

戦後の米国の経験において，2つのタイプの意外な出来事があった．第1は，政府当局によって課せられる制度的な制約であった．1966年のレギュレーションQによって利子率の上限が設定され，1980年3月に，信用のはっきりとした統制が開始された．第2のタイプの意外な出来事は，投資家と預金者の双方あるいはその一方の確信にショックを与えた債務不履行または破綻（あるい

はそのうちの1つの脅威)であった．たとえば，1970年にはそれはペン・セントラルの破産であり，1974年には，それはフランクリン・ナショナル銀行の破綻の脅威等であった．

　これらの意外な出来事の重要性は，それらが重要な借り手への信用の供給を不意に切断してしまうことである．制度的な制約の場合には，銀行は，政府当局によって，さらなる貸付けを突然阻止された．意外な債務不履行や破産は，典型的には，商業手形市場と銀行が購入した公債の市場からの機関投資家の急速な撤退を引き起こした．いずれの場合にも，貸付けは突然停止した．連邦準備制度理事会が最後の貸し手としてすばやく金融市場に介入したのは，この時点であった．絶望的に貨幣を求めているが不意に信用の源を断たれ人々が貨幣を利用できるようにしてやることにより，連邦準備制度理事会は，金融恐慌が拡散・深化していくことを阻止した．この介入には，通常は，金融緩和政策と拡張的な財政政策が続き，しばらくの間，経済を恐慌から遠ざける方向へ動かした．

　このようなわけで，金融恐慌の本質は，信用の突然の中断によってもたらされる熱烈な貨幣需要である．景気循環における景気拡張が終わるにつれて，多くの経済は信用のゆるやかな圧縮に直面するが，米国経済の金融的安定性に対する金融恐慌の脅威は，これだけで完全に把握できるわけではない．

注
* 本章で表明された見解は，著者本人によるものであり，政府の部局またはその他のいかなるスタッフ・メンバーの見解をも必ずしも代表するものではない．
1) これらの変化と景気循環的な視点にとってのそれらの重要性については，ウォルフソン (1986, 1987) を見よ．
2) エクスタイン=サイナイ (1986) およびウォルフソン (1986) において，経験的な記録が詳細に論じられている．
3) 利潤から差し引かれる利子費用が利潤の下落の原因になっているわけではない．利潤に利子費用を加えて計算した利潤率も，同じ循環的パターンを示している．

参考文献
Eckstein, Otto, and Allen Sinai, 1986. "The Mechanisms of the Business Cycle in the Postwar Era." *The American Business Cycle: Continuity and Change*, pp. 39-105.

第11章 金融恐慌の諸理論 311

　　Robert J. Gordon, ed. NBER: University of Chicago Press.
Fisher, Irving. 1933. "The Debt-Deflation Theory of Great Depressions."
　　Econometrica 1: 337-57.
Marx, Karl. 1967. *Capital.* 3vols. New Yourk: International Publishers. 〔岡崎次郎訳
　　『資本論』(1)〜(9)大月書店, 1972-75年〕
　　―. 1968. *Theories of Surplus Value.* 3 parts. Moscow: Progress Publishers. 〔岡
　　崎次郎・時永淑訳『剰余価値学説史』(1)〜(9), 大月書店, 1970-71年〕
Minsky, Hyman P. 1975. *John Maynard Keynes.* New York: Columbia University
　　Press. 〔堀内昭義訳『ケインズ理論とは何か』岩波書店, 1988年〕
　　―. 1982. *Can "It" Happen Again? Essays on Instability and Finance.* Armonk,
　　New York: M.E. Sharpe, Inc. 〔岩佐代市訳『投資と金融』日本経済評論社, 1988
　　年〕
　　―. 1986. *Stabilizing an Unstable Economy.* New Haven: Yale University Press.
　　〔吉野紀・浅田統一郎・内田和男訳『金融不安定性の経済学』多賀出版, 1989年〕
Mitchell, Wesley Clair. 1971. *Business Cycles and Their Causes.* Berkley, California:
　　University of Carifornia Press. 〔種瀬茂・松石勝彦・平井規之訳『景気循環』新
　　評論, 1972年〕
Sinai, Allen. 1976. "Credit Crunches—An Analysis of the Postwar Experience."
　　Parameters and Policies in the U.S. Economy, pp. 244-74. Otto Eckstein, ed.
　　Amsterdam: North Holland.
　　―. Discussion of Papers on the American Financial Environment. *Financial
　　Crises: Institutions and Market in a Fragile Environment,* pp. 187-203. Edward I.
　　Altman and Arnold W. Sametz, eds. New York: John Wiley and Sons, 1977.
Veblen, Thorstein. 1904. *The Theory of Business Enterprise.* New York: Charles
　　Scribner's Sons. 〔小原敬士訳『企業の理論』勁草書房, 1965年〕
Wojnilower, Albert M. 1980. "The Central Role of Credit Crunches in Recent
　　Financial History." *Brookings Papers on Economic Activity,* No.2, pp. 277-326.
　　―. 1985. "Private Credit Demand, Supply, and Crunches: How Different are
　　the 1980s?" *American Economic Review* 75: 351-56.
Wolfson, Martin H. 1986 *Financial Crises: Understanding the Postwar U.S. Experi-
　　ence.* Armonk, New York: M.E. Sharpe, Inc. 〔野下保利・原田善教・浅田統一郎
　　訳『金融恐慌：戦後アメリカの経験』日本経済評論社, 1995年〕
　　―. 1987. Financial Instability, the Business Cycle, and Macroeconomic Policy.
　　Paper presented at the Meeting of the Eastern Economic Association (March 6).

第12章
対外債務と成長の政治経済学
ペルーの事例

フェリックス・ジメネッツ，エドワード・ネル

　ベーカー構想[訳注1]は，1986年から1988年にかけて第三世界への貸付けが低下したことに歯止めをかけてそれを逆の方向に反転させたいという，米国の行政当局の願望を示すサインであった．それによれば，第1に，債務国は自由市場政策を採用しなければならない．第2に，銀行は債務にあえぐ諸国への新規貸付けを増やさなければならない．第3に，IMFと世界銀行は，債務に悩まされている諸国への監視を強化し，自らの貸付け計画を促進しなければならない．その計画の背景には，米国の政策担当者にとって神聖不可侵な仮説が存在する．すなわち，自由市場が経済成長の最善の推進機関であり，外国資本は常にその受入れ国の長期の経済成長に貢献する，ということである．

　米国の経済政策は，2つの手段を提供することによって，第三世界の諸国に影響を及ぼした．そのうちの1つはマネタリスト（あるいは俗流ケインジアン）の政策であり，もう1つは，ケインジアンの政策である．第1の政策は，米国の貿易量と米国経済の交易条件の双方を変えることを意図したドルの減価である[1]．レーガノミックス〔レーガン流経済政策〕は，すでにダメージを受けていた第三世界の国々の購買力を減少させたので，第2の政策が，最も重度の債務国に，それらの国々が自由市場政策を採用した場合にはいつも新規に貨幣を注入する，という役割を演じた．新規に供給されたこの貨幣が，次に，米国やその他の産業化された諸国の経済で生産された財への需要を創出するのに役立つことが，期待された[2]．

　本論文の一般的な目的は，自由市場アプローチは，ラテン・アメリカ諸国が国内経済を合理化することを妨げている基本的な諸問題を処理しないので，せいぜいのところ役に立たず，それは，これらの諸国が発展させてきた脆弱な産

業基盤を破壊し得るので，最悪の場合には危険である，ということを示すことである．かなり代表的なケースとみなされるペルーのケースについて，論点が説明されている．自由市場政策は，解決の一部なのではなくて，問題の一部なのである．

まず第1に，ペルーにおける負債の展開の背後には，外的な要因と内的な要因が確認されるであろう．債務危機は，たとえば交易条件の悪化や世界経済の景気後退のような国際金融システムの不備から引き起こされるだけではない[3]．それはまた，内的な経済的要因によっても引き起こされる．なぜならば，国際的なショックに対抗する国内政策は，国内における資本蓄積の要求に究極的には制約されるからである．

第2に，経済成長に対する外国資金の貢献は数量的に測定されるであろうし，対外債務と外国企業の直接投資の双方の帰結は，確認されるであろう．外国からの資金提供の必要性は，統合された投入・産出システムが存在しないために産業への投入物や資本財の輸入に経済が構造的に依存している，という事実をほとんど反映している，ということを我々は強調したい．

対外債務の成長の要因：1973-84年

表1の数字は，ペルー経済における対外債務の3つの重要な性質を示している．第1に，第2列と第4列の比較からわかるように，対外債務の全体に占める公的債務の比率が，1966年の34.4％から1975年の70.5％，1984年の87％へと急速に上昇した．第2に，GDPに対する対外債務の比率は，景気循環の頂点においてはあまり変化しなかった．その平均値は29.5％であった．しかしながら，景気循環の底においては，この比率は劇的に増加した．その平均値は42.8％であった．同様のパターンは，全体の期間中の平均値が200％以上であった負債／輸出比率にもみられる[4]．第3に，1973年は，対外債務の長期パターンの転換点になっている．この年から1984年まで，負債はほとんど指数的に増加した．

国際収支における経常収支と資本収支は，最近の35年間において2つの顕著に異なった期間の存在を明らかに示している（表2参照）．1950年から1968

表1　総対外債務

年[1]	公的	私的	合計[2]	負債／GDP 比率[3]	負債／輸出 比率[3]
1966	604.7	1153.1	1757.8	30.3	194.7
1968	762.0	1199.6	1961.6	36.1	201.3
1971	1000.7	1210.5	2211.2	29.0	207.0
1973	1491.0	1201.0	2692.0	26.5	199.8
1975	3066.0	1286.0	4352.0	28.0	261.6
1978	5135.0	1340.0	6475.0	55.0	272.8
1981	6210.0	1507.0	7717.0	30.7	191.0
1984	9775.0	1464.2	11239.2	53.6	312.5

注：1)　循環の頂点：1966, 1971, 1975, 1981 年
　　　　循環の底：1968, 1973, 1978, 1984 年
　　2)　百万 US ドル表示．
　　3)　比率の諸変数は，同一通貨によって経常価格で測られている．
出所：Banco Central de Reserva del Peru; Instituto Nacional de Estadistica; IMF, International Financial Statistics; World Bank, Peru: *Long-term Development Issues*, Vol. III, 1979.

表2　国際収支における経常収支と資本収支（百万 US ドル表示の経常価値）

	1950-62	1963-68	1969-75	1976-80	1981-84
貿易収支	−297.7	−254.4	−1507.8	1518.0	−825.1
純要素サービス所得	−529.8	−658.4	−1262.9	−3300.0	−4334.6
（純利子支払い）	(n. a.)	(−235.0)	(−843.8)	(−2434.3)	(−3774.2)
（本国へ送金された純利子）	(n. a.)	(−423.4)	(−419.1)	(−865.7)	(−560.4)
移転収支	145.7	151.8	355.0	615.0	698.0
経常収支	−681.8	−761.0	−2415.0	−1167.0	−4461.0
中長期の借入れ，純計	242.8	542.4	2243.9	2584.0	4342.2
外国からの直接投資，純計	330.8	26.1	423.7	348.0	122.0
短期資本*	192.2	102.8	−267.4	−604.5	−176.0
外資準備の変化，純計	84.0	−89.7	−14.8	1160.5	−172.0

＊：この項目は，誤差脱漏を含む．
出所：Banco Central de Reserva del Peru; World Bank, *Long-term Development Issues*, Vol III, 1979.

年までは，経常収支の赤字額は最近の 16 年間におけるそれぞれの累積赤字額の 18% にすぎなかった．同時期における要素サービス所得の収支においては，本国へ送金された利潤が支配的であり，短期の資本収支は常に黒字であった．

　金融資本が経済を乗っ取った以降の最近の 16 年間においては，様相は著しく異なっている．1969 年から 1976 年の間における対外的な利子支払いの流出

額は,1963年から1969年の間における金額よりも3.5倍の大きさである.その金額は,1969年から1975年の間に3倍にふくれあがり,1981年から1984年にかけて,ヴェラスコ政権時代の水準に比べて4.5倍になった.さらに,1969年から1975年の間に,本国へ送金された利潤額は純利子支払い額の水準の半分であったが,この値は,1976年と1980年の間には3分の1であり,1981年と1984年の間にはわずか15%であった.

それにもかかわらず,ヴェラスコ政権時代における平均的な負債／GDP比率は1976年から1984年にかけての時期の平均値よりも12ポイントも小さかったということは,指摘しておく価値がある.それに対応する値は,1968年から1975年にかけては30%,1976年から1980年にかけては42.1%,1981年から1984年にかけては41.8%であった.借入れコストは,1981年から1984年にかけて急激に上昇した.コストを見積もるために,暗黙的な名目利子率が用いられた.このことは,契約された名目利子率を過小に見積もることを意味するかもしれない.輸入財価格のインフレーションに基づいた平均実質利子率は,最初のベラウンデ政権の時代(1964-68年)には2.8%であり,ヴェラスコ政権の最初の4年間の時期には-0.2%であり,1973年から75年にかけての時期には-20.5%であった.モラレス-ベルムデス政権の時代には,平均実質利子率はプラスになったが,ほとんどゼロの近傍にとどまった.しかし,2回目のベラウンデ政権の時代には,信用のコストは急上昇し,平均実質利子率は11.7%になった.ヴェラスコ政権の時代における安い信用コストおよび低い負債／GDP比率(30%)は,2回目のベラウンデ政権の時代における高コストおよび高い負債／GDP比率(42%)と対照的である.これらの時期における対外負債の動きの相違を決定する鍵となる要素は,主として外的なものであろうか.

負債の返済が財やサービスの輸出に関係づけられるとき,1960年代の期間に比べて後の期間の方が,その比率が系統的に高くなっている.1950年から1960年にかけて,負債返済比率は平均して10%よりかなり低く,GDPが1950年代から1984年にかけての全期間の趨勢よりさらに上回った1966-67年の間に10%に近づいたのみであった(表3参照).

1973-84年の時期の間における対外債務の劇的な成長の背後に存在する内的

表3 対外債務フローと債務返済比率

年	純フロー[1] 合計	純フロー[1] 公的	利子支払い[2]	利子／輸出比率[3]	債務返済比率[4]	カバリッジ比率[5]
1963-88	542.4	474.7	235.0	4.8	9.7	99.2
1969-72	340.4	359.0	297.0	6.6	19.4	16.7
1973	333.5	313.5	101.0	7.5	32.5	71.6
1974	751.0	693.0	176.4	9.6	24.9	152.0
1975	819.0	793.0	269.4	16.2	28.5	167.2
1976	471.0	446.0	331.1	21.0	30.7	92.0
1977	674.0	659.0	384.1	18.1	29.4	105.9
1978	419.0	405.0	562.1	23.7	29.6	57.7
1979	585.0	617.0	540.8	12.6	19.3	74.8
1980	435.0	371.0	616.2	13.4	28.7	28.0
1981	523.0	388.0	767.8	19.0	43.5	22.1
1982	1152.0	995.0	915.9	22.8	39.8	62.2
1983	1346.0	1431.0	971.2	27.9	50.7	80.9
1984[6]	1321.2	1436.0	1119.3	31.1	56.5	70.7

注：1) 百万 US ドル表示の中長期貸付け.
2) 百万 US ドル表示の純利子支払い総額.
3) 財および非要素サービスの輸出に対する純利子支払いの総額の比率.
4) 財および非要素サービスの輸出に対する減債基金プラス公的借入れの利子支払いの比率.
5) 純対外公的債務フローに対する減債基金プラス公的借入れの利子支払いの比率の逆数.
6) 1984年の債務返済比率とカバリッジ比率は，暫定的な数値である.
出所：Banco Central de Reserva del Peru; Instituto Nacional de Estadistica; World Bank, Peru: Long-term Development Issues, Vol III, 1979.

および外的な諸要因の詳細な分析を，以下で提出する．この考察は，3つの政府，すなわち，ヴェラスコ・アルヴァラード政権，およびモラレス-ベルムデスおよびベラウンデ・テリーによる政府によって採用された異なった経済政策の帰結を評価する際の助けとなるであろう．これらのうちの最初の政権は，拡張的および介入主義的な姿勢によって知られていたが，あとの2つの政権は，IMFのマネタリスト的政策に従ったということで歓迎された．

国際収支の恒等式に基づく方法論が用いられるが，それは，負債の実現値と予想値の差を内的要因と外的要因に分解することを可能にする[5]．総対外負債の純フローの会計恒等式は，以下のとおりである．

(1) $\quad NB_t = Pm_t M_t - Px_t X_t - r_t D_{t-1} + FI_t - TR_t - SE_t + RA_t$

第12章 対外債務と成長の政治経済学

ここで,

　NB = 中・長期の総負債の純フロー；
　M = 財および非要素サービスの輸入；
　Pm = 輸入価格；
　X = 財および非要素サービスの輸出；
　Px = 輸出価格；
　r = 対外負債に適用される名目利子率；
　D = ドルの経常価値表示の総負債ストック； $(D_t = NB_t + D_{t-1})$
　FI = 本国へ送金された利潤の純受取マイナス対外直接投資の純フロー；
　TR = 純移転；
　SE = 短期資本の純フロープラス誤差脱漏；
　RA = 国際通貨準備の変化；
　t = 当該年 t

である.

他方,総対外負債の期待純フローは,次のように定義できる.

$$(2) \quad NB_t^* = Pm_t^* M_t^* - Px_t^* X_t^* - r_t^* D_{t-1}^* - TR_t^*$$

ここで,

　NB^* = 総対外負債の純フローの期待値；
　Pm^* = 輸入価格の期待値；
　Px^* = 輸出価格の期待値[6]；
　M^* = 第 $t-1$ 年の輸入性向を第 t 年の国内需要（外見上の消費）に適用して得られた第 t 年における輸入量；
　X^* = 第 $t-1$ 年の世界需要に対する輸出の比率を第 t 年の世界の需要水準に適用して得られる第 t 年における輸出量；
　r^* = 暗黙の利子率の自然対数を1966-72年の時期について回帰させることによって推定された,暗黙の利子率の予測値；
　$D_t^* = NB_t^* + D_{t-1}^*$ である. D_0^* （1972年における対外負債のストック）の期待値は,純利子支払いの自然対数を1966-72年の時期に回帰させることによって推定された. 1972年におけるその予測値を1973年の r^* で割ることによ

って, D_0^* を計算した.

(2)式から(1)式を引いて

$FI_t^* = 0$

$TR_t^* = TR_t$

$SE_t^* = 0$

$RA_t^* = 0$

と仮定すれば, 追加的な対外負債を以下のように分解できる[7].

$NB_t - NB_t^* =$

(i)　$Px_t[x_{t-1}(W_t^* - W_t)]$

(ii)　$(Pm_t - Pm_t^*)M_t^* - (Px_t - Px_t^*)X_t^*$

(iii)　$(r_t - r_t^*)D_{t-1}$

(iv)　$Pm_t[(m_t - m_{t-1})DD_t]$

(v)　$Pm_t[m_{t-1}(DD_t - DD_t^*)]$

(vi)　$Px_t[(x_{t-1} - x_t)W_t]$

(vii)　FI_t

(viii)　$r_t^*(D_{t-1} - D_{t-1}^*)$

(ix)　SE_t

(x)　RA_t

ここで,

x は世界需要に占める輸出のシェア;

W は産業化された諸国の輸入によって近似された実質世界需要;

W^* は期待世界需要[8];

m は国内需要に占める輸入の比率;

DD は国内需要を表わす, すなわち, $DD = GDP + M - X$;

DD^* は期待国内需要である.

世界需要における輸出のシェアが一定にとどまるという仮定のもとで計算された輸出の理論値からの輸出の期待値の乖離を示す第(i)行の項目は, 世界需要のその趨勢からの乖離がこの国の実質輸出に及ぼす影響を説明している. それは, 世界景気後退効果と名づけられ, 経常価格で測られる. 第(ii)行の2つ

の項目は，交易条件効果を構成する．インフレーションが交易条件に及ぼす予期されない効果を捉えるためにのみ，実際の価格変化が期待価格と対比して測られる．第(iii)行の項目は，対外負債に対して支払われた利子率の（期待値に対比して測られた）変化の効果を示している．この利子率効果は，純粋に外的なショックである．これらの最初の3つの行のすべては，外的な攪乱が負債を誘発する効果を構成している．我々は，それらを外的要素と名づけた．

第(iv)行の項目は，輸入浸透効果を説明している．この効果は，輸入性向の増加のみによって説明されるこの国の輸入の増加を構成している．この効果はまた経常価格によって測られるので，それは予期されないインフレーションによる外的なショックを組み込んでいる．緊縮政策効果は，第(v)行によって説明されている．輸入性向が一定であることを仮定すると，それは，国内需要のその趨勢からの乖離によってのみ説明される輸入の増加の推定値である．ここでもまた，この効果は経常価格で測られているので，それは予期されないインフレーションによる外的なショックを組み込んでいる．第(vi)行の項目は，世界需要における輸出のシェアが一定であるという仮定のもとで，輸出の理論値と期待値の差によって測られた，輸出再適応効果[9]を数量化している．これらの最後の3つの効果は，債務問題をさらに深刻なものにする内的な諸要因と基本的に結び付いている．

第(vii)行から第(x)行まではまた，内的または外的なショックに対する国内政策が負債を誘発する効果を構成している．第(vii)行は，絶え間ない対外直接投資が国際収支に及ぼす短期的および長期的な影響を説明している．それは，対外投資政策効果と名づけられた．絶対外直接投資を超える額の利潤の本国への送金を容認する経済政策は，対外的な部門の構造的な不均衡を伴う経済における金融的な困難を単に悪化させるのみである．第(viii)行は，利子支払いに対する負債ストック効果を説明している．政策決定が投機家に及ぼす影響は，第(ix)行で説明されている．それは，投機または密輸効果と名づけられた．それは誤差脱漏を含むので，それはたぶん，それ自体主として政府によって採用される政策の結果である密輸を覆い隠すであろう．最後に，第(x)行は，通貨の対外価値を維持しようとする通貨当局の金融的圧力を基本的に反映する通貨準備蓄積効果を説明している[10]．

表 4 対外債務の成長の源泉,1973-84 年（百万 US ドル表示の経常価値）

要 素	ヴェラスコ 1973-75	モラレス-ベルムデス 1976-80	ベラウンデ 1981-84
1. 世界的景気後退の効果	326.0	664.3	2747.5
2. 交易条件の効果	−216.3	−461.9	4207.4
3. 利子率の効果	197.8	1092.3	1740.0
対外的ショックの合計	307.5	1294.7	8694.9
4. 輸入の浸透の効果	54.6	−85.1	−664.7
5. 緊縮政策の効果	485.6	−2824.8	−1666.7
6. 輸出の再適応の効果	687.8	−163.5	641.3
7. 対外投資政策の効果	−372.9	517.7	437.6
8. 利子支払いに対する負債ストックの効果	39.9	26.0	996.2
9. 投機および密輸出入の効果	160.7	604.5	176.0
10. 外貨準備蓄積の効果	−281.6	1160.5	−172.0
対内的ショックの合計	774.1	−764.7	−252.3
追加的な対外負債の合計	1081.8	529.8	8442.7

諸結果は,表 4 に要約されている.追加的な対外負債（$NB-NB^*$）に関して言えば,——表 4 の最後の行を見よ——ヴェラスコ政権の時期には 10 億 8,180 万ドルであったが,モラレス-ベルムデス政権の時期には 5 億 2,980 万ドルにまで減少し,第 2 期のベラウンデ政権の期間中に飛躍的に上昇して,84 億 4,270 万ドルという印象的な金額にまで達した.

1 つの顕著な結果は,内的な諸要因によって演じられる役割に関わっている.これらの諸要因は,モラレス-ベルムデス政権時の −144.3％,第 2 期のベラウンデ・テリー政権時の −3.0％ に対してヴェラスコ政権時にのみ 71.6％ という顕著に大きな値の追加的負債が発行されたことを説明した.

ヴェラスコの統治は,国内市場に基づいて国民的な製造業部門を発展させようという最後の政治的努力を代表しているが,他方,輸入競争的な産業に生産が片寄っていた.この戦略を実行するためには,資本財の増加・技術水準の向上・食料輸入の増加が必要とされたが,それは,輸出収入からのみではなく,対外負債の増加によってもこれらの輸入の資金を調達することを意味した[11].

輸入性向の平均的な増加は追加的な対外負債の総額の単に 5％ のみを説明したに過ぎないが,輸入代替政策は輸入の浸透を回避しなかったことに留意する価値がある.ヴェラスコが拡張政策を行ったことと輸出の顕著な再適用がなか

ったことが，外国資本の追加的な純フローの全体の108.5%を説明する（表4を見よ）．この政権の民族主義的な特質を反映して，対外投資効果はマイナスであった．同様な理由で，密輸効果はプラスであった．外的ショックについて言えば，追加的負債に対するそれらの寄与は約28.4%に過ぎなかった．望ましい交易条件効果が利子率効果を埋め合わせてなお余りがあったが，利子率効果は，追加的な対外負債の18%以上を説明してはいなかった．関連した輸入代替の過程は，みせかけに過ぎなかった．それは，統合された国民的な投入‐産出システムを創り出さず，資本財や中間財を輸入する必要性を単に高めただけであった[12]．

ヴェラスコの政府によって刺激された産業化の過程は，外国資本が低開発諸国に「移動する」形態の変化と同時に生じた．1960年代には，対外直接投資はラテン・アメリカへの外国資本流入の約30%に達しており，銀行貸付けや債券は10%に過ぎなかった．1970年代には，多国籍企業のシェアは21%に落ち込み，他方で，民間の国際的な金融業者のシェアが59%に上昇した[13]．その結果，利子費用が本国へ送金された利潤を圧倒的に上回っただけではなく，外国企業の直接投資の流入額をも圧倒的に上回った[14]．あるアナリストによれば，対外的な資金の借入れは，資本設備，ノー・ハウ，技術の取引を容易にすることにより，また投資プロジェクトを立ち上げる手助けをする外国人のコンサルタントの雇用を容易にすることにより，対外直接投資に伴う経済的および政治的なリスクを減少させた．

それに続く2つの政権の時代には，主として厳しい緊縮政策の故に，内的な諸要因の役割が小さくなった．もし外的な諸要因の効果がなかったならば，追加的な総対外負債の純フローはマイナスになったであろう．したがって，プラスの追加的負債は，基本的に外的なショックによって説明された（表4を見よ）．

利子率効果は，モラレス‐ベルムデス政権の時代における最悪のショックであった．しかし，この効果の大部分は，国際金融市場において信用コストがちょうど上昇し始めたこの政権の最後の3年間に集中していた[15]．他方，望ましい交易条件効果を相殺した世界景気後退効果は，外的ショックから発生した追加的な負債全体の約15.6%に達しただけである．

内的な要因に関する限り，その時期の政府は，対外借入れのフローを減らすことに「成功した」．厳しい緊縮政策を通じて輸入手形はほとんど30億ドルも削減された（表4を見よ）．それでも依然として，輸出促進政策は，対外借入れの必要性を減少させるほど顕著ではなかった．

厳しい緊縮政策がなかったならば，蓄積された資産の収支はマイナスであったであろうし，その額は，約−13億700万ドルであっただろう（表2と4の1976-80年の時期を見よ）．さらに，IMFの緊縮政策パッケージのよく知られた要因である外国に門戸を開く政策は当該時期に平均輸入性向が著しく低下することを妨げたことは，驚くにはあたらない．最後に，最も著しい内的要因は，外貨準備蓄積効果であった．現在の赤字を埋め合わせるために外貨準備を減らすのではなく，モラレス−ベルムデス政権は，外貨準備を増やすために外国から借り入れた．1976年から1980年にかけて，外貨準備の増加はほとんど11億6,100万ドルであった（表4を見よ）[16]．

貿易自由化は，輸入競争を管理するためにヴェラスコ政権によって導入された国民製造業法[17]が廃止された1979年に開始された[18]．その結果生じた輸入性向の著しい上昇と耐久消費財生産部門に対するマイナスの影響は，国際金融資本の圧力に対する国家の脆弱性を高めた．対外借入れが低下し続けるにつれて，政府は，輸入の浸透（そしてまた本国へ送金される利潤の増加）を埋め合わせるために輸出によって獲得された収入を振り向けざるを得なくなり，国内通貨の影響力が縮小して経済におけるドルの影響力が増加することに対処するためにのみ，通貨を蓄積することができた．国内産業の衰退と国内市場から国内通貨が駆逐されてドルに取って代わられることが，国際金融資本によって国家が支配されることの2つの主な帰結であった．

ひとたびIMFと世界銀行が製造業の「リストラクチャリング」への道を開くと，国際金融機関は，新しいベラウンデ・テリーの政府への資金貸付けのフローを増加させた．したがって，1980年から1984年にかけて追加的な対外負債は急上昇した．輸入手形は，再び緊縮政策により，著しく減少した．その額は，1981年から1984年にかけて−16億6,700万ドルであった（表4を見よ）．ベラウンデ大統領は，おそらくは最近のこの国の輸出の好調なパフォーマンスとそれ以前に蓄積された準備額の多さに感激して，緊縮政策を緩和した．この

第 12 章　対外債務と成長の政治経済学　　　323

一時的な緩和は，貿易の枠組内で実行されたので，その結果として，輸入が大量に流入することになった．輸入性向の上昇は，ヴェラスコ政権時代の 1973 年と 1974 年に生じた最も大規模な輸入浸透時の効果の 139％ にものぼる圧力を国際収支に及ぼした（表 4 参照）．

　1979 年に開始された景気循環における上昇局面は，1981 年に頂点に達したが，それと同時に，過去 35 年間で最も巨額の経常収支の赤字が記録された．国際的な部門の危機は，景気循環における不況局面への転換を強いて，IMF によって課された同様のシナリオを伴うお決まりのストーリーが繰り返された．政府は，緊縮政策によって，輸入手形を減らした．その額は－17 億 6,600 万ドルであったが，それは，1983-84 年の時期には予想できたであろう額である．ひどく輸入に依存した経済に厳しい緊縮政策が課されたが，それはまた，国内需要に対する輸入の比率を引き下げる圧力になった．この政策と他の制限的な対外政策の結果，輸入性向の変化が追加的な対外負債に及ぼす影響は，1983 年と 1984 年において極度にマイナスであった．

　1979 年に始まった貿易自由化政策は，1982 年に停止された．政府は，一時的に全般的な関税率を 15％ に引き上げると布告した．しかし，この布告は，産業衰退の過程の影響により輸入の所得弾力性が 1968-75 年の値に比べて 2 倍以上に上昇した時点で行われた（表 8 を見よ）[19]．

　他方，輸出促進政策によって金融的圧縮を緩和する試みは，実りがなかった．ベラウンデ政権時代における停滞的な国際環境は，アジアにおける明白な成功によって普及したいわゆる輸出主導型の成長モデルが実行不可能であることを，単に劇的な方法で示したのみである．不利な環境のもとで非伝統的な輸出を国際市場に浸透させようと試みることは，無駄な努力になる可能性が高い．

　モラレス-ベルムデス政権時代の輸出の再適応効果は政権の方針とは正反対の徴候を持っていたが，その政権は，2 回目のベラウンデ・テリー政権による政策と基本的に同じであった．前者は後者よりも幸運であったが，どちらも，自由市場を最善のものとする保守的なイデオロギーを共有していた．実際のところ，両政権の時代に，外国からの純直接投資を相殺してしまう本国へ送金された利潤の総額は，9 億 5,500 万ドルを超えた．その額は，国際金融システムにおける利子率の増加のために，外貨準備の流出額のほとんど 34％ であった

(表4を見よ). そのうえ, 通常は国内政策形成の信頼性に依存する短期資本の流出額は, 約7億8,000万ドルであった. これらの2つの効果がなかったとすれば, 外国からの純借入れ額のフローは, 1981-84年の間に採用された国内の緊縮予算と貿易政策をもとに計算された予想値に比べて, 10億7,000万ドル少なかったであろう. 最後に, ベラウンデ政権期間中の外貨準備蓄積の対照的な挙動は, 通貨主権の回復を意味するのではなく, 通貨切り下げ圧力に抗することができない状態を示している. 通貨価値の最も大きな下落は1981年から1984年の間に生じ, 政府は, いわゆるINTIを創出することによって通貨単位を変えざるを得なかった.

以上の分析を正しく認識するためには, 両政権の時代における国内諸要因の追加的負債に対する影響はマイナスであったことを想起することが重要である. したがって, 対外借入れのプラスの流入は, 基本的に外的ショックと結び付いていた. 上述したように, ベラウンデ政権の期間中に外的ショックは悪化した. 世界景気後退効果は4倍にもなった. 交易条件の悪化は, 国際通貨準備を約42億700万ドル追加する必要を生じさせるほどであった. そして, 利子率効果は, 前政権の期間中に到達した値に比べて約60%増加した (表4を見よ).

最近の2つの政権の期間中における債務危機の性質を示すために, 我々はまた, IMFの政策が国内経済全体に及ぼす効果をも考察する必要がある. より重要な経済指標の1つについてのみ言及すれば, モラレス-ベルムデス政権期間中における平均成長率は約1.9%に過ぎず, 1981-84年には, 成長率は-0.5%にまで下落した. このようなわけで, 今までの分析から――マネタリストのために――引き出され得る教訓は, 自由市場政策は国際収支の持続的危機を解決できない, ということである. 国家の経済介入装置の絶え間ない解体は単に, 経済の金融的圧縮を悪化させたのみである. これは, 最近の2つの政権の期間中に対外負債の成長率が驚異的な水準に達したことを反映していた. 貿易自由化は, 輸入の浸透による経済の傷つき易さを増加させた. これは, 産業の弱体化をもたらし, それはさらに, 輸入需要の所得弾力性を増加させた. 本国へ送金される利潤の流出や外国からの直接投資の流入に対するコントロールの欠如は, 経済の金融的災難の救済をもたらさなかった. さらに, 緊縮政策は, この災難を非合理的な方法で解決した. すなわち, 経済を弱体化させ, したが

第12章　対外債務と成長の政治経済学

って，この国の金融的悲惨さを悪化させることによってである．

今までのところ，ペルーの債務の構図は，最近の過去10年間における対外的な諸条件によって圧倒的に複雑された．世界の需要，交易条件，および利子率がそれらの趨勢に等しい率で成長したならば，1981年から1984年にかけての外国資本の純流入は−41億ドルだったであろう．もしこの仮想的な状況が生じたならば，ベーカー構想が仮定するように，自由市場政策が中期的または長期的な見透しにおける経常収支危機を解決したであろうか．換言すれば，自由市場政策を導入することにより，そして好都合な国際的シナリオを仮定することにより，経済は対外債務の増加をこうむることなく持続的かつ安定的な成長率に到達できるのであろうか．この疑問は，次節で答えられる．

対外借入れの経済成長率への貢献

前までの議論は，ペルー経済にとって産出量の成長率に対する主な制約は国際収支のうちの経常収支である，ということを示している．経常収支が持続的に赤字になる傾向は，国内需要の成長に制約を課すが[20]，その制約は確かに，経済にとって必要な成長と整合的とは限らない．しかし，この傾向はまさに，不完全な産業構造を再生産する蓄積様式の帰結である．このようなわけで，付随的な所得分配を伴う雑多な耐久消費財の生産への偏りが存在する．資本財や産業への投入物を生産する国内部門の欠如または未発達は，蓄積過程を高度に輸入に依存するものにしている．

さらに，公共投資および民間投資の需要効果は国外へ流出してしまい，その結果，ヴェルドゥーン法則およびカルドア法則——経済システムにとって内生的で最終需要に依存する生産性の成長と資本蓄積[21]——が完全に内的に機能することが妨げられている．資本財およびそれらに対応する投入物の輸入の増加がもたらされると同時に，投資の乗数効果が失われる．したがって，対外不均衡への傾向は，国内経済の基本的な蓄積過程によって生じる輸入手形の増加と結び付いている．それ故，成長の上昇は国際収支への圧力の増加と結び付かざるを得ない．（生産能力の増加へ向けられない）公共支出がなければ，投資は生産能力を拡大するにもかかわらず，投資が利潤に及ぼす効果はゼロであろう．

したがって，蓄積過程はまた，過剰な生産能力を創り出し，結局は利潤率が低下する圧力を創り出すのである[22]．

1950年代の輸入代替主導型の産業化の初期には，投資が国内生産物への追加的な有効需要を創出することに失敗しても，それは，以前には輸入されていた財の生産に向けられる新産業の創出によって相殺された．1960年から1966年の間に民間資本が耐久消費財の生産に偏った発展をするにつれて，この転換をもたらす成長が終焉した．その結果，産業発展は，生産構造を統合することに失敗し，外国の生産技術や資本設備への依存を除去することに失敗した．1960年代の半ば以降，政府財政赤字の増加によって，有効需要の国外への流出が相殺されたが，それには，経常収支赤字の増加とそれによって創り出された対外借入れフローの増加を許容するという犠牲を伴った．したがって，金融的な災難の核心は構造的なもの，すなわち，ますます輸入された投入物や資本財に依存するようになる新しい動的な部門——製造業の産業——を伴う統合されていない投入-産出システムの存在である[23]．

これらの環境のもとでは，この見せかけの産業化の過程が展開するにつれて，拡張的な政策は自ら失敗し，ますます困難になる．部分的には国際収支の潜在的な危機を克服するための緊縮政策の故に，そして部分的には自由市場貿易政策が輸入需要の所得弾力性を増加させるであろう故に，経済成長への外国の金融資本の相対的な貢献は減少するであろう．自由な国際競争は，チリの場合にみられるように，産業化以前の経済構造への回帰を強いる．しかし，今や，産業化の過程によって生じたより高い消費水準とより多様化された消費構成の双方を伴っている．

これらの命題を数量的にテストするために，我々は，現実の成長率を次のように分割する．1つの部分は輸出の成長率に帰せられ，その他の部分は外国資本の金融フローに帰せられる．相対価格の変動（たとえば，交易条件効果）は，残差ファクターとして取り扱われるが，それはまた，経済成長率に影響を及ぼす．最近の3つの政権の期間中における経済成長への外国資本の貢献を分析するために，国際収支恒等式[24]に基づいた方法論が採用される．出発時点で経常収支が赤字のとき，国際収支を次のように表現できる．

第12章 対外債務と成長の政治経済学

(3) $\qquad Px_t(X_t) + C_t = Pm_t(M_t)$

ここで，
X_t は不変価格で測った第 t 年における輸出水準，
Px_t は輸出財の国内価格，
M_t は不変価格で測った輸入水準，
Pm_t は国内通貨で表現された輸入財の価格，
C_t は国内通貨で測った資本フローの価値
である．

上述の方程式の変化率をとれば，次の式を得る[訳注2]．

(4) $\qquad (E/R)(px_t+x_t)+(C/R)(c_t) = pm_t+m_t$

ここで，小文字は変数の成長率を示し，E/R と C/R は国際通貨準備の総流入に占める輸出と資本フローのシェア，あるいは，総輸入手形のうち輸出収入および外国からの借入れによってその資金が調達される部分である．

積の形で表わされる輸入関数を仮定してその諸変数の変化率をとれば，

(5) $\qquad m_t = w[pm_t - px_t] + n[y_t]$

となる．ここで，
m_t は輸入の成長率，
w は輸入需要の価格弾力性 ($w < 0$)
pm_t は輸入財価格の成長率，
px_t は輸出財価格の成長率，
n は輸入需要の所得弾力性 ($n > 0$)
y_t は国内所得の成長率
である．

方程式(5)を(4)に代入することにより，我々は，国際収支によって制約された成長率を得る．

(6) $\qquad yb_t^* = [w(px_t - pm_t) + (px_t - pm_t) + (E/R)x_t + (C/R)(c_t - px_t)]/n$

ここで，$[w(px_t-pm_t)]/n$ は相対価格変化の輸入数量効果が所得の成長に及ぼす効果の指標であり，$[px_t-pm_t]/n$ は交易条件効果を与え，$[(E/R)x_t]/n$ は輸出成長効果を表わし，$[(C/R(c_t-px_t)]/n$ は外国資本のフローの成長率の効果を与える．

価格効果がない場合には，国際収支によって制約された成長率は，次のようになる．

$$(7) \qquad yb_t = [(E/R)x_t + (C/R)(c_t-px_t)]/n$$

したがって，現実の成長率と(7)式によって推計された成長率の差は，交易条件効果と相対価格の変化に反応するあらゆる輸入数量の変化を測る指標になる．

yb_t を得るために，まず，それに対応する輸入関数が推計された――その結果は，表8に示されている．第2に，輸出変数は，財の輸出だけではなく非要素サービスの輸出をも含んでいる．最後に，外国資本のフローを表わす変数 C は，中期および長期の対外借入れの流入量，プラス外国資本による純直接投資，マイナス移転によって調整された純利子支払いおよび本国へ送金された利潤，を含んでいる．

表5は，現実の成長率とモデル(7)によって予言される成長率のデータを与えている．後者は，2つの部分に分解されている．第1の部分は輸出数量と結び付いており，その他の部分は実質外国資本の成長と結び付いている．

3つの重要な結論が，推計されたモデルから引き出され得る．第1に，最後の2つの政権の時代に財および非要素サービスの輸出の成長に帰せられるGDPの潜在成長率は増加したが，その重要性は，輸入需要の所得弾力性の劇的な増加によって減じられた．輸出の成長率が急激に落ち込んだにもかかわらず，ヴェラスコ政権の期間中に経済は最も高い成長率に達した，ということを指摘しておく価値がある．特に最後の2つの自由主義的な政権の時期における経済成長に輸出がごくわずかの貢献しかしていないことを考慮に入れれば，自由貿易の枠内で輸出促進政策を採用することには莫大な社会的費用が伴うことを意味するにもかかわらず，ベーカー構想は，社会プログラムを犠牲にした輸出主導型の成長を奨励している．1977年から1980年にかけての最善の国際的

第12章 対外債務と成長の政治経済学

表5 経済成長率への相対的な貢献

政権	実際の成長率	推計された成長率	輸出	外国の金融資本
ヴェラスコ				
1969-75	4.6	2.2	−2.3	4.5
(1973-75)	(5.4)	(3.7)	(−5.5)	(9.2)
モラレス-ベルムデス				
1976-80	1.9	−1.6	1.1	−2.7
ベラウンデ				
1981-84	−0.5	0.5	−0.2	0.7

注:財および非要素サービスの需要の所得弾力性は,1960-70年には1.90であり,1969-75年には5.98であった.

表6 経常収支が均衡している場合の成長率と国際収支によって制約された成長率

政権	産出水準の実際の成長率	輸出の実際の成長率	ハロッドの貿易乗数によって推定された成長率	対外資本フローを含む推定された成長率
ヴェラスコ				
1969-75	4.6	−4.6	−2.4	2.2
(1973-75)	(5.4)	(−10.6)	−5.6	3.7
モラレス-ベルムデス				
1976-80	1.9	6.9	1.2	−1.6
ベラウンデ				
1981-84	−0.5	−1.3	−0.2	0.5

注:ハロッドの貿易乗数によって推定された成長率は,輸入需要の対応する所得弾力性に対する輸出成長の比率である.

シナリオのもとにおいてさえ,成長に対する輸出の貢献は,労働力の成長率よりもかなり小さかった.ここで社会的費用の様々な指標を考察することはできないが,要点は単に,輸出促進も自由市場政策も持続的な成長径路を提供せず,もちろんそれらの組合せも(それらが正反対の目的のために機能するから)同様である,ということである.

第2の重要な結論は,外国資本の貢献について言及している.外国の貯蓄は,1969年から1975年にかけての拡張的な期間中に経済が急速に成長することを可能にした.しかしながら,自由市場志向の政権の期間中は,その貢献はすさ

まじく減少した．負債が最も増加した1981年から1984年にかけての外国資本の貢献は，1969-75年の時期の貢献のわずか16%であった．モラレス-ベルムデス時代には，産出物のプラスの成長率はもっぱら輸出の成長と結び付いていた．

第3の結論は，交易条件が経済成長率に及ぼす影響にかかわっている．ヴェラスコ政権の時代には，現実の成長率と予測された成長率の差は交易条件のプラスの成長率によっては十分には説明されなかった．しかし，国際的に門戸を開放する政策が導入されたときは，2つの成長率の差はほとんど完全に，交易条件の変化と相関した．

認識されていることだと思うが，国際収支によって制約された成長率は，現実の成長率の良い予測値になってはいない．以前に述べたように，それらの差は，基本的には国際貿易における相対価格の変化によって「制約された」成長率が影響を受ける程度の尺度である．しかしながら，2つの限定が必要である．一方では，ヴェラスコ政権の時期においてのみ，国際収支によって制約された成長率が現実の成長率の良い予測値を与えている．外国資本の流入が，それがなかった場合に比べて急速な成長を可能にした．輸出の貢献は，かなりマイナスであった（表6を見よ）．他方では，最近の2つの「自由主義的な」政権の期間中において外国からの資本借入れが演じた相対的に取るに足らない役割は，それらの政権が強調した国際収支の経常収支を均衡させる方針と相関があるが，経常収支の均衡は，IMFの政策処方箋の基本的な目標であった．表6に示されているように，これらの2つの政権期間中にのみ，ハロッドの貿易乗数によって推計された成長率が現実の成長率の良い予測値を与えている．このことをより良く理解するために，経常収支の均衡が政策目標の場合には，

$$(8) \qquad \frac{\Delta Y_t}{\Delta X_t} = \frac{1}{m}$$

となることに留意しよう．ここで，Y は産出水準，X は輸出水準であり，m は限界輸入性向である．限界輸入性向の逆数は，ハロッドの貿易乗数と呼ばれる．この方程式を「動学化」して輸出 (X) は輸入 (M) に等しいと仮定すれば，我々は，

(9) $$yh_t = x_t/n$$

という式を得る．ここで，yh_t はハロッドの貿易乗数によって推計された成長率，x_t は輸出の成長率であり，n は輸入需要の所得弾力性である[25]．

以上のような2つの限定は，表7を見ることによって評価できる．以前に指摘したように，実質資本の流入量が輸出よりも速く成長した（4.6%）ことは，ヴェラスコ政権時代には国際収支の均衡は政策目標になっていなかった，ということを確証するのみである．そのうえ，交易条件効果は，プラスであったとはいえ，その時期の経済的パフォーマンスに対して取るに足らない役割しか演じていない．さらに，外国の技術や資本財に基づいた産業戦略を反映して，輸入需要の価格弾力性が輸入量に与える効果は「ひねくれた」ものだった．

このパターンは，他の2つの政権の時期に徹底的に変更された．1976年から1980年にかけて，産出の成長率はほとんどもっぱらプラスかつかなりの大きさの輸出の成長と交易条件の望ましい変化に結び付いていた．実質資本流入は，輸出よりもゆっくりと成長した（表7にみられるように，－2.8%）．

ベラウンデ政権の期間中，産出の成長率は再び，輸出の成長と交易条件効果に結び付いていた．最初の自由貿易政策を採用した政権においては，（経済の金融的な災難を和らげるように意図された）輸出促進プログラムが成功したが，

表7 実際の成長率とハロッドの貿易乗数によって推定された成長率の差の構成要素

政権	$y_t - yh_t$	$yb_t - yh_t$	相対価格効件	
			全体	交易条件
ヴェラスコ				
1969-75	7.0	4.6	2.4	1.0
(1973-75)	(11.0)	9.3	1.7	1.7
モラレス-ベルムデス				
1976-80	0.7	－2.8	3.5	2.0
ベラウンデ				
1981-84	－0.3	0.7	－1.0	－1.0

注：y_t は産出水準の現実の成長率，yh_t はハロッドの貿易乗数によって推定された成長率，yb_t は対外資本フローを含む国際収支によって制約された成長率である．価格の全体効果と交易条件効果は，輸入需要の所得弾力性によって調整されている．

表8 輸入需要関数

[$\log M_t = \log a + w \log(Pm_t/Px_t) + n \log GDP_t$]

期間	定数項	価格(w) 弾力性	所得(n)	R	F	SSR
1968–82	−64.2	−0.302	5.770	0.83	15.8	0.102
	(−3.31)	(−1.955)	(3.918)			
1968–75	−13.5	−0.225	1.901	0.91	10.6	0.014
	(−1.20)	(−1.260)	(2.184)			
1976–82	−67.1	−0.433	5.981	0.87	6.50	0.046
	(−1.56)	(−1.043)	(1.833)			

注:輸入変数は,財および非要素サービスを組み入れている.係数の下の括弧の中は,t値である.すべての回帰は,自己相関によって修正されている.SSRは,残差の平方根の合計であるが,そこから,チャウ統計値が1.87になることがわかる.各期間の最後の年は,景気循環の頂点の年である.このことにより,輸入関数の過小推定が防がれる.
出所:Instituto Nacional de Estadistica.

　それは単に,有利な外部市場が存在したからである.後年の憂うつな国際的シナリオは,ベーカー構想のような自由市場政策の枠組で考えられたモデルが実行不可能であることを証明した.

　この時点で,ベーカーの自由貿易政策の提案を評価することが適当である.ペルー経済の場合には,自由貿易は決定的に失敗した.表8に示されているように,見せかけの輸入代替過程[26]によってもたらされた構造的な対外不均衡は,第1に輸出促進政策によってさらに悪化したが,また,IMFによって押し付けられた門戸開放政策による輸入需要の所得弾力性の増加の著しい増加によっても悪化した.公認のエコノミストが期待したこととは反対に,経済がますます輸入に依存するようになるにつれて,1976年から1984年の間に対外不均衡は悪化した.

　構造的な対外不均衡に直面する経済は,所与のプラスの産出物成長率を維持するために実質外国資本フローの永続的な成長を要求する.もし資本流入の成長率がゼロになれば,産出物の成長率は,yb_tよりも小さくなるであろう.ハロッドの貿易乗数のみを考慮した場合に可能であるはずの率に等しい成長率を維持するためには,実質資本フローは,輸出と同じ率で増加しなければならなかったであろう.一般に,産出物の所与の成長率,たとえばyb_tを維持するためには,(c_t-px_t)の変化はx_tの変化を相殺しなければならないであろう[訳注3].

第12章 対外債務と成長の政治経済学

もし x_t がゼロまたはマイナスになれば，$(c_t - px_t)$ は，輸出の減少を補うためにそれに応じて増加しなければならないであろう[27]．もし交易条件が一定という暗黙の仮定が取り払われるならば，輸出と輸出財価格に対する不利な国際的シナリオは，当初のプラスの産出物成長率を維持するためには実質外国資本の成長率がもっと増加しなければならないことを意味する．たとえば，ベラウンデ政権の時期に 1969-75 年の平均成長率（すなわち，4.6%）で成長するためには，輸入の所得弾力性が 5.98 に等しく，輸出のマイナスの成長率が -1.3% に等しく，そして平均的な交易条件悪化率が -6.0% に等しいとすれば，実質資本流入の成長率は 34.7% に等しくなければならなかったであろう．しかしながら，以前に述べたように，実質資本流入の過重平均された成長率はわずか 4.3% に過ぎなかった．

したがって，不利な国際的シナリオのもとで絶え間なく借入れを続ければ，負債／GDP 比率の爆発的増加，さらには負債／返済比率の爆発的増加を引き起こすはずである．もし実質利子率が輸出の成長率より大きいならば，このことは，実質利子率が一定の場合にさえ生じるであろう．実質利子率が上昇することによる不利な国際的シナリオを伴うときにはもちろん，状況はさらに悪化するであろう[28]．さらに，ペルーにおいては，製造業部門の資金調達能力の構造的な欠如が，外国の金融資本の絶え間ない流入を招いた．このことはまた，利子支払いと本国へ送金される利潤の絶え間ない国外への流出のために，実質国民所得を永久にその潜在水準より低い水準にとどめておくことになった[29]．

* * *

本章で分析され評価された諸事実は，国際金融資本の罠に捉われて財政金融政策を行うだけの十分な自律性を欠いた経済を示している．IMFは，国際収支問題を短期的に金融的に救済するための条件として自由市場政策を課すことによって，貸付け金の完全な返済を要求する商業銀行を支援した．その調整プログラムは，債務国の経常収支赤字を削減することによって，世界的な景気後退に寄与した．第三世界における規制を撤廃させて自由化するベーカーの提案は，この効果と結び付いている．

IMF のプログラムとベーカー構想の相違の中心は，政策的処方箋ではない．

今や問題となっているのは，新規貸付けが目指す方向である．IMF は諸国が緊縮政策のパッケージを受け入れるという条件で国際収支赤字国に資金を貸し付けたが，ベーカーの構想は，貿易と産業の効率性を引き上げる目的でのみ，世界銀行が資金の貸付けを行うことを考える，というものであった．自由市場イデオロギーにおいては効率性とは，貿易自由化，政府の役割の縮小，国有企業の民営化等を意味する．したがって，新規貸付けは，これらの目的の達成を助けるためのものであろう．IMF の条件と同様に，諸国が世界銀行と資金貸付けの条件について同意した後に，商業銀行は新規の資金提供を行うであろう．しかし，借入れ条件はますます厳しくなるであろう．自由市場に傾斜した経済改革に自らかかわった諸国のみが，援助を受けるであろう．

もちろん，自由市場経済のベーカー構想は，国内の資本財部門の再構築とともに国内市場の発展を基礎にした経済の再編成を考えているわけではない[30]．この種の構造変化は，国外部門を選択的にコントロールして国家の経済的役割を強化することによって，統合された国民的な投入－産出システムを発展させることを意味するであろう．ベーカーは，ちょうどそれと正反対の政策を求めている．すなわち，公営企業の民営化，税金の削減および産業への補助金の廃止，規制の撤廃，および貿易の自由化である．

ベーカー構想は，ラテン・アメリカ諸国と国際資本の利害の対立を，後者に有利な形で解決する．それは，国際金融資本の現在の組織に構造変化を導入しない．その自由市場イデオロギーを裏切って，ベーカー構想は，市場が危機を解決することを許容さえしない．市場の観点から見れば，国際商業銀行は債務危機に連帯責任がある．なぜならば，それらの銀行は，公的部門へ増加する支出の資し金を貸し付けたとき，負担するリスクの見積もりを誤ったからである．このようなわけで，債権者は単に彼等の請求権を自由市場で売り，損失をこうむるのである．なぜアメリカ合衆国の政府が彼等を助けるのであろうか．自由市場の提唱者は，彼等が誤りを犯したときに政府が救済に乗り出すことを要求などしない[31]．我々の分析はまた，資本蓄積モデルの危機と結び付いた国内における利害対立の存在をも示唆している．以前に見たように，絶え間ない金融資本の流入は，製造業部門が高度に輸入に依存していることの直接の結果である．この文脈のもとでは，対外的な諸要素（輸出財需要の不振や実質利子率の

増加)は,単に金融的な災難を加速したのみである.現在の危機は,輸出に先導された成長の提唱者と現在の輸入代替の推進に利益を持つ人々の間の,国の再産業化の支持者と「白人系の」製造業と結び付いた資本の支持者との間の,政府による介入の支持者と自由市場の支持者の間の,そして,国家による統制の追随者と国民の参加を重視する人々の間の内部的な利害対立を促進した.そして最後に,すべての国民的な経済的利害は国際金融資本と対立した.

最近の15年間におけるペルーの対外負債の増加は,これらの利害対立のある種の歴史的な動態を明るみに出した.ヴェラスコ政権時代の景気拡張期に,対外負債は急上昇した.その結果引き起こされた金融危機に対処するために1976年から1980年にかけて適用された「自由主義的な」(保守的な)政策は,構造的な問題を悪化させた.負債の返済を優先させたことは,(中長期の負債の)純資本流入の成長率を減少させ,したがって経済成長にブレーキをかけた.この時期に達成されたプラスの——しかし取るに足らないほど低い——平均成長率は,有利な国際的環境によって利益を得た輸出部門と密接に結び付いていた.しかし,国際競争に対する経済の脆弱性と通貨当局に対する金融的な圧力は増した.

1976-80年の時期に生じたような,国内的な要因による総負債の純流入は,ベラウンデ政権の時代には顕著には増加しなかった.しかし,この時期には,実質利子率の上昇と輸出収入を急激に減少させた不利な国際的シナリオのために,負債は再び急上昇した.この時期におけるすべての輸出促進政策は不毛であり,経済はますます脆弱になった.

注

1) 為替レートの減価へのケインジアン・アプローチ——弾力性アプローチ——は,容易にマネタリスト・アプローチに転換され得る.マネタリスト・アプローチは,貨幣を資本資産の一種として取り扱い,実質残高効果の役割を組み込んでいる.ドーンブッシュ (1976) を見よ.
2) 「ファイナンシャル・ワールド」誌のエコノミストは,以下のようにコメントしている.「ベーカーのアプローチは,債務危機に対して以前に行政当局が述べたことよりもより洗練されたマクロ経済学的感覚を反映している.最近西側最大級の諸国の中央銀行と協力してドルを減価させるように動き……財務長官は,世界で8番目に大きな経済規模を持つブラジルのような諸国が,高価な輸出品を除く米国の繁栄の一部を

輸入することができることを保証するように試みているように思われる．……そして米国からの輸出の増加は，〔1930年代の〕大不況の悪化にも一役買ったある種の保護関税への衝動への機先を制するのに役立つかもしれない．」ピーター・ホール（1985）を見よ．

3) たとえば，中長期の新規借入れの満期の平均は，1973年における10年から1975年における5年に短縮された．I. メーディ・ザイディ（1985）を見よ．

4) 1981年には，この比率は，ラテンアメリカ諸国では，271.5であり，東アジア諸国では77.0であった．ジェフリー・サックス（1985）によれば，ラテン・アメリカをして1980年代の対外ショックにかくも傷つき易くしている決定的な要素は，輸出に対する負債の比率が高くなっていることである．

5) 本節および次節でも用いられている方法論は，ジメネッツ（1987）から採った．ジメネッツ＝スチャタン（1983）をも見よ．

6) 輸入価格と輸出価格の期待値は，1960-72年，1960-75年，および1960-80年の期間についてそれらの自然対数を回帰させることによって推計されたそれらの成長率の趨勢から導かれている．第1の回帰と結び付いた成長率は，ヴェラスコ政権時代の輸入価格と輸出価格の期待値を得るために適用され，第2の回帰はモラレス－ベルムデス政権の時代，第3の回帰はベラウンデ・テリー政権の時代にそれぞれ適用された．

7) 期待値がゼロであるという仮定は，対応する経済変数に関する正しい政策を正確に反映してはいない．しかしながら，$FI^* = 0$ と仮定することによって，我々は単に，資本流出額が外国からの直接投資の純流入額を超える事態を回避することを期待しているのである．他方，SE^* および RA^* をゼロと仮定することにより，我々は，投機的な資本流入が存在せず，通貨当局は国際的な金融的圧力に対して脆弱ではないことを前提にしているのである．

8) W と DD の期待値は，1960-72年，1960-75年，および1960-80年の期間にそれぞれ対応する観察された成長率の趨勢によって推定された．第1の時期についての回帰と結び付いた期待値の集合は，ヴェラスコ政権を分析するために用いられた．第2の時期についての回帰に対応する集合は，モラレス－ベルムデス政権を検討するために用いられた．そして第3の期待値の集合は，ベラウンデ政権を分析するために用いられた．

9) ケート＝ワラース（1980）がこの示唆的な名前を導入したが，彼等は，それを異なった方法で推定した．

10) サールウォール（1980）が指摘するように，民間の短期資本移動が国際収支の赤字または黒字の一部になるときは，関連する均衡の概念は，自国通貨の対外価値を維持しようとする通貨当局への金融的な圧力をもたらす．

11) エンジェル＝ソープ（1980）pp. 865-86を見よ．

12) 国内市場に基づいた産業化に反対する議論は，この市場が経済成長を引き起こして維持する能力は特定の産業戦略に体現された社会的および制度的な諸力に依存する，ということを考慮に入れていない．たとえば，小農経済の成長する購買力は実際に，

産業化の動機として重要である．ガーシェンクロン（1966, p. 114）は，小農経済の需要代替に言及しながら，国内市場の重要性を評価した．彼は，次のように述べている．「小農に代表される国内市場は，……もし他の誰か，たとえば国家が産業化された生産を作り出す意志と能力を持っていると同時に生産された財の市場を形成するならば，重要ではなくなり得る．これは，後進国の産業化の際に生じる代替パターンの1つである．なお，国家の需要のみが唯一の可能なこの種の代替というわけではない．……そのような代替が生じる可能性はしばしば極めて高いが，それが実際に生じるという保証はない．もしそれが生じないならば，産業の成長率は停滞に悩まされる可能性が高いが，維持される成長率は確かに，国内市場から発生する需要の存在に依存している．」

13) インターアメリカン開発銀行（1979, 1980, 1982）を見よ．
14) 「1970年代を通じて，発展途上国への直接海外投資のフローは年間約100億ドルであった．純対外借入れはその6倍から8倍の金額であった．その時点の利子率で評価すれば，利子支払い義務は年間500億ドル以上である．これらの利子費用に応ずるに十分な値にまで直接投資が上昇することができたかもしれないということは，考え得る．」イートン＝テイラー（1985）を見よ．
15) 発展途上国の借入れに適用される典型的な利子率——LIBOR（London interbank offered rate）プラス1％のマージン——は，1977年の7.0％から1978年の9.7％，1979年の13.0％，1980年の15.4％へと上昇し，それ以降は，この水準のまわりを変動した．「1970年代に，資金の借り手は低い実質利子率に慣らされた．1961-70年にはUSドル表示の預金のLIBORマイナス米国の卸売物価上昇率で測った平均実質利子率は4.1％であった．しかし，1971-80年には，この平均値は−0.8％であった．10年間の平均実質利子率はマイナスであった．1979年と1980年までには，名目利子率は高くなっており（LIBORは平均して13.2％），米国の物価上昇率はほとんどLIBORに等しかったが，高い名目利子率は，資金の借り手のキャッシュ・フローの圧縮をもたらした．……1981-82年までには，対応する利子率の低下を伴わない物価上昇率の低下が生じたが，これは高い実質利子率（1981年には7.5％，1982年には11.0％）を意味し，事態はさらに悪化した．」クライン（1983），pp. 18-23を見よ．
16) 金融的な圧迫に対するこのタイプの政策的反応は，対外負債がまさに指数的に増加しつつある時点における大多数の発展途上国に共通している．この点について，ドーンブッシュ（1980）は，次のようにコメントしている．「……顕著な事実は，それらの国々の赤字を埋めるために外貨準備を減少させるよりはむしろ，発展途上諸国は外国から資金を借り入れ，1976-78年の間にほとんど120億ドルも外貨準備を増加させたことである．」（pp. 18-19）
17) Banco Central de Reserva del Peru（1983）を見よ．
18) 貿易自由化政策，為替レート政策，および利子率政策は，1981年4月の報告書で表明された立場と調和しているという事実を，世界銀行は強調している．World Bank（1981），p. 26を見よ．

19) 自由化が製造業部門へもたらしたマイナスの影響を見るために，若干の数字を考察しよう．1981年には，テレビに5,260万ドル，自動車や自動走行車両に3億7,060万ドル，はきもの類に340万ドル，および衣類に550万ドルが費やされてそれぞれが輸入された．もちろん，これらの産業のすべてで，国際競争のために国内生産が減少した．産業衰退の劇的な一例は，公営製鉄会社SIDFRPERUであるが，その設備稼働率は，1980年の75％から1982年の50％に低下する一方で，ペルー経済は1981年に競合する生産物を240トン輸入した．イグイニッツ（1984）を見よ．
20) ジメネッツ（1984）を見よ．
21) ジメネッツ（1982）を見よ．
22) ケーサー゠ロス（1983）を見よ．
23) ジメネッツ（1985）を見よ．ラテン・アメリカの産業化の興味深い分析については，ファインツィルバー（1983）を見よ．
24) 我々は，サールウォール゠フセイン（1983）によって示唆された方法に従っている．
25) ハロッド（1933）およびサールウォール゠フセイン（1983）を見よ．
26) ジメネッツ（1984）を見よ．
27) A.P.サールウォール，M.N.フセイン（1983），pp.503-4を見よ．
28) 一般的には，所得と輸出の成長が世界の需要成長率に依存する場合には，「世界の需要成長率が遅ければ遅いほど，負債額は大きくなり，負債／GDP比率は高くなる．さらに，交易条件の悪化は，負債／GDP比率の上昇をもたらす輸入性向の上昇を引き起こす．」スパヴェンダ（1983），pp.330-1を見よ．
29) 実質国民所得と輸入能力の動きの説明については，ジメネッツ（1987）を見よ．
30) 35年前にECLAは，規制が撤廃された自由市場経済は構造的な諸問題を再生産してラテン・アメリカ諸国の成長能力を制限する，ということを示すための理論的研究を開始した．30年後の1979年に，ラウル・プレビッシュ（以前のECLAの指揮者）は，我々の大陸に未だに自由市場イデオロギーの提唱者がいることは驚くべきことである，と述べたものであった．彼が言うには，新古典派の原理への没頭によって印象づけられた主要諸国は，国際的な市場に国を開放することによって，輸出するまたは輸出したいと思っている商品すべてを寛大にも受け入れてもらえるだろう，と彼等は考えている．彼等は政治的現実主義のほとんどすべての要素を見失っている，と彼は付け加えている．プレビッシュ（1980）を見よ．
31) この解決は，ウィーズナー（1985）によって示唆された．

訳注
1) ベーカー構想（Baker Plan）とは，1985年に当時の米国財務長官であったベーカーによって提案された，重債務国の問題を解決するための構想である．この構想によれば，債務国は成長によってのみ債務返済能力を高めることができるので，経済成長への努力を行う債務国に対して，ケース・バイ・ケースで世界銀行，先進国政府，民間銀行が新規融資を拡大するべきである，とされた．（岩田規久男『日経を読

むための経済学の基礎知識』(新版)(日本経済新聞社, 1988年) 184 頁参照.)
2〕 本文の(3)式を時間 (t) で微分すれば,
$$\dot{P}x_tX_t+Px_t\dot{X}_t+\dot{C}_t = \dot{P}m_tM_t+Pm_t\dot{M}_t$$
となるが, この式と(3)式より,
$$\frac{\dot{P}x_tX_t+Px_t\dot{X}_t+\dot{C}_t}{Px_t(X_t)+C_t} = \frac{Px_t(X_t)}{Px_t(X_t)+C_t}\left(\frac{\dot{P}x_t}{Px_t}+\frac{\dot{X}_t}{X_t}\right)+\frac{C_t}{Px_t(X_t)+C_t}\left(\frac{\dot{C}_t}{C_t}\right)$$
$$= \frac{\dot{P}m_t}{Pm_t}+\frac{\dot{M}_t}{M_t}$$
となる. ここで, $Px_t(X_t)+C_t = R$, $Px_t(X_t) = E$, $\dot{P}x_t/Px_t = px_t$, $\dot{X}_t/X_t = x_t$, $\dot{C}_t/C_t = c_t$, $\dot{P}m_t/Pm_t = pm_t$, $\dot{M}_t/M_t = m_t$ とおけば, 本文の(4)式を得る.
3〕 本文の(7)式から, この結論が従う.

参考文献

Angell, A. and R. Throp, 1980. "Inflation, Stagflation and Attempted Redemocratization in Peru 1975-1979." *World Development* 8.

Banco Central de Reserva del Reru. 1983. *El Proceso de Liberalizacion de Importaciones: Peru 1979-1982*. Lima.

Casar, J.I. and J. Ros. 1983. "Trade and Capital Accumulation in a Process of Import Substitution." *Cambridge Journal of Economics* 7: 257-67.

Cline, W.R. 1983. *International Debt and the Stability of the World Economy*. Washington: Institute for International Economics.

Dornbusch, R. 1980. *Open Economy Macroeconomics*. New York: Basic Books.

―――. 1976. "Devaluation, Money and Non-traded Goods." J.A. Frenkel and H. G. Johnson, eds. *The Monetary Approach to the Balance of Payments*. London: George Allen and Unwin Publishers, Ltd.

Eaton, J. and L. Tayler, 1985. Developing Country Finance and Debt. Mimeo.

Fajnzylber, F .1983. *La Industrializacion Trunca de America Latina*. Mexico: Nueva Imagen.

Gerschenkron, A. 1966. *Economic Backwardness in Historical Perspective*. Cambridge: Harvard University Press.

Hall, P. 1985. "How Safe Are the Banks." *Finarcial World,* November.

Harrod, R. 1933. *International Economics*. New York: Cambridge University Press. 〔藤井茂訳『国際経済学』実業之日本社, 1976年〕

Iguiniz, J. 1984. La Crisis Peruana Actual: esquema para una Interpretation, Mimeo.

Interamerican Development Bank. 1979. *Economic and Social Progress in Latin America*. Wasnington, D.C.

―――. 1980 and 1982. *Economic and Social Progress in Latin America, the External Sector*. Washington, D.C.

Jimenez, F. 1982. "Peru: la expansion del sector manufacturero como generaddona de crecimiento economico y el papel del sector externo." *Socialismo y Partricipacion,* No. 18.

————. 1984. "La balanza de pagos como factor limitativo del crecimiento y el desequilibrio estructual externo de la economia Peruana." *Socialismo y Participacion,* No. 25.

————. 1985. Peru: inflacion, deficit publico, desequilibrio externo y crecimiento economico. Una critica al enfoque monetarista. Mimeo.

————. 1987. Capital Accumulation, the State and Effective Demand: A Non-Neoclassical Structuralist Approach to Peruvian Development 1950-1984. Ph. D. diss.

Jimenetz, F. and C. Schatan, 1983. "Mexico: la nueva politica comercial y el incremento de las importaciones de bienes manufacturados en el periodo 1977-1980." *Aspectos Metodologicos para el Analisis del Sector Externo,* 2.

Kate, A.T. and R.B. Wallace, 1980. *Protection and Economic Development in Mexico.* New York: St. Martin's Press.

Prebish, R. 1980. "Prologo." Octavio Rodriguez, *La Teoria del Subdesarrollo de la CEPAL, Siglo XXI.*

Sachs, J. 1985. "External Debt and Macroeconomic Performance in Latin America and East Asia." *Brookings Papers on Economic Activity* 2: 523-73.

Spaventa, L. 1983. "Risks to the Stability of the International Financial System: Gloom without Drama." *International Lending in a Fragile World Economy.* D. F. Fair and R. Bertrand, eds. Hague: Martinus Nijhoff Publishers.

Thirlwall, A.P. 1980. *Balance of Payments Theory and the United Kingdom Experience.* London: The Macmillan Press Ltd.

Thirlwall, A.P. and M.N. Hussain. 1983. "The Balance of Payments Constraint, Capital Flows and Growth Rate Differences between Developing Countries." *Oxford Economic Papers* 34(3).

Wiesner, E. 1985. "Latin America Debt: Lessons and Pending Issues." *The American Economic Review.* Papers and Proceedings (May).

World Bank. 1981. *Peru: Principales Cuestiones y Recomendaciones en Materia de Desarrollo.* Washington, D.C.

Zaidi, I.M. 1985. "Saving, Investment, Fiscal Defisits, and the External Indebtedness of Developing Countries." *World Development* 13(5): 573-88.

訳者あとがきに代えて

1. はじめに

　本書は，Willi Semmler (ed.), *Financial Dynamics and Business Cycles: New Perspectives* (M.E. Sharpe, Armonk, New York, xxi+251 pp., 1989) の全訳である．ただし，フランケとゼムラーによる第3章の数学付録は，原書では省略されているが，邦訳版では，著者から入手した数学付録を著者の了解のもとに収録してある．

　本書は，編者ゼムラー教授による「序説」で述べられているように，1986年にゼムラー教授が在職されているニューヨークにある社会科学系の大学院大学ニュー・スクール・フォー・ソーシャル・リサーチ（現ニュースクール大学）で開催された国際コンファレンス「経済動学と金融不安定性」で報告された諸論文をもとに構成されている．訳者はこのコンファレンスに報告者として参加し，その報告論文は，第7章として本書に収録されている（この論文の日本語版は，既に浅田（1997）第4章として公刊されている）．このことがきっかけとなって，当時駒澤大学経済学部に在職していた訳者は，駒澤大学から与えられた1989年4月から1991年3月にかけての在外研究期間をニュー・スクール・フォー・ソーシャル・リサーチの客員研究員として過ごし，ゼムラー，フランケ各教授と共同研究を開始することができた．共同研究は訳者が中央大学経済学部に移籍した後も継続され，今では，フラッシェル教授（ドイツ・ビーレフェルト大学），キアレラ教授（オーストラリア・シドニー工科大学），稲葉敏夫教授（早稲田大学），吉田博之准教授（日本大学）等，国際共同研究のネットワークはさらに拡大しつつある．そのような実り多い一連の共同研究のきっかけを与えてくれた書として，本書は，訳者にとってとりわけ感慨深い書である．訳者が本書の翻訳に取り組むことになったのは，そのような理由からである．

本書の原書が出版されてから現在までに，すでに15年以上の歳月が経過している．本来ならば10年以上前にこの邦訳書が出版されていてしかるべきであるが，邦訳書の出版がこのように大幅に遅れてしまったのは，ひとえに訳者の怠慢のせいである．出版の大幅な遅れによって，日本経済評論社および担当編集者の清達二氏に多大なご迷惑をおかけしたことを，おわびします．

2. 日本経済の教訓

それでは，本書の邦訳書を現在出版することには意義はないのであろうか．訳者は，決してそうではないと考える．それは，最近15年間の日本経済のパフォーマンスに照らし合わせて本書を読めば，過去15年の間に本書の価値は減価するどころか，むしろ高まったと訳者は考えるからである．本書の意義を論じる前に，1989年以降今日までの日本経済のマクロ的パフォーマンスを事実に基づき要約しておくことは，本書の分析を実践的な観点から利用しようとする日本の読者にとって，特に意義深いことであろう．

本書の原書が出版された1989年当時は，その10年後のアメリカ経済と同じように，日本はいわゆるバブル景気に沸いており，株価と地価の高騰を伴った空前の好景気を謳歌し，やはりその10年後のアメリカ経済と同じように，「ニューエコノミー」の到来がもてはやされていた．しかし，その直後に株価と地価の「バブル」は崩壊し，以後「失われた10年」と形容され，今では「失われた15年」ともいうべき大停滞に日本経済は陥った．この大停滞の特徴は，株価と地価のみならず，一般物価水準の下落（デフレーション）を伴う「デフレ不況」に第2次大戦後の主要国の中では初めて日本経済が陥ったことである（図1および図2参照）．また，1990年代以降日本経済がデフレ不況に陥って物価上昇率がマイナスになると，フィリップス曲線が長期的には垂直になるという1970年代の「常識」は覆されて，「水平に近いフィリップス曲線」が出現した（図3参照）．すなわち，物価が下落するデフレ領域に経済がはまり込んだら，わずかな物価下落でも失業率の急速な上昇を招くことが実証的に明らかになったのである（皮肉なことに，図3の形状は，Phillips 1958によるオリジナルなフィリップス曲線に極めて近い）．デフレ不況の真只中にあった2000年

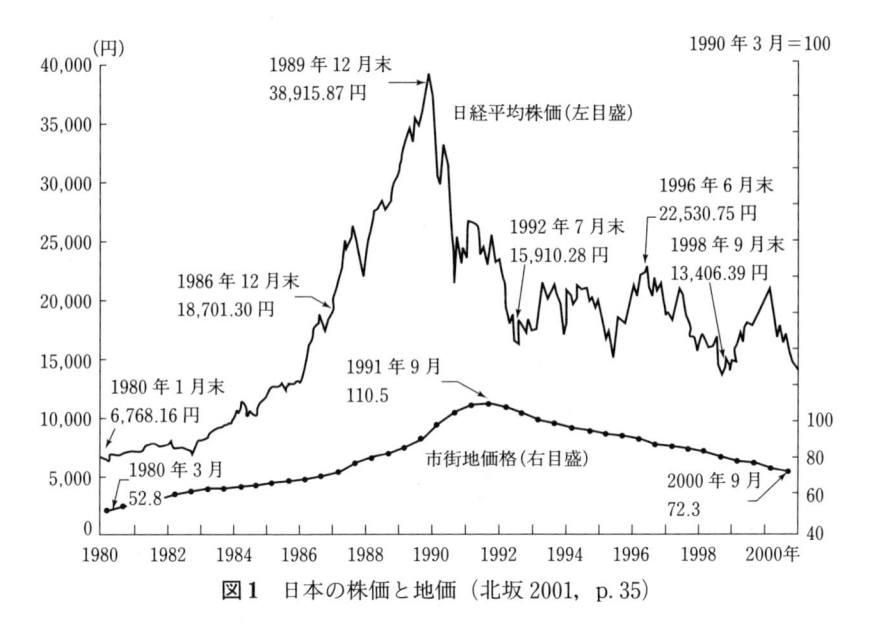

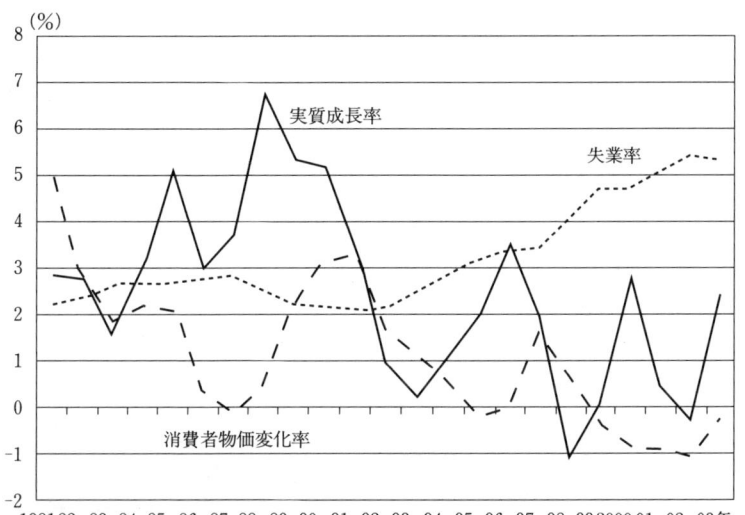

図1 日本の株価と地価（北坂 2001, p. 35）

注：89年と97年の消費者物価はそれぞれ消費税導入と消費税増税により上昇率が高くなっている。
出所：総務省，内閣府のホームページ

図2 日本の実質GDP成長率，失業率，消費者物価上昇率（岩田 2005, p. 69）

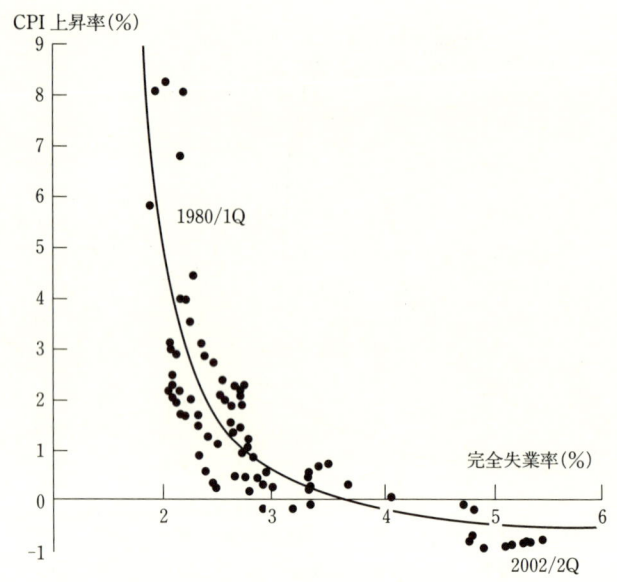

図3 日本のフィリップス曲線
1980年/1Q～2002年/2Q
CPI＝消費者物価，Q＝4半期（原田 2003, p. 173）

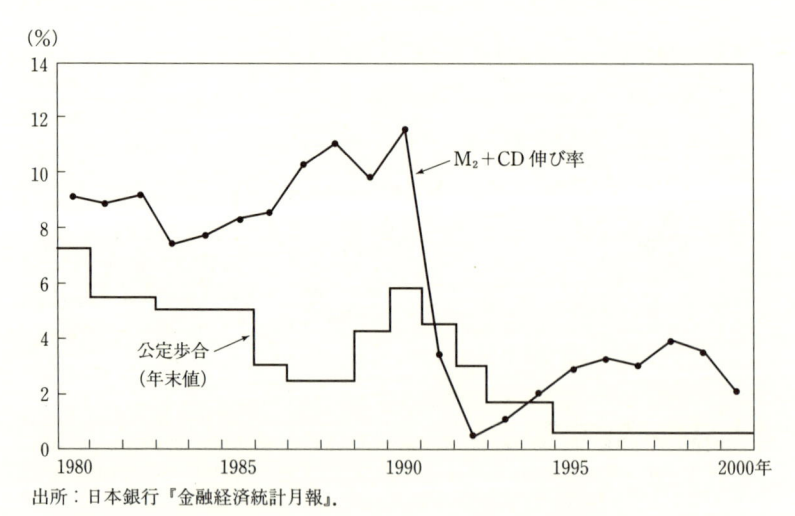

出所：日本銀行『金融経済統計月報』．
図4 日本の公定歩合とマネーサプライ成長率（北坂 2001, p. 86）

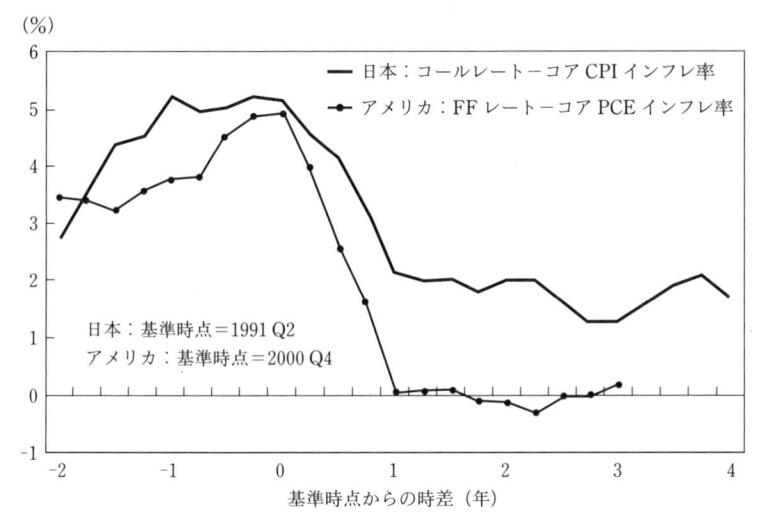

図5 日本とアメリカの実質利子率（ハリガン゠カトナー 2005, p.85）

前後に，日銀およびその周辺のエコノミストがデフレを「価格革命」「構造改革の成果」などと美化して宣伝したが，その後その誤りが白日のもとにさらされ，そのような言説が淘汰されてすっかり鳴りを潜めてしまったのは，当然のことといえよう．

　この日本経済の長期停滞の原因を説明する仮説として「構造改革の遅れが原因である」と主張する「構造説」と「日銀の金融政策の失敗によって引き起こされた債務デフレが原因である」という「デフレ説」があることはよく知られているが，岩田（2005）は，事実に照らし合わせて両説を詳細に検討した結果，「デフレ説」を支持する結論を導いている．訳者も基本的にこの見解に賛成である．たとえば，ここに掲げた図3，図4および図5は，以下で引用する岩田の「デフレ説」を少なくとも間接的に裏付ける証拠たり得ると思うからである．
「日本経済は89年の急激な金融引き締めをきっかけにしてバブルが崩壊したため，債務デフレが始まり，90年代以降も金融緩和が不十分だったために，需要不足から物価が持続的に下落するデフレと資産デフレとが相互に効果を強めあうという，債務デフレのワナに陥ってしまいました．いったんデフレになると，人々の間にデフレ予想が定着します．そのため，需要はさらに減少して，

GDP ギャップはいっそう拡大しました．GDP ギャップが拡大すれば，設備や労働者は完全に利用されずに，設備の稼働率は落ち，失業率は上昇します．そのため，実際に実現される成長率は，設備や労働などの資源を完全に利用したときに達成できる潜在成長率を下回ってしまいました．これが『デフレ説』による長期経済停滞の原因に関する説明です．……92 年以降の長期経済停滞は，物価が持続的に低下するデフレと，設備稼働率の低下および失業率の上昇とを伴いました．したがって，『デフレ説』は実際の経済の動きを整合的に説明することができます．」（岩田 2005, pp. 81-82）[1]

特に，図 5 は，日銀の急激な金融引き締めをきっかけにバブルが崩壊した 1991 年を基準年とするその前後の日本と，結果的に比較的軽微であることが後に判明した景気後退が始まった 2000 年を基準年とするその前後のアメリカの実質利子率（名目利子率マイナス物価上昇率）の動きを比較したものである．この図は，バブルつぶしを意図した日銀の金融引き締めがいかに過剰であり，その後の金融緩和がいかに不十分であったかを，景気後退を軽微に終わらせることに成功した 2000 年代のアメリカ FRB の果敢な金融政策と対比して明らかにしている[2][3]．このように，日本経済の長期停滞の原因として「デフレ説」を裏付けるデータは豊富に存在するのに対し，「構造説」を裏付けるデータはほとんど存在しない．2000 年代前半に小泉政権が掲げた「構造改革」の主な内容は，つまるところ，民営化・自由化・規制緩和であるが，現実の日本経済の景気とこのような「構造改革」の間には，むしろ統計的には負の相関関係すら存在するのである（訳者は，これをかならずしも因果関係とはみなしていないが）．たとえば，日本経済がデフレ不況に陥った 1990 年代以降は，それ以前に比べて様々な経済分野で飛躍的に自由化・規制緩和が実現した時期であり，日本経済の高度成長期にもバブル景気の時期にも道路公団も郵政も民営ではなかったのである．

3. 本書の分析の意義と有効性

本書は，第 III 部を除いて特定の国を対象にした実証分析ではなく，数学的な理論モデルの解析とシミュレーションに基づいた抽象的かつ普遍的な理論分

訳者あとがきに代えて

析であるにもかかわらず,あるいはむしろそれ故に,過去20年間の日本経済のパフォーマンスの理論的解釈と政策的処方箋の提示にとって多くのヒントを与えてくれると,訳者は考えている.本書に収録された諸論文は,広い意味での「ポスト・ケインジアン」の伝統に属するが,特に,Minsky (1986)の「金融不安定性仮説」(financial instability hypothesis)の影響を多かれ少なかれ受けている[4].本書で提示されている様々な理論モデルは,共通して,以下のような特徴を持っている.

(1) 利子率・貨幣供給・公的および私的負債等の貨幣的・金融的なファクターは有効需要・実質成長率・雇用等の実物的なファクターに影響を及ぼし,実物的なファクターから貨幣的・金融的なファクターへのフィードバック作用もある.すなわち,貨幣は決して中立的ではなく,貨幣・金融と実物は相互に影響を及ぼしあいながら,内生的な変動を生み出す.
(2) とはいえ,経済変動のパターンは政策から独立しているわけではなく,中央銀行や政府によるマクロ経済政策(財政・金融政策)は,マクロ経済のパフォーマンスに大きな影響を及ぼす.すなわち,政策の効果は決して中立的ではない.

本書の諸理論モデルから得られるこのような結論は,日本経済の分析にとって重要なヒントを与えてくれる.たとえば,ドゥメニルとレヴィによる第5章の図5 (p.163) と図7 (p.167) は,特に示唆的である.図5は,中央銀行の金融引き締め政策(利子率の引き上げ)をきっかけにして経済活動水準が低下して経済が不況に陥ることを示している.インフレーションと企業破綻のトレードオフを示す図7は,右下がりのフィリップス曲線と整合的である.なぜならば,理論的にも統計的にも,失業率と企業破綻の件数は正の相関関係があるからである.デフレは高失業と高い頻度の企業破綻をもたらすので回避すべきであり,むしろマイルドなインフレを金融政策によって意図的に達成すべきであるという,最近様々な論者によって提唱されている「インフレーション・ターゲティング」政策の理論的根拠も,ここにある[5].また,ファツァーリとカスケーによる第9章は,賃金・価格の下落によって自動的に完全雇用が達成さ

れるという新古典派経済学の教義を批判し,「負債効果」を考慮に入れれば,不況期における賃金・価格の下落が不況をさらに深刻にする可能性があることを理論的に明らかにしており, この章がやがて来るべき日本経済の長期停滞を全く念頭に置いたものでないにもかかわらず, 1990年代後半および2000年代前半の日本のデフレ不況の理論的解釈にとって示唆に富む論点を提供している.

本書に収録されている諸論文は共通して,「非線形マクロ経済動学」(Non-linear Macroeconomic Dynamics) という分析手法を採用している. この分析手法は, 比較的少数 (2変数または3変数程度のことが多い) の重要な戦略的な変数に注目して非線形の微分方程式や差分方程式 (またはその混合形) を用いて経済の動学的な相互依存関係を定式化し, 数学的な解析やコンピューターによる数値シミュレーションによって分析を行い, 経済学的な含意を引き出す, という方法である. この分野のなかに, 非常に単純な方程式から極めて複雑な運動が生み出され得ることを分析する, 1980年代以降急速に発展した「カオス経済動学」という分野がある. 本書の第2章 (ウッドフォード), 第6章 (デイ), 第8章 (アルビン) は, カオス経済動学の初期の業績を代表するものとして貴重である. 第6章の著者リチャード・H. デイは, 現在ではカオス経済動学のパイオニアとして有名である.

ところで, 本書で採用されているような分析方法に対してしばしばなされる批判の典型例として, 以下のようなものがある.「マクロ経済学の理論で使う微分方程式・差分方程式は, だいたい2本の式でマクロ経済全体を表す. というのは, 3本になると3次方程式を解くことになるから, 解析的に簡単に解けないのである. だから, たいていの場合, 2本の方程式だけで示せるようなモデルでシステム全体を表そうとする. しかし, もはやそういうものは経済学から追放すべきだと思う. 全体としてナンセンスなのである. ……経済システムはみんなノン・リニアで, しかも経済の動きを式で表すとしたら, その数は2本・3本どころか膨大な数だからむずかしい. ……微分方程式2本で表されるようなモデルから経済政策にとって何らかのインプリケーションが導き出せると思うのが, 間違いのもとだろう」(小宮・日本経済研究センター編2002, pp. 349-350 における小宮隆太郎の発言). 本来ならばこのような発言はまともにとりあげるに値しないが, 影響力のある経済学者の発言だけに, ここできち

訳者あとがきに代えて 349

んと反論しておくことは，無駄ではないであろう．しかし，このような発言は，訳者が新たに反論するまでもなく，以下に引用するように，心ある論者によって既に徹底的に批判されているのである．実はこの発言の直後に深尾光洋が「モデルというのは，現実を全部表せるようなモデルにすると，実物大の地図が使えないのと一緒で意味がない．なるべく単純に，キーポイントを押さえるようなモデルで考えて整理したほうがよいという意味では，理論モデルはそれなりの意味があると思う」（前掲書 p. 350）と控えめに反論しているが，むろん，この深尾の反論はしごくまっとうである．野口（2006）は前掲の小宮の発言を引用して，以下のような，深尾よりもさらに手厳しい批判を加えている．「小宮氏は，ここではもっぱら『経済の複雑さ』という事実を，単純な形で表現されたマクロ経済のモデルから導き出される政策的インプリケーションに論難を加えるために用いている．そこには，自らの積極的な論理を提示しようとする構えはまったく見られない．その意味で，筆者のいう『否定のレトリックとしての複雑系論法』なのである．……仮に，『考えうるあらゆる要因を取り入れた膨大な数の方程式からなるノン・リニアな複雑系モデル』以外からは経済政策的なインプリケーションを導き出してはならず，それ以外のモデルはすべて『追放』しなければならないとすれば，経済政策の論議などはまったく不可能になってしまうであろう．実際，経済学のどのような教科書を見ても，政策論の多くは，一般にきわめて単純なモデルを用いて行われている．というのは，経済のような複雑な対象について，何らかの明示的な結論を導き出そうとする場合には，それ以外の手法は事実上存在しないからである．そのやり方を否定することは，経済学の意義そのものを否定することにほぼ等しい．それはまさに，経済学の否定のための否定という意味での『反経済学』そのものなのである」（野口 2006, pp. 185-186）．

訳者は，上に引用した野口旭の主張に全面的に賛成である．このことを明確にしたうえで，以下のコメントをしておこう．本書で収録されている論文の多くは，2変数の非線形微分方程式または差分方程式によるモデル分析を行っている．それどころか，第2章（ウッドフォード）と第6章（デイ）のカオス動学では，わずか1変数の非線形差分方程式が用いられている．しかし，第7章（浅田）では，3変数の非線形微分方程式が用いられ，3次方程式で表される特

性方程式の解が解析的に分析されている．このように，分析の目的に応じて変数と方程式の数は増減しうるのであり，本書の範囲内においてさえ，2 変数の微分方程式に分析用具が特化されているわけではない．それでは，4 変数以上の非線形動学モデルは，分析することが不可能なのであろうか．小宮氏は，「多変数から成る複雑な非線形動学モデル」という概念を単に「否定のレトリック」として利用しているだけで，自らそのようなモデルを実際に構築したこともないし，そのようなモデルの解析によって自らの政策的主張の正しさを証明したこともない．しかし，本書の編者のゼムラー教授や訳者を含む国際的な研究グループは，本書の公刊後 15 年以上にわたって，多数の変数を含む複雑な非線形動学モデルの数学的解析とコンピューター・シミュレーションに基づく「高次元非線形ケインジアン・マクロ動学」(High-dimensional Nonlinear Keynesian Macrodynamics) の研究プロジェクトを推進してきた．訳者が関わった主な共同研究の成果のみでも，Semmler (ed.) (1994), Franke and Asada (1994), Asada, Chiarella, Flaschel, and Franke (2003), Asada, Chen, Chiarella, and Flaschel (2006), Chiarella, Franke, Flaschel, and Semmler (ed.) (2006), Yoshida and Asada (2007) 等がある．これらの研究では，4 変数ないし 5 変数の非線形連立微分方程式ないしは微分・差分混合方程式が分析用具として用いられている[6]．また，この共同研究で開発された分析手法を日本経済の分析に適用した 4 変数ないし 5 変数のモデル分析として，浅田 (2005), Asada (2006a; 2006b) がある．分析の目的に応じてさらに変数を増やすことには，コンピューターによる数値シミュレーションを用いる限り，技術的には何の困難も伴わない．しかし，このような複雑な多変数のモデルの解析とシミュレーションから得られた最大の収穫は，むしろ，本書に収録されているような比較的小規模でシンプルな基本モデルのパフォーマンスの良さと頑健性が改めて確認されたことである，という事実をここで報告しておきたい．

2007 年 5 月 30 日

浅田統一郎

注

1) 岩田（2005）は，「債務デフレ」を，「借金の返済を原因として，デフレ（物価の持続的下落）と資産デフレがスパイラル的に悪化すること」(p. 72)と定義している．
2) 実質利子率と設備投資の間には強い負の相関関係があることが，理論的にも統計的にも知られている．たとえ名目利子率が低くても，物価の下落（デフレ）およびその結果生じるデフレ予想の定着は実質利子率を高止まりさせ，設備投資を停滞させる．
3) 2003年3月に極度なデフレ・バイアスを持った速水優氏から不十分とはいえヨリ拡張主義的な方針の福井俊彦氏へ日銀総裁が交代したことをきっかけにして，日銀の政策が望ましい方向へ転換したこともおそらく手伝って，国民のデフレ予想に歯止めがかかり，2005年から2006年にかけて，日本経済は決して力強くはないが緩やかな景気拡張期に入った．とはいえ，今後の日本経済の動向がいかなるものであろうと，既に失われてしまった15年が永久に取り戻せないことは，言うまでもない．
4) この点に関しては，ミンスキー本人による本書の序文およびミンスキー理論を直接主題にしたテイラーとオコンネルによる本書の第1章およびニッグルによる第10章を参照されたい．
5) インフレーション・ターゲティングについては，たとえば，Krugman (1998)，クルーグマン（2002），岩田（2001; 2005），原田（2003），Woodford (2003)，バーナンキ（2004），伊藤＝ミシュキン（2005），浅田（2005; 2007），Asada (2006a; 2006b) を参照されたい．Woodford (2003) は，本書の第2章の著者ウッドフォードによる大著である．日本の国内・国外を問わず，新古典派経済学者のみならず，ミンスキーの理論を評価するポスト・ケインジアンの立場をとると自称する経済学者の中にも，「インフレーション＝無条件の悪」という先入観による思い込みに基づき，さしたる分析的根拠も提示せずに，インフレーション・ターゲティングの有効性や景気対策としての金融政策の有効性そのものを否定したり，デフレを自然現象のようにみなしたり美化したりする論者があるが，そのような論者は，以下のミンスキーの文章をどのように評価するのであろうか．「負債の利子を支払い，資産価値を維持するために十分なだけの現金を利潤最大化行動によって生み出すことができないときに，資本主義経済は困難な状態に陥る．名目キャッシュ・フローを増加させるインフレーションは，負債を有効化するための政策的な手段になりうる．……経済の細部が政策とは無関係に決定される，という想定に経済政策が依拠することはできない．」(Minsky 1986, 邦訳書 p. 208)
6) Franke and Asada (1994) および Yoshida and Asada (2007) は，本書の第7章の続編とでもいうべき内容の論文である．

参考文献

浅田統一郎（1997）：『成長と循環のマクロ動学』日本経済評論社．
浅田統一郎（2005）：「流動性の罠の下におけるインフレーション・ターゲティング：動学的ケインジアン・モデルによる分析」『中央大学経済学部創立100周年記念論文

集』pp. 1-14.

Asada, T. (2006a): "Inflation Targeting Policy in a Dynamic Keynesian Model with Debt Accumulation: A Japanese Perspective." in Chiarella, Franke, Flaschel, and Semmler (eds.) (2006) pp. 517-544.

Asada, T. (2006b): "Stabilization Policy in a Keynes-Goodwin Model with Debt Accumulation." *Structural Change and Economic Dynamics* 17, pp. 466-485.

浅田統一郎（2007）：「デフレ不況と経済政策：実践的マクロ経済学としてのケインズ経済学の立場から」野口旭編『経済政策形成の研究：既得観念と経済学の相克』ナカニシヤ出版，収録予定稿．

Asada, T., C. Chiarella, P. Flaschel and R. Franke (2003): *Open Economy Macrodynamics: An Integrated Disequilibrium Approach.* Springer-Verlag, Berlin.

Asada, T., P. Chen, C. Chiarella and P. Flaschel (2006): "Keynesian Dynamics and the Wage-Price Spiral: A Baseline Disequilibrium Model." *Journal of Macroeconomics* 28, pp. 90-130.

バーナンキ，B.（2004）：『リフレと金融政策』高橋洋一訳，日本経済新聞社．

Chiarella, C., R. Franke, P. Flaschel and W. Semmler (eds.) (2006): *Quantitative and Empirical Analysis of Nonlinear Dynamic Macromodels.* Elsevier, Amsterdam.

原田泰（2003）：『日本の「大停滞」が終わる日』日本評論社．

ハリガン，J.・K. カトナー（2005）：「『失われた十年』からの教訓：アメリカは日本のバブル後の失敗から十分に学んだか」伊藤・パトリック・ワインシュタイン編（2005）pp. 75-102.

Franke, R. and T. Asada (1994): "A Keynes-Goodwin Model of the Business Cycle." *Journal of Economic Behavior and Organization* 24, pp. 273-295.

伊藤隆敏・F. ミシュキン（2005）：「日本の金融政策・問題点とその解決策」伊藤・パトリック・ワインシュタイン編（2005）pp. 103-138.

伊藤隆敏・H. パトリック・D. ワインシュタイン編（2005）：『ポスト平成不況の日本経済：政策志向アプローチによる分析』（祝迫得夫訳）日本経済新聞社．

岩田規久男（2001）：『デフレの経済学』東洋経済新報社．

岩田規久男（2005）：『日本経済を学ぶ』ちくま新書．

北坂真一（2001）：『現代日本経済入門』東洋経済新報社．

小宮隆太郎・日本経済研究センター編（2002）：『金融政策論議の争点：日銀批判とその反論』日本経済新聞社．

Krugman, P. (1998): "It's Baaack: Japan's Slump and Return of the Liquidity Trap." *Brookings Papers on Economic Activity* 2, pp. 137-205.（「復活だあっ！ 日本の不況と流動性の罠の逆襲」山形浩生訳編『クルーグマン教授の〈ニッポン〉経済入門』春秋社，2003 年，pp. 11-114）

クルーグマン，P.（2002）：『恐慌の罠』中岡望訳，中央公論新社．

Minsky, H. (1986): *Stabilizing an Unstable Economy.* Yale University Press, New

Haven. (吉野紀・浅田統一郎・内田和男訳『金融不安定性の経済学』多賀出版, 1989年)

野口旭 (2006):『エコノミストたちの歪んだ水晶玉』東洋経済新報社.

Phillips, A.W. (1958): "The Relation between Unemployment and the Rate of Change of Money Wages in the United Kingdom, 1861-1957." *Economica* 25. pp. 283-299.

Semmler, W. (ed.) (1994): *Business Cycles: Theory and Empirical Methods*. Kluwer Academic Publishers, Boston.

Woodford, M. (2003): *Interest and Prices: Foundations of a Theory of Monetary Policy*. Princeton University Press, Princeton.

Yoshida, H. and T. Asada (2007): "Dynamic Analysis of Policy Lag in a Keynes-Goodwin Model: Stability, Instability, Cycles and Chaos." *Journal of Economic Behavior and Organization* 62, pp. 441-469.

訳者紹介

浅田統一郎
1954年愛知県生まれ．早稲田大学政治経済学部卒業．
一橋大学大学院経済学研究科博士後期課程単位習得満期
退学．経済学博士（中央大学）．理論経済学専攻．駒澤
大学助教授，中央大学助教授を経て，現在中央大学経済
学部教授．主著『成長と循環のマクロ動学』（日本経済
評論社，1997年）ほか．

W. ゼムラー
金融不安定性と景気循環

2007年7月30日　第1刷発行

定価（本体4600円＋税）

訳　者	浅田　統一郎	
発行者	栗原　哲也	
発行所	株式会社 日本経済評論社	

〒101-0051　東京都千代田区神田神保町 3-2
電話 03-3230-1661　FAX 03-3265-2993
振替 00130-3-157198

装丁・渡辺美知子　　　藤原印刷・協栄製本

落丁本・乱丁本はお取替えいたします　　Printed in Japan
Ⓒ ASADA Toichiro 2007
ISBN978-4-8188-1953-5

・本書の複製権・譲渡権・公衆送信権（送信可能化権を含む）は
（株）日本経済評論社が保有します．
・[JCLS]〈（株）日本著作出版権管理システム委託出版物〉
本書の無断複写は著作権法上での例外を除き禁じられています．複写
される場合は，そのつど事前に，（株）日本著作出版権管理システム
（電話 03-3817-5670，FAX 03-3815-8199，e-mail: info@jcls.co.jp）
の許諾を得てください．

ポスト・ケインジアン叢書

J. A. クリーゲル著／川口 弘監訳 緒方・福田川訳
① 政治経済学の再構築
――ポスト・ケインズ派経済学入門――
A5判 338頁 3200円

ポスト・ケインズ派経済学を，現在の支配的な新古典派経済学に代わる理論として構築する。クリーゲルの大学における講義を基礎に書かれた入門書である。　　　　　　　　　　　（1978年）

A. S. アイクナー編／緒方・中野・森・福田川訳
② ポスト・ケインズ派経済学入門
（オンデマンド版）1600-0 C3333　　　A5判 221頁 2600円

物価，雇用，蓄積，分配，成長，停滞等の問題に対しポスト・ケインズ派はいかに対処するか。また政策上の対応はどのようにすべきかを探究。『政治経済学の再構築』と並ぶ入門書。（1980年）

P. デヴィッドソン著／原 正彦監訳 金子・渡辺訳
③ 貨幣的経済理論
A5判 502頁 6500円

ケインズの著作，とりわけ『貨幣論』と『一般理論』とを適切に統合して「貨幣的生産経済の理論」の全体像を浮き彫りにする集大成の書。
（1980年）

G. C. ハーコート著／神谷傳造訳
④ ケムブリジ資本論争［改訳版］
0148-8 C3333　　　A5判 366頁 5800円

イギリス，アメリカのケムブリジ間で，1960年代を通じてかわされた資本理論の論争について，その発生，問題点，現代資本主義との関連で解明する。　　　　　　　　　　　（1980年）

A. S. アイクナー著／川口 弘監訳 緒方・金尾ほか訳
⑤ 巨大企業と寡占
――マクロ動学のミクロ的基礎――
A5判 532頁 5600円

現代の寡占的巨大企業の価格設定決意と投資決意を軸として所得分配を解明する。ポスト・ケインジアンのマクロ動学のミクロ的基礎づけに新境地をひらく画期的労作。　　　　（1983年）

M. カレツキ著／浅田統一郎・間宮陽介訳
⑥ 資本主義経済の動態理論
0038-4 C3333　　　A5判 242頁 3800円

ケインズと並ぶ経済学者の資本制経済の動学論。有効需要論の独立的発見をはじめ，投資決定論の一般化，景気循環，国民所得の分配，経済成長の分析に多くの発展をもたらした。（1984年）

R. カーン著／浅野栄一・袴田兆彦訳
⑦ 雇用と成長
A5判 300頁 4500円

雇用乗数の理論をはじめて示し，ケインズ革命への途をひらいた画期的な第1論文や，成長理論，企業理論に関する論文の他，戦後のイギリス経済に対する時論をも含めた論文集。　　　（1983年）

D. J. ハリス著／森 義隆・馬場義久訳
⑧ 資本蓄積と所得分配
A5判 532頁 5600円

古典派，マルクス，新古典派正統にいたるまでの経済成長（資本蓄積）と所得分配の諸問題を簡潔に，バランスよく解説した中級の好テキストである。　　　　　　　　　　（1983年）

P. M. リヒテンシュタイン著／川島 章訳
⑨ 価値と価格の理論
0102-X C3333　　　A5判 350頁 4500円

古典派の伝統に根を持ち，マルクス学派とポスト・ケインジアン理論双方に基礎をおく現代的思潮の理論的に首尾一貫する内容の経済学をめざして書かれた。　　　　　　　（1986年）

P. デヴィッドソン著／渡辺良夫・秋葉弘哉訳
⑩ 国際貨幣経済理論
0104-6 C3333　　　A5判 432頁 5800円

一般均衡理論・マネタリズムの批判を通してPK理論の分析射程を国際経済へ広げ，現代の国際通貨制度の抱える問題点を解明し，その解決策を模索した待望の書。　　　（1986年）

J. ロビンソン著／山田克巳訳
⑪ 資本理論とケインズ経済学
0257-3 C3333　　　A5判 390頁 5200円

ロビンソン夫人の5巻の『経済学論文集』から，ケインズ経済学，マルクス経済学，資本理論などに関する諸論文を収め，夫人の理論の核心を把握できるよう配列し解説を試みる。（1988年）

表示価格に消費税は含まれておりません

ポスト・ケインジアン叢書

N. カルドア著／笹原昭五・高木邦彦訳
⑫ **経 済 成 長 と 分 配 理 論**
――理論経済学続論――
(オンデマンド版) 1601-9 C3333　　A5判　380頁　5200円

学界に大きな波紋を呼び起こした「経済成長の新モデル」等，1950年代末以降に発表された経済理論とその関連分野にかかわる主要論文を一書にまとめたもの。　　　　　　　　(1989年)

S. C. ダウ著／鴻池俊憲・矢根真二訳
⑬ **マ ク ロ 経 済 学 の 構 図**
――方法論的アプローチ――
0452-5 C3333　　　　　　A5判　364頁　3400円

各学派に共通した基盤はあるのか。各学派相互間のパラダイムの相違を超えて，建設的な議論をすすめるために，方法論を土台として，マクロ経済学の全体的な構図を模索。(1991年)

R. M. グッドウィン著／有賀・浅田・荒木・坂訳
⑭ **線 型 経 済 学 と 動 学 理 論**
0231-X C3333　　　　　　A5判　287頁　4500円

本書は全編を通じ非集計的な線型体系を使用して新古典派と古典派，ミクロとマクロという二つの相反する経済学の「妥協」を企てることを表明している。　　　　　　　　(1988年)

L. L. パシネッティ著／中野 守・宇野立身訳
⑮ **生 産 と 分 配 の 理 論**
――スラッファ経済学の新展開――
0237-9 C3333　　　　　　A5判　340頁　5200円

スラッファ経済学において分析された結合生産体系による固定資本と地代について分析を一層深化させ発展させたものであり，スラッファ経済学の発展を示すものである。(1988年)

J. イートウェル, M. ミルゲイト編／石橋・森田・中久保・角村訳
⑯ **ケインズの経済学と価値・分配の理論**
275-1 C3333　　　　　　A5判　462頁　6200円

ケインズの雇用理論をスラッファの『商品による商品の生産』によって甦った古典派・マルクス流の価値・分配の理論と結合し，生産・雇用の長期理論の構築を試みる。(1989年)

L. マインウェアリング著／笠松 学・佐藤良一・山田幸俊訳
⑰ **価 値 と 分 配 の 理 論**
――スラッファ経済学入門――
0221-2 C3333　　　　　　A5判　292頁　4200円

初学者にも理解しやすいように図解を多用して，スラッファ理論の基礎から国際貿易，固定資本，地代などの応用面も詳細に解説しており，最適の入門書となるであろう。(1987年)

H. ミンスキー著／岩佐代市訳
⑱ **投　資　と　金　融**
――資本主義経済の不安定性――
(オンデマンド版) 1602-7 C3333　A5判　462頁　6800円

「金融的不安定仮説」を提起した初期の代表的論文を中心に構成。金融自由化で不確実性が高まりつつある今，市場経済における金融過程の本質を考察するのに格好の書である。(1988年)

V. チック著／長谷川啓之・関谷喜三郎訳
⑲ **ケインズとケインジアンのマクロ経済学**
(オンデマンド版) 1603-5 C3333　A5判　533頁　7400円

『一般理論』を再考察し，ケインズ理論のもつマクロ経済分析についての豊かな内容を再確認しようとするものであり，新たな展開のためにも本書の果す役割は大きい。(1990年)

J. A. クレーゲル編／緒方俊雄・渡辺良夫訳
⑳ **ポスト・ケインズ派経済学の新展開**
――分配・有効需要および国際経済――
0463-0 C3333　　　　　　A5判　272頁　3500円

1981年にイタリアで開催された第1回の夏期コンファレンスの議事録が基礎となっており，ポスト・ケインズ派の展開の方向性や学説史的基礎を理解する上での必読書。(1991年)

R. M. グッドウィン著／有賀裕二訳
㉑ **非 線 形 経 済 動 学**
(オンデマンド版) 0659-5 C3333　A5判　320頁　4500円

非線形性は単純なモデルからカオスのようなとてつもなく複雑な運動をつくり出す。非線形加速度原理で世界的に有名なグッドウィンの珠玉の論文集の翻訳。　　　　　　　(1992年)

A. アシマコプロス著／鴻池俊憲訳
㉒ **ケインズ「一般理論」と蓄積**
0672-2 C3333　　　　　　A5判　260頁　3200円

「一般理論」で持続的失業，浮動的な投資水準および貨幣をとりまく制度に焦点を合わせた。本書ではその分析に対し歴史的時間を基礎に検討を加え，新視点から「蓄積」を考える。(1993年)

表示価格に消費税は含まれておりません

ポスト・ケインジアン叢書

M. C. ソーヤー著／緒方俊雄監訳
㉓ 市場と計画の社会システム
——カレツキ経済学入門——
0763-X C3333　　　　A 5 判　388頁　5800円

ポーランドの経済学者の一連の重要論文を体系的に編集。カレツキ経済学は、現代経済学や経済体制に対する見方を再検討する際に不可欠な視角をもっている。（1994年）

M. H. ウォルフソン著／野下保利・原田善教・浅田統一郎訳
㉔ 金　融　恐　慌
——戦後アメリカの経験——
0792-3 C3333　　　　A 5 判　384頁　3800円

1966年の信用逼迫からＳ＆Ｌ危機、さまざまな金融機関の破綻・倒産など、今日におよぶ現代アメリカの金融危機についての実証と理論を提示する。（1995年）

L. L. パシネッティ著／佐々木隆生監訳
㉕ 構造変化の経済動学
——学習の経済的帰結についての理論——
0968-3 C3333　　　　A 5 判　466頁　4600円

現代産業経済を特徴づける人間の学習＝技術進歩に発展と構造の原動因をみるパシネッティ体系の新たな到達点である。すべての学派に開放された現代の「経済学原理」。（1998年）

P. クライスラー著／金尾敏寛・松谷泰樹訳
㉖ カレツキと現代経済
——価格設定と分配の分析——
1259-5 C3333　　　　A 5 判　229頁　3800円

カレツキの価格設定と分配の理論の歴史的変遷を詳細に検討し、カレツキの分析の難点や短所を指摘しつつ、理論のもつ積極的意義を明らかにする。（2000年）

N. カルドア著／笹原昭五・高木邦彦・松本浩志・薄井正彦訳
㉗ 貨幣・経済発展そして国際問題
1191-2 C3333　　　　A 5 判　342頁　4800円

貨幣と国際均衡、開発経済論、欧州共同市場にかかわる、60年代半ば以降に公刊された経済政策関係の論文集。フリードマンへの批判や自由貿易論に対して議論を展開する。（2000年）

H. W. ローレンツ著／小野﨑保・笹倉和幸訳
㉘ 非線形経済動学とカオス
1047-9 C3033　　　　A 5 判　442頁　3800円

複雑な経済の動態を理解するために必要不可欠な非線形経済動学を概説し、従来切り捨てられてきた「非線形性」が経済学においていかに重要な役割を果たすかを示す。（2000年）

M. シェイバーグ著／藤田隆一訳
㉙ 現代金融システムの構造と動態
——国際比較と「収れん仮説」の検証——
1322-2 C3333　　　　A 5 判　180頁　3400円

米英仏日独の金融の制度的仕組みの相違に配慮したPK派の投資モデルで各国の投資行動が異なることを分析し、各国金融システムが同質化してきたことを時系列分析で解明。（2000年）

ディムスキ，エプシュタイン，ポーリン編／原田善教監訳
㉚ アメリカ金融システムの転換
——21世紀に公正と効率を求めて——
1369-9 C3333　　　　A 5 判　445頁　4800円

自由化・規制緩和された金融システム。不安定な金融投機の上に成り立つ繁栄に翳りがみえた状況の今、新たな公的規制、公正で効率的なシステム再構築の方策を示す。（2001年）

D. フォーリー，T. マイクル著／佐藤良一・笠松 学監訳
㉛ 成　長　と　分　配
1455-5 C3333　　　　A 5 判　379頁　3800円

新たにクローズアップされる成長理論。多様な成長理論（古典派、マルクス派、新古典派）を平易で手際よく解説。日本の低成長を基礎から理解するにも最適の書。（2002年）

C. ロジャーズ著／貨幣的経済理論研究会訳
㉜ 貨幣・利子および資本
——貨幣的経済理論入門——
1582-9 C3333　　　　A 5 判　396頁　4500円

現代市場経済の主動因が実物から金融に代わった事実は、実物的経済分析から貨幣的経済分析への転換を要請する。貨幣的経済分析の基礎を確立し、適切な政策を導く好著。（2004年）

D. ギリース著／中山智香子訳
㉝ 確　率　の　哲　学　理　論
1703-1 C3333　　　　A 5 判　343頁　4000円

「確率」にはどのような予測、信念、繰り返しに関する経験則が想定されているのか。確率の数学理論とともに発達した哲学諸理論の関係を示し、その意味を考察する。（2004年）

表示価格に消費税は含まれておりません